문헌설화와 구비설화를 비교하면서 구비설화 전승자가 보여준 인식의 깊이와 폭을 발견하고 큰 감명을 받았다. 문헌설화를 기록한 識者들이 애써 간과하려 하거나 경직된 가치관으로 호도하였던 '烈의 본질'에 대한 윤리적 논쟁을 구비설화 전승자들은 전면적으로 치열하게 벌이고 있었기 때문이다. 그리고 그 해답은 가장 인도주의적인 관점에서 도출되었는바, 烈行의 본질은, 결국 무언가를 지키기 위한 '소극적 행위'이기보다 배우자에 대한 사랑을 실현하기 위한 '적극적이며 창조적인 행위'라는 것이었다.

열녀설화의 재해석

이인경

도서출판 월인

책머리에

이 책은 2000년 봄에 발표한 필자의 박사학위 논문 <口碑 '烈說話' 硏究>를 손질한 것이다. 욕심껏 원고를 다듬어서 스스로에게 덜 부끄러운 글이 되면 그때 책으로 내겠다고 마음먹었었다. 그러나 그런 날은 결코 오지 않았고 아마 앞으로도 그럴 것 같다. 필자가 게으름을 한껏 부리는 동안 학계에서는 이와 관련한 연구 성과가 꾸준히 발표되었다. 그런 연구 성과를 포괄하지 못한 채 서둘러 책을 펴내는 마음이 자못 편치 못하다. 이 점 머리 숙여 독자들의 양해를 구한다. 박사학위 논문에서 잘못되었던 부분을 바로잡고 내용과 문체를 다듬었다. 앞으로는 이 책을 참고해주기를 바란다.

박사학위논문의 주제는 필자의 석사학위논문 <화자의 개성과 설화의 변이>와 동일한 문제의식에서 출발한 것이었다. 話者論에 대한 필자의 관심은, 작자가 알려지지 않은 고전소설에 대한 작가론을 재구하기 위한 실마리를 마련하고픈 욕심으로까지 발전하였다. 박사논문에서는 화자의 개성에 따른 설화의 변이가 더욱 명확히 드러날 수 있는 설화 자료를 통해서 본격적인 화자론을 시도해 보고 싶었다. 이를 위해 몇 가지 조건을 고려하였다. 우선 화자의 개성을 객관적으로 검증할 수 있는 기준으로는 화자의 性別이 가장 적절하다고 보았다. 그리고 질과 양에서 우수하고 풍부한 설화유형을 선정하기 위해 『韓國口碑文學大系』에 수록된 설화자료들의 유형을 점검한 결과, 풍수설화, 효행설화 그리고 열녀설화가 가장 풍부하게 전승되고 있음을 확인하였다. 세 가지 설화유형을 놓고 고민하다가 소설작품과 관련지어 논의하기 좋은 주제를 고르기로 하였다. 풍수

설화를 먼저 제외하였다. 효행설화와 열녀설화 가운데 성별에 따른 각편의 변이가 분명히 드러나는 것은 열녀설화라고 판단하였다. 다시 고민에 빠졌다. 너무 진부한 주제라는 느낌. 무엇보다 '烈女'라는 단어에서 묻어나는 그 처절함, 빛바랜 흑백 영화에서 흔히 보던 素服 입은 여인네의 자결 장면이 연신 떠올랐다. 어쩌다 보니 원치 않는 烈女(?)로 살아가게 되어 그렇지 않아도 피곤한 일을 자주 겪던 非婚女는 더욱 깊은 고민에 빠질 수밖에 없었다. 사실 화자론을 진행하기 위해 시작한 논문이 자칫 페미니즘을 외치기 위한 논문으로 본래의 의도가 오인될 우려마저 있었다. 그러나 대안이 없었다. 고육지책으로, 여인이 정절을 지키기 위해서 자결하는 식의 전형적인 열녀설화는 빼고 '烈'이념에 대한 저항을 담은 문제적 설화유형만 택하기로 했다.

"뭐, 그런 재미없는 주제를 하려고 해!" 학위 논문의 주제를 말씀드리자 조동일 선생님께서 여간 실망하시는 게 아니었다. 의도를 대략 말씀드리자 전형적인 열녀설화유형까지 포함하여 논의하라고 敎示하셨다. 1년 동안 도시락을 싸들고 사직터널 위에 서있는 한국사회과학도서관에 혼자 가서 하루 종일 열녀설화 각편들을 읽어내려 갔다. 돌이켜보니 그 시절이 가장 막막하고 외로웠던 시간이었던 것 같다. 열녀들의 참혹한 죽음을 머리로 찬양하는 남성화자들의 냉담한 발언에 가슴이 울컥하던 순간도 많았다. 열녀들의 내면을 깊숙이 들여다볼 때마다 가슴 깊숙이 퍼져오는 아릿한 통증이 싫어서 이 주제를 택한 걸 후회하곤 하였다. 그때마다 문학연구를 통해 세상의 모든 弱者들의 아픔을 대변하는 작업을 하겠다고 마음먹었던 대학원 입학시절의 다짐을 되새겼다.

예상대로 열녀설화는 화자론을 전개하기 위한 자료로서 매우 효과적이었다. 여성화자는 남녀의 사랑에 바탕을 둔 가족의 실질적 행복에 가치를 두는 데 반해서 남성화자는 가문의 번영과 명예를 더 중시한다는 사실, 즉 화자의 성별에 따른 인식의 차이를 열녀설화를 통해서 분명히 확인할 수 있었던 것이다. 게다가 문헌전승과 달리 '烈'이념을 둘러싼 흥미로운 윤리적 논쟁이 구비설화로 다양하게 전승되고 있음을 발견한 것도 큰 소득이었다. 덕분에 각편을 분석해가는 작업이 상당히 재미있었는데, 필자 스스로 설화 속 등장인물의 상황에 처해서 문제를 해결해보는 思考 實驗을 하다보면 새로운 해석이 떠오르곤 하였다. 한편 문헌설화와 구비설화를 비교하면서 구비설화 전승자가 보여준 인식의 깊이와 폭을 발견하고 큰 감명을 받았다. 문헌설화를 기록한 識者들이 애써 간과하려 하거나 경직된 가치관으로 호도하였던, '烈의 본질'에 대한 윤리적 논쟁을 구비설화 전승자들은 전면적으로 치열하게 벌이고 있었기 때문이다. 그리고 그 해답은 가장 인도주의적인 관점에서 도출되었던바, 烈行의 본질은 결국 무언가를 지키기 위한 '소극적 행위'이기보다 배우자에 대한 사랑을 실현하기 위한 '적극적이며 창조적인 행위'라는 것이었다. 文字 속에 갇혀 있던 내 자신의 답답한 思考의 틀이 송두리째 깨져 버리는 느낌이었다. 구비설화를 전공하는 보람을 새롭게 발견하는 순간이었다. 그리고 인간의 보편적 권리인 性的 主體性을 실현하려는 여성의 자발적 의지를, 일방적으로 남성(타인)이 부여한 윤리적 의무를 실천하는 여성의 종속적 태도로만 바라보는 시각에 대해 진지하게 이의를 제기할 수 있었다는 점에서도 나름대로 보람을 느낀다.

필자의 박사 학위논문이 발표되던 바로 그 시기에 이혜순 선생님께서 주도하신 「한국고전여성문학회」가 창립되었고 곧 이어서 열녀 담론을 기획주제로 삼아 학술대회가 열렸다. 이를 계기로 필자의 논문을 학계에 소개할 수 있었던 것과 이후로 여러 훌륭한 연구자들과 문제의식을 공유하면서 활발한 학문적 토론을 벌일 수 있었던 것은 필자에게 큰 행운이었다.

이 책을 내면서, 오랜 시간 가슴속에만 담아두었던 감사의 마음을 드러낼 기회를 얻게 되어 기쁘다. 지난 시간 끝이 없어 보이던 어두운 터널

속을 헤맬 때에, 기차가 온다는 기약조차 없는데 홀로 대합실에 덩그러니 남겨진 고독감으로 고통스러울 때마다 밤마다 홀로 찬양을 하며 찬송가책에 눈물을 쏟던 기억이 새롭다. 날마다 직면했던 그 절망의 깊은 터널 속에서 날 구원하신, 나의 작은 신음에도 응답하시고 장미만이 아니라 장미의 가시까지도 내게 마련해주신 하나님께 감사드린다. 그 가시 덕분에 인내와 겸손과 사랑을 배웠다.

구비설화에 대한 사랑을 처음 맛보게 해주시고 내 학문의 나침반이 되어주신 나의 영원한 우상 서대석 은사님, 언제나 호된 질책으로 내 더딘 공부의 발걸음을 재촉해주신 조동일 선생님, 여유로운 미소와 따끈한 저녁 식사를 베풀어주시며 학문적 격려를 아끼지 않으신 이상택 선생님, 내가 외롭고 힘들 때마다 깊은 사랑으로 감싸 안아주신 양아버지 김병국 선생님 그리고 늘 내 가슴이 떨릴 만큼 멋쟁이시고 엄정하신 권두환 선생님. 君師父一體! 당신들께서는 모두 나의 아버지이시다. 큰 스승들께 감사와 존경의 뜻을 담아 삼가 큰 절을 올린다. 그리고 박사학위 논문 심사과정에서 논문의 허점과 장점을 날카롭게 짚어주시며 내 학문의 방향을 바로잡아 주신 박희병 선생님, 구비문학 분야 논문심사는 너무 어렵다고 하시면서도 문제점을 치밀하게 지적하시며 칭찬도 덤으로 해주신 이혜순 선생님 두 분 선생님께도 깊은 감사와 존경을 표한다. 논문을 집필하며 천당과 지옥을 오가던 시절에 동고동락한 5동의 고전문학 연구실 후배들에게도 진한 정을 전한다. 지나고 보니 그때 내 곁에 이런 후배들이 있어서 참으로 행복했다.

어릴 때부터 병약하여 사경을 헤매는 일로 엄마 속을 썩이던 여식이 마흔 남짓한 인생이 흘러가도록 무엇 하나 변변히 이룬 게 없어서 참으로 죄스럽다. 지금까지 내가 버텨올 수 있었던 것은 현명하고 강인한 모친의 사랑과 기도 덕분임을 고백한다. 앞으로 이 못난 딸로 인해서 어머니가 잠시라도 웃으실 일이 생길 수 있다면 참으로 좋겠다. 늘 기도로 응

원해준 나의 가족들 - 여동생을 위해서라면 언제라도 발 벗고 나서는 언니와 이 세상에 다시없을 젠틀맨인 형부, 여동생을 늘 애틋하게 바라봐주는 두 오라버니와, 누나의 건강을 위해 명약을 지어주는 남동생 그리고 우애가 돈독한 나의 아름다운 올케들과 귀여운 조카들 - 에게 가슴절절하게 고맙고 사랑한다는 인사를 전한다.

원고 교정을 도와준 믿음직한 제자 김미란과 흔쾌하게 출판을 허락해주시고 복잡한 내용을 편집하여 예쁜 책으로 만들어주신 도서출판 월인의 사장님을 비롯한 전명희님 외 관계자분들께도 가슴 깊이 감사드린다.

2006년 10월 25일
탐진관에서
이 인 경

차 례

제1장 序論

제1절 연구 목적

본고의 연구대상은 口碑 '烈설화'이다. '烈설화'란 본 연구를 위해 마련한 설화의 명칭으로서 '烈'이념을 주제로 삼고 있는 설화 전반을 지칭하는 것이다.[1] 따라서 '烈설화'는 烈이념을 구현하는 내용부터 이를 거부하는 내용에 이르기까지, 烈이념이 서사전개의 주된 動因이 되는 口碑說話 모두를 포함한다.[2] '烈설화'는 『韓國口碑文學大系』의 별책부록인

1) 장덕순 교수가 '烈설화'라는 용어를 이미 사용한 바 있다. "이 烈不烈說話는 烈女說話이면서 일반적인 烈說話와는 특이한 데가 있다. 보통 烈설화는 직선적인 성격을 지니고 있다." 장덕순(1978), 『한국설화문학연구』, 서울대출판부, 134면.

2) 이는 어떤 형태로든 '烈'이념을 매개로 형성된 이야기이므로, '烈'이념의 고양이라는 주제의식이나 '烈'이념에 대한 재해석, 또는 烈이념으로부터의 일탈을 지향하는 내용을 담은 모든 설화를 포괄한다. 한편 烈이념을 일탈하는 이야기는 烈女에 관한 이야기가 아니므로 '烈설화'의 범주에 넣는 것이 적절치 않다는 반론이 있을 수 있다. 그러나 본 연구에서 설정한 '烈설화'의 범주는 烈이념이 서사갈등의 핵심이 되는 설화이므로, 인물의 행적이 烈이념에서 일탈하더라도 과정이나 결과에서 烈이념과 갈등을 일으키는 설화를 포함한다. 반면 肉談이나 기생과의 풍류담처럼, 烈규범을 일탈한 여성인물을 그린 설화라 할지라도 여인의 행실과 烈이념 사

『한국설화유형분류집』의 설화 분류체계에 따르면 善惡譚 유형인 '4. 바르고 그르기'에 속하는 것이다. 善惡譚은 수집된 전체 설화의 양으로 볼 때 구비설화에서 가장 많은 비중을 차지하고 있으며, 특히 孝行譚과 烈女譚은 善惡譚의 대부분을 차지하고 있다. 그만큼 孝誠과 貞節은 한국인에게 중요한 가치이며 관심사임을 알 수 있는데,[3] 한국 구비설화에서 '烈설화'가 차지하는 비중은 그 내용과 양에 있어서 상당히 크다고 하겠다.

그러나 지금까지 학계에서 이루어진 연구성과는 이런 열녀설화의 비중에 비해 상당히 빈약한 형편이다. 본 연구는, 기존 연구가 烈女碑의 유래담 조사처럼 문화재 발굴 차원에서 설화에 나타난 烈行 양상을 분류하거나 소수 개별 설화유형에 담긴 烈인식을 검토하는 수준에 머문 것에[4] 문제를 제기하고자 한다. 즉, '烈女설화'보다 확장된 자료범주인 '烈설화'를 대상으로 이에 나타난 문학적 의미를 치밀하게 분석함으로써 설화문학으로서 '烈설화'의 위상을 바르게 정립하고자 한다.

지금까지 이루어진 구비설화 연구는 주로 구조주의 분석 방식에 의존해왔다. 그러나 구조주의는 구비문학 연구에 크게 기여하였음에도 불구하고 구비설화의 문학적 위상을 온당하게 정립하지 못하였다는 한계를 지닌다. 문학작품이란 내용과 형식이 분리될 수 없는 것임을 상기할 때, 유형에 속한 많은 각편들에 나타난 공통의미만을 추출하는 구조주의의 분석

이에 아무런 갈등이 드러나지 않는다면 '烈설화'의 범주에서 제외한다. 또한 서사문학이 본질적으로 자아와 세계의 갈등을 다루는 것이라고 할 때, 이념이 욕망을 완전히 압도함으로써 갈등이 부각되지 않는 것은 敍事라고 보기 어려울 것이다. 즉, 열녀에 관한 건조한 史實의 전달은 敍事이기보다 敎述에 가까울 것이므로 연구 대상에서 제외한다. 따라서 烈女門이나 烈女碑에 얽힌 사연을 사실적으로 간략히 전달하는 각편은, 형상성을 갖추어야 하는 본격적인 문학의 범주에 들지 않는 것으로 보아 자료 범주에서 제외한다.

3) 김대숙(1994), 「구비열녀설화의 양상과 의미」, 『고전문학연구』 9집, 한국고전문학회, 48면.

4) 이 점에 대해서는 뒤에 상세히 검토할 것이다.

방식은 문학작품으로서 설화가 지니는 독립적 가치를 인정하지 않는다는 점에서 심각한 문제가 있기 때문이다. 구조주의의 이런 난점은 학계에서 자주 지적되었는데, 이에 대한 대안으로 제시되어온 것이 바로 現場論이다. 그러나 자연발생적인 이야기판이 점차 소멸되어 가는 현실을 고려할 때 현장론은 여러 가지 면에서 한계가 있다. 한편 조동일은 現場論的 構造主義를 설화연구에 적용하여 주목할 만한 성과를 낸 바 있으며,[5] 필자는 이에 힘입어 話者論을 전개한 바 있다.[6]

본 연구 역시 동일한 문제의식에서 출발한 것으로, 개별 각편을 독립된 문학작품으로 바라보고 이에 담긴 의미를 탐색하는 것을 주된 과제로 삼는다. 따라서 각편에 나타난 이야기 줄거리에만 집착하는 것이 아니라, 문면에 드러난 수사적 측면과 화자의 개입 양상은 물론 行間에 감추어진 의미를 읽어내는 다각적인 분석 방법을 통해 설화에 담긴 심층적 의미를 해석하고자 한다.[7] 더불어 이런 작업에서 얻은 성과를 화자의 개성과 관련지어 논의함으로써 필자가 이미 시도한 바 있는 話者論의 후속작업의 일환으로 삼고자 한다. 본 연구는 이런 작업을 통해 '烈설화'의 문학적 가치를 종합적이고 실증적으로 드러낼 수 있을 것으로 본다.

인문학으로서의 고전 문학 연구란 문학에 나타난 과거 인간 삶의 모습을 현재와 관련지어 상호 조명하는 작업이라 할 때, 민간에서 전승되어 온 口碑說話는 매우 소중한 연구대상이라 하겠다. 설화의 구연현장은 전통적 가치와 현재적 가치, 개인적 가치와 공동체적 가치가 전면적으로 만나는 대화의 장이기 때문이다. 전승 현장에서 만나게 되는 口碑說話 자료는 단순히 과거를 담고 있는 화석이 아니라 時空의 변화 속에 끊임없이 이어진 전승자들의 논쟁과 재해석의 결과물이라고 할 수 있는

---

5) 조동일(1979), 『인물전설의 의미와 기능』, 영남대 민족문화연구소.
6) 이인경(1992a), 「화자의 개성과 설화의 변이」, 서울대학교 석사학위논문.
7) 이런 점에서 본 연구의 시각은 해석학의 입장과 통한다.

바, 중세적 가치의 현재적 의미를 조명하는 데에 있어서 매우 유용한 자료인 것이다.

중세 이념은 중세가 막을 내린 오늘날까지도 여전히 우리의 의식 저변에 깔려 있어서 근대 의식과 마찰을 일으키기도 한다. 이에 대해 혹자는 중세 이념은 전근대적 가치이므로 마땅히 청산되어야 한다는 태도를 보이는가 하면, 혹자는 중세 이념이 붕괴되어 가는 오늘날의 상황을 우려하기도 한다. 이런 시점에서 중세 이념이 근대적 가치와 조화를 이루어 보다 생산적인 방향으로 나아갈 수 있는 길을 모색하는 것은 현재 우리 인문학이 지닌 중요한 과제라고 할 수 있다.

우리 古典文學 작품의 주요한 사상적 배경인 중세 유교 이념 忠孝烈 가운데, 특히 烈은 남녀간의 애정을 바탕으로 한 信義라는 보편적 가치와 男尊女卑라는 중세적 가치관을 함께 내포하고 있다는 점에서 근대적 가치와 부합하는 동시에 충돌하는 양면성을 지닌다. 인간관계가 점점 利害關係에 따른 계약관계로 변질되어 가는 현대 사회에서 信義는 더욱더 소중한 가치로 부각되는 반면, 男尊女卑觀은 인간평등이라는 근대 이념의 실현을 위해 시급히 청산되어야 할 중세의 유산으로 지적되기 때문이다. 따라서 우리는 현재 烈이념을 전통적 가치로서 계승할 것인가를 두고 심각한 딜레마에 빠져 있다는 점에서, 구비 '烈설화'를 통해 烈이념의 현재적 의미를 탐색하려는 본 연구시각은 時宜 적절하다고 본다.

한편 忠과 孝가 남녀 모두에게 보편적으로 부여되는 덕목이라면 烈은 남녀 관계에서 여성에게만 부과되는 것이다. 중세 이념으로서의 烈은 조선시대 양반 사대부 계층의 남성이 창안하여 여성에게 부여한 윤리규범인바, 우리가 주로 접하게 되는 烈 관련 자료는 대개 이런 남성적 사고의 결과물이라고 볼 수 있다. 이런 까닭에 烈女이야기는 흔히 남성의 시각으로 바라본 烈女의 행적을 피상적으로 보여줄 뿐 정작 烈이념을 실현한 여성의 내면세계는 담아내지 못한 경우가 대부분이다.[8] 이에 비추어 볼 때, 문헌기록이 대부분 문자 생활을 영위하던 상층 지식인 남성들의 전유물임에 비해 구비설화는 상층과 하층, 여성과 남성을 불문한 다양한 사람들을 통해 전승되어왔다는 사실은 매우 중요하다. 특히 구비설화의 전승현장에서 여성 화자를 만날 수 있다는 것은 상당히 고무적인 일이다. 이는 남성의 시각에서 바라본 객체로서가 아닌, 여성이 주체가 되어 들려주는 여성의 이야기를 여성 화자의 설화를 통해 만날 수 있기 때문이다. 뿐만 아니라 구비설화는 상층 이데올로기인 烈이 민중의 삶에 적용된 구체적 모습을 보여준다는 점에서도 매우 주목할 만하다.

우리에게 가장 먼저 다가오는 烈女의 이미지는, 이른바 삶에 대한 욕망이나 갈등 또는 고통조차 느끼지 않은 채 충동적으로 죽음을 선택하는[9] 인물이거나 어린 자식을 남겨둔 채 남편의 뒤를 따라 자결하는 미성숙한 감상에 빠진 몰주체적인[10] 인물이다. 그러나 세계에 대한 피상적 이해는 위험할 수 있다. 중세의 烈女들 역시 분명 욕망과 감정을 지닌 인간일진대 이들에게서 인간의 보편적 정서를 느낄 수 없다는 것은

8) 이 점은 다음과 같은 연구에서 이미 지적된 바 있다. 강진옥(1995b), 「열녀전승의 역사적 전개를 통해 본 여성적 대응양상과 그 의미」, 『여성학논집』 12집, 이화여대 한국여성연구원; 이혜순(1998a), 「열녀상의 전통과 변모-<삼강행실도>에서 조선후기 <열녀전>까지-」, 『진단학보』 85집. 한편 박지원의 <열녀함양박씨전>이나 문헌설화에서 열녀의 내면을 조명하는 내용이 나타나기도 하지만 이는 예외적인 것이다.

9) 이혜순(1998a), 「열녀상의 전통과 변모-<삼강행실도>에서 조선 후기<열녀전>까지-」, 『진단학보』 85, 진단학회, 163면.

10) 강진옥은 이에 대해 다음과 같이 언급하였다. “이 경우 여성인물의 자결의 동기를 단순한 열이 아니라 사랑이라고 강변할 수 있을지 모른다. 그것을 비록 사랑이라 부른다 해도 그 사랑은 미성숙한 감상적 차원에 머물 뿐이다. 책임져야 할 육아의 의무를 간과한 여성인물들의 행동은 존재에 대한 주체적 자각이 없었기 때문에 생겨난 것이다. 남편을 따라 죽는 여성들을 지배하는 의식은 남편 없는 여자는 존재할 의의가 없다는 몰주체적인 의식이다.” 강진옥(1995b), 「열녀 전승의 역사적 전개를 통해 본 여성적 대응 양상과 그 의미」, 『여성학논집』 12, 이화여대 한국여성연구원, 85면.

어딘지 석연치 않다. 烈女들의 烈行에 나타난 엄혹함이나 무모함을 지적하여, 烈女들을 모두 중세 이념의 맹목적 추종자이거나 열등한 정신력의 소유자로 간주해서는 곤란할 것이다. 烈理念을 둘러싼 당대 여성의 내면 풍경을 보다 심층적으로 그리고 섬세하게 조명하는 작업이 이루어질 때에만 비로소 열녀들의 烈行이 지닌 진정한 의미를 온당하게 규명할 수 있을 것이다. 뿐만 아니라 이런 작업은 우리 고전 문학에 나타난 여성 인물의 성격을 심층적으로 파악하는 데에도 유용한 단서를 제공할 것으로 보인다.11)

오늘날 우리가 접하는 구비설화 자료는 순수한 구비적 전통 속에서 형성되었다고 보기 어렵다. 구비문학과 기록문학은 지속적인 상호교섭 관계에 있을 뿐 아니라 특히 근대에 이르러 문자 해독층이 증가하면서 기록문학은 구비문학에 강한 영향력을 행사하게 되었다. 그런가 하면 구비설화는 문헌에 정착됨으로써 독서물이 된 후 다시 구비설화의 전승현장에서 재생산되기도 하였다. 이런 복합적인 경로를 거쳐 오늘날 우리 앞에 모습을 드러낸 구비설화는 필연적으로 근대 이전의 문헌 설화와 親緣關係에 있기 마련인바, 이들 자료를 대비하여 고찰하는 작업이 필요하다. 채록 시기를 가늠할 수 있는 문헌설화를 통해, 구비설화 안에서는 고찰이 불가능한 烈인식의 역사적 변모양상과 口碑 '烈說話'의 형성 및 烈인식의 변모 과정을 살펴볼 수 있을 것으로 기대되기 때문이다. 뿐만 아니라 문헌전승과 구비전승 사이에 나타난 烈인식의 차이 역시 문학 담당층이나 갈래의 문제와 관련지어 검토되어야 할 중요한 문제이다.12)

---

11) <주몽신화>의 유화, 서사무가 <제석본풀이>의 당금애기, <삼국사기>에 나오는 도미처, <춘향전>의 춘향에 이르기까지 여성들은 貞節이란 문제로 인해 고난을 겪고 있는데, 서대석은 이를 혼사장애와 관련된 여성수난이라고 파악한 바 있다. 서대석(1995), 「한국소설문학에 반영된 신화적 양상」, 『관악어문연구』 20집, 서울대학교 국문과.

12) 다만 문헌전승 자료는 어디까지나 구비설화와 대비하기 위한 자료이며 문헌소재

우리가 일상적인 사고에서 벗어나는 충격을 문학 작품 속에서 발견할 때 감동을 얻게 된다고 한다면,13) 구비 '烈說話' 가운데 <남편 위해 훼절하기> 유형군 설화에서 그런 충격을 발견할 수 있다. 이는 문헌에서는 찾아보기 어려운 설화유형으로서, '남편의 救命'이라는 목적과 '아내의 毁節'이라는 수단 사이에 놓인 윤리적 긴장이 서사갈등의 축이 되고 있다. 이 설화유형에는 진정한 烈이 무엇인가에 대한 전승자들의 진지한 논쟁이 드러나 있어서 설화 전승자들의 烈인식을 살피는 데에 매우 효과적이다. 또한 이 설화유형은 기록문학에서는 잘 발견되지 않고 구비문학에서 활발히 전승되고 있다는 점에서 구비설화 전승자와 기록문학을 향유하는 識者層 사이에 내재하는 烈인식의 차이를 고찰하는 데에도 유용하다.

본 연구의 대상 자료는 한국정신문화연구원에서 발간한 『韓國口碑文學大系』 총 82권에 실린 구비설화들이다.14) 이는 철저한 현장조사의 방법으로 조사되었을 뿐 아니라 제보자에 대한 정보를 수록하였다는 점에서 설화 각편과 화자의 관계를 주목하는 본연구의 의도에 잘 부합된다. 그런데 현재 학계에는 『口碑大系』 이외에도 많은 설화집이 간행되었는바, 원칙적으로 이 모든 설화집을 연구대상으로 삼는 것이 마땅할 것이다. 그러나 본 연구는 설화 각편에 나타난 수사적 측면이나 화자의 개입과 청자의 반응 양상을 포함한 설화 구현 현장의 생생한 상황에 주목하고자 하므로 철저한 現場論的 조사방법으로 채록한 설화자료가 아니면 연구대상으로 삼기가 곤란하다.15) 또한 話者論을 전개하기 위해서는 제

'烈설화' 모두를 연구대상으로 삼지는 않는다는 것을 미리 언급해 둔다.

13) 조동일(1980), 『문학연구방법』, 지식산업사, 55면.

14) 이후로 『구비대계』로 약칭하기로 한다.

15) 예를 들어, 임석재(1987~1992), 『한국구전설화』 Ⅰ~Ⅻ, 평민사에도 상당한 양의 설화자료가 실려 있지만 열녀에 관한 설화가 거의 없을 뿐더러 무엇보다 자료의 채록방식이 현장론에 따른 것이 아니어서 논의 대상에서 제외하였다.

보자에 대한 정보가 필요한데, 이 모든 조건을 만족시키는 설화자료집은 『口碑大系』라고 판단된다. 뿐만 아니라 실제로 여타 설화자료집에 실린 '烈설화'의 내용을 검토한 결과 위의 자료와 내용상 별 차이가 없음을 확인할 수 있었으므로, 『口碑大系』 소재 설화자료로 연구대상을 한정하는 데에는 큰 문제가 없으리라고 본다. 따라서 여기서 도출된 연구 성과를 우리 '烈설화' 자료 전반으로 확대 적용하는 것 역시 별다른 무리가 없을 것이다.

본 연구를 위해 선별한 구비설화 자료는 170편 가량이다.[16] 또한 이 구비설화와 대비고찰하기 위해 문헌소재 '烈설화' 자료를 선별하였다.[17] 구비설화와 대비할 만한 열녀에 관한 문헌 자료들은 <三國史記>, <高麗史> 列傳, <朝鮮王朝實錄>, <東國與地勝覽>, <邑誌> 등과 같은 역사서나 지리서 그리고 <三綱行實圖>, <小學>, 劉向의 <列女傳>과 같은 교화서는 물론이고 개인 문집 소재 <烈女傳>과 설화에 이르기까지 다양하게 존재한다. 그러나 傳承이라는 구비문학적 성격에 주목하여 문학으로서의 '烈說話' 전승을 살피기 위해서 『大東野乘』을 비롯한 야담집 소재 문헌설화를 기본적인 연구 대상으로 삼기로 한다. 한편 개인문집 소재 烈女傳은 實話를 기록한다는 의식이 강한 만큼 '이야기' 전승을 다루는 본고의 의도와는 거리가 있어서 설화 문학과의 비교 자료로만 활용하기로 한다.

요컨대 구비 '烈說話'는 공식적인 史料라든지 『三綱行實圖』와 같은 倫理書나 烈女傳에서는 기대하기 어려운, 민중의 진솔한 삶의 모습을 보여준

16) '烈설화'의 유형 분류 체계에 포함하기 어려운 변이형 각편들이 있는데, 유형 분류표에 제시하는 각편 수에는 들어가지 않았지만, 설화의 변이양상을 살피기 위해 연구대상에 포함하였다.

17) 국역 『대동야승』, 민족문화추진회, 1986; 서대석 편(1992), 『朝鮮朝文獻說話輯要』, 집문당; 김현룡(1999), 『한국문헌설화』, 건국대학교출판부 등을 기초로 구비설화와 대비할 문헌설화의 목록을 뽑았다.

다는 점에서 매우 가치로운 연구 대상이다. 본 연구는 이런 구비 '烈說話'를 통해 烈이념이 삶의 현장에서 실현된 구체적 양상을 살펴봄으로써 역사의 이면에 숨겨진 삶의 진실을 포착하고자 한다. 인문학이 인간에 대한 탐구를 통해 삶의 가치와 방향을 제시하려는 데에 목표를 둔다고 한다면, 문학 연구 역시 작품 분석을 통해 인간의 삶이 지향해야 할 올바른 가치를 찾는 데 많은 비중을 두어야 할 것이다. 이런 시각에서 본 연구는 '烈說話'의 문학적 위상을 정립하는 한편, 口碑 '烈설화'에 담긴 민중의 烈인식을 추출함으로써 烈과 貞節이라는 전통적 가치에 대한 심화된 이해를 제공하는 데에도 의의를 두고자 한다.

제2절 연구사 검토

烈女說話가 매우 풍부하게 전승되고 있는 것에 비하면 의외로 烈女說話에 대한 연구는 미흡했던 것으로 보인다.18) 이는 '烈女'라는 소재가 지

---

18) 반면, 기록문헌에 나타난 烈女에 관한 연구는 烈女설화에 비해 활발하였는데, 주로 <삼강행실도>나 <고려사> 열전과 <조선왕조실록>, <동국여지승람>, <열녀전> 등을 대상으로 한 연구가 진행되었다. 주로 참고한 연구를 제시하면 다음과 같다. 김경진(1977), 「조선왕조실록에 기재된 孝女·節婦에 관한 小考」, 『아세아여성연구』 16집; 김용덕(1979), 「婦女守節考」, 『조선후기사상사연구』, 을유문화사; 고두행(1980), 「동국여지승람 <효자·열녀>조의 분석」, 전북대 교육대학원 석사학위논문; 안인욱(1983), 「열녀전 연구」, 영남대 석사학위논문; 이혜순(1986), 「<렬녀전> 연구」, 『김영덕, 이남덕, 윤원호 정년퇴임기념논문집』, 동간행위원회; 박희병(1991), 「조선후기 『傳』의 소설적 성향 연구」, 서울대학교 박사학위논문; 조태영(1991), 「고려사열전의 인물형상과 서술양상 연구」, 서울대학교 박사학위논문; 이대형(1994a), 「18세기 열녀전 연구」, 연세대 석사학위논문; 이대형(1994b), 「조선전기 열녀전 연구」, 『연세어문학』 26집; 강진옥(1995a), 「삼국 열녀전승의 성격과 그 서사문학적 의의」, 『경산사재동박사화갑기념논총』, 중앙문화사; 이혜순(1996), 「김부식의 여성관과 유교주의-<삼국사기> 여성열전의 분석적 고찰-」, 『고전문학연구』 11집; 이혜순(1998a), 「열녀상의 전통과 변모-<삼강행실도>에서 조선후기<열녀

닌 진부한 이미지에 일차적인 원인이 있을 듯한데, 우리에게 다가오는 열녀의 모습이란 대개 중세적 이념을 위해 기꺼이 죽음을 택한 여인에 지나지 않기 때문이다. 설화에 나타난 烈行은 늘 상투적이거나 비현실적이기 일쑤이다. 그런가 하면 열녀 설화 자료에는 그저 단순한 史實의 전달에 그치거나 중세적 가치를 거칠게 주입하는 내용이 대다수이다. 문학이란 예술의 하위 영역으로서 認識과 形象의 복합체이어야 함을 염두에 둔다면, 열녀 설화는 대개 認識이 形象을 압도하는 것이어서 문학으로서의 자격을 상실하기 십상이다. 게다가 그 認識 내용 역시 대개 별로 새로울 것 없는 중세 이념의 반복 재생산이란 점에서 연구자의 관심을 끌기 어려웠던 것 같다.

반면에 열녀 설화 가운데 烈不烈女說話 유형은[19] 흥미로운 내용을 담고 있어서 일찍부터 학문적인 관심의 대상이 되었다. 이는 손진태와 장덕순의 논의에서 출발한다. 손진태는 '烈不烈女傳說'이라는 제목으로 경남 창원군의 설화를 소개하면서 이 설화가 중국 설화의 영향을 받은 것으로 보았다.[20] 장덕순은 설화를 양식적으로 분류하면서 夫婦, 烈을 주제로 한 설화를 일곱 가지의 하위항목으로 나누었는데[21] 이 가운데 烈不烈說話와

전>까지-」, 『진단학보』 85, 진단학회; 이혜순(1998b), 「조선후기 열녀전의 입전의식」, 『양포이상택 환력기념논총』, 집문당; 이혜순(1999), 「조선조 열녀전 연구」, 『省谷論叢』 30집, 省谷學術文化財團; 임유경(1995), 「이옥의 열녀전 서술방식과 烈관념」, 『어문학』 56, 한국어문학회; 김대숙(1998), 「문헌소재 열녀설화 연구」, 『설화문학연구』 下, 단국대학교출판부. 이 밖에도 연암의 <열녀함양박씨전>에 관한 고찰이 활발히 이루어졌으며, 문헌설화에 나타난 여성의 개가 문제와 기생의 정절 문제를 고찰한 연구들이 있다.

19) 이 설화유형은 본고에서 다루는 <수절하기 어려운 사연> 유형군의 '원수의 아내 되었다가 복수하기' 유형에 해당한다.

20) 孫晋泰(1947), 『韓國民族說話의 硏究』, 을유문화사.

21) 望夫石, 절개지킨 열녀, 烈不烈, 多夫烈女, 아내는 남, 딸은 헛것, 女子는 大忌라는 일곱 유형을 설정하였다. 장덕순(1978), 『한국설화문학연구』, 서울대출판부, 28면. 그러나 이것은 烈을 다루고 있는 것만을 분류한 것이 아니라 夫婦의 문제를 다룬 것까지 합친 것이어서, 열녀 설화가 일곱 개의 하위 유형으로 나뉜다고 할 수 없다.

多夫烈女說話[22])를 烈不烈說話로 묶어서 간략히 논의한 바 있다.[23])

조정래는 기존 설화자료집과 구비문학대계의 열녀설화를 모티프별로 나누어 거기에 담긴 전승집단의 의식을 살펴보고자 하였으며,[24]) 김선풍은 嶺東地方을 대상으로 조사한 孝烈行蹟기념물과 설화를 소개하였다.[25]) 또한 김광순은 孝烈說話[26])를 간략히 검토하고 孝烈의 현대적 의미를 살폈으며, 이수봉은 百濟문화권역의 孝烈說話를 문헌과 口碑자료를 망라하여 소개하였는데, 烈說話를 그 烈行의 내용에 따라 분류하였다.[27]) 그러나 이 연구들은 대상 자료의 상당수가 實話인데다 논의의 내용도 대개 이야기의 줄거리를 소개하고 烈이념의 현대적 의미를 찾는 등, 설화 자체에 대한 문학적 분석보다 피상적인 관심에 치우친 감이 없지 않다. 한편 배성진은 『韓國口碑文學大系』에 실린 열녀설화를 대상으로 그 유형을 나누어 살펴본 후 전승집단의 의식을 고찰하였다.[28]) 이는 방대한 양의 구비설화 전반을 연구대상으로 삼았다는 점에서 의의를 찾을 수 있겠

또한 실제로 『구비대계』에는 烈에 관한 훨씬 다양한 유형의 이야기들이 실려 있다.

22) 본고의 <남편 위해 훼절하기> 유형군의 '개가하여 본남편 구완하기' 유형이다.

23) 여기서는 한 여인이 자식을 낳으며 함께 살아온 後夫가 자신의 미모를 탐내어 전남편을 살해한 것임을 알게 되자 그를 죽여서 전남편의 복수를 하였다는 내용인 烈不烈說話를 소개하였다. 또한 병든 남편을 수발하기 위해 부잣집의 후처가 되었다가 남편이 죽자 따라서 죽은 여인의 이야기인 이른바 二夫烈女談을 烈不烈의 주제를 공통적으로 다루고 있다 하여 烈不烈說話에 추가하였다. 장덕순(1978), 『한국설화문화연구』, 서울대출판부, 131~135면.

24) 그는 烈不烈女說話와 二夫烈女談이 지나치게 規範的인 烈보다는 남편에 대한 信義를 지키는 것이 더 중요하다는 것을 보여준다고 하였다. 조정래(1981), 「烈女說話 硏究」, 『진주교대 논문집』 23집.

25) 김선풍(1978), 「嶺東地方의 孝烈說話文學考」, 『우리문학연구』 3집, 우리문학연구회.

26) 김광순(1984), 「孝烈說話의 양상과 현대적 의미」, 『여성문제연구』 제13집, 효성대 한국여성문제연구소.

27) 이수봉(1984), 『백제문화권역의 孝烈설화 연구』, 백제문화연구원; 이수봉(1987), 「湖南地方의 烈說話 硏究」, 『장태진박사회갑기념국어국문학논총』, 삼영사; 이수봉(1988), 「湖西地方의 孝烈說話 硏究」, 『홍익어문』 7집, 홍익대학교.

28) 배성진(1993), 「烈女說話 硏究」, 한국교원대학교 대학원 석사학위논문.

으나, 烈說話의 하위 유형을 나누어서 이야기 내용을 소개하는 데에 그치고 있어서 기존 연구에서 나아갔다고 보기 어렵다.

위에서 검토한 열녀설화 연구는 사실 본격적인 문학 연구로 보기 어려운바, 이는 연구자가 생각하는 '烈女說話'의 속성 가운데 '烈女'라는 요소가 '說話'라는 요소를 압도하는 데에서 기인한다고 본다. 다시 말해서 열녀설화를 문학 연구 차원이 아닌 烈女碑의 유래담이라는 '지역 문화재' 발굴 차원에서 접근하려는 연구자의 태도가 열녀 설화를 온전한 文學으로서 연구하는 데 걸림돌이 되어 왔던 것이다.

이런 기존의 연구 시각에서 벗어나 본격적인 문학적 분석을 가한 것은 비교적 최근의 일인데 이는 민찬의 작업에서 시작된다.[29] 그는 烈不烈說話의 구조분석을 통해 설화가 담고 있는 이념적 지향을 탐색하였다. 그는 烈不烈說話에는 烈이라는 윤리적 가치와 당면한 삶의 현실적 문제의 충돌에 대한 설화 전승자들의 의식이 나타나 있으며, 上下主從의 신분적 예속에 기반한 강고한 실천 윤리가 와해되기 시작하는 봉건주의 해체기로서의 조선후기의 사회상이 반영되어 있다고 보았다. 이 연구는 분석대상으로 삼은 설화의 유형과 각편의 수가 빈약하다는 점과, 烈不烈說話 유형의 범주를 지나치게 확대함으로써 설화의 하위 유형간의 변별성을 간과하였다는 점이 문제로 지적될 수 있다. 그럼에도 불구하고 이는 烈說話의 '설화문학적 의미'를 밝혀낸 선구적인 작업이라고 할 수 있다.

황인덕은 열녀시험담 유형에 속하는 네 편의 각편을 분석하여 이에 나타난 烈認識 태도와 의미를 밝혔다.[30] 그는 선행 연구에서 흔히 보이던, 열녀설화를 범박하게 소개한 후 烈이념을 도식적으로 추출해내는 식의

29) 민찬(1987), 「烈不烈說話의 이념적 지향과 삶의 문제」, 『韓國文化』 9집, 서울대 한국문화연구소.

30) 황인덕(1990), 「'열녀시험'형 설화의 유형적 성격과 烈 인식의 의미」, 『조종업박사화갑기념논총』, 동간행위원회.

틀에 박힌 연구방식을 극복하고, 각편에 나타난 烈인식을 세밀히 분석하는 생산적인 논의를 펼쳤다. 그는 이 설화가 조선 후기 서민의 삶 의식이 예술적 표현으로 확장되는 일면 실학 쪽의 진취적 비판의식이 점고되어 가던 사회배경과 대체로 일치된다고 보아, 조선후기 무렵에 형성된 것으로 추론하였다. 그러나 조선 전기 문헌자료에 유사한 설화가 있음에도 불구하고 이를 고려하지 않은 점과 이 설화유형의 일부 각편만을 논의대상으로 삼은 것은 아쉬움으로 남는다.

김대숙은 『口碑大系』에 실린 방대한 양의 열녀설화를 검토하여, 자연스러운 애정담, 규범적인 열녀담, 탈규범적인 열녀담으로 나누어서 논의하였다.[31] 이는 국내에 전승되고 있는 口碑烈女說話의 전모를 처음으로 밝혀내었을 뿐 아니라, 제보자의 성별에 따른 각편의 의미 차이를 지적하였다는 점에서 연구사적 의의를 지닌다.[32] 그러나 한정된 지면에 많은 설화 자료를 다루어야 하는 부담으로 각편에 대한 심층적 분석은 부실할 수밖에 없었다는 점이 한계로 지적된다.

강진옥은 문헌자료에서 구비설화에 이르기까지 전반적인 열녀전승에 관해 통시적인 연구를 진행하면서, "구전설화의 세계는 이념적 가치의 허와 실을 경험적으로 체득해온 향유층의 제관점이 논쟁적으로 존재한다."[33]고 하였다. 이 작업은 다양한 자료를 통해 열녀전승의 역사적 전개와 그 의미를 탐색한 성과를 내었는데, 주로 문헌자료에 치중하였으며, 구비설화에 대한 논의는 간략히 이루어졌다.

필자는 <남편 위해 훼절하기> 유형군을 중심으로 각편의 구체적 변이 양상과 화자의 의식에 주목하여 논의를 진행한 바 있다.[34] 이 설화유

31) 김대숙(1994), 「구비열녀설화의 양상과 의미」, 『고전문학연구』 9집, 한국고전문학회.
32) 남성제보자들은 여인에게 더 철저한 貞潔과 어려운 조건의 통과를 요구하는 반면 여성제보자들은 곧잘 악조건을 완화하는 경향이 있다는 것이다.
33) 강진옥(1995b), 「열녀전승의 역사적 전개를 통해 본 여성적 대응양상과 그 의미」, 『여성학논집』 12, 이화여대 한국여성연구원.

형군은 改嫁와 烈女라는 개념의 충돌이 일어나고 있다는 점과 각편에 나타난 변이 양상을 볼 때 화자의 성별과 계층의식에 따라 상이한 烈인식을 발견할 수 있다는 점에서 흥미로운 자료임에 틀림없다. 그러나 이 유형의 설화는 전체 '烈설화' 가운데 일부 유형에 한정된 것이어서 '烈설화'의 제 양상을 드러내지 못하였다. 게다가 이는 '烈설화' 가운데 상당히 특이한 내용을 담은 유형이어서 설화 전승자의 보편적인 烈인식을 보여준다고 하기 어려웠다.

앞에서 살펴본 바와 같이 구비 전승되는 '烈설화' 자료의 量에 비하면 지금까지 진행된 '烈설화' 연구는 量과 質 모두에서 빈약한 수준을 면치 못하고 있다. 따라서 烈女의 행적을 담은 '烈女' 설화에 국한하거나 개별 유형에 주목하던 지금까지의 연구시각에서 벗어나, 연구 대상을 烈이념을 일탈하는 내용의 설화까지 포괄하는 '烈설화' 유형의 모든 각편으로 연구대상을 확대할 필요가 있다고 본다. 또한 '烈설화'에 담긴 의미를 다각적으로 그리고 심층적으로 분석함으로써 이에 담긴 전승자의 烈인식을 추출해내는 작업이 매우 절실히 요구되며, 구비설화와 문헌설화를 대비함으로써 이들 간에 존재하는 烈인식의 차이를 탐색하는 작업 역시 필요하다.

요컨대 본 연구는 위와 같은 문제 의식을 바탕으로 '烈설화'의 역사적 변모양상과 중세로부터 현재에 이르는 전승자의 烈인식 변화에 대한 종합적인 고찰을 시도하는바, 이는 설화 문학연구만이 아닌 우리 고전 문학 연구 전반에 있어서 상당히 의미 있는 작업이라고 본다.

34) <남편 위해 훼절하기> 유형군의 일부 유형과 <수절하기 어려운 사연> 유형군의 '원수의 아내 되었다가 복수하기' 유형을 검토하였다. 이인경(1998a), 「'改嫁烈女談'에 나타난 烈과 貞節의 문제」, 『口碑文學硏究』 6집, 한국구비문학회; 이인경(1998b), 「'옥에 갇힌 남편을 살려주면 몸을 허락하겠다는 열녀'형 설화에 나타난 諸問題」, 『관악어문연구』 23집, 서울대학교 국문과.

제3절 용어의 개념

1. 문헌에 나타난 烈女의 개념

『辭苑』에 따르면 烈女란 '혼인 전에 약혼자가 죽었을 경우 그 뒤를 따라 죽는 여자' 및 '스스로 목숨을 끊음으로써 强暴者에 항거하는 未婚女'이며 烈婦는 '旣婚女로서 남편의 뒤를 따라 죽는 부인 및 목숨을 끊음으로써 强暴者에 항거하는 婦人'이라고 한다. 그러나 우리나라에서는 실제로 烈婦와 烈女을 구분하지 않고 있고 烈女 대신 節婦라는 용어가 사용되기도 한다. 이처럼 烈女의 개념이나 모습은 각 시대에 따라 그리고 사회 집단에 따라 달랐던 것으로 보이는데 중국과 우리나라의 문헌을 통해서 이를 살펴보기로 한다.

(1) 중국 문헌에 나타난 烈女의 개념

북경대학의 王春梅는 『淸史稿』의 烈女傳을 분석하여 이를 節婦, 孝婦, 賢婦, 賢母, 貞婦, 烈婦, 孝女, 貞女, 烈女, 義婦, 기타로 분류하여 개념을 정의한 바 있다. 여기서 節婦는 남편 사망 후 평생 再嫁하지 않은 여인, 烈婦는 남편을 따라 죽거나 죽음으로써 정조를 지킨 여인, 烈女는 烈婦와 비슷하나 결혼하지 않은 여인, 貞婦는 약혼기간 중 배우자가 죽었거나 남편이 집을 떠나 돌아오지 않거나 혹은 남편이 일찍 죽었어도 시댁에서 守節하는 여성, 貞女는 어떤 상황에서건 순결을 잃지 않고 죽는 여성이라고 정의하였다.[35] 그러나 이혜순은 『淸史稿』에서 이 모든 유형의 여인을 총괄하여 烈女傳이라 한 것으로 보아 烈女는 未婚과 旣

35) 王春梅, '從淸代烈女看儒家文化及其影響', 유교문화 속의 결혼과 가족: 한중 여성비교연구 심포지움 발표논문(1996.6.21). 이혜순(1998a), 165면에서 재인용.

婚을 가리지 않으며, 살았는가 죽었는가를 구분하지 않은 것으로 보인다고 하였다.36)

劉向의 『列女傳』과 중국 문헌 『古今圖書集成』에 나타난 烈女의 개념을 정리한 이대형은 唐代의 열녀전에서 烈은 부부 사이에 지켜야 할 여성의 윤리를 뜻한다기보다 '利害나 권력에 굴하지 않고 나라를 위하여 節義를 굳게 지키는 사람'이라는 뜻의 烈士와 같은 의미로 쓰였다고 하였다. 또 淸代에 편찬된 『古今圖書集成』에서는 義·烈·節을 구분하였는데, 明代에야 비로소 '남편과의 義를 위하여 목숨을 버리는 부인'이란 의미의 열녀 개념이 드러나 열녀의 의미가 사회적인 것에서 가족관계로 국한되는 것을 볼 수 있다고 하고, 이는 南宋의 대가족제도와 朱子家禮의 성립에 따라 사회적, 공적인 禮가 가족중심의 사적인 禮로 성격이 변한 결과로 보았다.37)

또한 그는 『列女傳』에서 『貞順傳』과 『節義傳』이 열녀의 개념범주에 부합한다고 보고 두 층위의 범주를 추출하였다. 즉, '終不背義'를 본질로 하는 節義는 對社會的인 公的인 관계에서의 도리를 말하며, '終不更二'를 본질로 하는 貞順은 보다 私的인 관계로서 남편에 대한 수직적 관계에 국한된 도리를 말한다는 것이다. 따라서 節義는 貞順을 포함하는 보다 보편적인 범주라면, 貞順은 節義에 종속되는 특수한 범주에 해당한다고 보았다. 또한 節義에 해당하는 열녀 개념은 '氣象과 절개가 강한 여자', 貞順에 해당하는 열녀 개념은 '굳게 절조를 지키는 여자'로 풀이하고, 貞順은 그 행위 유형에 따라 다시 '守節'과 '殉節'로 구분된다고 하였다.38)

---

36) 이혜순(1998a), 「열녀상의 전통과 변모-<삼강행실도>에서 조선후기<열녀전>까지-」, 『진단학보』 85, 165면.
37) 이대형(1994b), 「조선전기 열녀전 연구」, 『연세어문학』 26집, 116~121면.
38) 이대형(1994a), 「18세기 열녀전 연구」, 연세대학교 석사학위논문, 10~13면.

(2) 국내 문헌에 나타난 烈女의 개념

우리 문헌에서 '烈女'라는 개념이 처음 사용된 곳은 <高麗史> 烈女傳인데, 그 이전의 문헌으로서 열녀 행적을 다룬 경우는 <三國史記> 列傳이 있다. <三國史記> 列傳에 나타난 행적의 성격은 부부 사이의 종속적 관계에서 이루어지는 貞順이라기보다 보편적인 성격의 節義에 근접한다. 그 세계관적 기반은 특별한 사상체계가 아니라 보편적인 인간적 존엄성이라고 할 수 있다.[39] <高麗史> 烈女傳의 序文에는 다음과 같은 언급이 보인다.

> 옛적에 여자가 나면 傳姆의 가르침이 있었고 자라서는 彤史의 가르침이 있었다. 그러므로 집에 있어서는 賢女가 되고 남에게 시집가면 賢婦가 되며 變故를 만나면 烈婦가 되었다. 그러나 後世에는 婦訓이 규방에 미치지 못하였으므로 卓然히 自立하여 亂에 임하여 칼날을 무릅쓰고 死生으로써도 그 志操를 바꾸지 않는 것이 아아 가히 어렵다고 하겠기에 烈女傳을 짓는다. 古者女子生而有傳姆之敎長有彤史之訓故在家爲賢女適人爲賢婦遭變故而爲烈婦後世婦訓不及於閨房其卓然自立至臨亂冒白刃不以死生易其操者嗚呼可爲難矣作烈女傳[40]

이처럼 <高麗史> 烈女傳의 편찬 의식에 나타난 열녀 개념은 변고를 만나 죽음을 무릅쓰고 지조를 지키는 여인인 것이다. 그런가 하면 <稗官雜記>에 다음과 같은 내용이 보인다.

---

39) 이대형(1994a), 11면.

40) 譯註(1971), 『高麗史』 第十, 동아대학교 고전연구실과 北譯(1991), 『高麗史』 第十一冊, 신서원의 번역을 참조하였다.

> 중국에서 節婦에 대하여서는 고 백성 모의 처 모씨 정절지문(故民某妻某氏貞節之門)이라 하였는데, 대개 아내는 반드시 남편을 따라야 하므로 그 남편의 관작과 성명을 든 것이다. 이른바 貞節이라는 것은 남편이 죽은 뒤에 죽을 때까지 절개를 지킨 여인을 말하는 것이요, 烈婦에 이르러서는 특이한 행실이 있었으므로 고 민모의 처 모씨 정렬지문(故民某之妻某氏貞烈之門)이라 하였지마는, 우리 나라에서는 그저 열녀모씨지문(烈女某氏之門)이라고 하였다. 그것은 우리 나라의 부인들은 모두 수절을 했으므로 반드시 특이한 행실이 있은 연후에라야 정문을 세웠으니, 節婦・貞節・烈婦・貞烈의 구별이 없다.'[41]

또한 이덕무는 <靑莊館全書>에서 "남편이 죽고 나서 절개를 지키는 사람을 節婦라 하고, 남편이 죽은 뒤에 따라 죽거나 또는 亂을 당하여 굴하지 않고 죽은 사람을 烈婦라 하고, 폐백을 받고 나서 남편이 죽었는데도 절개를 지키는 사람을 貞婦라 한다. 우리 나라의 사대부집에서는 개가하는 일이 없기 때문에 남편의 喪中에 죽은 사람만을 旌表하도록 허락하고 있다. 죽는 것을 烈婦라 할 수 있겠으나 역시 경상의 도리는 아닌 것으로, 喪中에 너무 슬퍼하다가 죽은 효자의 경우와 같은 것이다."라고 하였다.[42]

한편『三綱行實圖』에 나타난 열녀상의 전통과 변모 양상을 검토한 이혜순은 劉向의『列女傳』에서 취택된『三綱行實圖』의 자료를 볼 때 편찬자가 생각하는 열녀상은 貞順에 있음을 지적하였다. 그는 열녀의 개념이 '개가할 수 있는데도 개가하지 않은 여성에서 차츰 烈婦란 '변고를 만났을 때 생기는 것'이라는 변화된 시각을 반영한다고 하였다. 또『三綱行實圖』에 나타난 열녀의 유형은 殉節型, 守節型, 그리고 여인의 節義와 무관

---

41) 어숙권, <패관잡기> 2, 국역『대동야승』제4권, 민족문화추진회, 1971, 468면.
42) 李德懋, 국역『靑莊館全書』XI, 민족문화추진회, 1981, 38면.

한 헌신형으로 나눌 수 있으며, 이는 다시 죽은 烈女와 살아 있는 烈女로 이분된다고 하였다.43)

이대형은 조선에서는 '烈女'의 개념이 '貞順'에 국한되어 사용되었다고 하고 烈女傳을 기준으로 세분한다면 대체로 조선 전기의 열녀는 守節과, 후기의 열녀는 節死와 관련된다고 하였다. 결과적으로 열녀란 조선 전기에는 '굳게 절조를 지키는 여자'라는 정도의 의미였다면, 후기에는 '죽음으로 貞節을 지키는 여자'라는 의미로 통하였다고 정리하였다.44) 그러나 조선시대 이전에는 넓은 범주의 열녀 개념이라 할 수 있는 節義에 합당한 행적이 발견될 뿐, 특별히 烈女라는 개념은 사용되지 않았다고 하였다.

그렇다면, 貞, 節, 烈이라는 漢字 뒤에 女 또는 婦라는 漢字가 결합하여 만들어지는 단어의 조합 모두가 烈女라는 큰 개념에 해당되는 것으로 볼 수 있다. 그런데 이 용어들 각각의 개념이 우리 나라에서는 분명하게 구분되지 않을 뿐더러, 烈女의 개념 역시 상황에 따라 가변적이었음을 알 수 있다. 다만 烈女의 개념을 설명하는 데에 사용되는 貞順, 守節, 節死, 殉節 등의 용어로 미루어 볼 때, 烈女란 최소한 여인의 節義와 관련된다는 것을 확인할 수 있으며, 또한 현재 일반적으로 수용되고 있는 열녀의 개념도 이에 해당한다고 하겠다.45)

---

43) 이혜순(1998a), 「열녀상의 전통과 변모-<삼강행실도>에서 조선후기<열녀전>까지-」, 『진단학보』 85, 진단학회, 166면.

44) 이대형(1994a), 「18세기 열녀전 연구」, 연세대학교 석사학위논문, 10~13면.

45) 현재 『우리말 큰사전』에는 烈女란 '고난이나 죽음을 무릅쓰고 절개를 지키어 남의 모범이 될 만한 여자', 그리고 貞節은 '여성의 곧은 절개' 또는 '정절을 굳게 세우고 굽히지 아니함'이라고 정의되어 있다. 한글학회(1992), 『우리말 큰사전』, 어문각. 그리고 『한국민족문화대백과사전』에 따르면, 烈女란 '危難을 당하여 목숨으로 貞操를 지켰거나 또는 오랜 세월에 걸쳐 고난과 싸우며 守節한 부녀자를 일컫는 말'이라고 되어 있다. 이문웅(1991), 열녀, 『한국민족문화대백과사전』, 한국정신문화연구원.
참고로 烈士의 사전적 정의를 보면 '利害나 권력에 굴하지 않고 나라를 위하여 본고에서 논의할 대상 가운데 <정절 지키기> 유형군의 설화들은 바로 이런 節義를 행한 여인들의 이야기를 담고 있어서 전형적인 烈女 설화라고 할 만하다. 한편 이혜순이 지적한 바대로 『三綱行實圖』에 節義와 무관한 '헌신형'의 열녀가 나타난다는 점을 주목할 때, 설화 전승자들이 <남편 구하기>와 <남편 위해 훼절하기> 설화유형군에 등장하는 주인공을 烈女로 인식하게 되는 근거를 찾을 수 있다. <남편 구하기> 유형군에는 주인공이 貞節을 지키는 것과 무관한 이야기들이 포함되어 있으며, <남편 위해 훼절하기> 유형군에는 주인공이 貞節을 잃는다는 점에서는 烈女의 개념과 멀지만 그의 훼절이 오히려 남편을 살리는 수단이 된다는 역설적인 내용의 이야기가 포함되어 있다. 이런 문제적인 설화를 통해서 '烈女'에 대한 전승자들의 인식을 발견할 수 있다.

한편 조동일은 좁은 의미에서의 정절은 아내가 남편을 위하여 자기 정조를 지키는 것을 뜻하지만, 다른 방법으로 남편을 위한 행위도 함께 고려한다면 열녀설화의 외연이 넓어질 수 있다고 하였다.[46] 또한 조정래는 '여자가 남편을 위하여, 貞節을 지키기 위여, 失節을 회복하기 위하여 취하는 행위'가 烈女의 행위이며 이런 이야기가 열녀설화가 된다고 한 바 있는데,[47] 이처럼 구비 설화에서는 열녀의 개념이 상당히 넓

節義를 굳게 지키는 사람'이라고 되어 있다. 한글학회(1992), 『우리말 큰사전』, 어문각. 이것을 烈女의 경우로 생각해 보면, '利害나 권력에 굴하지 않고 남편을 위하여 節義를 굳게 지키는 여자'라고 할 수 있을 것 같다. 그러나 이런 사전적 정의는 同語反覆에 그치는 것이어서 그 의미가 명료하지 않다.

사실 烈女의 개념을 이해하기 위해서는 먼저 貞操, 貞節, 節槪, 守節, 節義 등의 개념을 정의해야 하는 순환논리에 빠지게 된다. 예를 들어 절개의 『우리말 큰사전』의 풀이를 보면 '옳은 일을 지켜 뜻을 굽히지 않는 굳건한 마음이나 태도'라고 되어 있다. 결국 오늘날의 사전적 정의에 집착하는 것은 이처럼 용어의 추상적인 개념 정의를 넘어서지 못하므로 생산적이지 못하다. 실제로 이런 사전적 정의에 따를 때 여인의 '죽음'이 烈女가 되기 위한 충분조건인지 필요조건인지 알 수 없다.

46) 조동일(1991), 「열녀설화」, 『한국민족문화대백과사전』, 한국정신문화연구원.

47) 조정래(1981), 「烈女說話 硏究」, 『진주교대 논문집』 23집.

어지고 있다. 예를 들어 '改嫁烈女談' 유형은 설화의 命名에서부터 드러나듯이 改嫁와 烈女라는 두 개념이 충돌하면서 우리에게 혼란을 준다.[48] 이는 설화 전승자들이 지닌 烈의 개념이 통상적인 범주를 벗어남을 의미한다. 따라서 이 경우 烈이란 용어는 복합적인 의미를 지니는데, 설화가 역사적인 전승과정을 통해 다양한 의미의 중첩이 일어나듯이 烈에 대한 전승자의 다양한 인식이 동일한 언어형식 속에 중첩되어 있기 때문이다. 이처럼 동일한 記表(시니피앙) 속에 전승자가 다양한 記義(시니피에)를 부여하는 데에서 일어나는 언어적 혼란은 논의 전개에 상당한 부담이 된다. 전승자들이 설화를 통해 보여주는 烈관념은 조선조의 규범적 烈관념을 뛰어넘어 '아내가 남편의 有益을 위하여 행하는 모종의 가치로운 행동' 전반을 의미하는 것으로 외연이 확대되고 있는 것이다. 따라서 '貞節을 지킨 여인', 또는 '烈行을 한 여인'이 烈女라는 식의 동어반복을 막고 용어 사용상의 혼란을 최소화하기 위해서는 새로이 개념을 설정할 필요가 있다.

2. 용어의 개념 설정

전승자의 烈인식을 귀납적으로 파악하는 것이 본고의 과제인바 烈의 개념을 미리 정리한다는 것은 대단히 역설적인 작업이라고 할 수 있다. 그럼에도 불구하고 용어의 혼란과 개념의 추상성에 따른 논의의 부담을 덜기 위해 불가피하게 용어의 개념을 다음과 같이 잠정적으로 설정하여 사용하면서 논의 결과에 따라 보완하거나 수정하기로 한다.

우선 烈女란 烈을 실현한 여인인바 다시 말하면 烈行을 한 여인이다. 이 때 烈이란 관념 속에 존재하는 추상적 可能態이므로, 烈이념이 구체

48) 이인경(1998a), 「'改嫁烈女談'에 나타난 烈과 貞節의 문제」, 『구비문학연구』 6집, 한국구비문학회.

적 행위로 현실 속에 드러난 實現態는 烈行이라고 할 수 있다. 한편 <남편 위해 훼절하기> 유형군을 고찰하기 위해서 불가피하게 烈과 貞節이라는 용어의 개념을 분리하여 논의해야 할 필요가 있다. 이를 위해 烈이란 '포괄적 의미의 貞節을 실현하는 일'이며, 烈行이란 '여성이 정절을 실현하기 위해 노력한 결과'라고 우선 범박하게 정리해둔다. 烈은 다시 廣義의 烈과 狹義의 烈로 나누어서 생각해 볼 수 있다. 廣義의 烈은 정신과 육체 양면을 포괄하는 추상적 의미의 貞節을 실현하는 것이며, 狹義의 烈은 특히 육체적 貞節을 실현하는 것을 의미한다. 또한 정신과 육체를 포괄하는 廣義의 개념으로서의 貞節은 '두 남녀 사이에 이루어지는 독점적인 애정 관계'로 이해할 수 있으며, 狹義의 정절은 '특정 남녀간에 이루어지는 상호 독점적 性접촉 상태'라는 물리적 개념으로 이해할 수 있다.[49]

사실 貞節이란 어떤 구체적 상황을 맞이함으로써 새삼 강조되는 성질을 지닌다고 할 수 있다. 어린아이에게서 보게 되는 生得的이며 自然保全的(?) 貞節은 무의미하기 때문이다. 貞節이란 구체적 상황을 맞아서 인간의 의지가 개입할 때에 비로소 진정한 의미를 갖게 되는바, 貞節은 守節 또는 毁節이라는 양자택일적인 상황을 맞이함으로써 부각되는 것이다. 요컨대 자연발생적인 상태로서 保全되는 정절이기보다는 희생을 감수하면서도 지키고자 하는 의지의 결과물일 때 貞節은 진정한 의미를 갖게 되는 것이다.

이제 논의에 실제로 적용하기 위해 貞節의 개념을 우선 육체적인 면에 한정하여 구체화하기로 한다. 먼저 정절을 지킨다는 것은[50] 未婚女의 경

49) 이런 식으로 용어의 개념을 설정하는 것은 남성의 정절이나 기생의 정절도 포괄할 수 있다는 점에서 논의 진행에 매우 유용하다.

50) 본 연구에서 정절을 지키는 행위는 守節이라는 용어로 지칭하기로 한다. 그런데 이런 용어의 개념 설정은 현실에서 守節을 통상적으로 '과부가 개가하지 않음'을 지칭할 때 사용하는 것과 차이가 있다. 이는 여성이 자신의 정절을 지키려는 행위

우 '婚姻과 무관한 또는 본인이 원치 않는 남자와 性的 接觸을 하지 않는 행위'로, 旣婚女의 경우는 '처음 혼인한 남편 이외의 남성과 性的 접촉을 하지 않는 행위'로 정리할 수 있다.[51] 기생의 경우는 본인이 원치 않는 남자와 性的 接觸을 하지 않는 행위'로 이해할 수 있다. 한편 여염집 여성이 최초로 혼인하는 남성(첫 남편) 이외의 남성과-本夫의 生死와 관계 없이-性的으로 접촉하는 것은 貞節을 훼손하는 것 즉, 毁節이라고 지칭할 수 있다.[52] 또한 여인이 一回的이 아닌 婚姻의 방식으로 毁節하는 것은, 혼인의 예를 갖추었는가를 따지지 않고[53] 改嫁라는 용어를 사용하기로 한다.

요컨대 논의에서 사용할 용어의 개념에서 貞節은 육체적인 것에 한정된 狹義의 개념이며, 烈은 廣義의 추상적 개념임을 강조해 둔다. 따라서 여기에는 정신적 정절의 문제가 제외되어 있는바, 이는 논의전개 과정에서 얻어진 결과를 통해서 해명되어야 할 과제이다. '烈설화'의 분석 과정

전반을 지칭하는 넓은 개념이다.

51) 한편 여성이 핍박을 당하여 강제로 失節하였을 경우 그에게 守節 意志가 없다고 보는 이분법적 사고를 경계하고, 失節을 만회하고자 하는 의지도 守節 의지로 보는 것이 온당할 것이다. 여인이 자신의 정신적 정절을 지키기 위해 행하는 모든 희생은 烈에 해당하는 것으로 볼 수 있기 때문이다.

52) 이렇게 정리하고 나면 貞節의 개념은 외면으로 드러나는 육체적 정절로 고정된다. 그런데 전승자들이 설화를 통해 보여주는 烈관념은 이런 육체적인 貞節을 지키는 데에 국한되지 않고 '아내가 남편의 有益을 위하여 행하는 모종의 가치로운 행동 전반'을 의미하는 것으로 외연이 확대되고 있다. 만일 정절을 정신적인 면에서 접근한다면 그 외연이 무한히 넓어지게 된다. '정신적 貞節'을 '한 대상에 대한 변하지 않는 사랑의 마음'이라고 일단 범박하게 이해한다면, 사랑의 마음을 증명하는 방법은 매우 다양할 것이기에 이에 대한 개념을 명확하게 규정할 수는 없을 것이다. 정신적 정절과 육체적 정절은 표리의 관계를 이룬다고 할 수 있으며, 육체적 정절이란 정신적 정절을 증명하는 하나의 수단이라고 이해할 수 있다. 따라서 烈이란 여인이 자신의 정신적 정절을 지키기 위해 행해야 하는 육체적인 희생으로 이해될 수 있다. 그러나 논의를 위한 용어 개념의 명징함을 위해 貞節이란 용어를 일단 육체적인 면에 한정하여 사용하기로 한다.

53) 각편을 보면 주로 보쌈으로 업혀가거나 아들을 낳아달라는 요청을 받아 함께 산다.

을 통해 이런 육체적 정절과 정신적 정절의 관계를 비롯하여 烈과 貞節의 문제에 대한 설화 전승자의 인식을 탐구함으로써, 이런 논의내용이 수정 보완되기를 기대한다.

제2장 '烈설화'의 전승양상과 의미

제1절 '烈설화'의 유형 구분

'烈설화'의 범주에는 매우 다양한 내용의 설화가 포함된다. 따라서 이렇게 다양한 설화를 효과적으로 검토하려면 일정한 기준에 따라 설화들을 범주화할 필요가 있다. 한편 『韓國口碑文學大系』의 별책 부록인 『韓國說話類型分類集』의 분류 방식에 따라 '烈설화' 자료들을 찾아보기로 하자. 여기에 따르면 '烈설화'는 대부분 善惡譚 유형인 '4. 바르고 그르기'에 속하는데 분류 항목을 구체적으로 제시하면 다음과 같다.

4. 바르고 그르기

41. 바를 만해서 바르기

411 어려운 사정 있어도 가족 사이의 바른 도리 지키기

411-8 어려운 사정 있어도 정절 지키기

411-9 남편 대신 옥살이 한 열녀

411-10 혼인 약속 굳게 지키기

411-11 목숨 걸고 남편 구하기

413 바른 행실 지키니 이적 일어나기

413-5 개가하지 않은 며느리를 도운 호랑이

413-10 자기 살(비상)로 남편 살린(병 고친) 열녀

413-11 남편의 시신과 함께 떠오른 열녀

42. 바를 만한데 그르기

421 바른 행실 하다가 그릇되기

421-6 남편 죽자 단식해 죽은 열녀

43. 그를 만한데 바르기

431 누명 썼다가 해명되기

433 그릇된 방법으로 바른 행실 지키기

433-6 자식 죽여서 남편 받들기

433-7 원수의 아내가 되었다 복수하기

433-8 남편을 살려주면 몸을 허락하겠다는 열녀

433-9 남을 돕기 위해 개가한 열녀

434 그릇된 방법으로 좋은 결과 얻기

435 그릇된 방법으로 남녀관계 온전하게 하기

435-4 과부 개가시키기

436 그릇된 가족 관계 바로 잡기

436-5 개가한 열녀 유복자 본가로 보내기

44. 그를 만해서 그르기

441 가족 관계 그르치는 악행

441-10 행실이 음란한 아내

441-12 서방질하다 들킨 가짜 열녀

이외에도 일부 유형은 '3. 속이고 속기'로 분류되어 있는데 제시하면 다음과 같다.

3. 속이고 속기

31. 속일 만해서 속이기

311 도움 받을 사람 지략으로 돕기

311-5 행실이 훌륭한 사람 표창한 박문수

322 자기보다 나은 사람 만나기

22-4 자기보다 영리한 아이를 만난 박문수

323 도움 받아야 할 상황에 이르기

이런 분류 방식에 따라 '烈설화'를 분류하는 데에는 여러 가지 문제가 있음을 본다. 첫째, 이 분류 방식은 '烈'을 주제로 한 분류가 아니어서 '烈설화'의 전승유형을 포괄적이며 체계적으로 논의하는 데에 한계가 있다. 위에서 확인하듯이 분류 항목 가운데 '烈설화'에 해당하는 항목만을 선별하여야 할 뿐 아니라, 실제로 각 항목에 속한 각편들이 모두 '烈설화'의 범주에 드는 것도 아니어서 일일이 각편을 선별해야 하는 번거로움이 있다. 또한 설화유형의 명칭 부여에 일정한 기준이 발견되지 않는다는 점도 곤란한 문제이다. 이는 등장인물에 초점을 맞춘 것에서부터 특정한 상황을 서술한 것에 이르기까지 다양해서, 烈女가 행한 烈行의 방식은 어떤 것인지 그리고 설화에서 문제된 烈이념의 성격은 어떠한지를 일관성 있게 제시하기 어렵다.

둘째, 각 분류 항목에 각편을 분속시키는 것이 전적으로 분류자의 가치 판단에 따른 것이라는 점을 문제로 지적할 수 있다. 烈이란 바람직한 것인가와 무엇이 진정한 烈인가를 숙고하는 것이 '烈설화' 연구의 중심 과제에 해당하는데, 이를 위해서는 설화 자료의 분류가 선결과제가 된다. 그러나 이 설화유형 분류를 위해 다시 '바르다'와 '그르다'의 판단 기준을 설정해야 한다면 이는 결국 순환논리의 오류에 빠지게 되는 것이다. 또한 각편을 대상으로 이런 판단을 내리는 일은 상당히 심도 있는 분석 작업이 선행된 이후에야 가능한 일이라는 점에서 설화 분류자의 일방적이며 주관적인 해석에 따라 쉽게 결정될 성질이 아니라고 하겠다.

예를 들어 '43. 그를 만한데 바르기' 항목으로 분류된 "남편과 자고도 죽은 헛 열녀"[1]라는 제목의 각편을 보자. 이 각편이 '그를 만한데 바르기' 항목으로 분류된 기준은, '겁탈을 당하였으니 마땅히 자결해야 할 여인이 살아있는 것은 부도덕한 일인데(그를 만한데) 결과적으로 보니 자신의 남편과 동침한 것이므로 여인이 자결하지 않은 것은 정당한(바른) 일이다'라는 논리인 듯하다. 그런데 이 각편을 달리 해석해 보면, 여인들이 자신이 겁탈을 당했다고 여겨서 자결한 것은 정절을 지키려는 "바른" 일로 볼 수도 있지만 실상은 남편들의 장난기 때문에 남편과 동침한 일로 인해 여인이 자결하였다는 점에서 결과적으로 "그릇된" 일이라고 할 수 있다. 그렇다면 이는 오히려 '바를 만한데 그르기'로 분류될 여지도 분명히 있는 것이다. 게다가 각 항목에 사용된 술어의 개념이 모호하며 비논리적이라는 점도 문제이다. 예를 들어, '좋다', '바르다', '그릇되다'라는 술어가 행위의 정당성 여부에 대한 도덕적 판단과 행위의 성패(행위 결과에 나타난 행·불행)에 대한 단순 사실 판단이 면밀

1) 『구비대계』 7-17, 323면.

히 구별되지 않은 채 두루 사용되고 있기 때문이다.

한편 '433 그릇된 방법으로 바른 행실 지키기, 434 그릇된 방법으로 좋은 결과 얻기, 435 그릇된 방법으로 남녀 관계 온전하게 하기, 436 그릇된 가족 관계 바로 잡기'의 경우를 예로 들어보면, 바른 행실 지키기는 좋은 결과를 얻는 것과 어떻게 변별되는지, 또한 남녀 관계를 온전하게 하는 것은 좋은 결과를 얻는 것과 어떻게 변별되는지 기준 설정이 모호하다. 이런 문제는 '좋다', '바르다', '온전하다' 등등의 술어가 근본적으로 상호 배타적일 수 없다는 점에서 시작되는 것이다. 뿐만 아니라, '烈설화'는 당연히 남녀 관계를 소재로 삼고 있으며 특히 부부관계를 중심으로 전개되기 마련인데, 남녀 관계를 온전하게 하는 것과 가족 관계를 바로잡는 것이 분명하게 다른 범주로 설정될 수 있는지도 의문이다.

셋째, 본 연구에서 다루는 '烈설화'의 자료 범주는 이 분류체계에 따르면 4. 바르고 그르기와 3. 속이고 속기 유형에 해당한다. 그렇다면 이 두 개의 대항목으로 분류된 각편들이 '烈'이라는 동일 범주에서 논의될 수 있는 논리적 근거를 이 분류체계 안에서는 찾아낼 수가 없다. 실제로 『韓國說話類型分類集』의 분류 결과를 면밀히 검토해 보면 동일 유형에 속하는 각편들이 각기 다른 유형으로 분류되어 있거나, 반대로 전혀 다른 의미를 갖는 각편들이 동일 유형으로 묶여 있어서 매우 혼란스럽다. 예를 들어서, '거짓 열녀 만들기'의 경우는 311-5와 322-4, 434에, '열녀 시험담'의 각편들은 411-8, 413, 431, 441-10에 흩어져 있다. 그리고 411-9 남편 대신 옥살이 한 열녀와 411-10 혼인 약속 굳게 지키기 유형의 경우는 설화의 주제가 동질적인 것이어서 상호 배타적으로 분류될 성질이 아니다. 그런 까닭에서인지, 실제로 두 항목의 각편들이 서로 넘나들면서 분류되어 있음을 보게 된다.[2] 그런가 하면

2) 411-10 항목으로 분류된 『구비대계』 5-7, 23면의 '생열녀'라는 각편은 411-9 항목에 속한 각편들과 동일한 내용이다.

433-8의 항목에는 옥에 갇힌 남편을 살리려고 몸을 허락하겠다는 열녀, 하룻밤을 자도 만리성을 쌓는다는 이야기, 병든 남편을 살리려고 개가하는 여인 이야기 등이 한데 섞여 있다.[3)]

이로 보건대 '烈설화'의 전승유형과 유형별 변이양상을 고찰하기 위해서는 부득이 이 분류체계의 각 항목에서 해당 각편을 발췌한 후 다시 분류를 해야 하는 불합리한 상황이 벌어진다. 따라서 '烈설화' 자료의 유형분류 작업은 결국 본고에서 해결해야 할 기본과제임이 분명해진다.[4)] 일단 귀납적인 방식을 도입해 보면, 일정한 줄거리를 공유하는 설화 각편들을 하나의 유형으로 묶을 수 있다. 그리고 동일한 주제 의식을 보이는 설화유형들을 보다 상위 개념인 유형군으로 묶을 수 있고, 이 유형군들은 다시 '-型'으로 묶을 수 있다. 이처럼 모든 '烈설화'에 해당되는 각편들을 이런 귀납적인 방식으로 분류한 결과를 토대로 다시 '烈설화'의 유형을 정리해 보기로 한다.

먼저 설화의 여성 인물이 육체적 貞節을 保全하는가를 기준으로 하여 '烈설화'를 크게 守節型과 毁節型으로 나눌 수 있을 것이다.[5)] 守節型은

3) 그리고 411-8에도 열녀시험담, 節死한 열녀 이야기, 孝婦이야기, 남편 따라 죽은 여인 이야기, 옥에 갇힌 남편을 구하려고 몸을 허락하겠다는 열녀의 이야기 등 이질적인 내용의 각편들이 뒤섞여 있다. 411-11에서도 여러 가지 유형의 각편들이 섞여 있어 사정은 마찬가지인데 특히 413-11 유형과의 변별점이 모호하다.

4) 『한국설화유형분류집』의 분류 작업이 앞에서 지적한 바와 같은 문제를 안고 있음에도 불구하고, 현재로서는 가장 유용한 분류체계임이 틀림없다. 따라서 이 작업의 성과를 충분히 활용하는 차원에서 '烈'이념을 주제로 삼고 있는 '烈설화'의 유형을 다시 분류해 보기로 한다.

5) 정절을 육체적인 면에 한정하면 <정절 지키기> 유형군이 본질적인 수절형에 해당한다고 할 것이다. <남편 구하기> 유형군은 정절을 잃지 않은 상태라는 면에서 훼절형과 구분되므로 소극적인 의미로 수절형에 해당할 것이다. 그러나 정절을 정신적인 측면에서 접근하면 오히려 <남편 구하기> 유형군이 적극적인 의미에서 수절형에 해당할 가능성이 있고, <남편 위해 훼절하기> 유형군도 정신적인 정절을 지켰다는 점에서 수절형에 속할 여지가 생긴다. 이는 논의를 거쳐서 검토해야 할 사항이다.

여성의 육체적 정절이 훼손되지 않는다는 점에서 공통성을 갖는다면, 毁節型은 여성 인물의 육체적 정절이 훼손되는 '상황'에 초점이 놓이는 설화들이다. 守節型과 毁節型으로 분류하는 것은 '烈'이념의 구현에 있어서 貞節의 의미를 효과적으로 조명하기 위한 것이다. 守節型은 다시 烈行의 성격에 따라 여성 인물이 육체적 貞節을 지키려고 노력하는 것에 초점이 놓이는 <정절 지키기> 유형군과, 남편의 생명을 구하려는 아내의 희생을 다루고 있는 <남편 구하기> 유형군으로 구분된다.[6] 또한 毁節型은 여성 인물의 毁節이 일어나는 동기에 따라 남편의 有益과 관련되는 경우는 <남편 위해 훼절하기> 유형군으로, 여성 인물의 욕망 때문에 훼절이 일어나는 경우는 <수절하기 어려운 사연> 유형군으로 구분된다. 전자는 烈과 貞節 사이의 이념적 충돌이 일어난다면 후자의 경우 貞節이라는 사회적 윤리와 개인의 욕망 사이에 갈등이 일어난다는 점에서 구분된다.[7]

다음으로 각 유형군에 속하는 유형을 설정해 보자. 守節型의 경우 <정절 지키기> 유형군은 여성 인물이 정절을 지키다가 죽는 이야기와 정절을 지키며 살아가는 이야기로 나뉜다. 또한 <남편 구하기> 유형군은 여성 인물이 남편의 생명을 구하는 방식에 따라 다음 세 가지로 나뉜다. 첫째, 살해나 처형될 위기에 처한 신랑을 탈출시키고 신부가 그 자리를 대신한 이야기. 둘째, 아내가 危難에 처한 남편을 구하려다가 죽게 된 이야기. 셋째, 아내의 노력으로 남편의 병을 고친 이야기.

毁節型의 경우 <남편 위해 훼절하기> 유형군에 속하는 유형은 다음과 같이 네 가지로 설정된다. 첫째, 여인이 남편 死後 개가하여 유복자를

6) 두 유형군은 烈이 갖는 두 가지 성격을 잘 보여주는데, 이런 두 가지 유형군의 구분은 毁節型의 <남편 위해 훼절하기> 유형군 설화의 의미 해석을 위해 유용한 틀이 된다.

7) 이런 분류 방식은 각 설화유형에 내재한 서사적 갈등구조에 주목한 것이다.

양육하여 本夫의 대를 잇는 이야기. 둘째, 여인이 개가하여 병든 本夫를 구완한 이야기. 셋째, 여인이 하룻밤 동침한 남자로 강제 노역에 나간 남편을 구해온 이야기. 넷째, 옥에 갇힌 남편을 살리기 위해 여인이 외간남자와 동침해야 할 위기에 처했으나 실제로는 毁節하지 않고 남편을 살린 이야기.

한편 <수절하기 어려운 사연> 유형군은 다음의 네 가지 유형으로 나뉜다. 첫째, 열녀인지 여부를 시험하는 이야기. 둘째, 本夫를 죽인 남자에게 개가하였다가 진실을 알고 원수를 갚은 이야기. 셋째, 不貞한 여인을 열녀로 만든 이야기. 넷째, 과부를 개가시킨 이야기. 마지막으로 하위 유형의 명칭은 주인공을 주체로 삼아[8] 그가 행한 '烈行'이나 '烈'이념의 실현에 대한 태도가 잘 드러나도록 일관성이 있게 부여하였다. 이제 이와 같은 '烈설화'의 유형 분류 결과를 정리하면 다음과 같다.[9]

8) 설화의 서사 전개에서 여성인물이 부수적 인물로 나타나는 '43. 거짓 열녀 만들기' 유형은 예외이다.

9) '옥에 갇힌 남편 살리려고 몸을 허락하기' 유형은 결과적으로 여인이 정절을 保全하였으므로 毁節型이라고 하기 어렵다. 그러나 정절을 훼손하여 남편을 살리고자 하는 여인의 결정이 있었으므로 이야기에 나타난 갈등구조에 주목하여 이 유형군에 포함하기로 한다. 또한 '열녀시험 통과하기' 유형은 설화에 등장한 두 여성 인물 가운데 하나는 훼절한 여인이고 다른 하나는 어렵게 열녀시험을 통과하는 여인이다. 훼절한 여인을 기준으로 하면 당연히 훼절형에 속한다. 다른 여인도 역시 정절을 지키는 것이 매우 어려운 일이었다는 점에 주목하여 상대적으로 여성 인물의 성적 욕망이 강하게 드러나는 설화라는 점에서 갈등구조에 주목하여 훼절형에 넣기로 한다.

<구비 '烈설화'의 유형과 해당 각편의 수>

*** 守節型(貞節保全型)**[10)]

1. **<정절 지키기> 유형군**

11. 죽음으로 정절 지키기

11-1 핍박 당하여 죽기 (7+1=8)

11-2 남편을 따라 죽기 (10+1=11)

12. 정절 지키며 살아가기

12-1 외간 남자의 유혹 물리치기 (3+0=3)

12-2 개가 권유 물리치고 시부모 받들기 (14+2=16)

2. **<남편 구하기> 유형군**

21. 남편을 대신하여 희생하기

21-1 남편 대신 죽기 (8+0=8)

21-2 남편 대신 옥에 갇히기 (3+2=5)

22. 남편의 생명 구하려다 죽기 (2+1=3)

23. 남편의 병을 치료하기

23-1 자신의 살로 치료하기 (6+5=11)

23-2 공포를 무릅쓰고 약을 구하기 (3+2=5)

23-3 비상으로 치료하기 (8+4=12)

10) 여기서 貞節保全型이라는 副題를 달아놓은 것은 守節의 용어 개념을 '과부가 개가하지 않는 일'로 한정하지 않도록 하기 위함이다.

＊毁節型

3. <남편 위해 훼절하기> 유형군

31. 개가하여 유복자로 대 잇기 (4+1=5)

32. 개가하여 본남편 받들기

32-1 後夫의 자식 죽여 본남편 치료하기 (3+1=4)

32-2 개가하여 본남편 구완하기 (8+1=9)

33. 하룻밤 동침한 남자로 만리성 쌓는 남편 구해오기 (7+3=10)

34. 옥에 갇힌 남편 살리려고 몸을 허락하기 (3+1=4)

4. <수절하기 어려운 사연> 유형군

41. 열녀 시험 통과하기 (6+2=8)

42. 원수의 아내 되었다가 복수하기 (7+3=10)

43. 거짓 열녀 만들기 (9+4=13)

44. 과부 개가하기 (15+5=20)

＊보기 (남성화자 각편 數 + 여성화자의 각편 數 = 해당각편 數)

제2절 守節型 '烈설화'의 전승유형과 의미

설화를 분석하기 전에 미리 언급할 것은, 각편에는 서사전개만이 아닌 作品 外的 自我인 話者의 말이 함께 존재하는데 이런 경우 순수한 敍事와 話者 개인의 말을 분리하여 논의할 필요가 있다는 점이다. 각편에는 敍事내용에 나타난 의미와 화자가 부여하는 의미가 일치하지 않는 경우가 빈번하다. 경우에 따라 화자가 부여하는 의미가 서사내용과 전혀 무관한 경우도 있어 화자의 말을 신뢰하기 어려운 경우가 많다. 한 예로 남편을 위해 죽은 여인을 孝婦라고 칭하는 화자가 눈에 많이 띈다. 한편 화자가 매우 규범적인 열녀의 행적을 구연하면서 '그래서야 되겠느냐'고 끝을 맺기도 하는데, 이처럼 설화 각편에 나타난 의미와 화자가 그 이야기를 구연한 의도는 어긋날 수 있는 것이다. 즉, 각편들이 공통된 서사내용을 갖는다고 해서 화자들이 거기에 동일한 의미를 부여한다고 보는 것은 실상에 부합하지 않는다.

따라서 개별 화자가 부여하는 의미와 그 설화유형의 공통적 서사구조의 의미 층위를 분리해야 할 필요가 있다. 설화유형에 나타난 공통된 서사구조가 갖는 의미에는 '전승자 집단'의 의식이 드러난다고 한다면, 동일 설화유형에 속한 각편의 변이양상에는 '개별 화자'의 의식이 드러나 있다고 하겠다. 그뿐 아니라 채록된 각편 안에는 화자만이 아닌 청중의 말도 나타난다. 청중의 의견은 그 자체가 설화에 나타난 전승자의 의식을 고찰하기 위한 좋은 자료인 동시에, 청중의 반응에 따라 이야기가 변화된다는 점을 볼 때도 주목할 만한 부분이다. 설화의 전승자란 설화가 형성되어 오늘날까지 전승되어 오는 과정에 참여한 모든 사람들을 이르는 추상적이며 포괄적인 개념이다. 따라서 설화의 전승집단이란 실체가 명확히 잡히지 않는 개념인 것이다. 그러므로 설화에 나타난 의미의 분석은 전적으로 연구자의 몫이며, 이 작업을 통해 실체를 만나기 어려운 설화 전승자의 의식을 추적해야 할 것이다.

守節型 '烈설화'는 烈行의 성격에 따라서 둘로 나뉘는데, 여인이 자신의 정절을 지키기 위해 희생을 무릅쓰는 내용인 <정절 지키기> 유형군과 남편의 목숨을 구하기 위하여 노력하는 내용인 <남편 구하기> 유형군이다. 검토할 각편의 수가 대단히 많으므로 논의의 효율성을 고려해 설화 각편들에 관한 구체적 정보는 표로 제시하고 각 유형의 변이양상과

설화가 담고 있는 의미를 검토하기로 한다.

1. <정절 지키기> 유형군

11. 죽음으로 정절 지키기[11]

11-1 핍박당하여 죽기

이 유형에 속하는 각편은 대개 분량이 짧으며 서사성이 부족한데, 화자들은 대개 설화 내용을 實話로 여기고 있어서 허구적인 '이야기'를 하는 것이 아닌 事實을 전달한다는 생각으로 구연에 임하고 있다. 설화의 주인공을 살펴보면 처녀(1-4번), 과부(5, 6번), 남편 있는 기혼녀(7번), 기생(8번)으로 나타나, 性的 핍박을 당할 수 있는 모든 여성의 신분이 등장하는 셈이다. 이 유형에 속하는 각편을 모두 8편을 찾았는데 표로 보이면 다음과 같다.

번호	제보자			각편 제목	대계 번호	채록 지역
	성 명	성별	나이			
1	김일기	남	52	북평 3효자	2-3	강원 삼척
2	박영국	남	67	효심이 지극한 朴처녀의 정절	2-8	강원 영월
3	전용재	남	64	산남리 옥씨 정문의 유래	8-10	경남 의령
4	허백영	남	48	칠곡면 용동 열효각	8-10	경남 의령
5	권정대	남	40	자결한 과부	7-9	경북 안동
6	김채란	여	63	진양 하씨 열녀 집안	8-10	경남 의령
7	김차동	남	75	남편과 자고도 죽은 헛 열녀	7-17	경북 예천
8	유성칠	남	78	기생 고경춘의 정절	2-8	강원 영월

11) 여기부터는 논문의 장절 번호가 아닌 설화유형분류의 분류번호를 붙여 나가기로 한다.

(1) 핍박을 당해 죽은 여인 (1-5번 각편)

1-4번은 임진왜란 때 왜병의 핍박에 맞서 정조를 지키려고 죽은 여인의 이야기들이다. 주인공은 모두 처녀이다. 1, 3, 4번은 열녀비의 유래를 설명하는 데 초점이 놓여 있고, 2번은 처녀암이라는 바위의 이름을 설명하는 이야기로서 서사성이 빈약하다. 내용을 보면 1번의 경우 처녀가 왜병에게 항거하다가 맞아 죽고, 2번에서는 처녀가 물에 투신하여 자결한다. 3, 4번에서는 처녀가 왜병이 만진 젖가슴을 도려내고 죽는다. 그런가 하면 5번에서는 과부가 겁탈 당할 위기에 처해서가 아니라 단지 중의 손이 닿았다는 이유로 자신의 가슴을 도려내고 죽는다. 모든 각편에서 여성의 내면의식이 드러나지 않으며, 주인공은 모두 인간적인 고통도 삶에 대한 집착도 없는 것처럼 그려진다. 한 예로 외간 남자의 손이 닿은 신체 부위를 여인이 스스로 도려낸다는 이야기는 眞實性이 의심스러울 정도이다.

한편 3번의 화자 박영국은, 婚期가 넘도록 아버지를 봉양하기 위해 혼인도 하지 않은 처녀가 왜병의 핍박을 피해 물에 뛰어든 것을 애석해하면서 이렇게 말한다.

> 그래서, 처녀암이라 하는데, …(중략)… 우리가 생각컨댄 에, 열아홉 살 되면 그땐 과년한 처년데, 과년한 처녀가 그야말로 참, 그 性이라는 걸 모르고 性이라는 걸 알게끔 되는 상황을 거부를 허고, 투신자살을 했다는 갸륵한 애기라 해서 전설이 되고……[12)]

다른 화자들이 주인공의 죽음을 이념의 실현을 위한 비교적 당연한 행

---

12) 『구비대계』 2-8, 421면.

동으로 보고 구연하고 있는 데에 비해, 화자 박영국은 처녀의 '性的 욕망' 이란 측면에 주목하고 있다. 말하자면 처녀가 (드디어?) 性的인 욕망을 충족시킬 수 있는 상황(기회?)을 맞이했음에도 불구하고 명분을 위해 기꺼이 죽음을 택한 것이 갸륵하다는 것이다. 화자는 주인공이 아직 "性에 눈뜨지 않은" 처녀였던 까닭에 바로 그런 선택이 가능하였다고 판단하는바, 결국 性的 체험이 전혀 없는 '처녀'의 상태로 생을 마감한 주인공에 대해 안타까움을 표하고 있다. 여기서 주목할 점은 다른 화자들은 처녀들이 왜병에게 정조를 유린당하는 굴욕적 상황(고통)이 싫어서 죽음을 선택했다고 해석한다는 점이다. 그러나 박영국은 이와 대조적으로, 처녀가 왜병의 뜻에 동의할 경우 性的인 쾌락을 누릴 수도 있었음에도 이를 거부하고 죽었다고 여기는 것이다.

이처럼 설화의 화자가 이 처녀의 죽음을 性的 핍박에 대한 항거로 보는지 아니면 性的 유혹에 대한 거부로 보는지에 따라 처녀의 죽음을 이해하는 관점이 달라지게 된다. 즉, 처녀의 죽음을 전자가 '원치 않는 이성으로부터 자신의 몸을 지키려는' 본능적인 방어의식에 의한 것으로 보는 반면, 후자는 이념적 교화에 따른 '규범의 수행'이라는 이념의 차원으로 해석하는 것이다. 그러나 상대가 왜적이었음을 고려하면 처녀들의 저항은 민족적 자부심과도 무관하지 않을 듯하다. 처녀의 저항은 무엇보다 먼저 '性的 主體性'을 실현하기 위한 인간의 보편적이며 본능적인 선택으로 보는 것이 타당할 것이며, 그 저항의 방식이 오로지 자결이라는 극한적 선택이었다는 것은 이미 사회적 규범으로 자리 잡은 烈이념에 의한 것으로 해석하는 것이 설득력이 있을 것이다.

(2) 열녀 시험 때문에 죽은 여인 (6-7번 각편)

다음은 어떤 가문에서 열녀가 많이 나온다는 소문이 과연 사실인지를 확인하기 위해 누군가가 열녀 시험을 한다는 내용이다. 각편의 내용을 간추려 본다.

6번 각편 : 고을 원이 양반인 진양 하씨 가문에 열녀가 많다는 소문을 듣고 진상을 알아보러 갔다가 그 집에서 하룻밤을 묵게 되었다. 고을 원은 짐짓 배가 아파 죽겠다는 시늉을 하면서, 새댁이 자신을 업고 돌아야만 병이 낫겠다고 하였다. 청상과부인 새댁은 자기 집에 온 손님을 살려내야 한다는 생각으로, 고을 원을 등에 업고 돌았다. 이때 고을 원이 짐짓 새댁의 젖가슴을 만지니 새댁이 그를 떨어뜨리고는 방으로 돌아갔다. 고을 원은 '역시 열녀가 없다'고 여기고 새벽이 되면 열녀문을 부수기로 마음먹었다. 아침이 되어 고을 원의 밥상이 들어왔는데 새댁의 젖이 반찬 그릇에 올라와 있었다. 고을 원이 죽은 새댁의 열녀문을 세워주었다.

7번 각편 : 한 남자가, 함께 공부하던 친구 여섯 명에게 자기 집안(현풍곽씨 집안)에는 열녀가 많이 난다는데, 그게 사실인지 각자 집에 가서 시험해 보자고 하였다. 각자 자기 집 담을 넘어서 강제로 부인과 동침하고 왔다. 다음날 친구 여섯 명의 부인 모두 자결했다는 부고가 날아왔는데, 정작 이 일을 주동한 남자의 아내는 자결하였다는 소식이 오지 않았다. 화가 난 남자가 아내에게 찾아갔다. 아내가 남편에게 그의 두루마기를 보며 누가 앞자락을 끊었는가를 묻자 남편이 답변하지 못하였다. 사실 지난밤에 여인이 동침한 남자의 두루마기 앞자락을 끊어놓았던 것이었다. 죽은 여인들에게 내린 열녀각에 불을 놓으니 타 버렸다.

무모한 열녀 시험으로 인한 여인들의 애매한 죽음이 나타난다는 점에서, 6번과 7번은 동일한 내용을 담고 있다. 그러나 7번은 열녀시험의 주체가 남편이었다는 점에서 6번보다 문제가 더 심각하다. 또한 성급하게 죽음을 택한 다른 여인들과 달리, 현명한 아내가 사태의 본질을 간파함으로써 무모한 죽음을 면했다는 점에서 설화의 의미가 확장되고 있다.

먼저 6번을 살펴보면서 고을 원이 이런 열녀 시험을 하려고 마음먹었을 때 처음부터 어떤 결과를 기대하였는가를 따져 보기로 하자. 아마도 고을 원이 새댁에게 기대했던 '열녀다운' 행동은 남녀의 內外法을 강하게 내세워 외간 남자와의 접촉을 완강히 거부하는 태도였을 것이다. 이런 고을 원의 烈女觀에 따르면 여인이 그를 등에 업었을 때 이미 열녀 시험은 끝난 셈이다. 그럼에도 불구하고, 그가 열녀 시험이라는 명분으로 불필요하게 새댁의 가슴을 더듬는 성희롱까지 벌인 것은 官長으로서의 직권을 남용한 것이었다. 이런 상황에서 '도리어' 고을 원이 새댁을 못마땅하게 여긴 것은 새댁이 이 상황을 적극적으로 통제해야 마땅하다고 판단했기 때문이다. 그러나 새댁의 입장에서 볼 대 당시에 死境을 헤맬 만큼 위독한 來客을 살려야 한다는 생각에 골몰했을 뿐, 이런 돌발 상황을 전혀 예상하지 못한 채 순식간에 성희롱을 당한 것이었다. 사실 새댁의 잘못은 '배가 아픈 사람이 새댁의 등에 업혀서 돈다고 해서 병이 낫겠는가?' 하는 합리적인 사고를 하지 못한 우직함에 있다고 할 것이다. 이렇게 보면 고을 원이 시험한 것은 결과적으로 새댁의 '貞節意識'이 아닌 새댁의 '지혜'였던 셈이다.

사실 고을 원이 새댁의 행동을 못마땅하게 여겼던 것은 그가 연극을 하고 있었기 때문이다. 고을 원과 새댁이 느끼는 상황의 심각성은 각기 달랐던 것이다. 고을 원이 정말로 死境에 놓였다면 오히려 새댁이 內外法을 내세워 자신의 죽음을 방관할 경우 이를 매우 고깝게 생각했을 것이다. 화자는 다음과 같이 상황의 절박함을 서술하여 새댁에게는 다른 선택의 여지가 없었음을 역설한다.

> "청천과부가, 우리 집에 들어온 손님이 말이지, 저래 죽는다고 꼭두박 질을 하고 이라니께네, 그래 누구든지 여자 마음으로 업어 가지고……, 인자 '새댁이라야 된다' 쿠는기라. '업어 가지고 돌며는 좌우간 배가 낫는다' 쿠니까네 어짤 수가 없는 기라예."13)

이처럼 새댁이 자기 집에 온 손님의 목숨을 살리기 위해 善을 행했음에도 불구하고 고을 원이 이를 새댁의 미약한 정절의식의 표출로 본 것은, 救人보다 貞節의 保全을 더 가치롭게 여기는 고을 원의 가치관 때문이다. 사실 여염집 여인의 등에 업혀서 일부러 가슴을 더듬는 고을 원의 행위가 열녀 시험이란 명분 하에 용인될 수 있는 것이라면, 외간남자를 등에 업은 새댁의 행위 역시 救人이라는 명분을 통해 그 도덕적 가치를 충분히 인정받을 만한 사안인 것이다. 救人을 위해 男女授受不親의 禮를 어긴 것은 분명 權道에 해당하기 때문이다. 참고로 구비설화 중에는 처녀가 빈사상태에 이른 외간남자를 등에 업고 집으로 데려가 목숨을 살렸는데 알고 보니 그가 왕의 아들이어서 처녀는 왕비가 되었다는 이야기14)도 있다. 뿐만 아니라 여염집 여인이 허기가 져서 탈진한 암행어사에게 자신의 젖을 먹여 살려준 공으로 큰 상을 받게 되었다는 내용의 설화도 있다.15)

한편 고을 원은 새댁을 곤란한 상황에 빠뜨린 자신의 잘못은 돌아보지 않은 채, 이 집안의 열녀문을 부술 생각에만 골몰한다. 그러나 아침에 확인된 새댁의 충격적인 대응은 고을 원의 이런 오해를 깨끗이 씻어버린다. 새댁의 강한 정절의식을 분명히 확인함으로써 열녀로 인정하게 된 것이다. 새댁의 정절의식이 이렇듯 잔혹한 방법을 통해 증명되어야만 하는 것은, 고을 원이 지닌 경직된 烈인식과 상통하는 바가 있다. 새댁의 죽음

---

13) 『구비대계』 8-10, 453면.
14) 황수용 구연, "임금 구해주고 왕비 된 처녀", 『구비대계』 7-8, 1171~1173면.
15) 황수용 구연, "어사에게 젖 물려 잘 된 사람", 『구비대계』 7-8, 1168~1171면.

은 여성의 신체를 정절 이념을 담는 도구나 남성을 위한 性的 대상물로 이해하는 당대 사회의 왜곡된 가치관에 따른 것이다.

이 사건은 새댁의 애매한 죽음에 대한 고을 원의 도의적 책임은 전혀 거론하지 않은 채, 진양 하씨 집안에 새 열녀문이 내린다는 것으로 종결된다. 시험을 해 본 결과 진양 하씨 집안의 열녀는 진짜임이 판명되었다는 것이 이야기의 결론인 것이다.

한편 여기서 죽은 새댁이 움직였을 리는 없으니, 밥상에 새댁의 신체 일부를 담아 올리는 행위는 진양 하씨 집안에서 행한 일임이 분명하다. 말하자면, 이는 새댁 개인이 아닌 진양 하씨 가문의 烈인식을 고을 원에게 증명해 보인 상징적인 시위인 것이다. 열녀문을 세우고 부수는 일이 고을 원과 진양 하씨 집안 모두에게 이토록 주요한 사안이 된 것은, 당대 사회에서 烈이라는 이념이 개인적 가치에 머무르지 않고 사회적 규범으로 올라섰기 때문이다. 말하자면 관할지역의 백성을 이념적으로 교화할 책임이 있는 고을 원은, 사회적 규범인 烈의 실천을 직접 감독하려 한 것이다. 烈이념은 이제 개인 차원을 넘어 가문과 지역 사회, 그리고 국가 차원의 사회적 규범으로 굳건히 자리잡은 것이다.

7번의 경우, 여인들은 철없는 남편들의 무모한 장난 때문에 결과적으로 자신의 남편과 동침을 한 일로 아까운 목숨을 버려야만 했다. 이들은 자신에게 가해진 性的 핍박에 항거하여 자결하였다는 점에서 분명 烈女에 해당할 것이다. 그러나 이것이 과연 烈이념의 본질과 적절히 맞닿아 있는가에 대해서는 회의할 수밖에 없다.

烈이란 본질적으로 남녀의 상호독점적인 애정 관계를 유지하기 위한 정신과 육체 양면에서의 信義를 의미한다고 할 수 있다. 이렇게 볼 때, 이 설화에서는 아내에 대한 남편의 신뢰가 깨어지는 데에서 근본적인 문제가 발생하였다고 할 수 있다. 남편들이 자기 아내의 貞節의식을 시험해 보고픈 생각을 품게 된 그 순간이 바로 부부간의 신의가 깨어지는 순간이었기 때문이다. 사실 열녀 시험을 당하게 되면 여인들이 自決할 것이라고 확신한 상태에서 남편들이 이런 장난을 시작한 것이라면 사태는 매우 심각한 것이다. 만약 그렇다면 처음부터 고의적으로 자신의 아내를 죽음으로 몰아간 남성들의 반인륜적인 행위는 분명 지탄받아 마땅할 것이다. 그러나 남편들은 설마 아내가 자결까지 하리라고는 미처 예상하지 못했을 수 있다. 그들의 행동은 그저 자신의 아내가 외간 남자와의 性的 접촉에 어떻게 반응할 것인가를 확인하고픈 단순한 호기심에서 벌인 철없는 장난일 수 있다. 그들은 이 열녀 시험을 통하여 혹시 아내의 미약한 貞節의식이 드러나게 된다면, 이를 아내에게 추궁해보겠다는 心算에서 이런 일을 시작했을지도 모른다.

상황이 이러한즉 부부간의 信義를 지키지 않은 쪽은 결국, 정체불명의 남자에게 졸지에 性的 모욕을 당한 '아내'들이 아니라 아내의 정절을 의심하여 일을 꾸민 '남편'들이라고 할 수 있다. 그럼에도 불구하고, 자신과 강제로 동침한 인물이 자신의 남편이었다는 사실을 모른 채 아내들은 자결하고 말았고, 이에 남편들은 기대 이상으로 決然한 烈인식을 지닌 아내를 두었던 것에 자못 만족하는 것으로 상황이 전개된다.

한편 "여자가 남자를 끌어당기지 않는데, 남자가 여자한테 접근하면 다 죽어."라는 말로 구연을 시작했던 화자는 다음과 같은 말로 이 이야기를 마무리하고 있다.

> "근데 자기 남편 데루고, 남편 데루고 자고 설라 죽는 것이 열녀냐? 그이 자기 남편 모시고 , 자기 남편 모신 것은 사실인데, 근데 뭔데 애문(애매한) 목숨 죽노 말이래. 근데 할배네 열녀각이고 뭐고 다 필요 없습니다."[16]

---

16) 『구비대계』 7-17, 325면.

'여자가 끌어당기지 않는데, 남자가 접근하면 죽는다'는 화자의 話頭는, 아내와 동침한 실제 인물이 누구였는가가 아니라, 아내가 예기치 못한 상태에서 일어난 부부간의 동침이 본질적으로 '아내의 욕망'에 의한 것인가 여부가 서사적 갈등의 핵심임을 분명히 지적한 것이다. 사실 여인들이 모두 자결한 것은 누군가가 자신에게 '性的 핍박'을 가했기 때문이다. 이때 그 범인이 바로 자신의 남편이었다는 사건의 진상은 중요하지 않다. 문제는 아내의 심리 상태인바, 아내는 남편과의 예기치 못한 동침을 외간 남자의 性暴力으로 인식한 것이다. 이 여인들의 자결은, 烈이념의 실현 이전에 인간의 존엄성을 침해당한 데에 따른 울분에서 비롯된 것으로 보인다.

화자는 여인들이 자신의 貞節을 위해 자결함으로써 烈女의 형상을 좇았음에도 불구하고, 실제로는 남편과 동침한 일로 죽었으므로 節死와 무관하니 烈女라고 하기 어렵다는 입장을 보인다. 말하자면 이 설화는 남편과 동침한 일로 죽어야만 했던 한 여인의 부조리한 죽음을 통해 중세 사회가 조장한 烈이데올로기의 허상을 고발하는 것이다.

이 설화가 지향하는 중요한 의미는 우선 守節을 위한 여인들의 성급한(무모한) 죽음을 경계한 것이라고 하겠다. 이 각편에서 열녀시험을 주동했던 인물은 정작 자신의 아내만 자결하지 않은 것을 보고 실망한다. 그러나 알고 보니 그의 아내는 지난밤 자신과 강제로 동침한 남자의 옷깃을 끊어둠으로써, 자기를 범한 남자가 바로 남편이었음을 밝힐 수 있었던 것이다. 다른 여인들은 일을 당하자마자 모두 충동적으로 자결해 버렸지만, 이 여인은 냉철한 판단력과 지혜로 무모한 죽음을 피할 수 있었던 것이다. 한편 이 설화는 '남편은 아내에 대해 性的 支配權을 가지므로 어떤 방식이든 아내에 대한 남편의 性的 지배는 정당하다'는 전통사회의 가치관에[17] 대해서도 진지하게 문제를 제기하고 있음을 보게 된다.

오늘날 이 두 설화를 보고 느끼게 되는 감정은, 아내가 烈女인지 여부를 확인하고픈 남편들의 철없는 호기심 때문에 이렇듯 무고한 인명을 희생시켜야만 하는가? 그리고 사건의 진상이 밝혀질 때까지 냉정한 자세로 조금만 기다릴 수 있었다면, 이런 불행한 사태까지는 이르지 않았을 것을, 여인들이 도대체 이처럼 성급하고 엄혹하게 대응할 필요가 있단 말인가? 하는 것이다. 요컨대 이 설화들은 여성의 육체적 정절에 대한 맹목적인 집착이 가져올 수 있는 파탄을 경계하는 것이다. 그러나 이는 여성 개인의 선택이기보다 당대 사회가 가한 강력한 사회적 압력에 의한 것이었음을 간과할 수 없다.

(3) 정절 지킨 기생 이야기 (8번 각편)

> 영월 군수의 자제가 기생 고경춘과 백년언약을 맺고 함께 살기로 약속하였지만, 영월 군수가 퇴임하자 서울로 떠나가 버렸다. 신임 영월 군수가 고경춘에게 수청들 것을 강권하자 '이미 약속한 데가 있으니 다른 자와 몸을 섞을 수 없다.'며 항거하였다. 군수의 핍박이 심해지자, 경춘은 선영 분묘에 가서 곡하고 수청을 들겠다며 상황을 잠시 모면한 후 화암이란 곳에 가서 떨어져 죽었다.

여기서 고경춘의 죽음을 이념적 교화에 의해 烈이라는 상층 규범이 하층에까지 미친 결과라고[18] 해석할 수는 없을 것이다. *妓女*인 그의 죽음

---

17) 조선시대에 남편에 의한 강제적 성행위는 부인의 정절 훼손과 아무 관련이 없으므로 처벌하지 않았던 것으로 보인다. 장병인(1997), 『조선전기 혼인제와 성차별』, 일지사, 362면.

18) 애초에 양반만을 대상으로 제정된 이 법(재가금지법)은 유학적 이데올로기의 하향적 침투가 이루어지면서 일반 백성들에게까지 영향력을 발휘하게 되어 평민, 천민 계층에서까지도 수절을 미덕시하는 기풍이 이루어졌다. 김상조(1986), 「조선후기야담에 나타난 재가의 양상과 의미」, 『한문학논집』 4집, 단국대학교 한문학회, 218면.

은 烈女의 명분과 무관한 까닭에 旌閭를 통해 士族 여인들처럼 가문의 도덕적 위상을 높일 수도, 서민 여성들처럼 가족에게 신분 상승이나 물질적 혜택도 줄 수 없는 것이었다. 고경춘은 기생 신분을 벗어나 한 인간으로서 사랑하는 이를 위해 信義를 지키며 원치 않는 異性을 거부할 수 있는 권리를 얻고자 했던 것이다. 그리고 이렇듯 온전한 人格體로서 자신의 사랑을 지키고 싶었던 고경춘의 人間的 自尊心이 택할 수 있는 것은 죽음뿐이었다.

고경춘의 이런 행위는 중세적 신분질서에 대한 도전으로 해석될 수 있다.[19] 경춘은 명실상부한 기생의 신분으로서 官長의 적법한(!) 수청요구에 저항하였기 때문이다. 여기서 이 설화가 <춘향전>과 유사한 갈등구조를 지니고 있음을 떠올리게 된다. 그러나 이 설화는 <춘향전>에서처럼 사랑하는 남자가 암행어사가 되어 돌아옴으로써 모든 문제가 해결된다는 해피엔딩을 갖지 못하였다. 왜 이 설화는 '여주인공의 자결'이라는 비극으로 종결될 수밖에 없었을까? 우선 춘향이 시간을 끌어가며 변학도의 수청요구에 저항함으로써 결국 이도령의 도움을 받을 수 있었던 것을 생각하면, 경춘의 죽음은 그녀의 성급한 성격이나 부족한 인내심의 소치일 듯도 싶다.

그러나 경춘의 자결 동기를 이처럼 단순히 개인의 충동적인 성격에서

---

19) 한편 박희병은 춘향전의 역사적 성격을 분석하면서, 춘향전에는 기생 신분임에도 불구하고 자신의 그 기생 신분을 부정하고서 보다 인간다운 삶을 희구하며 인간으로서의 정당한 요구와 권리를 실현하려는 문제적 개인으로서의 춘향의 면모가 드러나 있는바, 춘향은 자기 신분에 부과된 봉건적 제약과 구속으로부터의 해방을 요구한 것으로 보았다. 또한 춘향의 烈과 봉건적 의미의 烈은 그 형식적 동일함에도 불구하고 그 내용은 상이할 뿐더러 대립적이기까지 하다고 하였다. 박희병(1985), 「춘향전의 역사적 성격」, 『전환기의 동아시아 문학』, 창작과비평사. 또한 박일용은 춘향의 행위는 고정적인 질서 및 윤리체계를 초월하려는 의지의 표현이므로 춘향의 의지를 '정절'이라는 중세윤리의 틀 속에서만 파악한다면 그 본래적인 의미를 놓치게 된다고 하였다. 박일용(1993), 『조선시대의 애정소설』, 집문당.

찾을 수는 없을 것이다. 춘향은 남들이 어찌 생각하건 자기 스스로는 자신을 기생 신분으로 여기지 않았다. 게다가 이몽룡이 자신의 첫남자였다는 사실은 춘향의 이런 자존심을 부추기면서 守節의 명분을 제공하였던 것이다. 그러나 경춘의 처지는 그렇지 못했는바 재론의 여지없이 自他가 인정하는 妓生이었다는 점에서,[20] 춘향과 경춘은 자아정체감 면에서 큰 차이가 있었던 것이다. 게다가 그들이 당면한 상황 또한 상이했다. 변학도는 춘향을 회유하기 위해 애를 쓰다가 결국은 옥에 가두게 된다. 변학도가 춘향이 '자진하여' 자신에게 수청들 것을 원했지만 춘향은 이를 거부하며 시간을 끌었던 것이다. 말하자면 변학도는 자신이 妓女로 간주하는 춘향에게 '고을의 官長으로서' 자존심 대결을 벌였던 셈이다. 변학도로서는 춘향의 꼿꼿한 자존심 그것이 바로 그가 정복하고 싶었던 대상이었다는 말이다. 그러나 경춘의 처지는 그렇지 못하였으니 겁박해 오는 영월군수에게 어느 순간 강제로 유린당할지 모르는 상황이었다. 두 이야기에서 나타나는 이런 서사적 차이는 춘향의 수절과 경춘의 수절이 각각 행복한 결말과 비극적 결말로 귀결되게 하는 결과를 낳았다.

<춘향전>과의 대비를 통해서 선명히 드러나듯이, '죽음으로 정절 지키기' 형 說話群에서는 세계의 횡포에 대항할 만한 '自我'의 역량이 충분히 성장하지 못한 것을 보게 된다. 이런 까닭에 이 설화군은 '자아와 세계의 대결'에서 자아가 어이없이 패배함으로써 '비극적 전설'로 남았을 뿐 소설적 구도로 성장하지는 못하였다고 할 수 있다. 실제로 고전소설에서 이 설화유형처럼 열녀의 비장한 죽음으로 종결되는 경우가 잘 나타나지 않는다는 점도 이런 추론을 뒷받침한다.[21]

---

20) 이러한 사정을 각편에서 확인할 수 있다.

21) 고소설에서는 순절형 열녀는 보이지 않을 뿐 아니라 오히려 개가나 훼절의 위협에 대항하여 끝내 승리자가 되는 여성이 주인공으로 나온다. 대체로 고소설은 여성들이 수절을 위해 겪는 수난과 위기 형성자에게서 드러나는 사회 부조리에 보다 더 중점을 둔다. 춘향의 경우처럼 수절과 행복한 결말이란 결합은 열녀 전통에

11-2 남편을 따라 죽기

이 유형에 해당하는 각편은 모두 11편인데 표로 보이면 다음과 같다.[22]

번호	제보자			각편 제목	대계 번호	채록 지역
	성 명	성별	나이			
1	임충선	남	75	어떤 효부 열녀	4-5	충남 부여
2	김원중	남	66	시어머니 살리고 남편 따라 죽은 효부 열녀	6-8	전남 장성
3	예태명	남	66	현풍 곽씨 집안의 열녀	8-9	경남 김해
4	서순만	남	74	남편 따라 죽은 효부	2-8	강원 영월
5	김규호	남	66	파평 윤씨 정려각	6-10	전남 화순
6	최돌이	남	65	경주 효현동의 열녀	8-13	경남 울주
7	송경재	남	85	남편 따라 죽은 열녀	5-4	전북 군산
8	박영국	남	67	목치중을 따라 죽은 효부 엄씨	2-8	강원 영월
9	마영식	남	60	남열리 강씨 열녀 전설	6-3	전남 고흥
10	김분선	여	76	사랑산 사랑 바위	7-13	대구시
11	박문원	남	67	양사 훈장	1-7	경기 강화

서는 불가능한 것이나, 이러한 구성은 烈을 죽음과 같은 극한상황보다는 생명의 위협이나 구금과 회유 같은 수난과 동일시하는 관점을 끌어내게 된다. 그리고 이러한 수난은 비극으로 가는 길이 아닌 새로운 삶을 위해 치러야 할 과정이라는 인식을 배태시켰다. 이혜순(1998a), 「열녀상의 전통과 변모」, 『진단학보』 85, 진단학회, 175~176면.

22) 『구비대계』 6-6, 199면에 실린 '出天之孝烈'이라는 제목의 각편의 경우, 남편은 행방불명이 되고 홀시아버지는 병석에 누었는데 며느리가 행상을 하여 수발을 들다가 시아버지가 죽자 따라 죽었다는 내용으로 되어 있는데, 며느리가 누굴 따라서 죽은 것인지 알 수 없어서 이 유형에 포함하지 않았다. 여인이 孝를 행한 것은 분명한데 무엇 때문에 烈이 되는지가 분명치 않다. 개가를 안 한 것일 수도 있고 남편을 위해 그의 부모를 수발한 공로일 수도 있지만 이 유형에 포함시키기에 적당하지 않아 제외하였다.

(1) 시부모를 살리고 남편 따라 죽은 효부 열녀 (1-3번 각편)

1번에서는 외나무다리를 건너다 미끄러진 남편과 시아버지를 양손에 각각 붙들고 있는 여인이 '누구를 살려야 하는가?' 하는 문제가 제기되고 있다. 근처에 빨래하던 아낙이 '한 사람밖에 살릴 수 없는 상황이라면 부모를 살려야 한다.'고 하자, 여인은 곧 남편을 놓아버렸다. 여인은 시아버지를 살려낸 후 인사를 올리고는 그 다리로 다시 올라가 남편을 따라 죽음으로써 열녀가 되었다는 것이다. 2번은 1번처럼 실제 상황이 아니라, 가령 이런 상황이라면 누구를 구하는 것이 옳으냐는 물음에 적절한 대답을 한 여인을 열녀로 인정하였다는 내용이다. 여하튼 이런 경우 마땅히 남편 대신 시아버지를 살린 후 곧 남편을 따라 죽는 것이 여인이 택할 수 있는 최선이라는 것이 이 설화의 주제이다.

만일 여인이 시아버지를 포기하고 남편을 살린다면, 시아버지에게는 不孝이지만 남편에게는 烈을 행한 것이며, 게다가 남편이 죽지 않았으므로 남편을 따라서 죽어야 할 이유가 없으니 자신의 목숨도 부지할 수 있을 것이다. 그렇다면 두 사람이 살고 한 사람이 죽는 것이 공리주의적인 해결 방식일 수 있다. 그럼에도 불구하고 남편을 포기하고 시아버지(시부모)를 살리는 여인의 행위는 인간 본성에 비추어 볼 때 부자연스러운 것이다. 그러나 인간이 자신의 본능적 욕망을 억누르고 타인의 유익을 도모할수록 그 윤리적 가치는 돋보이게 된다. 설화에서는 '남편과 시아버지 가운데 누구를 살려야 하는가'의 딜레마에 처한 여인의 심리적 갈등이 부각되지 않는다. 그건 모범 답안이 이미 나있었기 때문이다. 1번에서는 빨래하던 아낙의 말이, 2번에서는 다음과 같은 여인의 궁리가 결정을 내리게 했다.

> 그런게 며느리가 서방님을 놔버리냐. 시어머니를 놔버리냐 이것이여.

> 놔버리면 죽은께, 그런게 누구를 먼저 살려야 이 孝婦가 되고 烈女가 되것냐 이것여. 그런게 어떻게 했냐면 제일 처음 가만히 생각해 봉게 효부가 되기 위해서 서방님을 놔버렸단 그 말이여. 그렁게 죽을 것 아니여? 그러면 두 손으로 해서 시어머니를 살려놨은 게 효부를 안 되었소 잉? 그러자 동시에 자기가 떨어져서 재차 죽은 게 열녀가 됐다 이거야.[23]

주인공은 이 절박한 상황에서 냉철한 이성적 판단을 내린다. 자신이 진정 누구를 살리고 싶은가 하는 개인적 욕망은 전혀 고려되지 않는다. 단지 여성은 孝婦와 烈女가 되어야 한다는 사회적 압력이 있을 뿐이다. 여인의 입장에서는 당연히 시부모보다는 남편을 향한 인간적 집착이 강할 것이다. 게다가 새로운 것이 낡은 것을 대신하는 것이 자연의 理致라고 한다면, 늙은 시아버지보다는 젊은 남편의 목숨을 보전하는 것이 자연의 順理에도 합당할 것이다. 그러나 이런 이유로 시부모 대신 남편을 살렸다가는 不孝라는 도덕적 비난을 면하기 어렵다. 말하자면 여인은 남편을 살려야 하는 烈과 시부모를 살려야 하는 孝를 동시에 실현해야 하는 '의무의 상충'[24]에 직면한 것이다.

여기서 烈과 孝 사이의 상충 문제는 그리 쉽게 해결될 만한 성질이 아닌 듯하다. 여인이 설령 남편을 살리고자 했어도 남편이 孝子라면 아마 부모를 위해 자신이 대신 희생하고자 하였을 개연성이 있다. 말하자면 이 상황에서 누구를 살릴 것인가의 문제는 이미 개인의 선택 차원이 아닌 사회 공동체적 규범 차원으로 확대된 것이다. 여인은 남편을 살리는 烈을 포기하고 시부모에 대한 孝를 택한다. 그러나 남편을 따라 죽는 또 다른 방식의 烈을 실현함으로써 결과적으로 孝와 烈

---

23) 『구비대계』 6-8, 357면.

24) 윌리암 K. 프랑케나, 황경식 역(1984), 『윤리학』, 종로서적, 6면. 사실상 대부분의 도덕적인 문제는 의무들이 상충하는 상황에서 일어난다고 한다.

사이의 '의무의 상충'을 해결한다.[25] 이런 여인의 선택은 이미 제시되어 있는 모범 답안을 실천한 것이다. 2번에서 실제 상황이 아니라 가상적인 상황을 설정하고 이에 대해 여인의 선택을 묻는다는 것은, 이 문제에 대한 모범 답안을 이미 사회 공동체 안에서 합의하였음을 보여준다. 사회 공동체의 합의는, 孝라는 가족내의 수직적 질서가 烈이라는 부부질서보다 우선한다는 것인바 시부모에 대한 孝와 남편에 대한 烈 사이에 가치의 서열이 분명히 매겨진 것이다.

(2) 烈이념에 따라 從死한 여인 (4-7번 각편)

이 설화들은[26] 남편이 죽자 뒤따라 죽은 여인들의 이야기인데, 설화의 주인공들은 남편이 죽자 아내로서 그 뒤를 따르는 것이 마땅하다는 烈인식을 보여준다. 특히 4번과 6번 각편에서는 과부의 從死意識이 양반들의 가문의식과 결합하여 부각되고 있다. 6번에서는 시어머니가, 남편의 죽음을 지나치게 애통해하는 며느리에게 "야야, 마, 그만해라. 나오너라. 인지 니 남편이 죽은 거로 갖다가 그렇기 뭐 애통해 봤든 필요 없고, 그만해라."하며 달래기까지 하지만, 여인은 "서너 살 묵었으면 밥만 묵어도 안 키우겠나."하며 어린 아들을 남겨둔 채 남편의 삼년상이 끝나는 날 자결한다.

---

25) 한편 여기서 여인의 자살이 결과적으로는 烈女의 명분에 해당할지 모르나 그 내면적 동기는 다른 데에 있었을 것이다. 여인의 자결은 아마도 시부모를 살리기 위해 남편을 포기한 데에 대한 감당키 어려운 죄책감과 남편을 잃은 슬픔 때문이었을 것이다.

26) 각편의 제목이 이상한 경우가 많다. 분명 烈女인데 孝婦로 제목이 붙는 경우가 '烈설화' 각편에 흔하게 발견된다. 조사자의 명명인지 화자의 명명인지는 모를 일이나, 다만 烈女와 孝婦가 늘 함께 이야기되고 있음을 짐작케 한다. 3번의 경우 역시 제목을 보면 설화 내용에 시부모에 대한 언급이 전혀 없는데도 남편을 따라 죽은 여인을 孝婦라고 칭하였다.

5번에서 경주 김씨 가문으로 시집 온 파평 윤씨는 남편이 죽자 "내 운명이 가훈에 달려 있다. 내 죽고 사는 것은 가훈이 죽고 사는 데 달려 있다. 가훈이 죽으면 나도 따라 죽는다."27)라고 하면서 다섯 살 먹은 어린 아들을 종에게 맡기며 잘 길러서 후사를 잇게 해달라고 부탁하고 자결한다. 화자는 이 여인의 죽음을 다음과 같이 칭송한다.

> (남편이) 돌아가실 적에 그 죽은 시체를 보듬고 통곡을 허다가 돌아가셨지. …(중략)… 그날 하루 그날 밤, 낮에는 구름이 쩌가지고 햇빛이 가려 부리고, 저녁에는 비가 와 가지고 그냥 도저히 천지를 분간할 수 없어. 그렇께 그 마을에서 아주 이건 烈女? 烈婦 …(중략)… '하나님까지 이렇게 뇌성을 하고 말여. 비가 오는가 부다.' 이렇게 해서 그냥 감탄했다고 해서…….

화자는 이처럼 여인의 죽음을 신비화함으로써 여인의 從死가 마치 天命에 따른 것인 양 형상화하고 있다. 이는 주인공의 행동을 합리화함으로써 주인공이 어머니와 며느리로서의 의무를 저버린 것에 대한 논란의 여지를 미리 차단하고자 하는 것이다.

(3) **부부의 애정과 신의 때문에 죽은 여인** (8-11번 **각편**)

이에 해당하는 설화들은 남편을 따르는 여인의 죽음을 이념적 교화에 의한 것으로만 해석할 수는 없다는 점에서, 앞에서 살펴 본 從死하는 열녀들과 구분된다. 먼저 8번의 내용을 보기로 하자.

---

27) 『구비대계』 6-10, 504면.

> 매우 금슬이 좋은 부부가 同生同死하자는 약속을 하고 의좋게 살다가 남편이 먼저 죽었다. 남편의 상여가 움직이지 않자, 아내가 남편과의 약속을 기억하고 자결하니 상여가 움직여서 장사지낼 수 있었다.

위 각편을 '남편이 죽자 아내가 따라서 죽었다'라고 요약하고 만다면, 앞에서 검토한 이념을 실현하기 위한 열녀들의 죽음과 의미가 별로 다르지 않다. 그러나 이는 문헌전승에도 흔히 등장하는 애정 모티프인, 아내가 남편을 따라 죽음으로써 同生同死하자는 남편과의 약속을 지켰다는 게 이야기의 핵심이다. 따라서 이 설화는 이념보다는 보편적인 남녀의 애정과 信義라는 측면에서 해석하는 게 적절해 보인다.

한편 그렇다면 가령 '아내가 먼저 죽어서 상여가 움직이지 않자 남편이 아내와의 약속을 기억하고 따라 죽었다.' 라는 이야기도 매우 자연스럽게 느껴져야 할 것이다. 서사전개상의 논리로는 아내가 죽었을 때 남편도 따라 죽는 이야기가 동일하게 가능하기 때문이다. 그러나 이런 이야기는 설화에서 실제로 잘 나타나지 않는다. 요컨대 이 각편에서 여인의 죽음이 표면상 애정과 신의에 의한 것으로 그려지지만 그 이면에는 女必從夫의 의식이 여전히 개입되어 있음을 보게 된다.

9번은 조금 다른 양상을 보이는데 내용을 간추려 소개하면 다음과 같다.

> 부부가 혼인하고 친정에서 1년을 살다가 미처 친영을 하기 전에, 남편이 섬에 숯을 실어 나르러 가다 물에 빠져 죽었다. 청상과부가 된 여인은 홀로 시집으로 와서 시부모를 모시고 살았다. 여인은 매일 먹지 않고 통곡하며 슬퍼하였는데, 남편이 죽은 장소에 가보는 것이 소원이라고 하였다. 시댁의 허락을 받아 그곳에 가서는 물에 빠져 죽었다. 배를 태워 준 사람은 "과연 열녀로다. 이 부인이 남편 수사(水死?)한 그 장소에서 자기

> 도 같이 순절로 죽으려고 그랬구나" 하고 여인의 시체를 찾아보았다. 이전에 죽은 남편의 시체를 보듬은 채 여인의 시체가 물에 뜨자, 사람들은 여인을 열녀로 칭송하였다. (화자는 이것이 實話임을 역설한다.)

여기서 여인의 죽음을 '從死하여 烈을 구현하기 위함'으로 보아야 하는지 '남편에 대한 모진 그리움' 때문으로 보아야 하는지 선명하지 않다. 남편에 대한 여인의 집착은 남편의 시체를 안고 수면으로 떠오를 만큼이나 대단하다. 이는 남편에 대한 주인공의 극한적인 그리움을 극적으로 표현하다 못해 과장한 것이다. 사람들은 이 여인의 죽음을 從死를 통해 烈이념을 구현하기 위한 것으로 이해한다. 그러나 비록 결과는 그렇게 되었을지 몰라도, 여인의 진정한 자결 동기는 거기에 있을 것 같지 않다. 숯을 운반하여 먹고사는 하층민에게 烈이라는 이념보다는 피부에 와 닿는 삶의 현실이 더 절실했을 것이기 때문이다. 1년 동안 함께 살며 막 情이 들었을 남편을 졸지에 잃고 시댁으로 와서 시부모를 모시며 홀로 살아가야 하는 여인에게, 남은 삶이란 아무 소망조차 없는 암담함으로 다가왔을 것이다. 여인의 자결은 한편 媤家에서 느껴야 하는 소외감과도 무관하지 않을 것이다. 시댁과 자신을 연결해주는 유일한 끈이며 삶의 동반자인 남편을 잃은 여인은 미래에 대한 절망감과 외로움으로 죽음을 택하게 되었을 것이다.

10번에서는 부부애가 진솔하게 그려지고 있는데 각편의 내용은 다음과 같다.

> 부모도 없이 가난하게 살던 남자가 결혼하여 딸을 낳고 부부가 행복하게 살았다. 윗마을의 부자인 송가가 새댁을 탐내어, 남편을 자기 땅을 관리하게 한다는 명분으로 제주도로 보냈다. 송가가 도중에 남편을 죽여 버리고는, 새댁에게 함께 살자면서 유혹했다. 송가의 유혹이 더욱 집요

해지자 새댁은 남편을 떠나보냈던 산에 올라 아이를 업은 채로 沼에 빠져 죽었다.

'뭔 富가 있을 거라'고 떠나는 남편에게 새댁은 "아 가지 마래. 까짓이 마, 하마 묵고 살지. 제주도가 오데라꼬 제주돌 가요 못 간다."며 만류한다. 기어이 떠나는 남편에게 언제 돌아오는가를 재차 물어보는 새댁의 모습에서는, 남편에 대한 아내의 깊은 애정을 읽어낼 수 있다. 가난한 부부의 사랑이 비극으로 끝나고마는 이 설화는, 宋哥라는 부자가 사랑의 방해꾼으로 등장함으로써 전형적인 삼각관계의 서사 갈등을 보여준다. 이처럼 애정을 둘러싼 삼각관계는 이 여인의 從死가 중세의 명분론적 烈行과는 차원이 다름을 시사한다. 즉, 얼굴도 못 본 신랑을 위한 신부의 從死나 청상과부의 수절과는 성격이 다른 것이다. 여인은 남편에 대한 절절한 사랑을 지키기 위해 송가의 유혹을 피하여 물 속으로 뛰어든다. 이 각편의 문면 어디에도 열녀나 열녀문이란 단어가 등장하지 않는다는 사실은, 주인공의 죽음이 烈女라는 중세적 名分과 무관함을 확인시켜 준다.

11번에는 민중의 生活苦가 각편에서 서사전개의 주된 갈등요인으로 부각되면서 구체적인 삶의 모습이 드러나고 있는데, 그 줄거리는 다음과 같다.

강화도 어촌의 훈장 아들은 아버지가 죽은 후 생계가 막연했다. 아버지만큼 훈장 노릇을 잘할 수가 없었기 때문이다. 아내는 부잣집에서 품을 팔아 생계를 유지하면서, 남편의 경제적 무능력을 늘 질책하였다. 할 수 없이 훈장 아들이 사람들과 함께 바다로 고기잡이를 나갔다가 혼자 물에 빠져 죽고 말았다. 남편이 자기 때문에 죽었다고 여긴 아내는, 남편이 빠져 죽은 바다로 가서 제사를 지내고는 자신도 물에 빠져 죽었다. 두 사람의 시체가 육지로 돌아오자 마을에서 정성껏 장사지냈는데, 이후로 고기잡이가 잘 되었다.

이 설화에서 “아무개 아버지는 배에 나가서 말이지, 한 사람이 얼마씩 얻어오는데 당신은 뭐하러 된 게야?…… 지게꾼과 벙거지 쓰는 사람과 다르지 않느냐(다를 게 무어냐)?”28)라며 남편의 경제적 무능력을 비난하는 여인의 태도는, 士族 여인의 현숙함과는 거리가 멀다. 신분은 비록 글 읽는 선비의 후손이라고 하나 실상 형편은 상민보다도 못하였던 이들 부부에게, 가장 절실한 것은 바로 생계를 유지할 방법이었다. 그러나 몰락한 선비 집안의 후손인 남자는, 처음 타 본 배에서 홀로 바다에 떨어져 죽음으로써 현실 세계의 질서를 극복하지 못한 왜소한 자아의 모습으로 남는다. 돈을 벌어오라며 남편을 바다로 내몰았던 아내가, 남편의 죽음을 알게 되었을 때 느끼는 절망감과 죄책감은 이루 형언할 수 없을 것이다. 자신이 내몬 바다에서 죽은 사람이 자신의 남편이든 형제든 친구든 간에, 그에 대해 느끼는 죄책감은 동일할 것이다. 이는 심오한 이념적 성찰을 거치기 전에 인간 본연의 양심에 맞닿아 있는 문제인 것이다. 여기에다 남편을 잃은 상실감과 이후에 펼쳐질 암담한 미래에 대한 여인의 절망감이 더해졌을 것이다. 바로 여기에 女必從夫의 가치관도 개입하게 되었을 것이다. 화자는 烈이나 烈女라는 단어를 전혀 들먹이지 않은 채 이야기를 끝맺는다. 치열한 삶의 현장에서 너무도 무력하게 패배한 몰락 양반의 모습은 조선 후기의 사회 변동을 반영하기도 한다. 士族의 후손인 이 부부는 어설픈 한문 실력이나 성리학적 이념만으로는 더 이상 삶을 꾸려갈 수 없었던 것이다.

한편 여인이 책임감을 느껴야 했던 사안을 구체적으로 생각해보면, 이 이야기의 의미를 달리 해석할 여지가 있다. 부부의 비극은 일차적으로 남자의 경제적 무능력에서 기인한바, 남편의 경제적 무능력을 노골적으로 비난하고 나선 여인의 행위가 이런 불행한 사태의 직접적 원인이 되

---

28) 『구비대계』 1-7, 436면.

었다. 여인은 자신이 가족의 생계를 책임지고 있는 현실을 내세우면서, 남편에게 바다로 나가도록 압력을 넣었던 것이다. 이는 분명 女必從夫라는 중세적 가치관을 어그러뜨리는 행위이기에 결국 여인에게 喪夫의 應報가 내려졌다는 것이다. 화자는 "아, 어떻게 허냔 말이야. 자기 잘못이란 말이야. 새악시 잘못 아니야? 아, 바가지를 안 긁었으면 남편이 안 죽었잖았어?"라는 말로 이 점을 강조한다. 이는 여인이 남편에 대한 무조건적인 헌신과 순종의 태도를 견지했더라면 두 사람이 죽게 되는 비극은 결코 없었을 것이란 말이다. 게다가 신분제도의 혼란에 따른 당대의 사회현실을 선명히 보여준다는 점을 생각하면 이 각편은 참으로 많은 의미를 담고 있다고 하겠다.

12. 정절 지키며 살아가기

12-1 외간남자의 유혹 물리치기

이 유형에 해당되는 각편을 3편 찾았는데 아래 표와 같다.

번호	제보자			각편 제목	대계 번호	채록 지역
	성 명	성별	나이			
1	문영수	남	62	열녀에게 뺨 맞은 박문수	3-3	충북 단양
2	전병옥	남	86	박어사와 열녀	5-5	전북 정읍
3	민대호	남	82	박어사와 열녀	5-6	전북 정읍

모든 각편을 종합하여 내용을 서사단락으로 정리하면 다음과 같다.

가) 어사 박문수가 잠행을 다녔다.

나) 나룻터를 지나다가 민가에 들러 묵어가게 되었다.

다) 아름다운 새댁과 같은 방에서 자게 되었다.

라) 박문수가 짐짓 수작을 하자 새댁이 거절하였다.

마) 박문수가 자신이 어사임을 내세워 회유하자 새댁이 마패를 보여 달라고 하였다.

바) 새댁이 그 마패가 가짜라며 강에 던져 버렸다.

사) 어부인 남편이 고기잡이를 나갔다가 오랜만에 돌아왔다.

아) 밥상에 올라온 그릇 속에서 마패가 나왔다.

자) 남편이 젊은 아내를 장시간 외딴집에 남겨두고 다닐 수 있는 것은 아내에 대한 믿음 때문이라고 하였다.

차) 박문수가 사과하고 그곳을 나온 후 열녀문을 세워주었다.

어사 신분을 내세워 낮은 신분의 여염집 여인을 유혹하던 박문수가 무안을 당했다는 내용이다. 바) 단락에서 마패를 내던지는 여인의 단호한 행동으로 박문수는 어사로서의 권위가 무색해지고 말았다. 신분적 우위와 외딴 집에 단둘이 있음을 빌미로 여염집 여인에게 수작을 걸어오는 박문수에게, '이 마패는 가짜'라면서 내던지는 여인의 행동은 '진실로 네가 어사로서의 직분을 다하고 있느냐?'는 질책인 것이다.

이 이야기에 나타난 갈등은 官奪民女型 설화의 경우와 동일하다. 여인의 항거에 박문수가 신속하게 태도를 바꿈으로써 더 이상 갈등이 심화되지 않고 행복한 결말로 이어진다는 것이 다른 점이다. 이는 무엇보다 박문수의 이런 부당한 처사가, 바로 마패로 상징되는 '御使'라는 신분적 특권에서 기인함을 간파한 여인의 지혜와 용기에 의한 것이다. 마패를 잃고 곤경에 처한 박문수는 낮은 신분이라고 하찮게 여겼던 여인의 決然한 자세와 굳은 守節의지에 감복하여 열녀문을 세워 주게 된다.

여기서 주인공이 별다른 고난이나 희생을 겪지 않고서도 烈女로 인정받게 된 것은, 장기간 독수공방해 온 젊은 여인으로서 외간남자의 은밀한 유혹이나 권력을 내세운 강압에도 전혀 흔들림 없이 남편에 대한 신의를 굳게 지켰기 때문이다. 처음에 이 여인은 밖에서 자겠다는 박문수에게 그럴 수 없다며 방으로 불러들이기까지 하였다. 이 여인에게는 도무지 內外法이 무색한 것이다. 士族의 여인이라면 도저히 생각조차 못할 이런 행동은 주인공에게 그만큼 남자의 유혹을 물리칠 만한 자신감이 있었음을 보여주는 수사적 장치인 셈이다. 어찌 되었건 이런 서사전개는 교조적인 烈인식과는 거리가 있다.

이 설화유형에서 나타나는 烈行의 성격은, 앞에서 살펴본 '핍박당하여 죽기' 유형과 본질적으로 동일한 것이다. 그러나 여인에게 가해진 외부적 힘이 강압적인 '성적 핍박'인가 완곡한 '성적 유혹'인가에 따라서 사건의 귀결이 달라진 것이다. '핍박 당하여 죽기' 유형에서 여인이 선택할 수 있는 것이 오직 죽음뿐이었던 것에 비해, 이 '외간남자의 유혹 물리치기' 유형에서는 어사의 '性的 誘惑'에 대해 주인공이 극단적인 항거가 아니라 비교적 유연한 방식으로 대처할 수 있었던 것이다.

12-2 개가 권유 물리치고 시부모 받들기

이 설화유형은 각편들 간의 변이가 심하지 않아 의미지향도 대동소이하다. 각편에 일반적으로 나타나는 내용을 서사단락으로 정리하면 다음과 같다.

> 가) 청춘에 과부가 된 여인이 병든 시아버지(시어머니)를 모시고 살았다.
> 나) 딸을 가엽게 여긴 친정부모가 개가시킬 생각으로 거짓 부고를 내어 딸을 친정으로 불렀다.
> 다) 과부가 (거짓으로 승낙하고) 밤중에 친정에서 도망쳐 나와서 媤家로 가다가 범을 만났다.

라) 범의 목에 걸린 비녀를 뽑아주니 범이 과부를 등에 태워 시집까지 데려다 주었다.

마) 며칠 후 범 한 마리가 동네 함정에 빠졌는데 과부가 보니 바로 그 범이었다. 사람들에게 사정을 말하고 범을 풀어주게 하였다.

바) 사정이 알려져 열녀문이 내렸다.

사) 과부가 *孝婦*이며 *烈女*라는 화자의 말.

한편 여기에 해당하는 각편을 모두 16편을 찾았는데 표로 보이면 아래와 같다.

번호	제보자			각편 제목	대계 번호	채록 지역
	성 명	성별	나이			
1	김정필	남	72	효부 이야기	3-1	충북 중원
2	지재현	남	72	호랑이가 도와준 수절 과부	3-2	충북 청주
3	이재득	남	58	호랑이도 감동한 효부	4-1	충남 당진
4	홍갑춘	남	68	열녀와 호랑이	4-3	충남 아산
5	이창래	남	78	호랑이와 열녀	5-4	전북 옥구
6	조공한	남	47	효녀 며느리와 호랑이	6-1	전남 진도
7	최상근	남	76	효부 이야기	6-3	전남 고흥
8	마영식	남	60	효부와 호랑이	6-3	전남 고흥
9	박영희	남	93	호랑이가 도와 준 효부	6-5	전남 해남
10	김권태	남	84	위엄 있는 효부의 넋	6-5	전남 해남
11	박단단	여	84	효부와 호랑이	6-10	전남 화순
12	허 정	남	63	열녀를 도와 준 호랑이	6-12	전남 보성
13	이중락	남	76	효심 많은 며느리와 호랑이	7-6	경북 영덕
14	강대각	남	62	임씨 열녀각	7-9	경북 안동
15	김분선	여	76	산신령이 도와 준 효부	7-13	대구시
16	안용인	남	74	열녀와 호랑이	9-1	제주 북제주

이 설화에서 공통적으로 강조되는 것은 자식도 없이 청춘에 과부가 된 여인이 자활능력이 전혀 없는 시아버지(시어머니)를 봉양하기 위해 애를

쓰고 있다는 점이다. 그리고 각편마다 반드시 과부에게 무언가 실질적인 보상이 주어지는데, 열녀문이 내리는가 하면 호랑이가 어린 사내아이를 데려다 주기도 한다. 화자들은 주인공을 孝婦라고 부르거나 烈女라고 부른다. 물론 주인공이 孝婦가 되는 이유는 분명하지만, 烈女가 되는 이유는 다음 두 가지로 생각할 수 있다. 즉, 하나는 청상과부의 몸으로 친정 부모의 命을 어기면서까지 개가하지 않고 一夫從事한 일이고, 다른 하나는 시부모를 봉양함으로써 결과적으로 남편을 섬긴 일일 것이다. 그런데 이 두 가지 가운데 이 설화유형이 초점을 맞추고 있는 것은 후자이다. 주인공은 개가를 권유하는 친정부모에게 烈女不更二夫의 명분이 아니라, 자신이 없으면 홀로 있는 시아버지가 죽게 될 것이라며 개가를 거부한다. 말하자면 과부는 내심 개가하고픈 욕망이 분명히 있지만 의지할 곳 없는 시부모를 차마 저버릴 수 없었던 것이다. 주인공의 내면을 보여주는 다음 서술에서 이런 정황을 확인하게 된다.

> 그 며느리가 아 참 청춘에 시집두 안 가구 그 늙은 시아버지를 뫼시구서 공경하느냐고 그제 있는데 …(중략)… "어떻게 시아버지 병을 좀 고쳐 놓구서 음 내가 낭중에 후가를 가두 가야 할텐데, 저 저러니 시아버님 저러니 어떡하나." 또 자기두 신세를 생각하니 앞으루 아들 딸두 아무 것두 없고 청춘이 여태 있구.29)

> <개가하기로 친정부모에게 약속한 후> "야 이거 내일 지나면 시집을 가면 좋은데 시어머니는 금방 죽는다." 이거야 누가 조석을 봉양할거야. 일가친척도 없는데 굶어 죽을 것 아니냐 이거야.30)

---

29) 『구비대계』 3-1, 359면.
30) 『구비대계』 4-3, 538면.

위에서 보듯이 주인공은 一夫從事할 뜻이 없음을 드러내고 있어, 守節을 중요한 가치로 보고 있지 않다. 따라서 이 설화에서 강조하는 것은 守節 자체가 아니라, 남편 有故時에 남편을 대신하여 시부모를 봉양하는 孝가 매우 중요한 烈行이 된다는 것이다. 즉, 이 설화에서 주인공이 결과적으로 守節은 하였지만, 그 동기가 반드시 不更二夫의 의식 때문이었던 것만은 아니었던 것이다. 한편 시아버지는 며느리가 자신을 버리고 떠나갔다고 믿고 체념하는데, 이런 시아버지의 심정이 다음의 서술에서 잘 드러나 있다.

> 시아버지가 눈물을 그만, 흘린단 말여 …(중략)… 야 내가 병이 들어 죽게 됐구 약은 써봐야 약효가 아무 것두 일어나지 못하구 하니까, 저 청춘에 아들두 딸두 아무 것두 못 둔 이십이 줄 넘은 며느리가 홀로 돼 가지고 고생 고생하다가, '이젠 저 늙은이가 죽을 지경이 됐으니까 에이구 내가 죽기 전에 어디 後嫁로 가서 내 팔자를 고쳐야겠다.'구서 어딜 갈 줄로만 생각했단 말여.31)

> 이 시애비가 밥 묵은 정신은 있어도 (며느리가) 뭘 보고 올거냐 말이야. (시아버지가) 큰 巨富가 돼서 올 것이냐? …(중략)… 서방이 있어 올 거이냐? 자식 있어 올거이냐? 인자 남 됐다 그 말이여. 앉아가 훌쩍 훌쩍 우네. 밥 안 묵고 울어.32)

여러 정황으로 미루어 볼 때 하층 신분인 듯한 주인공이 개가하는 것은 사회적으로 그리 문제될 만한 일도 아니다. 따라서 며느리가 당연히 개가할 것으로 예상되는 만큼, 이제는 의지할 사람 하나 없이 홀로 남게 될 것을

---

31) 『구비대계』 3-1, 359~360면.
32) 『구비대계』 6-3, 316면.

걱정하는 시아버지의 절망적인 심정이 설화 문면에 잘 드러나고 있다. 시아버지는 며느리가 개가해서 떠날 것을 두려워하지만 정작 며느리를 붙잡아둘 명분을 전혀 찾지 못하는데, 이런 시아버지의 모습은 家父長의 권위가 무색해진 무기력하고 왜소한 노인에 지나지 않는다.[33] 이런 시아버지에게 깊은 동정심과 책임감을 느낀 주인공은, 시아버지에 대한 봉양 의무와 개가하고픈 욕망 사이에서 갈등하는 것이다. 이런 갈등 끝에 내린 주인공의 개가 거부 결정은 不更二夫의 명분이 아니라 인간의 보편적 義理를 실천하기 위한 利他的 행위로 이해된다.

한편 화자들이 '개가 권유 물리치고 시부모 받들기' 설화를 『야담집』이나 『동국여지승람』과 같은 문헌에서 읽었다고 진술한 경우가 많은데, 이 설화유형은 실제로 이들 문헌을 비롯한 여러 문헌에 실려 있다. 그런 까닭인지 이 설화유형은 각편에서 나타나는 변이의 폭이 작다. 구비설화는 필연적으로 고정된 텍스트의 영향을 받을 수밖에 없는데, 이런 문헌전승의 내용은 결과적으로 구비설화의 변이 폭을 제한하는 힘을 갖고 있다.[34] 그런데 위에서 살펴본 것처럼 개가하고픈 욕망과 시부모에 대한 義理로 고민하는 주인공의 내적 갈등을 문헌기록에서는 찾아볼 수 없다.[35] 이런 인물 내면세계의 구체화는 화자의 적극적인 인물 해석의 결과인바[36] 여기에는 守節과 孝에 대한 화자의 인식이 적극적으로 반영되고 있는 것이다.

한편 모든 각편에서 주인공에게 무언가 실질적인 보상이 반드시 주어

---

33) 각편에 따라 눈먼 시어머니로 나타나기도 한다. 며느리의 도움이 아니면 살아가기 힘든 시부모의 처지가 강조되는 것이다.

34) 설화의 구연 현장에서 전승자들이 설화 내용의 眞僞에 대해 논쟁할 경우, 문헌기록은 매우 중요한 근거가 된다. 전승자들에게는 기록이 가장 신빙성이 있다고 믿기 때문이다.

35) 이에 대해서는 4장에서 상론할 것이다.

36) 김영희(1999), 「아기장수이야기의 전승력 연구」, 연세대학교 석사학위논문, 64면.

지는데, 열녀문이 내리는가 하면, 호랑이가 사내아이를 데려다 주어 기르게 되기도 한다. 주인공의 수절은 어떤 보상도 기대하지 않은 자발적 희생으로 나타나지만 호랑이가 등장하여 주인공에게 여러 가지로 보상을 한다는 설화적 결말은, 이 설화를 전설이 아닌 민담 차원으로 전환시킨다. 이는 호랑이도 감동할 만한 아름다운 이야기임을 강조하려는 전승자의 소박한 의식에서 기인하겠지만, 어찌 보면 이는 결과적으로 그만큼 진실성이 의심될 법한 이야기라는 말도 된다. 요컨대 청상과부가 수절을 하며 병든 홀시아버지를 봉양한다는 것은 그토록 至難한 일임을 반증하는 것이다. 한편 앞의 '죽음으로 정절 지키기' 유형에서 열녀문이 주인공 자신에게는 아무런 보상이 될 수 없었던 것에 비해, 이 설화유형에서는 주인공 자신에게 실질적인 보상이 주어진다는 점도 주목할 만하다. 이는 남편 사후에도 무력한 시부모를 봉양하는 며느리의 孝가, 從死를 하는 烈行보다 더 어려운 일이며, 따라서 그만큼 더 가치로운 것이라는 전승자의 의식을 반영하는 듯하다.

2. <남편 구하기> 유형군

21. 남편을 대신하여 희생하기

21-1 남편 대신 죽기

이 설화유형은 하룻밤을 같이 지낸 신랑을 위해, 친정을 배반하면서까지 남편을 대신하여 죽은 여인의 이야기이다. 이 설화유형에 해당하는 각편을 8편 찾았는데 표로 보이면 다음과 같다.

번호	제보자			각편 제목	대계 번호	채록 지역
	성 명	성별	나이			
1	박문원	남	61	죽음으로 신랑을 구하고	1-7	경기 강화
2	전지종	남	50	서당 학동과 열녀	4-2	충남 대덕
3	김운학	남	67	곽씨 정문의 유래	5-7	전북 정읍
4	유영달	남	46	남편을 위해 친정을 버린 열녀	3-3	충북 단양
5	김경렬	남	69	신계우전	5-6	전북 정읍
6	이춘대	남	89	종을 찾아간, 망한 집의 아들	7-1	경북 월성
7	김귀식	남	66	원수가 된 종의 아들	7-10	경북 봉화
8	김수진	남	49	상전을 죽인 종과 상전의 아들	7-10	경북 봉화

설화 각편에 나타난 내용을 서사단락으로 정리하면 다음과 같다.

가) 상전을 죽이고 도망간 노비의, 딸과 상전의 아들이 혼인을 하였다.

나) 사위가 바로 예전에 자신이 죽인 상전의 아들인 줄 알게 된 노비는 그를 죽일 계획을 세웠다.

다) 신랑과 하룻밤을 지낸 신부는 친정에서 자신의 남편을 죽이려 하는 것을 알게 되었다.

라) 신부가 신랑과 옷을 바꾸어 입고서 대신 죽었다.

마) 신랑이 官의 힘을 빌어 노비들에게 원수를 갚고, 신부의 시체를 찾아 장사 지낸 후 열녀비를 세웠다.

이는 문헌설화를 비롯하여 고전소설 <김학공전> 그리고 제국신문에 연재된 소설에 이르기까지 기록문학으로도 널리 알려진 이야기이다.[37] 그러나 이 설화는 기록문학의 내용과 모티프의 구성에서 상당한 차이가 있어서 주제의식에서 차이를 보이는데, 뒤에 자세히 논의하기로 한다.

37) 이에 대해서는 정준식(1998), 「추노계 서사문학의 전개양상과 사회적 의미」, 부산대학교 박사학위논문에서 상세히 논의된 바 있다.

한편 라) 단락에서 신부가 단 하룻밤을 같이 지낸 신랑을 대신하여 죽기로 결심을 하게 된 내면 동기가 나타나는데 다음에 인용해 본다.

> "하룻저녁을 자두 만리장성을 쌓는 건데 당신과 나는 내우간이요. 그 사람은 나의 오빠지만 당신의 원수라면 당신 아버지 원수라면 당신이 갚으야지요."[38)]

> "나는 목숨이 하나 그 까짓 거 아깝지 않으나, 당신은 남의 유복자고 그런데다가…… 죽어서는 되지 않는다. (죽으면 안 된다.)"[39)]

> 여자가 가만히 생각흔게 참 안 됐단 말여. 일야장척이라고 하루 저녁 자고 만리성을 쌓더라고, 어떻게든지 내오간은 내오간인디, 이거 참 남의 무남독자를 쥑여번지면 그 집안이 문을 닫히게 생깄어.[40)]

> "당신은 당신 하나 죽으며는 그 집 고만 손을 아주 끊는기고 이르이, 여자 내 하나 죽어서는 괜찮으이 말이야. 내가 대신 갈 모양이께."[41)]

만일 신랑을 살려주면 훗날 친정식구에게 분명히 화가 미칠 것을 알면서도 신부가 위와 같은 이유를 들어서 신랑 대신 죽기로 한다는 상황 설정은, 사실 납득하기 어려운 점이 많다. 신랑을 대신하여 자신이 죽어야 하는 이유로 주인공이 제시한 것을 보면, 신랑은 남자이고 자신은 여자이기 때문이라는 男尊女卑의 가치관, 신랑은 반드시 살아서 시집 가문의

---

38) 『구비대계』 4-2, 776면.
39) 『구비대계』 3-3, 538면.
40) 『구비대계』 5-6, 129~130면.
41) 『구비대계』 7-1, 688면.

대를 이어야 한다는 가문의식, 하룻밤의 인연일지라도 이는 매우 소중한 것이라는 믿음 등이다. 그러나 이는 현실적으로 볼 때 납득하기 어려운 점이 많다. 아무리 男尊女卑의 가치관으로 무장하였더라도, 이것이 인간의 생존 본능을 뛰어넘을 만한 것인지, 그리고 노비의 딸로서 자기 집안과 원수지간인 상전의 가문을 걱정해야 할 이유는 무엇인지를 이해하기 어렵다.

실제로 신부가 이런 희생을 자청하는 이유를 설득력 있게 설명하기 곤란한 것이, 결과적으로 신부가 이런 희생을 통해서 얻는 것이 아무 것도 없었기 때문이다.[42] 4번에서 죽은 신부의 혼이 나와 신랑에게 자신의 할아버지와 할머니를 살려달라고 하는 이야기가 나타날 뿐, 대부분의 각편에서 신부는 친정에 대해서는 아무런 배려 없이 그저 신랑을 위해 희생한다. 이렇게 보면 여인의 희생 동기로서 개연성이 있는 것은 신랑과의 하룻밤 인연에 얽힌 사랑의 감정인 듯싶다. 그런데 신랑이 노비들을 징벌하면서 신부를 생각해서 관용을 베풀기는커녕[43] 오히려 신부의 복수를 해야 한다는 생각으로 이들을 몰살시키는 것을 생각하면, 하룻밤 인연과 친정 식구들의 생명을 바꾼다는 것 역시 석연치 않다. 남자와의 하룻밤 인연이 오랜 세월 동안 자신을 낳고 길러준 친정 부모와 식구들은 물론 자신의 목숨보다 소중하다는 것은 설득력이 없어 보이기 때문이다.

판단컨대 신부가 내세운 이런 명분은 결국 他者의 시선에서 마련된 것으로 볼 수 있겠다. 이 他者의 시선이란 바로 여성보다는 남성, 노비보다는 상전의 시각인 것이다. 이 설화의 주인공 여인은 신분 질서가 동요되

---

42) 그러나 문헌설화에서는 여인이 자신의 죽음에 대한 보상으로 아버지의 목숨을 살려줄 것을 당부하고 있어서, 이 경우는 주인공이 忠孝烈을 모두 행한 셈이 된다. 이에 대해서는 4장에서 구체적으로 검토할 것이다.

43) 이와 같은 설화유형이라고 할 수 있는 『놓은집』 소재 <復讐說>과 『청구야담』 소재 <乞父命忠婢完三節>에서는 노비의 딸이 아비의 목숨을 살려줄 것을 당부함으로써 결과적으로 그의 아비가 살아난 것으로 되어 있다.

고 해체되어 가던 조선 후기에, 양반사대부들이 느꼈을 위기의식이 만들어낸 이상적인 인물인 셈이다. 상전인 신랑이 官의 힘을 빌어 노비들을 징치하는 모습은 중세적 신분질서를 어지럽힌 도망 노비를 절대 용서하지 않겠다는 양반사대부들의 보수적 사고를 잘 드러낸다고 할 수 있다.44) 그들은 중세적인 신분 질서로 회귀하기를 소망한 것이다.

忠과 烈은 일단 인위적 계약관계에서 출발한 도덕적 의무라면, 孝는 부모와 자식이라는 혈연관계에 따른 자연스러운 愛情에서 출발한 도덕적 의무라고 할 수 있다. 그럼에도 불구하고 이 설화는 상하간의 지배와 종속 관계로서의 忠과 烈이 육친의 정에 입각한 孝보다 우선한다는 의식을 보여주고 있어서 이념 지향적 성향을 짙게 보이고 있다. 물론 부부애가 부모에 대한 효심보다 더 강해질 수 있겠지만, 이 설화유형에서는 주인공이 혼인한 첫날 신랑을 위해서 목숨을 바친다는 점에서 부부 사이의 애정으로 주인공의 희생 동기를 설명할 수는 없다. 이 점에 비추어 보면 이 유형은 중세적 신분질서에 입각한 철저한 유교적 규범으로서 烈을 고양한 것으로 이해될 수도 있다.

그런데 앞에서 이루어진 분석만으로는 이 설화의 의미가 충분히 해석되지 않은 감이 있다. 구비 설화 전승자들이45) 이처럼 봉건적 신분질서와 忠과 烈처럼 上位者에 대한 下位者의 맹목적인 복종을 강조하는, 강한 중세적 이념을 담고 있는 설화를 근대에 이르기까지 활발히 전승해온 이유가 궁금하기 때문이다. 일단 이 문제는 이 설화에서 제기된 핵심 갈등이 무엇인가를 살펴보면 해결될 듯하다. 이 설화의 핵심은 여인이 남편과 친정식구 가운데 누구를 살릴 것인가 하는 개인적 갈등이 아니라, '살인자에 대한 응징과 무고한 人命의 보호'라는 公義와 '자신과 친정 식구의

44) 정준식(1998), 98면.
45) 전통사회에서 구비설화의 전승자들은 대개 識者層이기보다는 비교적 낮은 신분계층에 속하였다고 생각되기 때문이다.

救命'이라는 私慾 가운데에서 무엇을 택하는 것이 옳은가 하는 사회윤리적 갈등에 직면해 있다는 점이다. 이 설화에서 높이 평가한 것은 바로 혈육과 자신의 생명에 집착하지 않고 살인자에 대한 응징이 이루어질 수 있도록 조처한 주인공의 정의로운 행동인 것이다. 따라서 이 설화는 개인적 감정이나 私慾에 연연하여 公義를 어그러뜨려서는 안 된다는 사회적 正義, 그리고 殺人者에 대한 응징은 반드시 이루어져야 한다는 事必歸正의 가치관을 역설하고 있는 것이다. 바로 이러한 설득력 있는 주제의식에 힘입어서, 이 설화3은 신분계층과 時空을 뛰어넘어 그리고 구비문학과 기록문학을 통하여 사람들의 공감을 널리 얻을 수 있었던 것이다.

21-2 남편 대신 옥에 갇히기

여기에 해당하는 각편을 모두 5편 찾았는데 표로 보이면 아래와 같다.

번호	제보자			각편 제목	대계 번호	채록 지역
	성 명	성별	나이			
1	김태우	남	66	대신 감옥 가는 효자와 열녀	7-11	경북 군위
2	조찬윤	남	67	生烈女	5-7	전북 정읍
3	이동현	남	66	구대 독자 살린 열녀	7-15	경북 구미
4	김말선	여	69	열녀 이야기	7-5	경북 성주
5	김재근	여	75	열녀 이야기	8-9	경남 김해

이 설화는 신랑을 살리기 위해 대신 옥에 갇히는 신부의 烈行을 보여주는데, 각편의 내용을 종합하여 서사단락으로 정리하면 다음과 같다.

가) 양반으로 유명한 두 집안(대개 현풍 곽씨와 안동 김씨)이 혼약을 맺었다.

나) 신랑 일행이 혼례를 올리러 신부의 집으로 향하는 길에서 우연히 賤人과 싸움이 일어났는데, 신랑이(또는 신랑 아버지가) 양반에게 무례하다는 이유로 賤人을 죽였다.

다) 신랑이 그 죄로 인해(또는 아버지를 대신하여) 옥에 갇히게 되었다.

라) 소식을 들은 신부가 남장을 하고 유람을 가겠다며 집을 나와서는 옥에 갇힌 신랑을 찾아갔다.

마) 신랑과 옷을 바꾸어 입고 신부가 대신 옥에 갇혔다.

바-1) 진상이 밝혀져서 용서를 받은 신랑과 신부는 혼인하였고, 신부에게는 열녀문이 내렸다.

바-2) 진상이 밝혀져서 신랑의 아버지, 신랑, 신부 모두 용서를 받고, 나라에서는 이들에게 효자문과 열녀문을 내렸다.

이 설화유형은 각편의 변이가 그리 심하지 않은데, 아마 유사한 내용이 가사나 소설과 같은 기록문학을[46] 통해서 활발히 전승되어 온 것에 원인이 있는 것 같다.[47] 남녀 주인공들이 대부분 현풍 곽씨와 안동 김씨로 설정되고 있다거나 사건의 공간 배경도 대개 이 지역으로 설정되고 있는 것으로 볼 때, 이 설화유형은 순수한 구비적 전통에 따라 전승되기보다는 기록문학과의 깊은 교섭관계에 있는 것으로 보인다.[48]

---

46) 가사 <김부인열행록>과 소설 <곽씨전>, <옥낭자전> 등을 비롯하여 동일한 줄거리를 지닌 많은 작품이 있다. 이헌홍(1997), 『한국송사소설연구』, 삼지원, 66~67면; 권영철(1986), 『규방가사각론』, 형설출판사, 378~395면; 임치균(1998), 「<곽씨효행록> 연구」, 『고소설연구』 6집, 한국고소설학회.

47) 문자 해독층이 증가한 근대에는 구비를 통한 설화의 전승이 문헌 기록의 영향을 강하게 받게 되기 때문이다.

48) 소설과 설화의 선후 관계는 현재로서는 명확히 밝히기 어렵다. 문헌 설화에서는 이와 동일한 이야기를 찾을 수 없고 다만 노비가 주인을 대신하여 옥에 갇히는 이야기가 발견된다. 그러나 이런 이야기가 곧바로 현재와 같은 설화로 발전되었는지, 그리고 이 설화가 가사나 소설로 정착된 것인지는 확언하기 어렵다. 이헌홍(1997), 『한국송사소설연구』, 삼지원, 64~68면 참조.

설화의 내용을 보면 신부는 신랑을 만나 자신이 대신 옥에 갇히고 신랑이 살아야 하는 이유를 이렇게 설명한다.

> "이제 나 같은 아녀자가 대구 무태 땅에 나지 않았을 거 같으면 당신이 대구 무태로 장개 올 리가 만무하지 않은가요? 대구로 무태로 장개를 안 왔으마, 그 질로(길로) 올 리도 만무하고 당신이 오늘 죽을 리가 없는데, 나같은 것 때문에 당신이 죽으니까. 나 같은 여자야 그 뭐 하루 열 죽은들 뭐 그렇게 놀라울 거 없으니, 당신은 나가서 참 명대로 잘살다가 돌아오라."49)

> "당신이 나로써 당신이 이렇게 거시기를 했는디 나로서는 당신은 오대 독자 외아들이고 나야 벨 것이 없소. 그러나 당신 선영, 무 헐 수 있어. 근게 나는 여그서 죽어도 아무 상관이 없고 당신은 당신네 집의 선영을 이어서 받으야 헐틴디 거식허니, 내가 당신 대신으로 죽을터니 당신은 나가서 부모님 뫼시고 당신 선영을 봉지사(奉祭祀)헐 자식은 되야 헐 것 아니냐?"50)

신부가 신랑 대신 옥에 갇히는 명분으로 내세우는 것은, 위에서 보듯이 신랑이 자기와 혼인하러 오지 않았으면 살인죄를 저지르지 않았을 것이므로 자신이 살인 사건의 원인 제공자로서 마땅히 책임을 져야 한다는 것이다. 그리고 신랑은 양반가문의 獨子이므로 가문의 대를 끊게 할 수 없으니 여자인 자신이 죽는 것이 옳다는 것이다. 이런 명분은 모든 각편에서 예외 없이 나타난다. 한편 4번 각편에서는 賤人인 옥지기조차 "아무도 모리기(모르게) 두 시간만 남편을 그 외동아들인께 내가 동품을 하면 내가 자식이

49) 『구비대계』 7-11, 698면.
50) 『구비대계』 5-7, 27면.

나 생기만 이왕 살 판인께 후손이 안 떨어지겠나."라는 신부의 말에 마음을 움직여 신부를 옥에 들여보낸다. 이 설화는 이처럼 양반가문의 대를 잇는 일은 모든 사람이 보편적으로 동의할 만큼 至高한 가치임을 강조한다. 주인공들의 신분을 모두 명문 양반가의 자녀로 설정하여 대 잇기의 중요성을 내세우는 등 이 설화는 가문의식을 비롯하여 여러 측면에서 양반 사대부들의 가치관을 잘 보여준다.

한편 신부 역시 無男獨女로서 신랑과 마찬가지로 양반 가문의 유일한 혈손으로 나타난다. 당시에 外孫奉祀가 가능하였음을 생각하면 신부 역시 자기 집안의 대를 이어야 하는 귀한 존재인 것이다. 말하자면 이토록 귀한 존재인 신부가 신랑을 위해 죽기를 각오한 것은 至難한 일로서, 이는 단순히 개인의 희생에 그치지 않고 신부 가문의 희생에 해당할 정도로 대단한 가치를 지니는 烈行이란 것이다.

그런데 신부가 죽음을 각오하고 신랑을 대신하여 옥에 갇히기로 결정한 것이 과연 위에서 논의한 것처럼 '신랑 가문의 대를 잇기 위함'이라는 철저한 명분론에 따른 것일지 의문이다. 사실 이런 명분은 신랑의 가문에서 신부에게 요구할 만한 사항일지는 몰라도, 아직 혼례도 치르지 않아서 시집 가문에 귀속감을 갖지 못한 신부의 입장을 대변하는 것으로는 볼 수 없기 때문이다. 다음에서 이런 결정을 내린 신부의 내면 동기를 엿볼 수 있다.

> 그만 저건 하만(어지간하면) 평상 과택이 아이라(아닌가). 그때는 재혼도 안 할 때여, 어 약혼만 해도 그래 혼자 가 산다꼬. 서신 왕래만 해도 (신랑이) 죽으면 (시집에 가서)사는 사람이 있어요.[51]

51) 『구비대계』 7-15, 46면.

"아버님 오늘 일진이 나쁘고 제 팔자가 기박하여 이 지경이 되었으니……"[52)]

각시가 가마이 생각하이께네 이 집에는 그래노이, 옛날에는 뭐 그라문 그 각시도 요새 겉나? 딴 데 치우도 못하고 참 과부와 한가지거든.[53)]

인용된 내용에 따르면 신부는 신랑 가문을 살린다는 대외적 명분보다는 자기에게 닥칠 암담한 미래에 대한 절망감 때문에 신랑을 대신하여 죽음을 자청한 것으로 보인다. 신부로서는 '어차피 개가도 못하고 청상과부로 평생 사느니 차라리 죽음을 택하는 것이 낫다.'는 현실적인 판단과 이 모든 상황이 오로지 자신의 기박한 운명에서 기인하므로 자신의 운명을 적극적으로 받아들이겠다는 생각에서 이런 결정을 내린 것으로 나타난다. 뿐만 아니라 신랑이 옥에 갇히게 된 모든 *始初*가 자신의 박복함에 있다는 판단에서 신랑에 대한 도의적 책임감도 가세하였던 것이다. 한편 이런 신부의 행위를 서인석은 다음과 같이 해석한 바 있다.

주어진 상황을 운명으로 받아들이지 않는, 적극적인 의지와 행동을 통해 현실을 변화시키는 모습에서 우리는 단순히 보수적인 것 이상의 것을 볼 수도 있다. 즉 예측하기 어려운 운명의 횡포를 어쩔 수 없는 것으로 생각하여 수동적인 '열행'을 할 수도 있었던 것이다. 그러나 이 작품은 차라리 무너져 가는 봉건적 이념에 매달려 무너져 가는 이념과 일체가 되는 길을 택했다. 이는 역설적이지만 자기 운명에 대한 적극적인 태도가 아닐 수 없다.[54)]

---

52) 『구비대계』 7-5, 148면.
53) 『구비대계』 8-9, 1116면.
54) 서인석(1995), 「가사와 소설의 갈래 교섭에 대한 연구」, 서울대학교 박사학위논문, 85면.

신부의 행위는 분명 烈行에 해당하는 것으로 결과적으로 신랑과 자신 모두에게 행복한 결말을 가져왔다. 이는 신랑이 죽음을 당하는 것을 가만히 지켜봄으로써 일생 동안 자신의 박복함을 한탄하며 수절하며 살아야 했을 자신의 운명에 굴하지 않고, 보다 나은 삶을 위해 스스로 노력한 결과임에 틀림없다. 이는 분명 신부가 세계의 횡포에 대항하여 자신의 운명을 개척한 결과인 것이다. 그러나 이처럼 신부가 적극적인 의지와 행동을 통해 현실을 변화시켰다고 보는 서인석의 견해는 사실 결과론일 뿐이다. 만일 신부의 각오대로 신부가 죽는 것으로 사건이 종결되었다면 문제는 달라진다. 그렇게 될 경우, 실제로 신부가 개척한 운명이란 바로 자신의 죽음이라는 이야기가 되기 때문이다. 이렇게 볼 때, 신부의 운명 개척 의지를 논하기 위해서는 자아의 의지와 무관한 외부 세계의 힘에 의해 결정된 결과보다는 자아의 행위 동기를 주목해야 할 것이다. 우리가 주목할 문제는 드러난 사건의 결과가 아니라 속에 숨어 있는 내적 동기이다.

신부가 일생 동안 수절하며 살아가든 옥에 갇힌 신랑을 대신하여 죽든 열녀가 될 수 있는 것은 마찬가지이다. 수절하며 살면 生烈女요, 옥에서 신랑 대신 죽으면 죽은 烈女가 될 것이기 때문이다. 그런데 둘 중 어느 것도 신부에게 행복한 삶을 보장해주지 않는다. 죽음과 다름없는 수절 과부의 삶보다 차라리 신랑을 위한 죽음이 낫다는 판단은 일견 적극적인 운명의 개척 방식으로 보일 수 있다. 그러나 운명의 개척이란 자아가 자신의 욕망을 실현하기 위해 주어진 상황에 적극적으로 도전함으로써 더 나은 미래를 성취해가는 것이라고 이해한다면, 이는 세계에 대한 자아의 패배가 아니라 자아의 승리를 지향하는 것이어야 한다. 이처럼 운명의 개척이란 분명 자아의 건강한 삶과 직결된 것임에도 불구하고, 신부가 선택한 길은 바로 자신의 죽음이었다는 점에서 문제가 복잡해진다.

신랑의 살인이 자신의 박복한 운명에서 기인하므로 자신이 그 책임을 지고 죽는 것이 마땅하다는 신부의 태도는 숙명론적이다. 신랑의 살인은 신부의 의지와 무관하므로 신부에게는 책임이 없다. 그럼에도 불구하고 이 상황을 자신의 책임으로 돌리는 것은 이 불행한 사태를 어쩔 수 없는 운명으로 받아들이는 신부의 태도를 보여준다. 말하자면 신부는 운명에 저항한 것이 아니라 오히려 이에 순응하려 한 것이다.

사실 신부의 입장에서 적극적으로 운명을 개척하는 방법은 혼례를 치르지 못해 무산된 婚約에 매이지 않고 다른 남자를 찾아서 혼인하는 것이다. 그러나 신부가 처한 상황은 이것이 거의 불가능하였다. 양반 가문의 규수로서 일단 정해진 혼약을 깨는 것은 의리와 명분에 위배되기 때문이다. 그렇다면 신랑 대신 옥에 갇히는 신부의 행위를 온전히 세계의 횡포에 무릎을 꿇는 자아의 패배로 단정 짓는 것이 옳을 것인가. 그러나 아무리 양보하더라도 신랑 대신 옥에 갇힐 뿐 아니라 그를 대신하여 죽음도 불사하겠다는 결심으로 길을 나서는 신부의 모습은 범상하지 않다.[55] 이 婚約을 무시하고 다른 혼처를 찾는 수준까지는 아니더라도, 남장을 하고 부모를 속이면서까지 무언가 문제를 해결하기 위해 길을 떠나는 신부의 모습은 여염집 규수에게서는 좀처럼 보기 힘든 것이다. 신부는 '청춘과부로 사느니 烈女의 명분도 세우고 남 좋은 일도 하자'는 자포자기의 심정에서 이런 선택을 하였을까? 그렇다면 이는 자신의 운명을 개척하는 일인가? 운명에 순응하는 일인가? 원점으로 돌아가서 이 문제를 생각해 보자.

아마도 신부는 일종의 모험을 하였을 가능성이 있다. 忠孝烈이라는 의리 명분이 至高한 가치로 인정되는 사회에서 자신의 烈行이 최소한 법에 대해 관용을 호소할 만한 명분을 지닐 수 있음을 신부는 간파하였을 것

55) 그저 모든 것을 운명으로 돌리고 사태의 추이에 몸을 맡기는 것이 그 시대 여성들이 취할 법한 태도이기 때문이다.

이다. 신부는 이런 판단 아래 신랑을 대신하여 옥에 갇힌 후, 양반 가문의 대를 이어주기 위함이라는 명분을 내세워 情狀이 參酌되길 기대한 것으로 볼 수 있다. 신부는 죽음보다 못한 과부의 삶을 사느니 차라리 죽을 각오로, 신랑을 살리기 위한 모험을 감행한 끝에 드디어 성공을 거두었던 것이다. 신부의 내면 동기에 비추어 이 상황을 이해한다면 위와 같은 추론이 개연성이 있다고 본다.

이 설화에서는 억울하게 죽은 賤人의 사정이나 양반에게 무례하다고 賤人을 살해하는[56] 신랑의 충동적인 性情은 문제되지 않은 채, 班常 갈등에서 양반이 일방적인 승리를 거둔다. 살인을 저지른 장본인은 아무 代價도 치르지 않고 석방되어 행복한 삶을 누리게 되고 양반 가문에는 旌門까지 더해진다. 상민을 殺人한 일이 오히려 복이 되어 돌아온 셈이다. 양반들의 도덕적 명분은 이렇듯 살인죄에 대한 공정한 처벌조차 무색하게 한다. 신랑 대신 옥에 갇힌 신부의 烈行이나 아비의 죄를 대신한 신랑의 孝가, 獄事를 어지럽힌 죄와 살인죄에 대한 처벌이라는 正義보다 우선된다는 가치관을 보여주는 것이다.

이처럼 이 설화의 모든 갈등과 해결은 예외 없이 의리 명분론을 바탕으로 한 중세적 가치와 양반 중심의 사회 질서 속에서 이루어진다. 上下의 질서를 명분 삼아 賤人을 징벌함으로써 해결되는 班常의 갈등, (각편에 따라) 아비 대신 罪人을 자처한 아들, 단지 婚約에 대한 義理 때문에 평생 과부가 되어야 할 신부의 운명, 烈을 내세운 신부의 희생, 가문의식을 내세운 신랑의 도주, 孝와 烈의 명분을 통한 죄인의 赦免 등이 그런 예이다. 또 살인죄를 저지른 자가 아무런 代價도 치르지 않고 석방될 수 있었던 것은 그가 양반 신분이고 죽은 자가 賤人이라는

---

56) 물론 이는 過失致死였으므로 살해 동기의 측면에서 신랑을 전적으로 惡한 성품의 소유자로 매도할 수는 없다. 그러나 어찌 되었건 신랑은 결과적으로 살인까지 저지르게 된 자신의 경솔한 태도에 대해 책임을 느껴야 한다.

점과도 무관하지 않다. 이야기는 이처럼 죽은 賤人에게는 아무런 보상도 없이 오로지 양반들만의 행복한 결말로 종결되고 있다. 양반에게 도전한 賤人의 철저한 패배를 그린 이 설화는 班常갈등에서 양반 계층이 승리할 수 있는 추동력을 명분론에 입각한 그들의 도덕성에서 찾고 있는 것이다.

22. 남편의 생명 구하려다 죽기

이 설화유형에 해당하는 각편을 3편 찾았는데 표로 보이면 다음과 같다.

번호	제보자			각편 제목	대계 번호	채록 지역
	성 명	성별	나이			
1	박영국	남	67	정의영의 처 이씨 열녀비	2-8	강원 영월
2	이강철	남	73	남편을 안고 얼어 죽은 열녀	6-6	전남 신안
3	김묘남	여	70	난리 중에 남편을 구한 열녀	8-13	경남 울주

이 설화들은 각편의 길이가 대체로 짧은데 내용을 요약하면 다음과 같다.

1번 각편 : 부부 사이에 금슬이 좋았던 정의영이 겨울에 얼음이 언 강을 건너다가 물에 빠졌다. 아내가 남편을 구하기 위해 얼음 속으로 들어갔다. 남편을 찾아냈지만 이미 죽은 상태인지라 빠져 나올 수 없게 되어 아내도 함께 죽고 말았다. 열녀비를 세웠다.

2번 각편 : 열일곱 살 처녀가 일곱 살 꼬마 신랑에게 시집을 갔다. 시집온 지 삼 년쯤 지났을 때, 눈 속에 길을 나섰던 새댁은 신랑을 품에 안고 얼어 죽고 말았다. 살아난 신랑은 장성한 후에 열녀문을 세워주고 평생 장가를 들지 않았다.

3번 각편 : 어린 신랑에게 시집온 첫날밤에 난리가 나서, 신부가 신랑을 등에 업고 피난을 가게 되었다. 적군을 만나 신부가 겁탈을 당할 위기에 처하자, 신부는 마음에 걸리는 사람이 있어서 안 되겠다며 신랑을 먼저 보내라고 하였다. 신랑이 자꾸 뒤돌아보며 가자, 신부는 신랑이 안 보일 때 요구에 응하겠다면서 시간을 끌다가 신랑이 안 보이게 된 순간 자결하였다. 열녀비를 세워주었다.

중세적 의미의 烈은 가부장제적 가족질서 아래서 남성의 절대적인 권위에 기초를 두고 있다고 하겠다. 이런 시각에서 볼 때 전통 사회에서 부부 사이는 수평적이기보다는 '지배와 복종'의 수직적 관계라고 할 수 있다. 守節型 '烈설화'에는 바로 이런 부부의 수직적 질서가 잘 반영되고 있는데, 애정과 무관하게 아내가 남편을 위해 희생하거나, 남편이 죽으면 아내가 따라 죽는 것을 당연하게 여기는 것이 그런 예이다. 그런데 위에서 살펴본 설화에서는 이런 성격이 상당히 약화되고 있음을 본다. 이 설화들에서는 교조적인 烈이념에 앞서 인간적 정서를 느낄 수 있는데, 이는 설화에 나타난 여인의 희생이 우선 救命이라는 보편적 善을 실현한 利他的 행동으로 이해되기 때문이다. 이 설화들은 烈을 명분으로 내세우기 위한 억지스런 과장이 적어서 서사의 진행이 자연스럽게 느껴진다.

이 설화에서 나타난 갈등은 대개 '남편에게 죽음의 위기가 닥쳤는데 이때 아내가 적절하게 대응한다면 남편을 구할 수도 있다'는 상황이다. 이 절박한 상황에서 아내가 선택할 수 있는 것은 남편의 죽음을 방관하거나, 자신의 목숨을 걸고 救命에 나서는 것이다. 이때 만일 남편의 죽음을 방관한다면 이는 烈이라는 규범을 어겼다는 문제 이전에 인간적인 도리를 어기는 일이다. 1번에서는 부부의 애틋한 정을 부각시키려는 화자의 의지를 읽을 수 있는데, 남편을 구하기 위한 여인의 필사적 노력을 이렇게 이야기한다.

> 부인이 자기 남편을 구하기 위해서 물속에 빠진 것은 좋았는데, 그렇다 하드래도 물이 흘러 내려갔다는 중에서도 거슬러 올라갔다고 하는 것은 자기 남편을 구하기 위해서 얼마나 물 속 결사의 노력을 했느냐 하는 것이죠.[57)]

이 이야기에서 남편의 자리에 자식을, 부인의 자리에 부모를 대신 넣어도 전혀 어색하지 않을 듯하다. 물에 빠진 자를 구하는 것은 아내와 남편 사이에만 해당되는 도덕적 가치가 아니기 때문이다. 또한 2번과 3번에 등장하는 어린 신랑의 모습은 家長으로서의 권위와는 거리가 멀다. 이들은 마치 큰누나 같은 신부의 품에 안기거나 등에 업혀서 목숨을 부지할 수밖에 없는 나약한 소년에 지나지 않는다. 2번에서 신부는 신랑을 마치 어린 아들처럼 보듬어서 생명을 구한 후 자신은 얼어 죽는데, 이를 굳이 신부의 烈을 실현하려는 신부의 의지로 파악할 것이 아니라 추위와 싸우기 위한 자연스러운 행동인 동시에 약자를 보호하려는 인간의 보편적 정서에서 나타난 결과로 이해하는 편이 온당할 것이다.

3번에서는 신부가 적군으로부터 신랑의 목숨을 구하기 위해 신랑이 도망을 완전히 갈 때까지 거짓말을 해가며 시간을 끄는 희생적인 배려를 한다. 한편 신부가 정절을 지키기 위해 결국 자결함으로써 이 설화에는 가부장제적 질서가 요구하는 烈이념 역시 드러나고 있다. 그러나 이 상황에서 여인의 자결은 사회적 규범 이전에 여성의 性的 주체성에서 일차적 動因을 찾을 수 있을 것이다.

이 설화에 나타난 신랑과 신부의 관계는 男尊女卑의 상하관계로만 볼

---

57) 『구비대계』 2-8, 287면.

수 없다. 어린 신랑을 향한 신부의 보살핌이 자식에 대한 부모의 내리사랑처럼 그려지고 있기 때문이다. 신부의 품에 안겨서 그 溫氣로 목숨을 부지한 신랑의 모습은 마치 엄마 품에 안긴 어린 아들의 모습을 연상케 한다. 이들은 夫婦라기보다 마치 母子關係처럼 그려지는데, 더욱 주목할 만한 것은 꼬마 신랑이 장성한 후에 신부를 위해서 다시는 혼인하지 않은 채 평생 홀로 살았다는 점이다. 말하자면 죽은 아내를 위해 남편이 수절을 한 셈이다. 이처럼 남편이 아내의 은혜를 잊지 않고 부부간의 신의를 지킨다는 것은 守節型 '烈설화'에서는 찾아보기 어려운 내용인바, 그만큼 烈이란 아내의 남편에 대한 일방적 의무라는 의식이 설화 전승자들에게 깊이 박혀 있기 때문이다.[58)]

요컨대 이 설화에서는 남편에 대한 아내의 일방적 의무로서의 烈 이전에 人命을 구해야 한다는 인간 사회의 보편적 윤리가 나타나 있는 것이다. 이 설화에서 신부가 신랑의 생명을 구한 것은 부부 사이의 규범으로서의 烈에 앞서 인간이 보편적으로 지향하는 善의 실현으로 이해된다.

23. 남편의 병을 치료하기

23-1 자신의 살로 치료하기

이 설화유형에 해당하는 각편을 모두 11편 찾았는데 표로 보이면 다음과 같다.

58) 물론 구비 설화 가운데는 신혼 첫날 아이를 낳는 신부를 소박하지 않고 상황을 만들어서 마치 아이를 주워 온 것처럼 하여, 그 아이를 데려다 잘 기르고 복을 받았다는 내용의 설화도 있다. 그러나 이는 남의 잘못을 관용하는 자에게 보상이 따른다는 가치관을 주입하는 것으로, '烈설화'의 범주를 벗어난다. 아무튼 이는 별도의 논의를 필요로 한다.

번호	제보자			각편 제목	대계 번호	채록 지역
	성 명	성별	나이			
1	이명철	남	59	남편의 문둥병을 고친 열녀 곽씨	2-4	강원 속초
2	정회풍	남	67	열녀 이야기(2)	6-10	전남 화순
3	김판금	남	79	사평리 열녀	6-11	전남 화순
4	김석기	남	67	문둥병을 치료한 열녀	7-2	경북 월성
5	이종기	남	73	남편의 문둥병을 고친 곽씨	7-3	경북 월성
6	김상태	남	61	자기 살 베어 남편 먹인 열녀	7-5	경북 성주
7	조홍순	여	68	열녀 이야기	6-3	전남 고흥
8	조유란	여	72	산열녀각	7-6	경북 영덕
9	김석이	여	64	문둥이 남편 병 고친 열녀	7-8	경북 상주
10	최순금	여	63	남편의 풍병 고친 열녀	7-12	경북 군위
11	이귀조	여	71	남편의 문둥병을 고친 열녀	8-8	경남 밀양

이 설화유형은 신랑이 나병 환자인 줄 모르고 시집을 간 새댁이 자신의 살을 베어 남편에게서 먹여 병을 치료했다는 내용을 담고 있다. 이 유형에 속하는 설화 각편들은 대개 길이가 짧고 각편에 따른 변이가 심하지 않은데, 각편들은 모두 새댁이 자신의 살을 베어 남편에게 먹이는 장면과 남편의 나병이 낫게 되는 과정에서 몸에서 벌레가 나온다든가 하는 장면을 서술하는 데에 초점을 맞추고 있다.

각편의 변이양상을 보면 4번에서는 이웃집 여인 역시 자기 남편의 병을 고치기 위해 똑같은 방법을 써보았지만 효과가 없었다는 내용이 첨가되고 있다. 이는 문둥병자의 병이 낫게 된 것은 人肉을 먹었기 때문이 아니라, 아내가 자신의 신체를 도려내는 엄청난 고통을 감내할 만큼 지극한 정성을 쏟았기 때문이었음을 부각시키기 위해 화자가 의도적으로 삽입한 것으로 보인다. 한편 이런 이야기 전개는 <흥부전>에서와 같은 모방담의 형식을 띠고 있는바, 이 모방담 구조가 왜 이 설화에 차용되었는지 생각해 볼 필요가 있다.

일단 분명한 것은 남편의 回生 원인은 겉으로 나타난 秘方에 있지 않으며 내면에 숨겨진 아내의 지극한 희생과 정성에 있었음이 강조되고 있다는 점이다. 그렇다면 이웃집 여인은 실제로는 남편을 위하는 지극한 마음도 없으면서 단순히 人肉이 나병을 고칠 수 있다는 생각만으로 주인공의 행위를 단순 모방한 탓에 결국 실패하고 말았다는 이야기가 된다. 그렇게 본다면 실제로는 남편을 살리려는 지극한 마음도 없었던 여인이 도대체 무엇 때문에 자신의 신체를 도려내는 엄청난 희생을 감수하였는지 이해하기 어렵다. 추론해보건대 이웃집 여인의 희생은 필시 자발적인 것이 아니라 외부의 압력에 의해 강요된 것이었다는 이야기가 된다. 따라서 이 모방담은 한 개인의 특수한 烈行 방식이 자칫 사회가 모든 여성에게 요구하는 보편적 행위로 굳어질 것을 우려하여 화자가 의도적으로 삽입한 모티프인 것이다. 요컨대 이 설화는 살아있는 여인의 신체를 도려내는 지경까지 이른 烈의 敎條的 성격과 사회적 逆機能에 대한 우려를 드러냄으로써, 烈이라는 명분 아래 조장될 우려가 있는 무고한 여성들의 맹목적인 희생을 경계하고 있는 것이다.

6번에서는 남편이 아내의 정성으로 살아났음을 강조하고, 남편이 열녀비를 세우려고 하자 '내 남편 살리려고 한 일일 뿐'이라며 세우지 못하게 하고, 이후로 부부가 아들 딸 낳고 잘살았다고 되어 있다. 이처럼 4번과 6번에서는 여인의 희생 동기를 烈女라는 명분을 얻기 위한 가식적인 행위로 오해해서는 곤란하다는 화자의 주장이 담겨 있다. 자신의 행위가 '열녀문을 얻기 위함이 아니라 내 남편의 목숨을 구하기 위한 일이었다.'며 열녀문을 못 세우게 하는 여인의 말을 통해서, 남편을 위해 헌신하려는 순수한 마음에서 출발하지 않고 단지 烈女 표창을 기대한 표면적 烈行은 진정한 의미의 烈이 아님을 화자는 역설하고 있다.

23-2 공포를 무릅쓰고 약을 구하기

이 설화유형에 해당하는 각편은 5편인데 표로 제시하면 아래와 같다.

번호	제보자			각편 제목	대계 번호	채록 지역
	성 명	성별	나이			
1	조재호	남	71	시체로 변한 동자삼	4-4	충남 보령
2	윤철호	남	65	남편의 병을 낫게 한 열녀	6-12	전남 보성
3	황천석	남	64	열부 이야기	8-6	경남 거창
4	최임생	여	73	열녀와 동삼	7-12	경북 군위
5	박춘예	여	49	병든 남편 낫게 한 열부	8-6	경남 거창

이 설화는 앞에서 검토한 '자신의 살로 남편의 병을 치료하기' 유형과 동일한 줄거리를 갖고 있는데, 아내의 살이 아닌 다른 어떤 것으로 남편을 치료했다는 점만 다르다. 각편에 따른 변이가 그다지 심하지 않은데 다음에 줄거리를 간략히 정리해 둔다.

> 남편의 병이 나으려면 시체의 다리를 먹어야 한다는 도사의 말을 듣고, 여인이 그것을 구하러 갔다. 밤에 번개가 치고 폭우가 내리는 가운데 시체가 '내 다리를 내놓으라'며 따라왔다. 아내는 공포심을 극복하고 집으로 돌아와 남편에게 그것을 먹여 병을 치료했다. 알고 보니 그것은 산삼이었다.

이 설화가 담고 있는 주제는 인간으로서 극복하기 힘든 공포를 무릅쓰고 약을 구한 아내의 지극한 정성이 남편의 병을 낫게 했다는 것이다. 인간적 한계를 뛰어넘는 희생을 감수한 여인의 정성이 남편의 나병을 고치는 기적을 일으킬 수 있다는 주제의식은, 앞의 설화유형과 동일한 것이다. 그러나 병을 고치기 위한 수단을 人肉 대신 산삼으로 설정한 것은,

여인이 자신의 살을 베어 낸다든가 人肉으로 사람의 병을 고친다는 내용의 설화 모티프가 지나치게 잔인하고 비현실적이라는 점에서 전승자들이 거부감을 느낀 탓일 수 있다.

이 이야기는 부모를 봉양하기 위해 자식을 솥에 넣고 삼거나 땅에 묻는다는 이른바 '犧牲孝' 설화유형과 유사하다. 희생효 설화에는 자식을 독립된 인격체로 여기지 않으며 부모가 자식에 대해 生死與奪權을 갖는 것으로 나타나 자식이 마치 부모의 소유물처럼 그려지고 있지만, 종국에는 자식이 살아서 돌아오므로 실제로 자식이 희생되는 일은 없다는 점이 주목할 만하다.

그런데 守節型 '烈설화'에서는 남편의 병구완을 위하여 아내가 신체를 훼손하는 모티프는 자주 나타나지만, 아내가 남편을 구완하기 위하여 자식을 희생시키는 모티프는 잘 발견되지 않는다.[59] 이는 아마도 자식이 부부 모두에게 매우 소중한 존재이기 때문일 것이다. 그러나 가령 아내의 몸에서 태어났지만 그 남편의 자식이 아닌 경우가 있을 수 있다면, 상황이 달라질 수 있다. 이런 상황을 보여주는 설화유형이 실제로 존재하는데 이후에 논의할 <남편 위해 훼절하기> 유형군 가운데 '後夫의 자식 죽여 본남편 치료하기' 유형이 그것이다. 이로 볼 때 설화의 전승현장이란 전승자들의 상상력이 도달할 수 있는 모든 형태의 문제 상황을 상정하고 토론을 벌이는 대화의 장임을 재확인하게 된다.

23-3 비상으로 치료하기

이 설화유형에 속하는 각편을 12편 찾았는데, 다음에 표로 보인다.

---

59) 이런 내용의 각편이 예외적으로 한 편 있는데, 이후에 다룰 '毁節型 烈說話'에 속하는 설화유형의 변이형이다. 이에 대해서는 뒤에 재론하기로 한다.

번호	제보자			각편 제목	대계 번호	채록 지역
	성 명	성별	나이			
1	김응화	남	62	문둥이 남편을 살린 종의 딸	2-7	강원 횡성
2	전재명	남	51	남편의 문둥병 고친 효부	3-2	충북 청주
3	임종옥	남	64	대신 장가	4-3	충남 아산
4	지정병	남	66	비상 먹여 신랑 소생시킨 열녀	4-5	충남 부여
5	서보익	남	76	六孝子傳	5-6	전북 정읍
6	천학실	남	71	비상 먹고 남편 살린 열녀	6-2	전남 함평
7	김로마	남	73	비상으로 문둥병 고친 신부	6-7	전남 신안
8	정운오	남	63	비상 먹고 살아나다	6-9	전남 화순
9	권응순	여	84	양잿물 먹고 병신 벗어난 사람	1-9	경기 용인
10	윤민녀	여	70	아내가 타놓은 비상을 마시고 소생한 남편	4-2	충남 대덕
11	김연경	여	76	아내가 타놓은 비상을 마시고 소생한 남편	4-2	충남 대덕
12	윤아기	여	75	문둥이의 아내	6-5	전남 해남

이 설화유형은 각편마다 차이가 있기는 하지만 '烈설화'의 유형 가운데 그 내용이 가장 풍부하다고 할 수 있으며 설화 각편의 분량도 비교적 긴 편이다. 이 설화유형의 내용을 서사 단락으로 정리하면 다음과 같다.

가) 가난한 집(종, 아전의 아들)의 아들이 돈을 받고, 정승의 나병에 걸린 아들을 대신하여 양반 가문으로 장가를 갔다.

나) 첫날밤에 신랑의 사연을 알게 된 신부가 '혼례를 올렸으니 함께 살아야 한다'고 주장하여, 결국 가난한 집의 아들이 그 집의 사위가 되었다.

다) 가난한 집은 빚을 갚기 위해, 아들 대신 그 여동생을 나병에 걸린 정승의 아들에게로 시집보냈다.

라) 여동생은 병든 남편이 죽을 것이니 자신이 먼저 죽겠다며, 비상을 준비해 두었다.

마) 나병환자인 정승의 아들이 우연히 그 비상을 대신 먹고 병이 나았다.

바) 두 사람이 행복하게 살았다.

이 설화는 남녀 두 쌍의 혼인사건을 다루고 있다. 가) 와 나) 단락은 나병에 걸린 정승의 아들을 대신하여 가난한 집안의 아들이 양반의 딸과 혼인하는 내용이며, 다) 부터 끝까지는 오빠를 대신하여 빚을 갚기 위해 정승 집 나병 환자에게 시집간 가난한 집 딸이 비상으로 신랑의 병을 치료하고 잘살게 된 이야기이다. 여기서 앞의 혼인 사건은 두 번째 혼인 사건을 준비하기 위한 도입부의 기능을 한다. 따라서 이 이야기의 의미는 가난한 집안을 구하려고 나병 환자와 혼인을 하는 희생을 한 처녀가 신랑의 병을 극적으로 고치고 잘살았다'는 것으로 집약되고 있다.

그러나 화자들은 첫 번째 혼인 사건에도 많은 관심을 보인다. 이는 무엇보다 이 설화가 여주인공의 열녀적 면모를 조명하기보다는, 신분이 다른 남녀 사이의 혼인이 성사되는 과정을 서술하는 데 초점을 맞추고 있기 때문이다. 따라서 이 설화는 열녀담에서 흔히 보게 되는 틀에 박힌 敎述性이나 비장감을 띠지 않는다. 화자들은 모두 이야기를 교훈전달을 목적으로 진지하게 구연하기보다는 흥미 위주로 가볍게 구연하고 있는 것을 보는데, 그 근거로 설화 속에 肉談이 빈번하게 등장하고 있음을 들 수 있다. 정승 집안의 규수가 신혼 첫날 자신의 몸에 손도 대지 않는 신랑이 고까운 나머지, 자진하여 신랑을 유혹하다 못해 스스로 옷을 벗거나 심지어 신랑에게 욕설을 퍼부으며 칼로 위협하기도 한다. 특히 남성 화자들은 가난한 집의 딸이 혼인 후 나병에 걸린 흉한 몰골의 신랑과 짙은 애정관계를 나누는 것을 매우 자세히 구연하기도 한다. 물론 이 설화는 젊은 남녀의 혼인을 둘러싼 갈등이 서사의 핵심이 되고 있는 만큼, 肉談이 자주 등장하는 것이 당연한 현상일 수 있다. 그러나 그 점을 충분히 감안할지라도 진지한 태도로 구연되기 마련인 열녀담의 경우 이야기 속에 음담패설이 등장하는 것을 찾아보기 어렵다는 점을 상기할 때, 이 설화유형은 烈女 설화의 일반적인 성격과 차이가 있다.

한편 이 설화에서 주인공이 烈女로 인정받는 이유는 우선 비상을 먹여서 신랑의 병을 낫게 하였기 때문이다. 그러나 이는 사실 결과론일 뿐이어서 주인공이 처음에 의도한 바가 무엇이었나에 따라 해석이 달라질 것으로 보인다. 각편에서 여주인공이 혼인하면서 비상을 지니고 간 동기를 구체적으로 확인해 보기로 한다.

> 1번 각편 : '암만 종의 몸이지만 두 낭군을 섬길 수가 없으니 남자 죽는 날 시간에 나도 죽겠다.'
>
> 2번 각편 : 그래 이 여자가 웬만하면 거기서 자살을 할라고. 죽을라고 비상을 사가지고 왔단 말이여. 먹고 죽을라고. "내 목 하나만 끊어진 다음에야 우리 가족이야 편안하게 지내는 건 문제가 아니니까 …(중략)… 이왕 당신하고 나하고 죽자 싶은 생각으로 비상을 섞어서 내가 멕인 죄가 있습니다."
>
> 3번 각편 : '사람은 버린 사람이니까 내가 살어서 뭘 하랴.'
>
> 4번 각편 : 도저히 죽지 살던 못 허겄어. 신랑이 …(중략)… 여차 허면 그 앞이서 죽을라구.
>
> 5번 각편 : 다 예 맞이하고 그 미남만 시켜 줘 버리고서는 자기는 죽는다 그거여.
>
> 6번 각편 : 내가 같이 죽으나, 같이 죽기는 죽는디……
>
> 7번 각편 : 내가 시상이 요렇게 된께 자기 죽으며는 나도 죽는다.

8번 각편 : 병 간호를 내가 성의껏 하다가 안 되며는 기냥 어째 움집이나 짓고 죽어 불란다.

9번 각편 : 인저 시집을 가는데, 가서 그날 저녁이 죽을라구 잿물을 한 덩어릴 싸가지고 넣구 갔지.

10번 각편 : <나병이 걸린 신랑이 주인공에게 손도 못대게 하자> '에이 그까지 꺼, 내가 죽어 빼릴끼라' 구. 가서 비상을 한 돈을 갖다 갈어서……

11번 각편 : <신랑이 거의 죽을 지경이 되자> '죽는 꼴을 볼 거 읎이 내가 먼저 죽는다' 구.

12번 각편 : '이 문딩이가 내가 석 달 넉 달 약 수발을 해도 안 낫으면 내가 죽어 분다' 구.

위에서 보듯이 여주인공은 자신이 죽을 생각으로 양잿물을 가져간 것일 뿐인데 이것을 신랑이 우연히 먹고 병이 나았던 것이다. 그렇다면 단지 '남편의 병을 낫게 하였다'는 결과에 주목하여 주인공을 烈女라고 단정짓는 것은 성급한 판단일 수 있다. 앞에서 검토한 '자신의 살로 치료하기'나 '공포를 무릅쓰고 약을 구하기' 유형에서 공통적으로 주장하는 "人肉이나 비상 같은 藥이 아닌 아내의 지극한 정성이 남편의 병을 낫게 할 수 있다."라는 시각에 비추어 볼 때, 이 설화에서 여주인공의 정성이 신랑의 나병을 치료한 것은 결코 아니었기 때문이다.

여주인공의 열녀다운 면모를 다시 찾아본다면 '신랑이 죽으면 나도 따라 죽겠다'는 從死의 의지를 보인 것을 들 수 있을 것이다. 從死는 烈을 실천하는 대표적인 烈行이기 때문이다. 그러나 이 경우 역시 주인공이 과연 烈女라는 명분을 얻게 되는지 의문이다. 나병 환자가 죽으면 같이 죽겠다는 주인공의 말은 從死의 의지를 표한 것 같지만, 사실 이를 액면 그대로 받아들이기 어렵다. 현재 신랑이 분명 살아있음에도 불구하고 주인공이 먼저 죽으려 했기 때문이다. 신혼 첫날에 자결하려고 한 것에서도 짐작할 수 있듯이 주인공은 나병 환자와 부부가 되어 사는 삶 자체를 거부하고자 한 것이지 從死하여 열행을 하려는 것이 아니었다. 위에서 각편을 검토한 결과 주인공은 나병 환자와 함께 사는 희망 없는 삶보다는 차라리 죽는 게 낫다는 자포자기의 심정으로 비상을 준비해갔던 것임을 알 수 있다.

그렇다면 주인공의 烈女로서의 면모를 찾는 일이 더 어렵게 된 셈이다. 이제 남아 있는 가능성은 나병환자와 부부로 사는 것이 죽음보다 못할 만큼 싫은 일임에도 불구하고 이를 마다하지 않고 시집을 온 여주인공의 희생정신을 높이 평가하는 것일 것이다. 자신의 욕망을 돌아보지 않고 오직 오빠가 한 약속을 대신 지키기 위해 나병 환자에게 시집을 온 것은 義理있는 일이라 할 만하다. 그러나 예컨대 사실을 전혀 모르고 婚約을 하였다가 뒤늦게 신랑이 나병 환자임을 알았을 때 파혼을 하지 않았다면, 이는 私益을 돌보지 않고 신의를 지켰으니 義理를 행한 것이라고 할 만하다. 그러나 주인공의 상황은 그렇지 않고 오히려 가난한 친정에 재물을 얻어 주기 위해서 처음부터 내키지 않은 나병 환자에게 억지로 시집을 온 것이다. 따라서 이 경우 주인공이 지킨 義理는 신랑에 대한 烈과는 일단 무관한 것이다.

한편 화자들은 이 주인공을 烈女라고도 하지만 孝女라고도 칭하고 있다. 앞에서 논의한 대로 주인공을 烈女로서 조명하는 것은 무리가 있으므로 대신 孝女로서의 면모를 밝히는 것이 적절할 듯싶다. 여주인공의 착한 행실은 오빠 대신 가난한 집안을 구하기 위해 불행한 혼인을 감수하였다는 점이다. 2번에서 자신의 목숨이 끊어져도 이후에 친정 가족이 편안하게 지낼 수 있다는 주인공의 언술에서 주인공의 孝心을 엿볼 수 있다. 그러나 7번에서는 주인공이 오빠의 강압으로 어쩔 수 없이 혼인한 것으로 되어 있어서, 상황이 많이 달라지기도 한다. 사실 "六孝子傳"이라는 제목이 붙은 5번에서는 주인공의 오라비를 孝子로 칭하고 있을 뿐, 주인공의 孝나 烈에 대해서는 별로 관심을 보이지 않는다.

이 설화유형은 미천한 신분의 남매가 정승 가문과 혼인하여 신분 상승을 이루고 잘살게 되는 과정에 초점을 맞춘 흥미 위주의 이야기일 뿐, 열녀의 행실을 기리는 烈女 설화로 간주하기 어렵다. 그럼에도 불구하고 화자들이 흥미 차원의 설화에 굳이 烈이나 孝와 같은 윤리의식을 이처럼 첨가하는 것은 인생의 幸과 不幸을 인간의 善惡에 대한 인과응보로 이해하고자 하는 설화전승자들의 세계관에서 일차적으로 기인한다고 하겠다.[60)]

제3절 毁節型 '烈설화'의 전승유형과 의미

3. 〈남편 위해 훼절하기〉 유형군[61)]

31. 개가하여 유복자로 대잇기

이 설화유형에 해당하는 각편을 5편 찾았는데 표로 보이면 다음과 같다.

60) 11번 각편에서 "그 사람네는 크게 돼서 잘사는디 그 쇡이고(속이고) 먼저 성한 각시 신랑 간(혼인한) 거는 잘 못살았댜⋯⋯ 그애 발쌔 양심이 틀어지면⋯⋯"이라고 화자는 말한다.

61) 이후로 이 목차 번호는 논문의 장절번호가 아닌 설화유형분류 번호로 계속 붙여 나가기로 한다.

번호	제보자			각편 제목	대계 번호	채록 지역
	성 명	성별	나이			
1	박종철	남	66	시집 두 번 가서 열녀가 된 여자	3-4	충북 영동
2	성판원	남	56	정승 부인을 꾀어 아내로 삼은 종	8-5	경남 거창
3	김환기	남	80	개가 열녀	4-4	충남 보령
4	조동윤	남	71	개가한 열녀	6-4	전남 승주
5	최임생	여	73	보쌈 당해서 낳은 유복자의 급제	7-12	경북 군위

이 설화는 유복자를 가진 채 개가한 여인이 유복자가 장성하여 과거에 급제하자 본가로 돌려보냈다는 내용인데, 각편의 변이양상을 몇 가지로 나누어서 살펴보기로 한다.

(1) 後夫의 자식을 죽이고 여인이 자결하는 이야기 (1-2번 각편)

1번 각편 : 李氏 가문에는 과부들만 三代가 살고 있었는데, 遺腹子가 늘 죽게 되는 門疾이 있었다. 유복자를 가진 며느리가 自進하여 改嫁를 한 후 그 곳에서 治家를 매우 잘하였다. 얼마 후에 여인이 자신이 처음부터 李氏 가문의 門疾을 고치려고 개가하였음을 밝히고, 後夫와의 사이에 생긴 아이들을 낙태한 것을 後夫에게 보여주었다. 여인은 집안을 일으켰으니 功을 갚았다며 아들과 함께 本家로 가겠다고 하였다. 後夫는 여인에게 정이 떨어져서 보내주었다. 여인은 유복자를 먼저 本家로 들여보낸 후 자결하였다.

이 각편에서는 유복자가 죽는 것을 막기 위해 주인공이 스스로 나서서 개가를 한다. 주인공이 시어머니의 눈물 어린 만류에도 불구하고 거리낌없이 개가를 하는 것은 나름대로 뜻한 바가 있기 때문이었다. 여인이 당면한 상황에서 선택할 수 있는 것은 두 가지이다. 하나는 守節이라는 보편적인 방식을 통한 烈의 실천이다. 이는 여인에게 守節 이외의 다른 희생을 요구하지 않지만 가문의 혈통을 잇지 못한다는 점에서 문제가 심각하다. 다른 하나는 遺腹子를 낳아서 家門의 代를 이어주는 것이다. 그러나 '유복자가 죽게 되는 門疾'이라는 설화의 서사적 논리로 볼 때, 여인이 수절하고 있는 한 유복자를 살릴 수가 없으므로 이것 또한 곤란하다.

家父長制가 강하게 자리 잡은 조선시대에, 양반층 여성들의 육체적 정절이 중시되었던 것은 家門의 代를 잇기 위한 부계혈통의 순수성을 보전하는 데 궁극적인 목적이 있었다고 할 수 있다. 즉 양반 사대부 가문의 여성은 대를 이을 아들을 낳아 양육함으로써 시집 가문의 지속과 번영을 꾀해야 할 의무가 있었던 것이다. 따라서 남편이 이미 죽은 상태에서, 遺腹子를 양육하여 絶孫의 위기에 처한 남편의 가문을 구하는 것은 이 여인에게 守節보다 더욱 본질적인 '烈'의 실현에 해당한다고 할 수 있다. 이런 까닭에 주인공은 守節함으로써 烈女로 인정받을 수 있었음에도 불구하고, 毁節했다는 비난을 감수하면서까지 자진하여 개가하여 유복자를 낳고 길러서 벼슬길에 오르게 함으로써 가문의 지속과 번영을 꾀하였다. 게다가 여인은 유복자를 통해 가문의 대를 잇고 번영을 꾀하는 것에 그치지 않고, 종국에는 자결함으로써 자신의 毁節 때문에 손상된 가문의 도덕성을 만회하고자 하였다.

한편 여인은 後夫의 자식을 낙태함으로써 자신이 개가한 의도를 분명히 한다. '인간 생명의 존중'이나 '母性愛'는 보편적인 도덕적 가치임이 분명함에도 불구하고, 여인은 이에 대한 갈등이나 죄의식을 전혀 드러내지 않는다. 烈을 실현하기 위해서는 어떠한 수단도 마다하지 않는 冷血人으로 묘사되는 것이다. 이는 순수한 父系 血統의 보전을 위해서 烈이념을 고양하고자 하였던 조선시대 남성들의 시각을 대변하는 듯하다.

2번 각편 : 정승부인이 과부가 되었는데 독자인 어린 아들과 친정 나들이를 가는 길에 종에게 납치 당하였다. 아들을 위해 어쩔 수 없이 종과 살게 되었는데, 잉태하여 아이를 낳을 때마다 잔인하게 죽여서 말렸다. 本夫의 아들이 장성하여서 과거를 보러 가게 되자 本家에 들르게 하였다. 아들이 본가의 제사를 지낼 때 여인은 그간의 사연을 밝히는 편지를 남기고 마당에서 자결하였다. 화자는 "(아들이) 서울 가 가주고 진상 급제하고, 벼슬을 하여 종놈을 무매하고 원수풀이를 했다."고 한다.

이 각편에서는 상전의 부인을 보쌈해 간 종에 대한 징치가 이루어지고 있는데, 비록 종의 핏줄이기는 하지만 자신의 몸에서 낳은 아이를 잔인하게[62] 죽여서 말리기까지 한다는 것은 아이의 어머니로서 非情하기가 이를 데 없다. 물론 이런 행동은 비록 과부일망정 상전이며 정승의 부인인 자신을 강제로 겁탈한 종에 대한 분노를 표출한 것이다. 이 각편에서는 여인의 貞節을 훼손시킨 일보다 상전의 아내를 강제로 겁탈함으로써 班常의 질서를 무너뜨린 종의 下剋上 행위에 더욱 준열한 심판이 내려지고 있다. 이는 중세적 신분질서를 옹호하려는 화자의 보수적 성향을 엿보게 한다.

(2) 後夫의 자식을 낳지만 여인이 자결하는 이야기 (3-4번 각편)

3번 각편 : 화자의 12대조 할머니라는 소씨 가문의 삼대 과부인 여인이 보쌈을 당한다. 여인이 벗어날 수 없음을 알고, 유복자가 태어나기 전까지 下門을 지지며 버틴다. 이후에 後夫와의 사이에 형제를 낳고

62) "종놈이 없을 때 아를 배를 짤라 간을 다 내었부고, 껍데기는 말라부고 그러구로 서이를 낳아서 모두 짐승처럼 말려 가지고 십시 봉지를 해서 두었다." 『구비대계』 8-5, 916면.

살았는데, 장성한 유복자가 장원급제를 하자 本夫의 아들임을 밝히고 함께 本家로 떠난다. 유복자를 먼저 보내고 자신은 本家 대문에 한 발만 내딛고 자결한다.

여인이 本家의 대문에 한 발만을 들여놓은 채 자결한다는 결말의 구성은 자못 상징적으로 이 이야기의 의미를 정리한다. 즉 유복자를 훌륭히 낳아 길러서 과거에 급제시켜, 絶孫 위기에 처한 소씨 家門의 代를 이었을 뿐 아니라 몰락하는 가문을 일으켜 세운 것은 명백한 烈行이므로 한 발은 대문에 들여놓을 자격이 있으나, 毁節은 가문에 끼친 죄이므로 나머지 한 발은 들여놓을 수 없다는 것이다.

4번 각편 : 양반인 유씨 家門의 며느리가 남편이 귀양 간 사이에 遺腹子를[63] 가진 채 김참판에게 보쌈을 당하였다. 여인은 下門을 지지며 버티다가 유복자를 낳았다. 이후에 後夫와의 사이에서도 아들을 낳는다. 유씨와 김씨의 아들들이 장성하여 모두 장원급제하자 유씨의 아들을 본가로 보냈다. 여인은 아들이 대과에 급제했으니 자신이 할 일을 다 했다며, '아버지가 귀양살이에서 돌아올 때까지 조부를 잘 모시라.'고 유언하고 자결하였다. 화자는 '보쌈해 간 남자도 아들을 낳아서 과거에 급제했으니 양쪽 집이 다 좋은 일'이라고 한다.

이 각편에서는 비록 가문이 몰락했지만 남편이 죽은 것이 아니기에 家門이 絶孫의 위기에 있지 않고, 後夫와 사이에서 낳은 아들도 과거에 급제하는 것으로 되어 있어 다른 각편과는 상황이 다르다. 따라서 주인공이 유씨의 아들을 반드시 낳아야 할 명분은 絶孫을 막기 위함보다는 嫡

63) 현재 태아의 아버지가 살아있으므로 이 상황에서는 유복자라는 말이 적절하지 않음에도 불구하고 화자는 줄곧 이렇게 표현하고 있다.

子를 생산하여 가문의 혈통에 正統性을 확보하기 위한 것이라고 할 수 있다. 따라서 주인공을 烈女로 인정할 수 있는 근거는 아들을 낳아 과거에 급제시킨 것과 자결한 일을 들 수 있다.

그러나 여기서 여인의 자결은 앞의 각편들과 비교해 볼 때 상황이 조금 다르다. 앞의 각편들처럼 後夫의 자식을 죽인 경우에는 유복자를 본가로 보낸 뒤 여인이 계속 後夫와 동거할 만한 애정이나 명분이 없겠지만, 이 경우는 改嫁한 가문의 아들도 과거에 급제하여 영달했으므로 여인은 개가한 가문에서 안정적인 위치를 확보하고 편안한 삶을 살 수도 있었다. 따라서 현실적으로 여인이 반드시 죽음을 선택해야 할 절대적인 이유는 없는 것이다. 이유가 있다면 이는 현실적인 문제라기보다는 오로지 烈이라는 이념의 문제였던 것이다.

烈이란 본질적으로 오직 한 남자(최초의 結緣者)를 향한 윤리적 가치이기에 여인은 本夫에 대한 신의를 표하고자 하였고 그 방법은 오직 자결하는 것이었다. 本夫가 살아 있음에도 불구하고 後夫의 아이를 낳은 여인으로서는 본남편에게로 돌아갈 명분을 찾을 수 없었던 것이다. 화자는 여인의 자결이라는 비극적 결말의 이야기를 "양쪽 집이 다 좋은 일"이라며 자못 긍정적으로 보는데, 이는 무엇보다 이 여인의 몸에서 낳은 아들들이 父系를 勿論하고 모두 과거에 급제한 일에 비중을 두었기 때문이다. 보쌈을 당해 下門을 지지며 수절을 하고 종국에는 자결할 수밖에 없었던 여인의 희생은 간과한 채, 화자가 오로지 여인의 뱃속에 있었던 아이가 무사히 출생한 일이나 보쌈을 해서 낳은 아들이 과거에 급제한 일에만 주목하는 것은, 중세의 가부장제적 질서 속에서 烈女의 희생이란 그만큼 당연한 일로 여겨졌기 때문일 것이다.

(3) 자식과 여인 모두 잘살게 된 이야기 (5번 각편, 여성 화자)

> 과부들만 사는 大家집 며느리가, 산모가 갓난아이를 낳고 죽은 어느 常民의 집으로 보쌈을 당해 가서 유복자를 낳았다. 여인은 두 아이를 모두 정성스럽게 키웠다. 얼마 후 後夫도 죽자 두 아이를 잘 길러서 과거를 보러 보냈다. 유복자는 장원급제를 하고 後夫의 아들은 낙방하였다. 여인은 살림을 모두 정리하고 後夫의 아들도 잘살게 해주고서, 자기 아들과 함께 본가로 돌아가 잘살았다.

이 각편에서는 여인이 烈에 대한 지향이라든가 改嫁한 것에 대한 도덕적 自意識을 지니지 않아서 별다른 갈등이 부각되지 않는다. 이야기는 단지 손자와 할머니의 극적 상봉이라는 행복한 결말을 향해 나아갈 뿐, 이 여인이 烈女인가 아닌가에 대해서는 전혀 관심이 없다. 말하자면 이 여성 화자는 이 이야기를 烈女譚이라고 여기고 구연한 게 아닌 것이다. 여인의 자결이 나타나지 않는 것도 같은 이유에서일 것이다.

*이 설화유형의 의미를 종합해 보면,[64] 주인공은 貞節이라는 수단적 가치를 희생하여 보다 상위의 가치인 烈을 적극적으로 구현하였다고 볼 수 있다. 烈이념의 提高가 이루어진 것은 조선시대 양반 사대부 가문의 혈통적 순수성을 보장하며 그들의 道德的 優位를 드러내기 위한 것이었다. 이는 결국 상층계급의 기득권을 유지하거나 때로는 몰락한 가문을 일으켜 세우기 위한 것이었으므로, 烈이란 본래 상층 양반 사대부 가문의 여인에게 해당되는 규범이었다.[65] 따라서 이 설화유형은, 일면 貞節

---

64) 앞으로 각편의 변이양상을 종합하여 전체 설화유형의 차원에서 논의할 경우는 *를 붙여서 표시하기로 한다.

65) 조선시대 양반의 신분 유지의 요건은 혈통, 지식, 경제력, 유교 이데올로기의 실천

이데올로기의 범주를 일탈한 것처럼 보이나 그 實狀에 있어서는 중세적 烈규범의 목표를 충실히 달성하고 있는 烈女의 행적을 보여준다.

32. 개가하여 본남편 받들기

32-1 後夫의 자식 죽여 본남편 치료하기

이 설화유형에 해당하는 각편을 4편 찾았는데 표로 보이면 다음과 같다.

번호	제보자			각편 제목	대계 번호	채록 지역
	성 명	성별	나이			
1	김정균	남	88	남편의 나병 고치고 자살한 열녀	6-2	전남 함평
2	임봉진	남	61	개가 열녀	8-1	경남 거제
3	김통순	남	57	남편의 나병 고쳐주고 목매어 죽은 열녀	6-1	전남 진도
4	김봉례	여	67	문둥이 신랑 섬긴 열녀	7-8	경북 상주

이 설화유형의 내용을 간략히 정리하면 다음과 같다.

> 遊離乞食하며 나병에 걸린 남편을 치료하려 애쓰던 여인이 남편의 동의를 얻어서, 자식을 낳아 달라는 부잣집 남자의 제의를 받아들여 그와 함께 살았다. 이는 오로지 남편을 구완하기 위한 것이었다. 여인은 後夫의 자식을 낳을 때마다 죽여서 (또는 다른 방법으로) 술을 담가두었다가 본남편에게 먹여서 병을 낫게 한 후 자결하였다.

이었으며, 烈女란 바로 이런 요건을 충족시키는 데에 핵심적인 역할을 하였다. 이옥경(1985), 75면 참조. 한편 주자학적 이념의 구현은 양반 사대부 가문의 도덕적 우월성을 드러내기 위해 절실히 요청되었기에, 시집만이 아니라 친정에서도 과부가 된 딸의 재가를 막고 열녀를 만드는 데 힘썼다.

이 설화는 아무리 못난 남편일지라도 그리고 어떠한 상황에서라도 아내는 남편을 끝까지 섬겨야 한다는 주장을 담고 있다. 그런데 이 설화는 여인이 보쌈과 같은 불가피한 요인으로 인해 毁節하는 것이 아니라, 남편을 살리기 위해 스스로 개가한다는 점에서 문제가 단순하지 않다. 3번에서는 여인이 後夫의 아이를 낳아 술을 담가 本夫의 병을 고친 것을 알게 된 後夫가 '참 잘한 일이라'며 그 여인을 本家로 보내주고, 여인은 '二夫를 보았으니 열녀가 못되고 죄가 있다며' 자결한다. 자식을 얻기 위해서 얻었던 여인이 자신의 자식을 죽여 약을 만든 일에 대해 '참 잘한 일'이라고 하는 後夫에게서 우리는 인간의 체취를 맡기 어렵다. 이는 본래부터 전승되어온 설화의 서사구조에 의한 것보다는 話者의 주관이 강하게 개입된 서술로 보이는데, 이는 결국 전체 이야기의 개연성마저 손상시키고 있다.

한편 이 설화유형의 변이형으로 세 편의 각편이 있다.66) 이 세 편 모두 여인이 개가하는 모티프가 없으므로 원칙적으로 이 설화유형에 해당하지는 않지만, 화자의 의식을 고찰하는 데 참고할 만하므로 잠시 살펴보기로 한다. 먼저 여성 화자인 임찬희와 장차연이 구연한 각편에서는 여자주인공이 각각 동네 총각과 學童을 죽여서 남편의 나병을 치료하는데, 여자주인공은 모두 남편의 병이 낫자 자신의 죄를 고백하고 그에 대한 사죄의 뜻으로 자결한다. 여기서 여인이 後夫의 자식 대신 학동을 희생시켜 남편을 치료하는 것은 여인의 개가를 막아서 정절을 보전할 수 있게 하려는 화자의 의지가 반영된 것으로 볼 수 있다.67)

또한 어떤 면에서는 여성 화자들이 여인이 자식을 죽여서 남편의 병을

66) 『구비대계』 7-2, 임찬희(여, 75세), '남편의 문둥병을 고친 열녀'; 『구비대계』 8-6, 장차연(여, 61세), '문둥병 걸린 신랑 살린 김정승 딸'; 『구비대계』 8-9, 정수석(남, 68세), '나병환자와 열녀'.

67) 김대숙(1994), 60면.

치료한다는 설화 내용을 거북하게 여긴 것과도 관련이 있는 듯하다. 이 각편에서는 여인이, 희생된 총각의 부모에게 가서 그 집의 귀신이 되겠다며 총각 옆에 묻어줄 것을 당부하고 자결한다. 그런데 이처럼 여인이 本夫를 떠나서 죽은 총각의 곁에 묻힌다는 것은 '죽어도 시집 귀신이 된다'는 당대의 전통적 가치관과 사뭇 다른 것이다. 뿐만 아니라 자신이 죽인 총각의 시신 옆에 묻히는 것이 왜 여인이 총각에게 사죄하는 방법이 될 수 있는지 의문이다.

남성 화자 정수석의 각편에서는 아내가 자신과 남편 사이에 태어난 자식을 죽여서 남편을 치료한 후 두 사람이 다시 아이를 낳고 잘살았다고 되어 있다. 자식이 어디 있느냐고 남편이 묻자 여인은 태연히 외가에 갔다고 대답한다. 자식을 죽인 여인의 슬픔이나 죄의식이 그려지지 않는 이유는 여인이 남편은 하나지만 자식은 또 낳을 수 있다고 생각했기 때문이다. 아비의 생명이 자식의 생명보다 귀중하다는 이 설화의 시각은 여성들이 자식보다는 남편을 더 소중하게 여겨야 한다는 남성들의 가치관을 반영한 것으로 보인다. 즉 烈이 모성애보다 우선되어야 한다는 의미인 것이다.

*이 설화유형에서 後夫에게서 낳은 자식이나 學童을 죽여서 본남편의 병을 고친다는 것은 목적과 결과에서의 烈女 행실이 수단의 부당함을 합리화할 수 없는 파탄이 개재되어 있다는 점에서[68] 문제가 심각하다. 남편의 생명을 위해서라면 다른 사람의 생명은 얼마든지 희생될 수 있다는 思考는 反人倫的인 것이다. 화자들이 그 동기를 어찌 설명하는가와 상관없이, 이 설화에서 주인공은 예외 없이 이런 윤리적 파탄을 감당하지 못해 결국 자결하고 만다. 이 설화에서 남성 화자들이 인간의 생명보다 여성의 貞節이나 烈을 더 중시하는 것은 이제 烈이 敎條的인 성격으로 변

68) 조동일(1991), 「열녀설화」, 『한국민족문화대백과사전』, 한국정신문화연구원.

질되었음을 보여준다. 게다가 '자식에 대한 인간의 본능적 사랑'을 부정한 것은 이념을 앞세워 인간성마저 파괴하는 것이다. 이제 이 이야기는 개연성을 상실함으로써 烈의 윤리적 가치에 대한 감동이나 설득력마저 잃고 있는 것이다. 이 설화는 烈이념을 高揚하기보다는 경직된 烈이념에 대한 반성을 촉구하는 逆說的인 이야기라고 할 수 있다.

32-2 개가하여 본남편 구완하기

이 설화유형에 해당하는 각편을 9편 찾았는데 표로 보이면 다음과 같다.

번호	제보자			각편 제목	대계 번호	채록 지역
	성 명	성별	나이			
1	장영훈	남	68	개가 열녀	6-4	전남 승주
2	권석주	남	63	이부 열녀	6-6	전남 신안
3	최갑수	남	72	곽씨 열녀	8-14	경남 하동
4	김판술	남	74	이부 열녀 설화	5-3	전북 부안
5	김동수	남	61	이부 열녀	5-5	전북 정읍
6	마일숙	남	63	개가 열녀	6-3	전남 고흥
7	전계한	여	74	남편 병 고친 열녀	7-13	대구시
8	박만석	남	67	두 남편을 섬긴 열녀	8-13	경남 울주
9	김창기	남	68	이부 열녀	5-7	전북 정읍

(1) **여인이 자결하는 이야기** (1-4번 각편)

여기에 해당하는 각편의 공통된 내용을 간략히 정리하면 다음과 같다.

> 병든 남편과 함께 유리걸식하던 여인이 남편을 구완하기 위해 남편의 동의를 얻어서 개가를 하였다. 여인은 本夫를 구완하면서 後夫와 아이를 낳고 살았다. 本夫가 죽자 여인은 목욕재계한 후 本夫의 배 위에 엎어져

> 죽었다. 여인의 눈·코·입에서 피가 나와서 남편의 눈·코·입과 달라붙어 있었다. 화자는 여인이 너무 곤궁해서 개가를 했다가 남편이 죽자 따라서 죽었으니 改嫁烈女라고 한다.

여인을 烈女로 볼 수 있는 것은 '남편을 보살피기 위해' 개가한 일과 從死한 일이다. 각편에는 本夫의 죽음에 대한 여인의 슬픔이 절절하게 묘사되어 있는데, 이는 여인이 개가한 목적이 자신의 정욕 때문이 아니라 오로지 本夫를 구완하는 데에 있었음을 강조하기 위함이다. 그런 까닭에 本夫가 죽은 뒤에도 여인이 後夫와 계속 함께 산다면 이는 명분을 잃은 일이 되기에, 여인으로서는 당연히 後夫와 결별할 수밖에 없을 것이다. 각편에서는 이를 從死의 방식으로 처리하여 여인에게 열녀의 명분을 분명히 주고 있다. 한편 죽은 두 사람의 신체가 서로 달라붙어 있었다는 것은 부부가 一心同體로서 生死를 함께 하였음을 보여주는 상징적 표현인 것이다.

3번과 4번은 앞에서 검토한 '後夫의 자식으로 본남편 치료하기'의 변이형으로, 여인이 後夫의 아이를 낳을 때마다 그 태를 술에 담가 남편을 치료한 후, 媤家로 돌아오다가 자결한다는 내용이다. 아이를 죽이지 않고 대신 그 태로 술을 담그는 것은 아이로 술을 담그는 반인륜적인 행위를 피해가려는 화자의 의도에 따른 변이로 보인다.[69]

69) 실제로 화자 김판술이 이 설화를 구연하기 전에 구연한 이야기가 '원수의 아내 되었다가 복수하기' 유형이었는데 이에 대해 조사자가 자식까지 죽인 것은 너무하다고 하자, 이부열녀 이야기가 또 있다고 하면서 구연한 것이 이 각편이다. 『구비대계』 5-3, 93면.

(2) 여인이 자결하지 않고 本夫와 재결합하는 이야기 (5-9번 각편)

이에 해당하는 각편들에서는 여인이 개가하여 남편의 생명을 구한 후 다시 本夫에게 돌아와서 살게 되는데 5번의 내용은 다음과 같다.

> 5번 각편 : 남편의 나병을 낫게 하기 위한 藥이 신의주에 있다는 말을 들은 여인이, 신의주로 가서 부잣집 소실이 되어 형제를 낳아 주었다. 藥과 재산을 얻어서 돌아와 本夫의 병을 낫게 하고 本夫와살면서 아들을 낳았다. 양쪽 집 아들들이 모두 장성하여 과거에 급제하였다. 신의주의 아들이 어머니 뵙기를 청하였으나 여인은 만나주지 않았다.

이 이야기에는 烈과 貞節의 갈등관계가 그다지 첨예하지 않다. 다른 각편에서 毁節에 대한 죄책감으로 여인이 자결하는 것과 달리 이 여인은 단지 後夫에게서 낳은 아들과 絶緣하는 희생만을 치를 뿐이다. 이 자료에서는 여인의 烈行이 인간성이 漂白된 이념적 차원이 아니라 남편에 대한 아내의 인간적인 애정의 차원으로 형상화되어 있다. 그러나 여인이 後夫와의 사이에 낳은 아들과 냉정하게 絶緣하는 것에서 알 수 있듯이, 이 각편 역시 父系血統을 매우 중시하는 의식을 보여 준다.

한편 여성 화자의 각편은 양상이 다르게 나타나는데 내용을 요약하면 다음과 같다.

> 7번 각편 : 나병 환자인 남편이 함께 유리걸식하던 아내에게 새 삶을 찾아서 가라고 하지만, 아내는 同生同樂하겠다며 따라 다녔다. 남편이 자취를 감추어 버리자 여인은 개가하여 자식을 낳고 살았다. 여인은 평소에 각종 動植物로 술을 담가 두었다가, 재회한 남편에게 먹여

병을 낫게 하였다. 여인이 本夫와 함께 본가로 돌아가자 열녀 잔치가 벌어졌다. 여인은 本夫와 아들을 낳고 잘살다가 죽을 때가 되자 이혼을 하자며, 거기에 아직도 남편이 살아있으니 내가 큰 죄를 지었다며 사람 대우를 안 해도 좋다고 하였다. 本家에서는 後夫와 그 사이에서 태어난 아들을 오라고 하여 여인의 治喪을 하였다.

이 이야기는 家門意識이나 毁節의 문제를 심각하게 부각시키기보다는 여인과 本夫가 행복하게 되는 과정을 그려내는 데에 치중하고 있다. 여인이 자식을 죽이거나 자결하지 않고도 烈女로 칭송받는가 하면, 아내에게 새 삶을 찾아주고자 하는 남편의 애정이 강조되는 점도 이 이야기를 대단히 溫情的인 분위기로 이끌고 있다. 또한 주인공이 죽자 同腹兄弟들이 함께 治喪을 한다는 점에서 남성 화자들이 本夫의 혈통만을 중시하는 것과 큰 차이를 보인다.[70)]

＊이 설화유형은 生存한 남편의 有益을 위해서 여인이 毁節하게 된다는 점에서 烈이 새롭게 조명되고 있다. 여인은 동시에 두 남편을 섬긴 셈이므로 전승자들은 주인공을 二夫從事하고도 烈女가 되었다는 뜻에서 '二夫烈女'라고 칭한다. 여기서 화자들은 한결같이 주인공이 남편의 强勸이나 동의에 의해 개가하였음을 역설하는데, 이는 여인의 毁節이 결코 자신의 정욕 때문이 아니라 남편의 생명을 구하기 위한 불가피한 선택이었음을 강조하기 위한 것이다.

70) 이 각편은 앞에서 논의한 '後夫의 자식 죽여 본남편 치료하기' 유형의 변이형으로 볼 수 있다. 여성 화자의 각편이 대개 그렇듯 여기서도 주인공은 자식을 죽이지 않고 자연 藥劑로써 남편을 치료하며, 이후에 本家로 돌아가 열녀잔치도 받고 자식을 낳고 잘살다 죽는 것으로 되어 있다.

33. 하룻밤을 동침한 남자로 만리성 쌓는 남편 구해오기

이 설화유형에 해당하는 각편을 10편 찾았는데 표로 보이면 다음과 같다.

번호	제보자			각편 제목	대계 번호	채록 지역
	성 명	성별	나이			
1	김영태	남	68	'하룻밤을 자도 만리장성을 쌓는다'의 유래	3-3	충북 단양
2	오덕규	남	70	하룻밤을 자도 만리장성을 쌓는다	4-4	충남 보령
3	이용덕	남	76	하룻저녁에 만리장성을 쌓다	5-4	전북 군산
4	안재국	남	70	하룻밤에 만리장성을 쌓다	6-11	전남 화순
5	허수선	여	68	하룻밤을 자도 만리장성을 쌓는다	7-2	경북 월성
6	진만화	남	74	하룻밤을 자도 만리성을 쌓는다	7-3	경북 월성
7	김분선	여	76	하룻밤 자고 만리성 쌓은 소금장수	7-13	대구시
8	강수기	남	75	하룻저녁을 자도 만리장성을 쌓는다는 말의 유래	8-3	경남 진주
9	이귀조	여	71	하룻밤만 자도 만리장성을 쌓는다	8-8	경남 밀양
10	한길석	남	60	만리장성 쌓기	8-9	경남 김해

이 설화유형은 각편의 변이가 그다지 심하지 않은데 다음과 같은 내용이다.71)

> 남편이 만리성을 쌓는 곳으로 끌려간 후 돌아오지 않아서 홀로 살고 있는 여인이 있었다. 여인은 우연히 만난 소금장수에게 같이 살자고 제의하였다. 소금장수가 동의하자 여인은 만리성 쌓는 곳에 가서 남편에게 옷을 전해주고 오면 함께 살겠다고 하였다. 소금장수는 여인과 하룻밤을 동침하고 남편에게 찾아가서 옷을 전해 주었다. 남편은 아내에게 줄 기념품을 사오겠다며(또는 자신이 옷을 갈아입을 동안) 자기 대신 성을 쌓아달

71) 이수자(1999), 「만리장성 설화의 문화사적 의의」, 한국구비문학회 24차 춘계 연구발표회 발표문에서 이 설화의 변이양상에 대한 검토가 이루어진 바 있다.

라고 소금장수에게 부탁하였다. 소금장수가 일을 대신 하는 동안 남편은 도망을 쳐서 아내에게 돌아와 잘살았다.

이 설화에서 여인의 유혹에 걸려드는 남자는 한결같이 소금장수와 같은 하층의 어리숙한 떠돌이로 되어 있다. 워낙 외로운 상황인데다 우직한 성품이었던 이 남자는 여인의 유혹에 그만 넘어가서 평생 동안 다른 사람을 대신하여 만리성을 쌓게 되었다. 이 이야기는 소금장수에게는 여인의 계교에 걸려서 일생을 망친 詐欺譚이요 失敗談이고, 여인의 입장에서 보면 꾀를 써서 남편을 구해온 智略譚이며 成功譚이다. 한편 여인과 그 남편 입장에서는 烈女譚이 될 수도 있다.[72]

대개 烈女설화에 등장하는 여인들은 대개 毁節하게 될 경우 自決을 각오하는 데에 반해, 이 설화의 주인공은 毁節에 대해 아무런 自意識도 갖지 않는다. 이야기는 오히려 상당히 희극적인 분위기에서 여인과 남편의 행복한 결말로 막을 내린다. 이는 아마 자신의 貞節에 그리 집착하지 않는 여인의 가치관에 일차적인 원인이 있을 것이다. 게다가 외부의 강제가 아닌 자신의 독자적 판단에 따라 모든 일을 계획하고 실천에 옮기는, 여인의 자발적이며 능동적인 태도도 무시하지 못할 요인일 것이다. 말하자면 이 여인은 자신의 性的 自決權을 억압받은 적이 없을 뿐더러 오히려 이를 적극적으로 행사할 수 있었던 까닭에 비극적 주인공이 되지 않았던 것이다. 그러나 사실 여인의 행위는 소위 性的 自決權의 濫用이며 誤用라고 부를 만하다. 여인의 행동은 그 최종목적이 무엇이든 간에 처음부터 남을 속여서 자신의 이득을 취하려는 불순한 동기에서 이루어진 것이기 때문이다.

여인의 행위는 상당히 심각한 윤리적 문제를 안고 있는데, 性을 物化

72) 이수자 역시 이 점을 언급하였다.

시켜 교환가치로 전락시켰을 뿐 아니라 이를 詐欺의 수단으로 이용하였기 때문이다.[73] 이는 물론 여인과 그의 남편이 여성의 貞節에 큰 가치를 두지 않은 데에 그 일차적 원인이 있다. 자신의 性을 팔아 남편을 구해 오는 아내나, 아내를 이용하여 부역을 면하고 귀환하는 남편이나, 여인의 毁節을 심각하게 여기지 않는 것은 마찬가지이다.[74] 화자들은 한결같이 이 여인을 烈女로 인정하고 있지 않는데, 이는 아마 여인이 남편을 위해 희생한 것이 아무 것도 없다고 생각하기 때문일 것이다.

그러나 문제는 그리 간단해 보이지 않는다. 性的 主體性이란 異性과의 접촉에서 자신의 욕망을 존중하였는가 여부를 문제 삼는 것이라고 할 수 있다. 여인이 오직 남편을 구해오려는 순수한 목적으로 전혀 내키지 않은 남자와 억지로 동침한 것이라면, 이는 여인이 희생을 한 것으로 보아야 마땅할 것이다. 반대로 여인이 남편을 구한다는 명분을 내세워 실제로는 자신의 욕망을 채우려 한 것이라면 문제가 달라진다. 그러나 설화 문면에는 이런 여인의 내적 동기를 분명하게 밝혀 줄 만한 단서가 드러나지 않는다. 다만 여인이 내심 소금장수와의 연정을 원한 것이었다면, 남편이 돌아올 때까지 소금장수와 함께 잘살아갈 수도 있는데, 굳이 소금장수를 남편과 바꿀 필요는 없었으리라고 추론해 볼 수 있다.

이 설화는 '하룻밤을 자도 만리장성을 쌓는다.'는 속담의 유래를 설명하는 이야기로 전승되고 있다.[75] 그런데 현실에서 일반적으로 통용되는

---

73) 이는 뒤에 고찰할 '옥에 갇힌 남편 살리려고 몸을 허락하기' 유형에서 벌어지는 상황보다 훨씬 더 심각한 것이다. 게다가 여기서는 실제로 여인과 소금장수와 동침이 이루어져서 그로 인해 남편을 구해왔다는 점에서, 여인이 훼절하지 않고도 사건이 해결되는 이 유형보다 문제가 더 복잡하다.

74) 사실 이런 면은 이 설화가 烈이나 貞節 같은 중세적 烈이념과는 무관하게 형성되어 전승되었을 가능성을 엿보게 한다. 이수자는 실제로 중국에서 만리장성을 쌓던 사람들이 우리나라로 이주해 옴으로써 전파된 설화로 추정하였다. 그러나 현재 그 타당성 여부를 가리기는 매우 어렵다.

속담의 뜻과는 달리 설화에서는 남자가 여인에게 속아서 하룻밤을 지낸 후 일생 동안 만리성을 쌓게 되었다는 내용으로 되어 있어서 흥미롭다. 그렇다면 '하룻밤을 자도 만리장성을 쌓는다.'의 의미는 어떻게 풀이될 수 있는가? 이는 '겨우 하룻밤을 동침한 일 때문에 만리성을 쌓는 고역을 치르게 될지도 모르니 여인의 유혹을 경계하라'는 뜻일 수도 있고, 속담처럼 '그를 위해 만리성이라도 쌓을 만큼 하룻밤 인연을 소중히 여기라'라는 뜻일 수도 있다. 여기서 발견되는 차이는 전자에서는 '하룻밤'의 의미가 매우 '작은 실수'라는 것이며 후자에서는 매우 '귀중한 인연'이라는 것이다. 설화의 화자들은 전자에 가까운 태도를 보이는바, 소금장수의 억울한 사정에 주목하고 있다.[76]

화자들이 소금장수에 대해 연민을 느끼는 이유는 무엇보다 그가 여러 가지 면에서 사회적 弱者라는 점 때문이다. 소금장수는 가정도 갖지 못한 채 여기저기를 떠돌아다니는 힘없고 가난하며 외로운 사람이다. 각편에서 그가 여인과 인연을 맺게 된 과정을 보면 이런 사정이 잘 드러난다.

> 1번 각편 : 그 여자가 "여보, 여보. 소금 팔러 댕길 게 뭐 있소? 당신 소금 팔지 말고, 내가 여 혼자 사오. 혼자 사니 여기서 농사를 지어먹고 나하고 같이 살면 어떻겠소?" 그래니, 아 이놈이 집도 절도 없는 놈이 아 소금 말이나 해 짊어지고 댕기면서 그 장사해 먹던 놈이, 아 그 보아 하니 여자도 반드르 하고 그러니까, 좀 좋소?

---

75) 한편 趙在三이 1855년에 저술한 『松南雜識』에 一夜萬里城이라는 이야기가 있으나 이 설화와는 내용이 다르다. 실린 내용은 다음과 같다. 今桑宿生緣之語也 倭奴入我國 雖宿一夜而去 必築城 今山上往往有之實防敵也 然宿一夜 築萬里長城之說 盖借用也.

76) 이에 대해 이수자(1999)는 "의도적인 속임과 배반, 그리고 이런 것을 모르고 여기에 빠져드는 한 남자의 존재론적 비극성이 있어 이 설화는 문학적으로 훌륭하게 형상화되어 있다고 볼 수 있다."라고 하였다.

소금장수가 원한 것은 단지 여인과의 하룻밤 즐거움이 아니라, 한 곳에 정착하여 가정을 이루고 아내와 함께 농사를 지으며 사는 보통사람들의 안정된 삶이었던 것이다. 그러나 소금장수의 이런 소박한 꿈이 산산이 부서진 것에 대해 더욱 동정하지 않을 수 없는 것은, 이 여인과의 하룻밤이 소금장수의 주도로 이루어진 일이 아니라 전적으로 여인의 술책에 의한 것이었다는 점이다. 이는 흔히 권력이나 물리적인 힘으로, 자신의 욕정을 채우기 위해 힘없는 부녀를 겁탈하는 남성의 폭력과는 성격이 전혀 다른 것이다. 게다가 소금장수는 남편에게 편지(또는 옷)를 전해 달라는 여인의 부탁을 성실하게 이행하였을 뿐 아니라, 여인의 남편이 기념품을 사올 동안 그를 대신하여 만리성 쌓는 일을 기꺼이 승낙할 정도로 우직하고 의리가 있는 사람이다. 따라서 화자들은 이렇게 인정 많고 순박한 남자가 여자의 술책에 빠져서 여인과의 하룻밤 때문에 일생을 망쳤으니 상당히 어이없고 억울한 일이라는 반응을 보인다. 말하자면 이 설화는 남자들에게 낯선 여자의 性的 유혹을 경계하는 교훈담의 성격을 띠고 있는 것이다.

그러나 과연 소금장수의 행동은 정녕 면책될 만한 것일까. 소금장수는 자신의 욕망을 채우려는 데에만 급급한 나머지 자신을 유혹하는 여인의 신분이 有夫女임을 고려하지 않았다. 소금장수가 만리성을 쌓는 여인의 남편에게 편지를 가져간 것도 사실 여인의 남편에 대한 진정한 배려였다기보다는 내심 여인을 어서 빨리 차지하고픈 욕심으로 한 일이었다. 멀리 떨어진 곳에서 만리성을 쌓으며 고생하고 있는 남편의 입장에서 볼 때, 고향에 있는 아내의 배신은 진정 견디기 어려운 고통일 것이다. 소금장수는 여인의 남편이 겪을 뻔한 고통을 오히려 자신이 고스란히 겪게 됨으로써, 자신의 헛된 욕망으로 인해 타인에게 가할 수 있는 고통을 직접 체험하게 된 것이다.

한편 이 설화에서 낯선 여인과의 하룻밤이 소금장수에게 있어서 작은 실수에 지나지 않는 것인가 아니면 일생을 바치는 代價를 치러야 할 만한 죄인가를 따지는 문제는, 사실 남녀의 性을 바라보는 화자의 이중적 잣대와도 무관하지 않을 것이다. '烈설화'를 보면 여인이 외간 남자와의 사소한 신체 접촉만으로 자결하는 내용이 흔히 '대수롭지 않거나 당연한 일처럼' 서술되는 데 반해, 이 설화에서는 소금장수가 有夫女와 하룻밤 동침한 일 때문에 일생 동안 만리성을 쌓게 된 일을 '대단히 부당하거나 어이없는' 일로 그리고 있는 것이다.

이 설화는 자칫 아내는 수단과 방법을 가리지 말고 남편을 섬겨야 한다는 절대적인 烈의 실천을 주장하는 것으로 이해될지도 모른다. 그러나 烈이 윤리적 가치임이 분명하다면, 이 여인의 행동은 분명히 비윤리적인 것이란 점에서 이미 烈이란 '윤리'의 범주를 넘어선 것이다. 윤리란 인간 사이의 마땅한 도리를 의미한다고 할 때, 개인의 私益을 위해 타인의 불행을 초래한 여인의 행위는 결코 가치 있는 행위로 인정될 수 없기 때문이다.

34. 옥에 갇힌 남편 살리려고 몸을 허락하기

이 설화유형에 해당하는 각편을 4편 찾았는데 표로 보이면 다음과 같다.

번호	제보자			각편 제목	대계 번호	채록 지역
	성 명	성별	나이			
1	김수운	남	61	어사 박문수와 열녀	8-7	경남 밀양
2	이윤덕	남	72	어사와 열녀	7-9	경북 안동
3	임영환	남	84	초계 열녀 이야기	5-3	전북 부안
4	김채란	여	63	그림의 열녀	8-10	경남 의령

각편을 보면 1번과 2번이 거의 동일한 갈등 양상을 보인다고 할 수 있고 3번과 4번은 조금씩 차이가 난다. 세부사항을 살필 필요가 있으므로

각편들의 내용을 정리함으로써 논의를 시작하기로 한다.

1번 각편 : 박문수가 서당에 다니던 시절에 賤人인 서당지기의 딸을 유혹하자, 처녀가 기일을 달라 하고는 이사를 가버렸다. 박문수가 御使가 되어 돌아다니던 중 그 여인과 재회하였는데, 여인의 남편이 억울하게 살인죄를 뒤집어쓰고 갇혀 있다고 하였다. 박문수가 자신에게 수청을 들면 남편을 살려주겠다고 하니, 여인이 남편에게 찾아가서 승인을 얻고 왔다. 여인이 어린애에게 젖을 물리며 "젖 빨리 무우라. 젖도 올 저녁이 마지막 젖이고만."이라고 하였다. 여인이 죽음을 각오한 것을 알게 된 박문수는, 마음을 돌이켜서 그 남편을 살려주고 여인에게는 열녀비를 내렸다. "열녀 아이가? 자기 남자한테는." 이라고 화자는 말한다.

이 설화유형은 상층 지배 계급과 피지배 계급의 갈등, 烈과 貞節의 충돌, 부부간의 性倫理의 혼란, 이념과 본능의 갈등, 人間 基本權의 침해, 봉건 사회의 부조리와 같은 복합적인 문제를 제기하고 있다는 점에서 상당히 주목할 만한 자료이다.[77] 이 설화에서 박문수가 총각 시절에 서당지기의 딸을 유혹한 것은 賤民인 여인에게 양반인 자신이 신분적 우위를 점하고 있기 때문이다. 신분 제도란 본래 인간 불평등을 전제한 만큼 박문수는 서당지기의 딸을 동등한 인격체로 인정하지 않는 것이다.

한편 만일 여인이 어사와 동침하여 남편을 살렸을 경우 여인이 반드시 자결해야 할 이유는 없다고 할 수 있다. 그러나 만일 자신의 性과 남

77) 이 설화유형에 해당하는 각편 모두를 대상으로 이런 문제들에 대해 검토한 바 있다. 이인경(1998b), 「'옥에 갇힌 남편을 살려주면 몸을 허락하겠다는 열녀' 설화유형에 나타난 諸問題」, 『관악어문연구』 23집, 서울대학교 국어국문학과.

편의 목숨을 교환했을 경우 비록 남편의 목숨은 살렸다고 하더라도 자신의 훼절을 용납하지 않을 사회 분위기를 여인은 잘 알고 있었던 것이다. "<청자1 : 여자는 죽었단 말인가>, <청자2 : 죽지는 안 했지. 몸을 안 버렸으니. 몸은 안 버렸고>, <청자3 : 몸만 베렸으만 죽었지마는>"[78] 이라는 청중의 반응에서도 보듯이 '여인이 몸을 더럽히면[79] 죽을 수밖에 없다'는 논리는 여인의 육체적 정절을 절대적 가치로 상정하는 중세적 가치관을 보여준다. 만일 여인이 御使와 동침한 代價로 남편의 목숨을 구한 후에 자결을 하지 않는다면 여인의 행위는 어떻게 평가될 것인가. 전통 사회의 가치관으로 볼 때, 여인과 어사와의 동침은 남편의 救命을 명분 삼아 자행된 여인의 쾌락적 행위로 매도될 가능성이 충분히 있다. 즉, 여인은 자신의 정신적 결백을 주장하기 위해서라도 自決할 수밖에 없는 것이다.

그러나 여인이 죽음을 각오하는 가장 큰 이유는 이런 외부의 시선을 의식해서가 아니었다. 여인은 무엇보다 자신의 정절을 목숨처럼 소중히 여겼던 것이다. 여인이 혹시라도 남편의 救命을 빌미 삼아 짐짓 쾌락을 즐기고자 하는 마음이 있었다면, 사실 별다른 갈등 없이 이 사태를 해결할 수도 있었을 것이다. 즉, 여인은 외간 남자와의 동침을 즐기는(?) 동시에 남편의 생명을 구할 수도 있었던 것이다. 여인이 자신의 毁節을 남편을 비롯하여 주위 사람들에게 잘 숨기기만 한다면 '훼절한 여인'이라는 도덕적 비난도 면할 수 있는 상황인 것이다. 주인공이 士族 여인이기는커녕 여기저기를 떠도는 賤民 신분이라는 점에서, 정작 누구도 이 여인의 정절조선시대 양반의 신분 유지의 문제에 대해 시비하지 않을 수도 있다.

---

78) 『구비대계』 7-9, 이윤덕(남), '어사와 열녀', 99~105면.

79) '어사와 동침하는 것은 여인의 몸이 더럽혀지는 것이다.'라는 언술은 남성 중심적 사고의 산물이다. 만일 그렇다면 어사의 몸은 더러워지지 않는지 반문하게 된다. 청중은 이런 가부장제적 가치관에 따른 정절 이데올로기를 내면화하고 있는 것이다.

따라서 여인이 처음부터 원치 않는 남자와의 동침, 자결 그리고 결과적으로는 모성애의 포기라는 삼중의 희생을 택하게 된 동기는 오로지 여인에게 내면화된 가치관에 의한 것임을 알 수 있다.

여인은 다음 두 가지 중 하나를 택해야 한다. 하나는 어사의 제의를 받아들여서 남편을 살리는 것이고, 다른 하나는 어사의 제의를 거절함으로써 훼절하지 않고 그냥 寡婦가 되는 것이다. 후자의 경우 여인은 원치 않은 남자와 동침할 이유가 없으며 결과적으로 외간 남자의 유혹을 물리치고 정절을 지킨 烈女가 될 수 있다. 그러나 심각한 문제는 남편의 생명을 구할 수 없다는 사실이다. 만일 남편의 죽음을 방관한다면 이는 남편에 대한 정절을 지키는 烈은 행할 수 있지만 남편의 救命이라는 烈은 잃게 된다. 여인은 두 가지 烈의 실현 방식을 두고 갈등을 겪다가, 어느 쪽이 더 큰 善인가보다는 어느 쪽이 더 작은 惡인가를 따져 본 후, 드디어 자신이 모든 것을 희생하기로 한 것이다. 아내의 입장에서는 자신이 남편을 구할 수 있음에도 불구하고 그의 죽음을 방관한다는 것이, 자신의 훼절에 대한 도덕적 책임을 지는 것보다 人道的 측면에서 훨씬 더 감당하기 어려웠을 것이다.

2번에서는 여인의 남편이 실제로 살인을 저지른 것으로 되어 있는바, 이에 상응한 형벌이 내려져야 함에도 불구하고, 어사는 여인이 性을 뇌물로 제공할 경우 正義를 굽혀 일을 처리할 것을 제의한다. 정의롭게 社會的 非理를 척결해야 할 암행어사가 오히려 非理를 조장하고 있는 부조리한 세태가 적나라하게 제시되는 것이다. 한편 뇌물을 받고 부정을 저지를 만한 인물인즉 그의 약속 또한 신뢰할 수 없을 것이기에 여인은 이에 대한 증서를 요구하기도 한다. 이것 역시 여인의 결단이 매우 신중하게 이루어진 것임을 시사하고 있다.

어사가 여인이 자결을 각오하고 있음을 알게 되면서 비로소 자신의 욕심을 버리게 되는 것은, 어사가 처음에 여인의 훼절이 갖는 희생적 의미를 가볍게 여기고 있었음을 암시한다. 그러나 이 이야기에서는 부부간의 信義란-이 이야기에서는 남편의 생명을 구하기 위해 노력해야 하는 것(烈, 헌신)과, 남편에게만 독점적으로 性을 허용해야 하는 것(貞節)으로 나타나는-신분과 무관하게 인간에게 보편적으로 부여되는 人道的인 가치임을 드러냄으로써, 貞節이나 烈이라는 윤리적 가치는 상층 양반 계급에서만 의미를 갖는다는 어사의 인식을 질타하고 있다. 이는 어찌 보면 인간 평등에 대한 주장인 셈이다. 조선시대의 유교적 이념으로 무장하고 도덕적임을 내세우는 양반 지배층을 대표하는 어사의 부도덕성과 천한 신분의 여인이 지닌 도덕성이 대비되고 있는 것이다.

3번에서는 어사가 남편을 살려주는 조건이 아니라, 도망 노비에 대한 상전의 권리로서 여인에게 수청 들기를 요구한다는 점에서 앞의 각편과 차이를 보인다. 따라서 여기서는 남편의 救命과 貞節 사이의 갈등이 아니라 상전에 대한 忠과 남편에 대한 烈 사이의 갈등이 나타난다. 각편의 내용을 다음에 정리해 본다.

> 3번 각편 : 양반집 도령이 여종에게 '나 하루 저녁만 빌려 달라.'고 하니 여종은 동네 각시가 시묘 사는 움막에서 기다리라고 하였다. (도령은 여종이 오지 않자 시묘 사는 여인을 범하였다. 여인이 순순히 응하자 도령은 '시묘 사는 것이 헛 시묘 사는구나.'라고 생각했다.) 여종이 시집을 가게 되자, 도령이 '이왕에 시집갈 것 나와 하루 저녁 자고 가라.'며 유혹하였다. 여종이 시집을 간 후에 응하겠다고 하고는 시집간 날 저녁에 남편과 함께 도망하였다. 그 후에 御使가 된 도령이 우연히 여종을 만나게 되어 다시 수청을 요구하였다. 여종이 몸단장을 하고 오겠다며 나가서는 방으로 다시 들어오지 않았다. 어사가 우연히 들으니, 여인이 어린 남매에게 "내가 죽으면 네가 남의 집에 가서 얻어먹을라 말고, 심부름이라도 해주고 먹지 남의 밥을

> 그냥 먹지 말라."며 유언을 하고 있었다. 감명을 받은 어사가 욕심을 버린 후에 여인에게 남편 소식을 물으니, 도둑 누명을 쓰고 옥에 갇혀 있는데 상전을 배반하고 도망친 노비인 까닭에 어쩔 수 없이 몇 달 동안 갇혀 있다고 하였다. 어사가 남편을 구해주고 여인에게는 열녀문을 세워 주었다.

여기에 등장하는 御使는 처음부터 상당히 패륜적인 인물로 그려지고 있다. 도령의 신분으로 시집을 갈 여종에게 수청을 강요하면서 여인을 性的 도구로 간주하는 "빌려 달라"는 표현을 쓴다. 그리고 시묘살이를 하는 여인까지 범하면서 양심의 가책을 느끼기는커녕 순순히 응하는 여인에게 책임을 돌려 여인의 미약한 정절의식을 비웃기도 한다. 한편 烈이념에 따라 시묘살이를 하고 있음에도 불구하고 외간 남자의 유혹에 순순히 넘어가는 이 여인의 모습 역시 당시 사회의 僞善的인 세태를 드러낸다.

여인은 남편의 생명과 바꾸는 거래가 아닐지라도 도망한 여종으로서 상전에게 자신의 性을 상납해야 하는 상황에 처해 있다. 이 상황을 면할 수 없음을 알고 여인은 毁節할 경우 자결할 것을 각오하는데, 이때 여인이 어린 자식에게 남기는 遺訓은 매우 감동적이다. 남의 집에서 그냥 얻어먹는 짓은 하지 말라는 것이다. 낮은 신분으로 가난하고 어렵게 살더라도, 인간으로서의 기본적 양심과 자존심을 지키며 그리고 세상에 유익을 끼치며 살아야 한다는 여인의 삶의 자세는 부도덕했던 어사에게 깊은 감명을 주었던 것이다.

＊이 설화유형에서 忠孝烈의 유교적 이념을 마땅히 高揚해야 할 어사가 오히려 여인에게 훼절을 강요한다는 내용 설정은 양반 지배계급의 허위의식에 대한 비판을 보여준다. 賤人의 딸을 유혹하던 자가 민중의 아

픔을 보살피는 正義를 행하는 御使로 발탁되었다는 것 역시 부조리한 사회 현상에 대한 고발을 담고 있는 것이다. 민중의 억울함을 해결해 줄 마지막 장치인 암행어사도 정체를 알고 보니 非理를 척결하기는커녕 非理를 자행하는 인물이었다는 점에서, 암행어사에게 걸었던 민중의 소박한 기대가 여지없이 무너지고 마는 것이다.

그러나 이야기는 어사가 여인의 행동에 감화되어, 드디어 여인의 남편을 살려주고 여인에게는 열녀문이 내리는 행복한 결말로 나아간다. 어사가 민중을 敎化하는 것이 아니라 오히려 미천한 주막집 여인이 어사를 각성시킨 것이다. 스스로를 도덕적인 체하며 유교 이념을 내세워 민중을 교화하겠다는 양반층의 허위의식과 자기모순은 철저히 폭로되고, 인간의 도리를 제대로 실천하며 살아가는 것은 지배층이 아니라 민중이라는 사실이 강조된다.

이렇듯 부조리한 상황 속에서도 민중은 꿈을 잃지 않는다. 여인의 지고한 희생정신이 종국에는 어사를 감화시킬 수 있었던 것처럼, 민중의 진실한 삶의 자세가 이 세상을 긍정적으로 변화시킬 수 있으리라는 소망이 있기 때문이다. 지배층이 각성할 날이 오리란 기대, 그리고 언젠가는 정의로운 세상이 반드시 구현될 것이라는 소박한 기대가 이 설화를 행복한 결말로 종결되게 하는 것이다.

요컨대 이 설화는 주인공 여인이 자식들에게 남기는 遺訓에서 나타나듯이, 비록 낮은 신분으로 살아갈지언정 사회 공동체에 유익을 끼치는 삶을 살고자 하는 민중의 건강한 사회의식을 보여줌으로써 無爲徒食하는 양반층의 각성을 촉구하고 있다.

4. <수절하기 어려운 사연> 유형군

41. 열녀 시험 통과하기

이 설화에 해당하는 각편을 8개 찾았는데 표로 보이면 다음과 같다.

번호	제보자			각편 제목	대계 번호	채록 지역
	성 명	성별	나이			
1	엄칠용	남	67	열녀만이 뽑을 수 있는 화살	2-8	강원 영월
2	서순만	남	74	수절한 기생	2-8	강원 영월
3	김연경	여	76	중두 사내 값이 가나유?	4-2	충남 대덕
4	김기조	남	68	정조 깨끗한 여자	4-5	충남 부여
5	최경호	남	65	열녀가 화살촉을 빼다	5-3	전북 부안
6	최항령	남	64	열녀가 밀어야 움직이는 열녀탑	6-6	전남 신안
7	이삼옥	남	70	열녀가 뽑은 철못	6-8	전남 장성
8	심을순	여	66	팔십 수절 과부	8-3	경남 진양

이 설화는 열녀 시험을 계기로, 평소에 烈女인 줄로 알았던 선비의 아내는 부정한 여인이었고 술을 파는 고모는 의외로 정결한 사람이었음이 밝혀진다는 내용이다. 7번의 내용을 요약해본다.

> 한 선비가 벼슬을 구하러 서울에 갔다가 돈만 날리고 있었다. 어느 날 하늘에서 갑자기 철 못이 떨어져 궁궐 기둥에 박혔는데, '열녀만이 못을 뽑을 수 있다'고 하였다. 선비가 자신의 아내에게 철 못을 뽑아보게 하려고 귀향하였다. 도중에 술장사를 하는 늙은 고모에게 들러서 자신의 계획을 말하니, 고모가 선비에게 집에 가서 '서방님을 열 둘 거느린 사람이어야만 철 못을 뺄 수 있다.'고 말하라고 시켰다. 아내는 '그 동안 본 남자가 열하나 반밖에 안 되니 안 되겠다'고 말하여 자신의 不貞을 노출하

였다. 선비는 철 못을 뽑아보겠다고 자청하고 나선 고모와 함께 상경하였다. 고모가 목욕재계한 후에 못을 뽑으니 못이 반쯤 뽑혀 나오다가 멈추었다. 고모가 내려와서 하늘에 축수하며 '손자가 오줌을 싸서 사타구니를 들여다 본 것밖에는 없다.'고 말하였더니 못이 빠졌다.

이 설화유형은 '烈女 試驗'이라는 서사적 장치를 통해서 설화 전승자들의 烈인식을 진솔하게 담아내고 있다.[80] 사실 '烈女 試驗'은 설화에 자주 등장하는 모티프이다. 이는 세상에서 진짜 烈女를 가려내는 일이 그만큼 수월하지 않음을 의미하는 동시에, 그럼에도 불구하고 남성들의 내면에는 진짜 烈女를 가려내고픈 욕망이 깊게 자리 잡고 있음을 보여준다. 말하자면 모든 남성은 여성이 열녀가 되기를 원하는 반면, 여성들은 대개 열녀가 되기 어려우며 그럼에도 불구하고 여성들은 열녀가 아니면서도 열녀인 척 한다는 말도 된다.

앞서 살펴본 것처럼 守節型 '烈설화'에서도 이런 열녀시험담이 나타나는데, 이는 어사나 남편이 주체가 되는 것인바 지금 이 설화와는 상황이 다르다. 守節型 '烈설화'에서는 남성들이 여인의 守節의지를 시험하기 위해 일종의 덫을 놓은 후 여인이 그 상황에 대처하는 방식을 가지고 결과를 판단한다. 말하자면 이는 일종의 표본 추출을 통한 열녀시험인 셈이어서 이번 시험을 통과한다면 여인이 그 시점까지 貞潔하게 살아왔음을 인정하겠다는 태도이다. 설화에서 여인들은 이런 경우 대부분 내면적 갈등이나 주저함 없이 준열하게 자결하여 열녀임을 스스로 증명해 보인다. 그것이 바로 시험을 주도한 남성들이 기대한 모범답안이었기 때문이다. 결국 이런 식의 열녀 시험이란 烈이념을 관념적

80) 황인덕이 이 유형에 해당하는 설화 4편을 대상으로 이에 나타난 烈인식의 의미를 검토한 바 있다. 황인덕(1990), 「'열녀시험'형 설화의 유형적 성격과 烈인식의 의미」, 『조종업박사화갑기념논총』, 동간행위원회.

으로 주입하기 위한 관습적 장치에 지나지 않는다. 게다가 이런 설화에서는 시험을 주도하는 남성의 시각에서만 이야기가 서술되고 있어 시험을 통과해 가는 여인들의 내면 풍경이 전혀 드러나지 않는다.

그러나 여기서 다룰 '열녀 시험 통과하기' 유형의 설화에서는 '열녀만이 뽑을 수 있는 철 못'이라는 설화적 장치를 통해 烈이라는 사회적 규범을 둘러싸고 일어나는 여성들의 구체적 삶이 형상화되고 있다. 守節型 '烈설화'에서의 烈女 試驗은 인간이 시험의 주체가 되고 판결자가 되지만 이 설화에서는 철 못을 내려 보낸 하늘이 시험의 주체라는 점에서 상황이 전혀 달라지게 된다. 누구도 속일 수 없는 全知的인 절대자 앞에서 인간은 가장 겸허한 자세로 자신을 드러내고 이에 대한 심판을 기다릴 뿐, 어떤 과장된 몸짓이나 의도적인 희생을 통해 자신의 결백을 애써 증명해야 할 필요가 없기 때문이다. 말하자면 이는 어떤 과제를 수행하는 형태의 시험이 아니라, 지나온 삶의 전 과정에 대한 심판의 성격을 띠고 있는 것이다. 이런 설화적 구성은 가면 속에 가려져 있던 모든 경험적 삶의 진실과 허위를 낱낱이 드러나게 함으로써, 烈이라는 규범의 허와 실을 직접적으로 노출하는 효과를 거두고 있다.

이 설화는 이제껏 관념적이고 피상적으로만 이해되어 온 사회적 규범으로서의 烈이 개인의 윤리로서 현실 속에 적용되는 양상을 구체적으로 보여주는데, 이는 두 여성 인물을 내세워 이들의 수절 의지를 조명하는 것에서 출발한다. 선비의 젊은 아내와 과부가 되어 술장사로 생계를 유지하는 늙은 고모가 대비되면서 이 설화의 주제가 선명하게 드러나는데, 이 두 여인에게 발견되는 대조적인 성격을 다음에 정리해 보기로 한다.

아내 : 젊음 / 남편 있음 / 여염집 여인 / 금욕 기간 짧음 / 정절 기대함

고모 : 늙음 / 남편 없음 / 주막집 여인 / 금욕 기간 김 / 정절 기대 안 함

선비는 자신의 아내가 정숙하리라고 믿었지만 아내는 오히려 많은 남자와 놀아난 不貞한 여인이었다. 반면 고모는 술장사로 생계를 이어가는 여인이지만 실제로는 정숙하였기에 못을 뽑을 수 있었다는 것이 이 설화의 큰 줄거리이다. 이 설화가 주는 충격은 선비를 남편으로 둔 여염집의 아내는 남편이 집을 비운 짧은 기간에도 열 명의 남자와 놀아났는데, 청상과부가 되어 오랜 세월을 홀로 지내며 술장사를 한 고모는 정절을 지켰다는 사실이다. 烈女에 대한 선비의 고정 관념이 이렇게 깨어지는 과정을 보여줌으로써, 이 설화는 전승자들에게 烈에 대한 피상적 이해가 얼마나 위험한 것인가를 역설한다.

이 설화에서 공통적으로 주장하는 바는 세상에 열녀가 좀처럼 없다는 것이다. 서울 장안의 모든 여인이 달려들어도 못은 빠지지 않았다는 사실이 바로 그것이다. 실제로 서울 장안에 정숙한 처녀가 없을 리 없는바, 팔십이 가까운 고모만이 시험을 통과하였다는 서사의 전개는 오랜 삶 속에서 모진 고통을 겪으며 지켜낸 정절만이 진실로 가치를 인정받을 만하다는 논리인 것이다.

이 설화의 깊은 의미는 단지 '처음의 예상을 뒤엎고 아내가 아닌 고모가 열녀로 인정받아 상을 받았다'는 줄거리에 담겨 있는 것이 아니다. 이 설화의 절정은 가히 못이 빠져 나오다가 멈추자 하늘을 우러러 쏟아놓는 고모의 내면 고백 장면인데, 바로 여기에 이 설화가 지향하는 의미가 농축되어 있다. 이처럼 내면에 은밀하게 감추어진 정욕을 여성의 목소리로 직접 토로하는 장면은 다른 '烈설화'에서는 거의 찾아볼 수 없는 것이다. 못이 빠져 나오다가 중간에 걸림으로써 자신의 정절을 의심받자, 고모는 양심에 꺼려지는 바를 고백함으로써 역설적으로 자신의 貞潔함을 증명하게 되는데 이 부분을 각편에서 인용해 보기로 한다.

2번 각편 : "제가 열아홉 살 먹어 청춘에 과부가 돼 가지고 죄라는 거는 친정에 가 가지고서는 친정조카를 배 위에다 얹아 놓고는 귀여워 가지고 둥기를 시켰는데, 내 배 위에다 오줌을 한 번 싼 일이 있을 뿐입니다. 그란 죄 뿐이 없었습니다."

3번 각편 : "아무 날 시암(샘)에 물을 이러 나가서 보닝께 워떤 청년이 새파란 모시 두루매길 입구 개화장을 직구 휘얼휠 가능 걸 보구 **'아아 우리 냄편두 살었드라면 저렇게 한번 댕겨볼거얼' 그렇**게 했다."

4번 각편 : "청춘에 과수 돼 가지구서 노상이서 술장사를 하구 있노라니, 늦은 봄 석양판에 나귀 타구 지나가는 **선비 하나가 작고헌 우리 냄편 흡사해서 뒤통수 한번 곁눈질 한 죄백이 읎습니다.**"

5번 각편 : "내가 이십에 홀로 돼 가지고 수절하고 살다가 스물 다섯 살 먹던 해 새암에 물을 질러 갔더니, 그 때가 어느 때냐면 칠월 달인디, 어떤 동자가 땀을 펄펄 흘리고 와서 그 옆에 와서, '나 목마르니 물 한 그릇 청합니다.' 인자 그래서 물 한 그릇 떠준 일이 있다고. 그런디, 그 동자가 물을 감사하게 먹고 돌아서서 갈 때에, 내가 다시 한 번 쳐다 본 일은 있소. **세상에 저런 남자하고 한번 하룻저녁이라도 자봤으면 원이 없것다. 내 이런 맘을 한 번 먹은 적은 있소**"

6번 각편 : "청춘과부로 지금까지 내가 살아나왔어도 남의 남자라고는 내가 봐본 역사가 없고, 또 생각조차 가져본 역사가 없는데, 내가 절로 공을 드리러 가면서 어느 남녀가 아들을 가운데 시고(세우고) 양쪽 손을 잡고 걸어오는데, 저렇게 저런 아이 **'내가 나의 남편이 살았시면 나도 아를 낳아 가지고 거시기를 할 것인디, 남편이 죽어**

부러서 참, 한탄시럽다.' 는 그 한탄하는 생각을 가졌든, 그런 일은 있어도……"

7번 각편 : "우리 손자가 오줌 싸서 사탱이를 들여다 본 것백이 없습니다."

8번 각편 : "나는 열네 살 묵고 열닷 살 묵은 내외간 정해 가이고, 뭣이 내외간이 우떤고 그거 전여히 모르고, 내가 조카로 어린 거를 양자, 양자 조카로 맞아들이 그 보듬고 있으모, 보듬어서 오줌이나 내가 만내봤으까……"

위에서 여인이 고백한 내용은 대략 육체적인 것과 정신적인 것으로 나눌 수 있다. 즉, 다른 남자와 신체를 접촉한 일(2, 7, 8번)과 다른 남자를 생각한 일(3, 4, 5, 6번)이 그것이다. 사실 이들 각편에서 나타나는 '남자와의 신체 접촉'이란 겨우 어린 조카가 자신의 배에 오줌을 싸거나, 어린 조카를 품에 안아준 일에 지나지 않는다. 이는 여인이 지금껏 남자와의 性的 접촉이 전혀 없었음을 강조하기 위한 과장된 표현인데, 한편으로는 아이를 낳고 기르는 母性愛를 실현할 수 없었던 청상과부의 안타까운 삶을 환기하는 기능도 하고 있다.

한편 각편에서 여인이 과거에 외간 남자를 생각했던 일을 고백하는 부분에서, 다른 내용은 요약적으로 진술하면서 여인이 다른 남자를 바라보게 된 상황만은 묘사를 통한 극적 제시의 방식으로 공을 들여서 섬세하게 구연하고 있어서, 화자가 이 부분에 의도적으로 集中點을 배열하고 있음을 알게 된다.[81] 우선 공간적 배경은 물을 길러 간 샘이나, 술장사를

81) '중요한 문제는 작가는 어떻게 하면 그의 가장 중요한 순간들을 그 주변의 여러 가지에 의해서 흐려지지 않고 두드러지게 할 수 있는가? 이다.' 라는 集中點의 배

하던 路上, 불공을 드리러 간 절로 설정된다. 이는 가정의 울타리를 벗어난 곳으로 여성이 사회적 접촉을 하게 되는 공간이다. 게다가 샘이라는 공간은 설화나 소설에서 남녀가 우연히 만나 사랑을 싹틔우는 계기를 마련하는 관습적인 장치로 기능하기도 한다. 그리고 절이라는 공간 역시 서사문학에서 이와 유사한 기능을 하는 공간으로 자주 설정된다.[82)]

이런 공간에서 여인은 평범한 夫婦들의 모습이나 외간 남자와 우연히 마주침으로써 청상과부로 살아가는 자신의 처지를 새삼 돌아보게 되고 이내 짙은 외로움을 느끼게 된다. 젊은 시절에 여인은 더운 여름날의 샘터나 노을이 물드는 봄날 저녁의 길에서 어떤 남자를 우연히 보게 된다. 여름날의 샘터가 청춘에 과부가 된 여인의 혈기와 성적 욕망을 상징한다면, 봄날의 석양이 물드는 路上은 홀로 살아가는 젊은 여인의 외로운 정서를 절실하게 표현하고 있다. 땀을 뻘뻘 흘리고 와서 여인에게 물을 얻어먹고 가는 혈기 왕성한 동자의 뒷모습을 보며 여인은 春情을 느끼기도 하고(5번), 나귀를 타고 석양빛 속을 지나가는 선비의 뒷모습에서 죽은 남편의 모습을 떠올리기도 한다. 그러나 여인은 언제나 그곳에 홀로 남아 사라져 가는 남자의 옷자락을 그저 우두커니 바라볼 뿐이다. 청상과부로 살아가는 여인의 깊은 외로움이 이렇듯 場面化의 방식을 통해서 핍진하게 그려지는 것이다.

열을 강조하는 웨인 부우스의 언급을 상기할 필요가 있다. 서사문학의 敍述을 화자의 서사적 진술 telling과 인물에 대한 극적 제시 showing로 나눌 때, 화자가 각편에서 이 방식 가운데 어떤 것을 언제 사용하는가를 주목할 필요가 있다. 즉, 어떤 것을 완전히 극화하고 어떤 것을 간략히 다루며, 어떤 것은 요약하고, 어떤 것을 강화하고 있는가를 살피는 것이 중요한 것이다. Booth, W. C., 최상규 역(1985), 『소설의 수사학』, 새문사, 83~89면.

82) 예를 들어 『금오신화』의 <만복사저포기>를 들 수 있다. 한편 조선시대에는 여인들이 절에 가는 것이 금지되어 있었음이 『경국대전』에 나타난다. 이는 불교 탄압과도 연관이 있지만 실제로 여성들의 풍기 문란을 막으려는 의도와도 관련이 있다고 한다. 이옥경(1985), 「조선시대 정절 이데올로기의 형성 기반과 정착방식에 관한 연구」, 이화여대 석사학위논문, 39면.

그런가 하면 과부가 절(寺)에서 마주친, 어떤 부부가 아들의 양손을 각각 쥐고 걸어가는 모습은 청춘에 과부가 되어 자식도 없이 홀로 살아가는 늙은 여인의 고독한 처지를 더욱 애절하게 부각시키고 있다. 과부는 가정을 이루고 사는 여염집 여인을 바라보면서 말할 수 없는 부러움을 느끼는 것이다. 이 장면에서 강조되는 것은 여인이 낯선 남자에게 春情을 느꼈다는 사실이 아니라 여인이 家庭이라는 정서적 공간을 절실하게 원해 왔다는 점이다. 과부의 고백을 통해 알게 되는 정보의 핵심은 여인이 낯선 남자를 향해 性的 慾望을 품은 적이 있었다는 사실[83] 그것이 아니다. 이는 오히려 죽은 남편에 대한 여인의 상실감과 그리움에 대한 구체적 표현에 지나지 않는다. 이 장면은 烈이라는 이념과 인간적인 삶에 대한 욕망 사이에서 갈등하며 살아야 했던 청상과부의 忍苦의 삶을 핍진하게 그려냄으로써, 이 설화의 문학적 가치를 높이는 데에 결정적인 기여를 하고 있다.

이 설화에서 烈이념에 대한 피상적이며 관념적인 이해를 깨뜨리는 또 하나의 인물은 바로 선비의 아내이다. 남편이 잠시 집을 비운 사이를 견디지 못하여 외간 남자와 놀아난 여인은 남편에게 이렇게 사건의 전말을 고한다.

> 6번 각편 : "어뜬 중놈이 한나 들옵디다. 아니 중놈이 아이 사랑방으로 들오라 하더니 나를 겁탈을 해부렀소. 그래서 한 번 견디고, 당신이 출장가 가지고 아 세월은 오래 걸리고 그런디 아 그 하인 종이 나헌테 달콤하게 해쌌고 그래서 나 그거하고 한 번 상관이 되얐소. 아 그랬더니 또 하루는 아 이 자식이 가서 절에 가서 그런 얘기를 했던가, 또 딴 중놈이 와서 이얘기를 하면서 '만일 안 들어주면 유포를 시키것다'

83) 5번만은 예외이다.

> 그런께 할 수 없이 들어줬소, 아이 또 얼마큼 있다가 아이 그 집이 종놈이 이웃집 종놈한테 또 이 얘기를 했던가 그 놈이 와서……"

여인이 열 남자와 관계함으로써 열녀(十女)가 된 저간의 사정을 털어놓는 부분인데, 이는 그럴듯한 사연이 계속 꼬리를 물고 나오면서 자못 현실감을 더하고 있다. 일반적으로 구비설화의 구연이 대개 서사적 골격을 중심으로 단순하게 이루어지는 것을 생각하면 이런 상황 설명은 상당히 구체적이고 섬세한 것으로서, 화자가 그만큼 이 내용의 서술에 상당한 관심을 쏟고 있음을 시사한다. 여인은 자신이 열 남자를 보아서 열녀(十女)가 된 것은 특별히 자신에게 남다른 정욕이 있어서가 아니며, 예기치 않은 중의 겁탈로부터 하인의 공갈 협박에 이르기까지 자신도 어쩔 수 없었던 외부의 강제 때문이었다고 변명한다. 이는 어찌 보면 상당히 설득력 있는 항변으로 들리지만, 사실은 자신의 잘못은 전혀 인정하지 않은 채 남 탓만 해대는 여인의 뻔뻔함을 통해 그의 구멍 뚫린 정절의식을 비웃어 주려는 화자의 수사적 표현인 것이다. 남편이 출타한 동안 종과 사통하는 여인에게 士族여인다운 정숙함을 기대하기 어렵다. 양반 계층의 도덕적 허위가 폭로되고 있는 것이다.

그러나 한편 이 여인의 변명 속에는 정절을 강요하는 사회적 압력이 역설적으로 자신의 훼절을 부추겼다는 주장이 담겨 있음을 간과해서는 안 된다. 이는 여성의 정절 문제가 개인의 차원을 넘어 사회의 강제 규범으로 자리 잡을 때에 나타나는 역기능을 지적한 것이다. 따라서 이는 흥미유발을 위한 수사적 장치에 머무르지 않고 현실 고발적 기능을 하고 있음을 주목해야 한다. 이 설화는 정절 문제를 인간 본성의 측면에서 조명하고 있는바, 정절이 사회 규범으로 자리 잡은 당대 현실에서 여성은 인간의 자연스런 삶을 포기하거나 또는 성적 핍박에 항거할 수조차 없는 억압 속에 있었음을 보여준다.

42. 원수의 아내 되었다가 복수하기

이 설화유형에 해당하는 각편을 10개 찾았는데 표로 보이면 아래와 같다.

번호	제보자			각편 제목	대계 번호	채록 지역
	성 명	성별	나이			
1	김판술	남	74	이부열녀 설화	5-3	전북 부안
2	정난수	남	69	남편 원수 갚은 열녀	5-4	전북 군산
3	고광욱	남	81	남편 원수 갚은 아내	6-4	전남 승주
4	김분선	여	76	남편 죽인 사람과 혼인해서 복수하기	7-13	대구시
5	김성구	남	74	남편 죽인 열녀와 부모 죽인 효자	6-4	전남 승주
6	문병주	남	62	남편 죽인 열녀, 부모 죽인 효자	6-11	전남 화순
7	이기환	남	62	남편 죽인 열녀, 어미 죽인 효자	7-8	경북 상주
8	김두상	남	70	열녀	8-3	경남 진주
9	이금분	여	65	남편 죽였다 거품 보고 실토하다	7-8	경북 상주
10	하봉연	여	75	친구 부인 가로챈 얘기	7-3	경북 월성

각편에 나타난 내용을 종합하여 서사 단락으로 정리하면 다음과 같다.

가) 혼자 사는 남자가 친구의 아름다운 아내가 탐이 났다.
나) 친구와 함께 나무(장사)를 하러 갔다.
다) 남자가 친구를 강 속에 빠뜨려서(낫으로 찔러서) 죽였다.
라) 친구는 물속에 빠져 거품을 내며(목에서 피를 거품처럼 뿜으며) 죽었다.
마) 남자는 혼자 돌아와서 친구의 아내에게 접근하여 함께 살게 되었다.
바) 두 남녀는 오랜 세월 동안 함께 자식을 낳고 살았다.
사) 비가 오는 어느 날 남자가 거품을 내며 낙숫물이 떨어지는 것을 보고 웃었다.
아) 아내가 그 이유를 묻자 남자는 안심하고 예전에 자신이 친구를 죽인

것과 그때 거품이 생긴 이야기를 하였다.

자-1) 아내가 남자와 헤어지고 다시는 보지 않았다.

자-2) 아내가 남자(後夫)를 죽였다.

자-3) 아내가 남자(後夫)와 자식을 죽이고 자결하였다.

자-4) 아내가 남자(後夫)를 죽이고, 그 자식이 어머니를 죽였다.

이 설화가 학계에 처음 소개된 것은 손진태의 『한국민족설화의 연구』라는 책에서이다.[84] 손진태는 경남 창원군의 설화 한 편을 '烈不烈女 傳說'이라는 제목으로 소개하면서, 이는 중국 설화의 영향으로 형성된 것 같다고 하였다. 그리고 그는 "중국 설화에서 주인공이 無意識하에 속아서 개가한 것과 달리 우리나라 설화에서 처음부터 진실을 밝히기 위해 개가한다는 차이는 양 민족 간의 여성의 氣節의 差違을 말하는 것에 불과하다"라고 하였다. 이후로 이 설화를 烈女說話로 간주하는 시각이 학계에 이어져 왔는데, 장덕순 교수 역시 여인이 개가한 것은 남편의 원수를 갚기 위한 수단에 지나지 않은 것이므로 이는 분명 烈女說話라고 단언하였다.[85]

그러나 『구비대계』에서 이 유형의 각편을 찾아보면 남편의 원수를 갚으려는 의도 때문이 아니라 단지 生活苦나 애정 때문에 여인이 개가한 것으로 나타나는 경우가 적지 않다. 따라서 여인이 개가한 동기를 기준으로 본다면 이를 烈女說話로 보는 것은 일단 유보해야 할 문제인데,[86] 논의를 통해 이를 밝히기로 한다. 각편의 변이양상을 살펴보기로 한다.

---

84) 손진태(1947), 『韓國民族說話의 硏究』, 을유문화사, 60~65면.

85) 장덕순(1978), 132면.

86) 민찬은 손진태가 제시한 자료와 구비대계에 실린 네 개의 각편을 대상으로 논의하면서, 역시 이점을 들어 이 유형의 이야기에서는 烈과 不烈의 긴장이 많이 이완되어 있다고 지적한 바 있다. 민찬(1987), 62면.

(1) 여인이 後夫와 자식을 죽이고 자결하는 이야기 (1-4번 각편)

1번 각편 : 여인이 남편을 찾지 못하자, 앞집 남자를 수상히 여겨서 일부러 함께 살았다. 두 사람 사이에 아들이 생기자 전남편이 죽은 일을 잊어버리고 지냈다. 여인이 진상을 알게 되자, "그런 줄 알았다. 내가 이 종적을 알라고 같이 살았다."면서 남자의 목을 베고 그가 숨이 끊어지기 전에 그와의 사이에 낳은 외아들을 종자를 끊어버리겠다며 아들을 아버지가 보는 앞에서 잔인하게 죽였다. 자신과 본남편 사이에 낳은 아들에게 本夫의 시신을 거두게 하고 여인이 자결하였다. 화자는 "안 죽었으면 이부열녀가 아닌디 죽어번졌응개 그렇지. 그런 여자는 무섭기가 한정 없이, 그런개로 함부로 님의 여자를 건들 것이 아닌디, 제 욕심을 채울라고 하면 百萬事가 殺人者死여. 내 욕심이 나를 죽여."라며 종결한다.

이 각편에서는 여인의 정절이나 烈보다는 여인에 대한 남자의 헛된 욕심을 경계하는 데에 의미를 부여하고 있다. 여인이 처음부터 진상을 알기 위한 苦肉之策으로 개가한 것으로 나타나지만, 이런 여인의 의도는 後夫와 아이를 낳고 사는 생활 속에서 자연스럽게 망각되고 여인은 현실에 만족하고 산다. 여인은 毁節한 것에 아무런 罪意識을 갖고 있지 않은 것이다.

2번 각편 : 여인이 남편이 돈을 가지고 도망했거나 도둑을 만나 죽었다고 여기고 찾지 않는다. 본남편이 돌아올 때까지 남편의 친구와 함께 살기로 한다. 여인이 드디어 진상을 알게 되자 後夫와 그에게서 난 아들을 모두 죽이고 원님에게 알리고 자결하였다. 화자는 "아 서방님이 있어도 밥을 굶는디 서방님이 없으니까 굶을 건 사실 아녀요."라고 여인의 生活苦 문제를 강조한다.

3번 각편 : 남편이 돌아오지 않는 것에 대해 아내가 걱정하는 내용이 전혀 없다. 진상을 알고 나자 제 서방 죽인 원수를 데리고 살면서 자식을 낳았다는 생각에 後夫와 그 자식도 죽이고 군수한테 고하였다. 전남편의 시신을 수습하고 자결하였다. 화자는 여인이 개가하는 동기를 "친구라고 그 후사를 봐줘…… 그리갖고는 여 가찹게 걍 몸이 달아 가지고, 걍 얻어 가지고는 자석을 형제 나놨단 말여." 라고 한다.

4번 각편 : 남편이 오지 않자 친구를 의심하던 여인은 자신의 어려운 일을 도와주는 남편의 친구와 함께 살게 되었다. 그러나 여인은 아이를 낳고 살아도 늘 전남편 때문에 꺼림칙하고 전남편을 잊지 못했다. 진상을 알게 되자 後夫와 삼형제를 모두 죽이고 자결하였다. 사람들이 열녀라고 하였다.

여인이 개가하는 동기가 2번과 4번에서는 生活苦 때문이고, 3번에서는 정욕 때문이다. 사건의 진상을 알고 난 후 여인이 자결한 것은 毁節한 것을 속죄하기 위함이라고 보기 어렵다. 情慾에 이끌려서 선뜻 개가해 버린 여인이 새삼스레 자신이 毁節한 것을 부끄럽게 여겼다기보다는, 자신 때문에 억울하게 죽은 남편에 대한 죄책감 그리고 여태껏 진실도 모른 채 남편의 원수와 같이 살면서 자식까지 낳았다는 자괴감을 스스로 용납하기 어려웠던 것으로 이해된다. 여인이 자식을 죽인 것은 그가 패륜의 씨앗이기 때문이다. 여인은 이 모든 불행의 시초가 자신에서 기인하였다는 자책, 제 손으로 제 자식을 죽여야 했던 어미의 비참한 심정, 그리고 본 남편은 물론 後夫까지 결국 죽음으로 몰아간 데에 대한 죄의식 등, 인간으로서 감당키 어려운 고통 때문에 자결하는 것이다.

(2) 자식이 어미를 죽이는 이야기 (5-7번 각편)

5번 각편 : 여인은 남편이 짐승에게 변을 당했다고 여겼다. 後夫와 아들을 낳고 살다가 진상을 알게 되자 後夫를 죽였다. 아들이 아버지의 원수를 갚기 위해 어미를 죽였다. 화자는 "부인허고 과부허고 숯불허고 건드리기만 허면 고만여. 과부는 건드리면 고장여. 그 살다가 혼자 있은게 별 수가 있소."라고 한다.

7번 각편 : 돌아오지 않는 남편에 대한 여인의 기다림은 드러나지 않고 生活苦가 강조되고 있다. 친구가 여인에게 경제적으로 원조를 하였고, 두 사람이 자꾸 접촉하다 보니 저도 모르게 정이 들어 함께 살면서 딸을 낳았다. 진상을 알게 되자, 여인이 "이놈의 자식, 날 욕심 내가지고 내 남편을 직있으니, 너하곤 몰라 살았지, 내 알고 산 것 아니다."라며 後夫를 죽였다. 자식이 아비의 원수를 갚으려고 어미를 죽였다. (종결부분에서 일동 웃음)

5번에서 화자는 여인이 개가한 것을 情에 이끌린 것으로 파악하고 있으며, 인간 본능에 비추어 볼 때 과부의 守節 意志는 허구에 가깝다는 인식을 보인다. 사실, 여인이 後夫를 죽인 동기는 前夫에 대한 烈이기보다, 前夫를 죽인 원수에 대한 인간의 보편적 적개심에 의한 것으로 이해할 수 있다. 한편 아들이 어미를 죽인다는 서사 전개는 화자들이 이 설화를 복수담의 측면에 초점을 맞추어 이해하면서, '남편 죽인 열녀'처럼 '어미 죽인 효자'라는 역설적 상황을 만들어 내려는 의도에서 부연한 것으로 보인다. 7번에서는 이야기가 끝날 때에 일동이 함께 웃었다고 보고되어 있는데, 여인이 남편을, 자식이 어미를 죽이는 참혹한 내용을 구연하면서 웃었다는 것은 전승자들이 이야기를 진지하게 여기지 않고 흥미 차원에서 구연하고 있음을 보여준다. 그러나 어쨌든 부모와 자식 간에 일어나는 친족 살해라는 기이한 상황 설정은 이 이야기의 개연성을 손상시키고 있다.

(3) **여인의 죽음이 나타나지 않는 이야기** (8-10번 **각편**)

8번 각편 : 여인이 돌아오지 않는 남편을 기다리는 내용이 없다. 며칠 후에 친구가 여인을 유혹하여, 두 사람이 삼형제를 낳고 살았다. 여인이 사건의 진상을 알게 되자 後夫를 죽였다. 화자는 "여자라 쿠는 기 한 번 꼬우고 두 번 꼬우고 한 번 찍고 두 번 찍으몬 그기 세상을 따라 가는 기 여자거덩. 그러니 인자 승락을 한 기라."라며, "열녀비가 이전에 섰다 쿠더만 섰는가 안 섰는가 모르고 그런 말이 있었어. 그기 참 맹물이라. 그럴 수는 없는 기거든. 그기." 라고 한다.

9번 각편 : 여인은 남편이 돌아오지 않자 "요놈이 그래 나쁜 짓 했다."라고 생각하는데 친구가 살자고 억지를 써서 함께 살게 되었다. 여인이 진상을 알고 나자 "예이 요놈의 자슥. 나는 그럴 줄 알았다…… 이런 놈의 새끼는 고만 씨도 안 받아야 된다."하고 남자를 받아주지(동침하지?) 않았다. 화자는 단지 "그래 좋다고 살기만 살면 뭐가 돼." "고마 살아도 요거 배 심보 볼라고 살았지. 살고 싶어 산 것도 아이고."라고 한다. (여성 화자)

10번 각편 : 돌아오지 않는 남편에 대한 여인의 걱정이 나타나지 않는다. "마 어떻게 생각끔 하는지, 꿀로 담아 붓고 하는지, 요 여자가 맴이 솔곳하그덩. '참 저 양반이 저렇게 도와주이께네 참 좋다' 싶어."서 그 친구와 부부가 되어 살게 되었다. 둘 사이에 삼형제를 낳고 살던 중 여인이 진상을 알게 되자 "이 도독눔이, 해명 글치 내 남편을 니눔이 죽였구나."하고 그 남자와 살지 않았다. 화자는 "그래 가주고도 그런 일이 있어요. 옛날에는 머 희한한 게 다 있어요."라고 이야기를 맺는다. (여성 화자)

8번에서 여인은 자결하지 않았으며, 다만 남편의 복수를 행했을 뿐이다. 화자는 이 여인이 진정 열녀인지 아닌지에 대해 별로 확신이 없음을 보여 준다. 한편 9번과 10번은 여성 화자의 각편인데, 여기에서는 여인이 진상을 알고도 後夫나 자식을 죽여서 本夫의 복수를 하지는 않는다. 9번에서는 진상을 밝히려고 개가한 것으로 되어 있지만 정작 진상을 알고도 여인은 별다른 대책을 마련하지 않는다. 단지 後夫와 더 이상 정분을 나누지 않는 것으로 상황을 처리한 것은 어떤 종류의 비극적 상황도 모두 피해 가려는 여성 화자들의 '행복한 결말 지향'의 민담적 성향에서 기인하는 것으로 보인다.[87] 이 각편에서 화자의 관심은 烈女나 貞節이나 복수의 문제가 아니고 그저 친구의 아내를 빼앗아 간 남자의 이야기일 뿐이다.

* 이 '원수의 아내 되었다가 복수하기' 유형은 '자신의 미모를 탐내어 前夫를 죽인 後夫를 여인이 죽인다.'는 줄거리를 갖고 있다. 그러나 이야기의 주제는 이렇듯 표면에 드러난 결과를 가지고 파악할 수 없다. 선행 연구자들처럼 '여인의 改嫁는 毁節의 행위지만 前夫의 원수를 갚고 자결하였으니 이 여인은 烈女이다.'라고 성급히 단정지어서는 곤란하다. 倫理的 行爲에 있어서는 결과에 앞서 動機를 일차적으로 주목할 필요가 있기 때문이다.

---

87) 이인경(1992a), 「화자의 개성과 설화의 변이」, 서울대학교 석사학위논문 참조.

이 설화에서 주인공은 돌아오지 않는 남편에 대한 守節의 意志를 보이지 않으며, 개가한 것이 不烈이라는 自意識도 물론 갖고 있지 않다. 이 설화에서 주인공을 烈女로 인정할 만한 근거는 後夫와 後夫의 자식을 죽여 본남편의 원수를 갚은 일과, 자결한 것을 들 수 있을 것이다. 그러나 앞에서 보듯이 각편들에 나타난 변이양상이 모두 다르다. 여인이 자결하지 않는 각편도 적지 않을 뿐더러, 여인이 자식을 죽이는 것이 아니라 자식이 어미를 죽이기도 한다. 특히 여성 화자들은 주인공이 後夫나 자식을 죽이지 않으며 그저 後夫와 애정관계를 더 이상 지속하지 않는 것으로 사건을 마무리하고 있어서, 주인공을 烈女로 여기지 않는 것은 물론이고 아예 이 설화와 烈이념을 관련짓지 않는다.

한편 이 이야기에서 절정에 해당하는 것은 거품을 보고 後夫가 진실을 토로하는 장면이라고 할 수 있다. 이 부분은 상당히 극적인 방식으로 修辭에 공을 들여 세밀하게 표현되고 있는데, 화자들은 모두 여인과 後夫의 단란하고 평화로운 가족의 삶을 생생하게 묘사한다. 밖에는 비가 오고 있는데 여인은 자신의 무릎을 베고 누운 後夫의 귀를 후벼 주거나, 後夫와 함께 아들의 재롱을 보거나, 가족의 옷을 다듬이질을 한다. 이는 烈이념으로 무장된 教條的인 열녀의 모습에서는 찾아보기 어려운 凡婦의 생생한 삶의 모습으로서 인간적 체취를 물씬 풍기는 정겨운 장면이다. 두 사람의 결혼 생활이 이처럼 행복함에도 불구하고, 여인이 이런 행복을 뿌리치고 本夫의 복수를 위해 後夫를 살해했다는 것이다. 이 설화는 주인공의 비극적 삶을 인간의 보편적 감정에 기초하여 충실하게 그려냄으로써, 인간이 소망하는 소박한 행복과 인간으로서의 道義的 책임이 충돌하는 삶의 현장을 보여준다.

사실 여인이 本夫의 원수를 갚기 위해 後夫를 죽인 것을 반드시 중세적 烈이념의 구현으로 해석해야 할 필연적 근거는 없다. 일반적으로 云謂되는 烈이란 아내가 남편에 대하여 갖는 윤리적 의무로 이해된다고 할 때, 이 이야기는 남성과 여성의 위치가 바뀌더라도 충분히 개연성이 있는 이야기이기 때문이다. 이 설화유형과 상황 설정이 동일하고 등장하는 설화의 모티프도 일치하지만 단지 주인공 남녀의 性別만 바뀌어서 나타나는 설화 각편이 실제로 발견된다.[88] 자신의 배우자를 죽인 범인과 함께 살면서 아이를 낳은 것을 알았을 때, 남녀를 불문하고 장삼이사가 느끼는 것은 우선 죽은 배우자에 대한 죄책감과 살인자에 대한 복수심일 것이다. 가령 後夫가 本夫가 아닌 다른 혈육을 살해하였더라도 여인은 이에 대한 응징을 하였을 개연성이 있다. 따라서 이 유형에 나타난 여인의 행위는 본남편에 대한 인간적 信義의 차원에서 이루어진 것으로 해석할 수 있다. 여인의 자결 또한 毁節을 만회하는 의미보다는 자신으로 인해 억울하게 죽은 본남편에 대한 죄책감과 後夫나 사랑하는 자식을 살해할 수밖에 없었던 인간적인 고뇌에 의한 것이라고 할 수 있다. 여인이 행한 것은 烈 이전에 殺人者에 대한 정당한 응징이라는 社會的 正義의 실현으로 이해할 문제인 것이다.

이 설화를 굳이 중세의 烈이념과 관련지어 살펴본다면 이는 서민층 과부의 守節이 갖는 현실적 문제를 보여준다고 하겠다. 여인이 남편을 잃었을 때 당면한 것은 烈이라는 이념보다는 실제로 피부에 와닿는 生活苦와 본능적인 애정의 결핍이었다. 상층 양반사대부가의 과부가 守節할 수 있었던 것은 자신이 속한 가문이 소유한 경제적 토대 덕분이었다. 따라서 이렇듯 상층의 윤리 규범이었던 守節을 경제적 기반이 없는 서민층 여인에게 강요하는 것은 결국 그들의 생존 자체를 위협하는 결과가 되었다. 또한 여인이 본능적 애정 때문에 개가를 하는 것으로 서사가 전개되는 것은, 화자들이 주인공을 이념의 化身 이전에 인간적 욕망을 지닌 현실적 존재로 조명하고 있기 때문이다.

88) 『구비대계』 8-7, 신편희(남, 53세), '축첩제도를 없앤 변계량'과 『구비대계』 8-8, 류영수(남, 60세), '변춘정의 개가 금지 내력'이 그것이다.

장덕순 교수는 이 설화를 "前夫에 대해서는 烈이요 後夫에 대해서는 不烈이기 때문에 烈不烈說話라고 부르는 것 같다."[89]고 하였는데, 이런 설화의 命名 방법은 일반적인 烈의 개념으로는 이해가 곤란하다. 그런가 하면 '남편 죽이고 열녀가 되었다'는 말은 사실 後夫를 죽이고 本夫에 대해서 열녀가 되었음을 의미하는데, 이런 표현이 우리에게 낯설게 느껴지는 것은 烈女란 일반적으로 한 남자에 대해서만 독점적으로 성립되는 것이기 때문이다.

그런가 하면 민찬은 '烈不烈설화'[90] 전반이 공유하는 서사적 갈등을 '烈과 不烈의 긴장 관계'라고 요약한 바 있다. 이 경우 '烈과 不烈의 긴장'이란 한 남자(본남편)에게 여인이 烈行과 不烈을 함께 행한 것을 의미하는 것으로 이해된다. 不烈은 곧 여인의 毁節 행위를 뜻하는 것이며 烈은 여인이 행한 행위가 결과적으로 本夫에게 善行으로 드러났을 경우를 말한다는 점에서, 이는 장덕순 교수가 이해한 '烈不烈'의 개념보다 적절하다고 본다.

정리하건대 이 설화유형의 명칭에서 '烈不烈'의 의미는 여인이 개가한 것은 本夫에게 不烈이나 그 원수를 갚았다는 점에서는 本夫에게 烈이라는 것으로 해석하는 것이 타당해 보인다. 이 때 烈개념은 인간에 대한 보편적 信義가 실현되는 양상이 단지 남편과 아내의 관계에서 나타난 것을 지칭한 것으로 중세적인 의미의 烈과는 거리가 있다.

89) 장덕순(1978), 132면. 전승자들이 별다른 의식 없이 단순히 이야기에 흥미를 더하기 위해서 이런 식의 命名을 하였을 개연성이 있다고 본다.

90) 민찬(1987)은 본고에서 다룬 毁節型 '烈설화' 가운데 세 개의 설화유형 즉, '개가하여 유복자로 대잇기', '개가하여 본남편 구완하기', '원수의 아내 되었다가 복수하기'를 포괄하여 '烈不烈설화'라고 명명하였다.

43. 거짓 열녀 만들기

이 설화유형에 속하는 각편을 13편 찾았는데 표로 보이면 다음과 같다.

번호	제보자			각편 제목	대계 번호	채록 지역
	성 명	성별	나이			
1	이재현	남	74	부정한 형수를 열녀로 만든 곽씨	7-14	경북 달성
2	김기인	남	71	현풍 곽씨 효자 열녀각	7-15	경북 선산
3	류성만	남	72	입으로 만든 열녀	8-3	경남 진양
4	박시원	남	75	현풍 곽씨 집안 열녀	8-4	경남 진양
5	양또순	여	74	곽씨 집안의 열녀	8-1	경남 거제
6	이선재	여	61	헛 열녀비	7-1	경북 월성
7	김원연	여	65	현풍 곽씨 열녀	8-13	경남 울주
8	김환기	남	80	박문수 일화 (열녀문의 내력)	4-4	충남 보령
9	신병희	남	63	현풍 곽씨는 서방질 해도 열녀	4-5	충남 부여
10	신판휴	남	71	박문수의 열녀 정탐	6-3	전남 고흥
11	이승동	남	74	박문수 어사와 열녀문	6-9	전남 화순
12	김임순	여	63	어사 박문수와 만든 열녀	8-13	경남 울주
13	조정심	남	65	엎어진 열녀비	6-12	전남 보성

이 설화유형은 어사가 열녀문이 많이 서있기로 유명한 현풍 곽씨 가문에 가서 진상을 확인한 결과, 실제로는 姦夫와 사통하다가 죽은 과부를 곽씨 집안에서 열녀로 둔갑시켜서 거짓 열녀문을 세웠던 것임을 알게 되었다는 내용을 담고 있다. 구체적인 설화의 내용을 정리하면 다음과 같다.

현풍 곽씨 집안에 열녀가 많다는 소문을 듣고 어사 박문수가 진실을 확인하러 갔다가, 거기서 하룻밤을 묵게 되었다. 어사가 밤에 몰래 염탐하니 과부인 며느리와 중이 사통하고 있어서, 어사가 몰래 두 사람을 죽

> 이고 돌아왔다. 두 사람의 시체를 발견한 어린 시동생이 그 시체를 수습하여 '형수가 외로움을 못 이겨 자결하였다'고 속이고는 열녀문을 세웠다. 시동생은 밤에 몰래 그 열녀문에 불을 지르고 동네 거지들의 소행이라고 헛소문을 냈다. 어사가 시동생에게 사실을 따져 묻자, 시동생은 오히려 어사에게 '당신이라면 어찌 하겠느냐'고 반문하였다. 어사가 그를 기특하게 여겨 벼슬을 내리도록 하였다. 화자는 현풍 곽씨는 서방질해도 열녀라면서 세상에 열녀가 없다고 한다.

설화 각편에 나타나는 변이양상을 보면 姦夫와 사통하고 있는 과부를 살해하는 인물이 시동생(1-4번), 조카(5번), 시숙(6-7번), 어사(8-12번)로 나타나는데, 이 不貞한 과부를 열녀로 둔갑시키는 것은 예외 없이 현풍 곽씨 집안의 사람(시숙, 시동생, 조카, 남동생)으로 설정되어 있다. 게다가 이렇게 거짓 열녀를 만들어 가문에 열녀문을 더하는 인물은 대개 나이 어린 소년이다. 그런데 각편에 나타난 변이양상 가운데, 나이 어린 소년이 姦夫와 여인을 모두 죽일 뿐 아니라 姦夫의 시체까지 혼자 힘으로 처리한다는 이야기 구성은 현실성이 희박하다고 판단된다. 이야기의 이치를 따져 보면 어사가 두 사람을 살해하고 뒤에 이 상황을 발견한 소년이 여인을 열녀로 둔갑시켰다고 보는 것이 자연스럽다. 따라서 어린 소년이 두 사람을 죽인다는 이야기 구성은 이 설화유형의 본래적인 모습에서 변이된 결과라고 할 수 있다. 이처럼 어사가 아닌 현풍 곽씨 집안의 인물이 직접 여인을 살해하는 것으로 이야기가 변이된 것은, 양반 가문에서는 과부의 수절이 개인에 국한된 것이 아니라 가문 전체와 관련되므로[91] 여인의 죽음이 곧 현풍 곽씨 가문의 이익과 직결된다는 점을 강조하려는 화자의 의식에서 기인한 것으로 보인다. 게다가 어린 소년이 가

91) 엄기주(1990), 「야담에 나타난 정절의식의 굴절양상」, 『성대문학』 27집, 성균관대학교 국문과, 217면.

문의 영달을 위해 거짓열녀 만들기에 나선다는 것은 과부의 정절 수호가 과부 개인 차원을 넘어 가문 전체의 운명을 좌우할 수 있는 중요한 문제로 부각되고 있음을 보여주는 것이다. 어린 소년은 미래에 이 가문의 家父長이 될 인물인 것이다.

한편 모든 각편에서 姦婦를 烈女로 만들어 가문의 영달을 꾀하는 어린 소년의 영악함이 부각되는데, 소년은 이 여인을 열녀로 둔갑시켜 가문에 열녀문을 더한 후 종국에는 열녀문을 태워 버려서 부정한 여인이 열녀로 칭송을 받게 되는 부조리를 해결한다. 열녀문에 불을 질러서 태우는 것은 진짜 열녀의 열녀문은 불에 타지 않는다는 설화 속의 논리에 따른 것으로, 이 열녀문이 가짜임을 확인시켜 주는 장치이다. 뿐만 아니라 이것은 어린 소년이 나름대로 正義를 실현하기 위해 행한 일이기도 하다. 각편에 따라 간혹 여인이 姦夫와 사통하여 남편을 죽인 것으로 나타나기도 하는데 이런 경우 시동생(어린 소년)이 여인을 죽여 형의 원수를 갚는다. 한편 어사가 이런 소년의 행동을 매우 가상히 여긴다는 내용이 다음과 같이 각편에 두루 나타난다.

5번 각편 : 그런 나쁜 짓을 해도 그 죽은 숙모도 그거 가문을 애껴서로 열녀로 비를 세웠으니 그거 보통사람이요?

6번 각편 : 아 그걸 보구서, '이거 장래 큰 사람 되겠다.'구. 어사가 그러구설랑 인저, 올라가서, '내가 너를 조정이 그 중용(重用)이루 쓸테닝깨시리, 그냥 뭣하걸랑 올라오게 하라.'…… 그게 의사가 그 박문수가 보기를 자기보다 낫게 봤거든. 모든 그저 하는 범절을 보니까 예삿사람이 아녀서 불러다 쓸라구.

이처럼 어사 박문수는 소년이 가문을 위해 지혜를 발휘한 것을 매우 높이 평가하여 벼슬길을 열어 준다. 어찌 되었든 淫婦는 징치되었고 거짓으로 세운 열녀문은 불탔으니 결과적으로 正義는 실현되었다는 것이, 현풍 곽씨 가문에 세워진 열두 개의 旌門에 담긴 진실을 밝히러 온 어사의 판단이다. 가문의 명예를 세우기 위한 어린 소년의 당돌한 지혜는 한 가문을 영달시킬 만한 것으로서 긍정적인 평가를 받는 것이다. 그러나 이는 설화에 나타난 표면적 의미에 지나지 않는다. 화자는 이 설화를 통해 며느리의 죽음으로 얻은 양반 가문의 열두 개나 되는 烈女門의 허망한 진실을 폭로하고 있는 것이다. 곽씨 가문이나 어사는, 일찍 남편을 잃고 일생을 별당에서 외롭게 살아야 하는 여인의 처지에 대해 어떤 종류의 동정의 시선도 보내지 않는다. 청상과부가 되어 수절해야 했던 여인의 욕망이 절제의 선을 넘었을 때, 그에게는 죽음만이 있을 뿐이었다. 이 과부의 일탈 행위는 그의 억압된 욕망에서 비롯된 것으로 양반 가문의 여인들에게 부과된 개가금지법에서 기인한다. 개가금지법은 양반 가문의 정체성을 확인시켜 주는 것으로 한 여인의 희생을 통해서 결과적으로 그 가문에 속한 모든 남성들에게 유익을 가져오는 기능을 한다. 결국 여인은 가문의 이익을 위해 수절을 강요받은 희생물인 셈이다. 말하자면 이는 집단의 이익을 위해 한 개인이 희생되고 있는 현장을 보여주는 것이다. 결국 正義를 실현하려고 온 어사 역시 이런 집단의 이익에 손을 들어 주었다는 것이 설화의 결론이다. 어사 역시 지배층 양반의 기득권을 수호하는 자이기 때문이다.

13번의 경우에는 양상이 조금 다르다. 각편의 내용을 보면 열일곱 살에 과부가 되어 33년간 수절한 여인에게 열녀비를 세워주기로 하였는데, 열녀비를 만들어 온 사람과 처음으로 정을 통하게 되었다. 결국 여인은 귀양을 가게 되고 사람들이 열녀비를 엎어버렸다는 것이다. 여기서 과부가 수절을 한 33년이란 기간은 길고 긴 시간을 뜻하는 수사적 표현이다. 그렇게 긴 세월 내내 굳게 정절을 지켰던 여인이 아이러니컬하게 그의 열녀비를 세워주러 온 일꾼과 정을 통하게 된 것이다. 여인의 守節의지가 이렇게 마지막 순간에 허물어지고 만 것은 지난 33년간의 수절이 여인에게 있어서 욕망과 이념의 위태로운 힘겨루기 과정이었음을 시사한다. 긴 세월에 걸친 그의 守節은 특별히 그가 冷血人이거나 무언가 남다른 데가 있어서가 아니었던 것이다. 욕망의 절제는 이 과부에게도 분명 힘겨웠던 일이었음을 보여주고 있다. 과부 역시 애정 욕구를 지닌 평범한 인간이었기 때문이다.

이 설화유형에서는 과부에게 수절을 강요하였던 양반 사회의 허와 실을 보여주는바, 烈女라는 미명으로 불리는 여인들의 허망한 실상을 고발하고 있다. 화자들은 이야기를 다음과 같이 마무리한다.

> 3번 각편 : 알고 봐서는 순 상놈이 된께네 그런기라 말이지. 그래 현풍 곽가가 순 양반이라 했거든. 가보니 그렇더라는……

> 7번 각편 : 그래 놓이 열녀가 났는기라, 열녀가. 아무 소문 없이 호냥년을 보고 열녀로 만들었는기라. 그래 현풍 곽씨가 양반이더란다. 그래 양반짓을 하더란다.

> 9번 각편 : 현풍 곽씨는 서방질 해두, 응? 서방질 해두 열녀랴.

> 11번 각편 : 세상에는 진짜 열녀도 많지만 가짜 열녀도 있다는 것을 알아야지 돼. 그러니 형수가 집안을 망칠까봐 장래의 자기 집안을 위해 가식으로 열녀문을 만든 것이었던 거야.

현풍 곽씨의 명망은 가문의 높은 도덕성에 힘입은 것이었는데 이는 이 가문으로 시집온 며느리들이 열녀가 되었기 때문이다. 그러나 진실을 알고 보니 열녀문이 모두 가짜였던 것으로, 이 가문을 더 이상 양반 가문으로 볼 수 없다는 것이 이 이야기가 주장하는 바이다. 이처럼 화자들은 한결같이 냉소적인 태도로 현풍 곽씨 가문의 위선을 꼬집고 있는 것이다.

44. 과부 개가하기

이 설화유형에 해당하는 각편을 20편 찾았는데 표로 보이면 다음과 같다.

번호	제보자			각편 제목	대계 번호	채록 지역
	성 명	성별	나이			
1	송재충	남	68	과부 딸 몰래 재가시키고 장례 지낸 정승	3-4	충북 영동
2	윤득이	남	70	남 몰래 개가시킨 양반집 과부	3-4	충북 영동
3	오필수	남	72	개가법의 시초	4-2	충남 대덕
4	진병두	남	79	정승의 사위 된 황도령	2-7	강원 횡성
5	고광욱	남	81	가문에 먹칠 않고 딸 개가시킨 정양파	6-4	전남 승주
6	김분임	여	61	개가법의 유래	8-9	경남 김해
7	조원문	남	66	청상 며느리의 음시(吟詩)	1-4	경기 남양주
8	권효갑	남	74	세 며느리의 재혼	3-1	충북 중원
9	강철심	여	62	지혜로워서 시집가게 된 과부	6-6	전남 신안
10	신성균	남	74	과부 며느리를 개가시킨 퇴계 선생	7-17	경북 예천
11	최말숙	여	70	제수를 시집보낸 주호걸	7-2	경북 월성
12	김기인	남	71	머슴에게 개가한 이방의 며느리(1)	7-12	경북 선산
13	이정직	남	67	머슴에게 개가한 이방의 며느리(2)	7-15	경북 선산
14	박단규	남	74	머슴과 혼인한 과부	6-12	전남 보성
15	오봉석	남	71	죽은 신랑 거부하고 새 신랑 맞은 신부	6-4	전남 승주
16	서양순	여	62	시집간 과부	6-6	전남 신안
17	조이형	남	60	과부를 시집보내라는 전설	6-6	전남 신안
18	임원기	남	75	군수가 판단한 효자와 열녀	7-18	경북 예천
19	정연옥	여	87	개가법 고치고 원망 산 황희 정승	2-5	강원 양양
20	이종철	남	68	엉터리 열녀	6-10	전남 화순

한편 이 설화유형의 내용을 간추리면 대략 다음과 같다.

한 재상의 딸이 시집을 가자마자 과부가 되어 친정에서 살고 있었다. 재상이 늘 딸의 처지를 마음 아파하던 중에, 딸이 인형을 신랑으로 삼아 부부놀이 하는 것을 목격하였다. 재상은 느낀 바 있어 자기 집의 하인을 불러 딸과 짝지어 몰래 내보내고, 딸이 죽은 것처럼 꾸며 헛 장례를 지냈다. 재상이 후에 아들을 시켜 딸을 찾아보게 하였다. 아들은 외딴 곳에서 신분이 낮아 괄시를 당하며 사는 누이와 매부를 만나서 그들의 지위를 상승시켜 주었다. 이후로 여인은 친정 식구들을 만날 수 있었다.

각편의 변이양상을 보면 여인이 개가하도록 힘쓰는 주체가 다른데, 주로 친정아버지(1-6번)나 시아버지(7-10번)로 나타나고 간혹 시아주버니(11번)나 군수(18번)로도 되어 있다. 주목할 것은 본인 스스로 개가하는 각편도 5편(12-16번)이나 된다는 점이다. 과부가 개가하게 된 계기는 아버지인 정승이 청상과부인 딸이 '신랑 놀이'를 하는 장면을 보게 된 일인데, 이때의 정황을 각편에서 제시해 본다.

1번 각편 : "내 집엔 인제 망했구나. 이제 올 게 왔다. 내 딸 그것도 사람인지라 실거지락을 모르구 늙을 수 없어 허니 저런 꼴이 안 생길 수 있나? 그 왜 내가 애비가 돼가지구서 진즉 무슨 조치를 못한 것이 이제 한이로구나. …(중략)… 자 이것이 인간의 본색인데 어째서 인간의 본색을 이렇게 막는 거냐? 내가 한 불쌍한 딸의 아버지가 됐을 뿐 아니라 한 나라의 재상으로서 뭔가 처리를 해야지 안 되겠다."

4번 각편 : 가만 있자 그거 큰일 났거든. '저걸 그냥 뒀다가는 내가 변을 당하겠다. 도둑놈들은 많은데. 그렇잖으믄 미치거나 그렇잖으믄 챙

> 피를 당할 테니 이게 되겠느냐 그 오죽이야 남편 생각이 나서 비갤 가지구 저런 짓을 하니 이거 안 되겠다.' …… <부인에게 말하기를> "그거 그냥 뒀다간 뭔 집이 챙피를 당하겠으니, 그렇잖으믄 개가 미치던지 그렇잖으믄 챙피한 뭘 당하든지 일을 당하던지 그러지. 냄이 모르게 밤에 저 시골루 쫓아보냅시다."

위의 인용에는 딸의 고독에 연민을 느끼는 아비의 마음과 나라의 재상으로서 불합리한 사회 제도에 대한 문제의식이 나타나는 한편, 이런 딸의 잠재된 욕망이 장차 자신과 가문에 누를 끼칠 것에 대한 가부장의 두려움이 짙게 드러난다. 즉, 과부의 개가가 단순히 개인의 행복을 위한 것만이 아니라, 가문의 안위를 위한 불가피한 처치로 그려지는 것이다.

사실 1번에서 아버지는 재상으로서 이 사회적 모순을 해결해야겠다는 생각은 하였으되, 그가 실제로 이 부조리한 제도를 개선하기 위해 공식적으로 노력한 바는 전혀 없었다. 4번에서는 과부가 된 딸이 애정욕구를 강하게 보이자 정승은 딸을 집에 그대로 두면 가문에 화가 될 것을 염려하여 시골로 쫓아 보낸다. 정승은 개가가 허용되지 않는 부조리한 사회제도를 개혁하는 대신 그저 딸을 몰래 종과 혼인시켜 떠나보내는 소극적인 편법을 사용할 뿐이다. 이 설화에 나타난 과부의 개가는 인간 본성에 대한 긍정에서 출발한 적극적인 문제의 해결이기보다는 가문의 짐이 되는 딸을 가족의 테두리 밖으로 추방한 임시방편인 것이다. 어느 각편에서든 과부의 개가는 虛葬이라는 장치를 통해 은밀히 이루어짐으로써, 가문의 위상이 이 과부로 인해 흔들리는 일은 발생하지 않는다. 즉, 정승이 딸을 몰래 개가시킨 일을 봉건 질서에 대한 양반층의 저항이나 개혁 의지로 파악하는 것은 적절하지 않은 것이다.[92] 이는 오히려 봉건 질서 안에서 가문의 기득권을 유지하기 위한 양반계층의 처세술로 이해하는 것이 온당할 것이다.

개가하는 과부의 신분은 정승의 딸을 비롯하여 대개 양반 가문의 여인이며, 여인과 맺어지는 남자는 종으로 나타난다. 정승집 며느리든 이방의 며느리든 여인들은 예외 없이 자신보다 신분이 낮은 남자와 재혼한다. 물론 이는 士族 여인의 개가가 금지된 상황에서 같은 신분의 남자에게 재가하는 것이 불가능하기 때문이다. 암암리에 남자를 물색하여 과부를 개가시키려면, 사실 이처럼 집안에서 부리는 종을 택하는 편이 수월한 것이다. 그러나 더 중요한 사실은 과부가 총각 신분의 남자와 결합함으로써 一夫一妻의 혼인 관계를 통해 부부간의 돈독한 애정관계를 지속할 수 있다는 장점이 있기 때문이다.[93)]

한편 여인들은 이처럼 개가를 통해 부부애를 느끼며 단란한 삶을 꾸려갈 수 있었지만, 자신의 정체성을 모두 내던져야 했다. 가장 심각한 것은 가족공동체로부터의 추방이며 더 심각한 것은 신분의 하락이었다. 과부는 士族의 여인이었지만 종과 혼인함으로써 천민 신분이 되었다. 남성은 혼인을 통해 신분이 하락하는 일이 드물지만, 여성은 자신이 종속된 남성에 의해 신분이 결정되기 마련이다. 따라서 여인은 이제 재상의 딸이나 士族의 며느리라는 신분적 특권을 잃은 채 한낱 종의 아내로서 고달픈 삶을 살아가야 하는 것이다. 이런 서사전개는 당대 현실의 반영일 수도 있겠지만, 무엇보다도 신분의 하락을 감수할지언정 남녀의 애정욕구라는 인간적 본성에 충실한 삶을 누릴 수 있어야 한다는 전승자 의식에 기반한 것으로 보인다.

---

92) 엄기주(1990), 225면에서도 이 점을 지적한 바 있다.

93) 다시 말해서 양반의 妾이 되지 않고 천민의 妻가 된다는 말이다. 야담에 나타난 과부의 재가 문제는 이 점이 중요한 의미를 갖는다. 이에 대해서는 김상조(1986), 「조선 후기 야담에 나타난 재가의 양상과 의미」, 『한문학논집』 제4집, 단국대 한문학회를 참조할 만하다. 한편 구비설화에서는 과부가 첩의 신분이 되어 개가하는 경우를 찾기 어렵다.

그런데 재상이 가문에 危害가 될까봐 몰래 개가시켜 떠나보낸 딸과 끝내 絶緣한 채 살아가는 것이 아니라, 종국에는 父女가 상봉하고 더 나아가 딸 부부의 낮은 신분이 상승된다는 내용 전개를 보이는 각편이 적지 않아 흥미롭다.[94] 4번에서는 과부와 혼인한 종이 벼슬자리에 오르게 되어 양반이 된다. 이는 당대의 신분제도를 생각할 때 비현실적이다. 게다가 이런 서사전개는 화자가 설화의 전반부에서 딸의 고독 그 자체보다 가문의 안위를 걱정하는 재상의 비인간적인 모습을 부각시켰던 것과 모순된다는 점에서 설화 전체의 개연성마저 손상시키고 있다.

그럼에도 불구하고 이런 변이가 일어난 것은 친정부모와 絶緣하고 종의 아내로 전락한 여성 인물의 처지를 개선시켜주려는 구비설화 전승자들의 의도에서 기인한 것으로 이해된다. 가문의 안녕을 위해 청상과부의 수절을 강요하는 양반층의 허위의식과 비인도적인 행위에 반발하면서, 청상과부의 불행한 삶을 실질적으로 그리고 충분히 보상해 주려는 설화 전승자들의 온정적 배려인 셈이다. 이 설화유형에 나타난 이런 문제들을 검토하는 것은 그리 단순하지 않다. 구비설화가 담고 있는 의미가 상당히 복합적이기 때문이다.[95]

또 다른 주목할 만한 사실은 과부가 스스로 개가하는 내용의 각편도 5편(12-15번)이나 된다는 점이다. 대개 士族의 과부들이 자신의 의지와 무관하게 아버지나 시아버지의 주선으로 개가하는 데에 비해, 이들 각편에서는 이방의 며느리나 평민층 여인들이 자진하여 개가를 한다. 이들은 스스로 종을 유혹하여 정을 통한 뒤 혼인하게 되는데, 사실 개가금지는 士族 여인들에게 우선 해당되는 것이었기 때문이다. 정승집의 과부들은 가부

94) 과부가 스스로 개가하는 것과 같은 공개적인 방식이 아닌 虛葬과 같은 은밀한 방식으로 개가하는 내용인 7편의 각편 가운데, 5편에서 가족 상봉이 이루어지고 그 중 3편에서는 신분상승이 이루어진다.

95) 구비설화에 나타난 이런 전승자 의식은 문헌설화와 비교해 보면 보다 확실하게 드러나리라고 보는바, 4장에서 상론하기로 한다.

장의 뜻에 따라 정해진 남자와 수동적으로 夜半逃走를 하게 되는바, 이들에게는 자신의 문제를 적극적으로 해결하려는 의지를 찾아보기 어렵다. 반면 보다 낮은 신분의 과부들은 자신의 욕망을 실현하기 위해 대상을 물색하고 직접 행동으로 옮기는 등 문제를 해결하기 위해 적극적으로 나선다는 점이 매우 흥미롭다. 즉, 과부의 신분이 곧 그의 삶의 방식을 규정하게 되는 양상을 구비설화를 통해 보게 되는 것이다.

16번에서는 종이 양반 가문의 과부를 겁탈하였는데 종을 죽이지 않고 과부와 함께 살게 하였다는 내용을 담고 있어서, 신분질서보다 인간의 생명이나 욕망을 우선 긍정하는 의식을 보인다. 조선시대는 班常의 위계질서를 허무는 것을 가장 큰 죄로 여겼는데, 예를 들어, 종과 士族 여인의 간통을 가장 엄하게 처벌하였다는 점을 들 수 있다. 특히 이 설화에서 종이 士族 여인을 겁탈한 사건은, 당시 사회적 규범으로 볼 때 도저히 용납할 만한 사안이 아닌 것이다. 9번의 경우도 부잣집 총각이 과부를 겁탈하였는데 과부가 시아버지에게 사실을 고하자, 두 사람을 멀리 가서 살 수 있도록 조처하고 그들을 보살펴 주니 후에 그들이 매우 영달하였다는 내용으로 되어 있다.

18번은 새로 부임한 군수가 고을에서 효자와 열녀를 불러모은 후 모두 꾸짖고 매를 쳐서 보내니, 효자는 喪妻하여 홀로 살고 있던 아버지를 장가보내게 하였고 과부가 되어 수절하던 열녀는 개가하였다는 내용이다. 여기서 지배층의 권위를 대변하는 군수가 직접 나서서 명분보다 인간의 욕망에 따른 삶을 권장한 것은 의리와 명분에 따른 貞節이나 孝를 부정한 것으로서, 양반 지배층의 보수적인 가치관과 배치된다.

제4절 話者의 특성과 烈인식

1. 話者의 性別과 烈인식

'烈설화'는 여성의 삶을 다룬 것이지만 남성들이 더 활발히 전승하고 있는 이야기이다. 김대숙은 이를 주목하여 "그간 설화를 연구하면서 그 향유계층을 주로 '민중'이라는 용어로 자리매김하였는데 연구가 깊어가면서 민중 계층 안에서도 또 다시 여러 가지로 전승집단을 나눌 수 있을 것이고 그렇게 볼 때 열녀설화는 남성 집단이 적극적으로 전승한 설화유형이라고 볼 수 있겠다."96)라고 하였다. 貞節이나 烈은 남성이 여성에게 요구하는 규범이라는 점에서 여성보다 남성들이 더 관심을 갖거나 중요하게 여기는 것으로, 설화에 나타난 烈과 貞節의 의미는 화자의 性別에 따라 차이를 보이기 마련이다. 또한 貞節은 가부장제 사회에서 남성이 중요시하는 덕목이기도 하지만 한편으로는 여성의 자아실현과도 관련된다는 점에서 '烈설화' 자료를 구연하는 화자의 성별과 각편의 상관성을 밝히는 작업은 매우 흥미로운 과제이다.

사실 본고에서 화자의 성별에 따른 각편의 변이에 관심을 갖는 것은 단순히 화자의 성별에 따라 설화의 의미지향이 달라진다는 일반론을 재확인하는 차원이 아니다. 烈이라는 남성 중심적 가치 규범을 받아들이는 여성의 태도를 올바르게 이해하기 위해서는 여성의 목소리로 말하는 이야기를 들어야 할 필요가 있기 때문이다. 말하자면 性別에 따른 차이 자체가 아니라, 여성들이 烈이나 貞節을 이해하는 태도가 중요하다는 것이다. 가부장제의 성립으로 부각되기 시작하여 조선시대에 들어와서 주자 성리학적 명분론에 의해 더욱 강화된 烈이념은, 남성 중심의 가치일 뿐

---

96) 김대숙(1994), 64~65면.

아니라 양반 사대부들을 위한 지배 이데올로기이기도 하다. 따라서 김대숙은 열녀설화를 논의하면서 남성 중심의 규범인 貞節이나 烈이 상층으로부터 민간으로 내려온 것이라고 하였다.[97] 실제로 조선시대에 여러 가지 敎化書의 반포를 비롯하여, 旌表 정책을 통한 포상제도가 忠孝烈 이념의 전파를 도왔던 것이 사실이므로 이런 견해는 타당한 것이다.[98]

그러나 설화에 나타난 다양한 烈인식으로 볼 때, 민간이 이해하는 烈이나 貞節의 성격을 상층의 규범이 일방적으로 하층으로 파고든 것으로 이해하는 것은 적절치 않다고 하겠다. 즉, 피지배층이 상층의 가치를 무비판적으로 수용하는가에 대해 의문을 갖게 되는 것이다. 뿐만 아니라 여성들이 과연 남성들의 지배담론에 맹목적으로 그리고 몰주체적으로 복종하는가에 대해서도 고찰해 보아야 할 것이다.

먼저 화자의 성별에 따라서 구연하는 '烈설화'의 유형과 각편의 수에 차이가 있음을 발견하게 된다. 통계적인 수치를 제시함으로써 본격적인 논의를 시작하기로 한다.[99]

<화자의 성별에 따른 설화유형과 각편의 분포양상>

* **守節型** (63+18, 29/3)

1. <**정절 지키기**> **유형군** (33+4, 17/2)
   가. 핍박 당하여 죽기 (7+1, 7/1)
   나. 남편을 따라 죽기 (10+1, 10/1)

97) 김대숙(1994), 50면.
98) 박주(1990), 『조선시대의 旌表정책』, 일조각.
99) 논의를 보다 간편하게 하기 위해 2장 1절에서 제시한 <구비 '烈설화'의 유형분류표>에서 최하위단계의 설화유형만을 노출하여 해당 각편의 수를 정리하였다.

다. 외간 남자의 유혹 물리치기 (2+0)
라. 개가 권유 물리치고 시부모 받들기 (14+2)

2. <**남편 구하기**> **유형군** (30+14, 12/1)
가. 남편 대신 죽기 (8+0, 8/0)
나. 남편 대신 옥에 갇히기 (3+2)
다. 남편의 생명 구하려다 죽기 (2+1, 2/1)
라. 자신의 살로 치료하기 (6+5, 2/0)
마 공포를 무릅쓰고 약을 구하기 (3+2)
바. 비상으로 치료하기 (8+4)

* **毁節型** (62+20, 26/6)

3. <**남편 위해 훼절하기**> **유형군** (25+7, 11/1)
가. 개가하여 유복자로 대잇기 (4+1, 4/0)
나. 後夫의 자식 죽여 본남편 치료하기 (3+1, 3/1)
다. 개가하여 본남편 구완하기 (8+1, 4/0)
라. 하룻밤 동침한 남자로 만리성 쌓는 남편 구해오기 (7+3)
마. 옥에 갇힌 남편 살리려고 몸을 허락하기 (3+1)

4. <**수절하기 어려운 사연**> **유형군** (37+14, 15/5)
가. 열녀 시험 통과하기 (6+2)
나. 원수의 아내 되었다가 복수하기 (7+3, 6/1)
다. 거짓 열녀 만들기 (9+4, 9/4)
라. 과부 개가하기 (15+5)

＊보기 (남성 각편數 + 여성 각편數, 주인공의 죽음이 나타난 남성 각편數 / 주인공의 죽음이 나타난 여성 각편數)

화자들이 구연한 각편數가 많은 설화유형군부터 순서대로 나열할 때, 남성 화자는 4유형군(37편) > 1유형군(32편) > 2유형군(30편) > 3유형군(25편)이며, 여성 화자는 4유형군(14편) > 2유형군(12편) > 3유형군(7편) > 1유형군(4편)으로 나타난다.[100] 이는 남성과 여성을 불문하고 화자들이 '烈설화' 가운데 4. <수절하기 어려운 사연> 유형군에 가장 많은 관심을 가지고 있음을 보여준다. 그 다음으로는 남성 화자의 경우 1. <정절 지키기> 유형군의 설화를 많이 구연한 반면, 여성화자는 이 유형군의 설화를 4편 밖에 구연하지 않아서 대조를 이룬다. 오히려 여성들은 2. <남편 구하기> 유형군을 즐겨 구연한 것으로 나타나, 남성이 '여성의 정절'에 관심을 집중하는 데 반해 여성은 남편의 생명을 구하여 함께 사는 '행복한 이야기'에 주목하는 것을 볼 수 있다. 분명한 예로 여성 화자들은 2. <남편 구하기> 유형군에서 '남편 대신 죽기' 유형 설화는 한 편도 구연하지 않았다.

유형 차원에서 비교해 보면 남성 화자들은 '과부 개가하기'(15편)와 '개가 권유 물리치고 시부모 받들기'(14편) 유형을 많이 구연하였다. 한편 여성 화자는 '과부 개가하기'(5편), 자신의 살로 치료하기(5편), '거짓 열녀 만들기'(4편) 유형을 많이 구연하였다. 화자들이 남녀를 불문하고 이렇듯 과부를 개가시키는 문제에 관심을 보이는 것은 과부의 개가를 금했던 중세의 경직된 烈節觀을 부정적으로 바라보고 있음을 뜻한다.

그리고 남성화자들이 '개가 권유 물리치고 시부모 받들기' 유형을 즐겨 구연하는 것은 이 설화유형이 기록문학을 통해서 널리 전승되었던 탓

100) 여기서 '1유형군'이란 '1. <정절 지키기> 유형군'을 의미한다.

도 있지만, 화자들이 대개 60세 이상의 고령층이라는 점에서 자신을 봉양해줄 며느리의 孝 문제에 관심이 많은 것과 관련이 있을 것이다. 이에 반해, 여성 화자들은 어떤 방식으로든 여인이 과부가 되어 홀로 수절하며 사는 것을 꺼리는 경향이 있다. 여성 화자들이 소중하게 여기는 가치는 부부가 함께 자식을 낳고 사는 단란한 삶인바, 이는 설화 각편을 살펴보는 과정에서 구체적으로 논의하게 될 것이다.

설화 각편에서 여성 인물의 죽음이 나타나는 경우를 비교하면 흥미로운 결과를 얻을 수 있는데,[101] 남성 화자의 각편 가운데 36.3%가 여성 인물의 죽음으로 이야기가 종결되는 반면, 여성 화자의 각편에서는 14% 미만으로 나타난다. 이는 우선 남성 화자들이 여성 화자들에 비해 여인이 죽음으로 정절을 지킨 이야기와 '남편 대신 죽기' 유형을 많이 구연하였기 때문이다. 그러나 같은 유형의 이야기일지라도 남성 화자는 여성 화자와는 달리 여인이 毁節할 경우 반드시 죽는 것으로 사건을 종결하는 데에 더 큰 원인이 있다. 이는 그만큼 남성 화자들이 여성화자들에 비해 여성의 정절 문제에 더 큰 관심을 갖고 있으며, 보다 엄격한 수준의 貞潔을 여성에게 요구한다는 것을 시사한다.[102] 이제 남녀 화자의 설화의 각편에 나타나는 이런 차이를 유형별로 검토하기로 한다.

---

101) 남성 화자가 구연한 124편 가운데 54편에서, 그리고 여성 화자가 구연한 36편 가운데 9편에서 여성인물의 죽음이 나타난다. 그런데 '거짓 열녀 만들기' 유형의 경우는 예외로 취급할 필요가 있다. 이 유형에서는 간통한 여인을 죽여서 열녀로 만든다는 것이 서사의 핵심이므로 여성인물의 죽음에 대해서는 화자의 개성에 따른 변이 가능성이 적은데다가, 이때의 죽음은 烈女의 허구성을 고발하는 성격을 갖는다는 점에서 다른 유형에서 나타나는 여인의 희생적 죽음과 구분될 여지가 있다. 따라서 '거짓 열녀 만들기' 유형을 통계에 넣지 않으면, 남성 화자의 각편 45편과 여성 화자의 각편 5편에서 여주인공의 죽음이 나타난다.

102) 김대숙(1994), 「구비열녀설화의 양상과 의미」, 『고전문학연구』 9집, 한국고전문학연구회에서 이점이 지적된 바 있다.

'남편 대신 옥에 갇히기' 유형의 각편 가운데 세 편은 남성 화자의 것이고 나머지 두 편은 여성 화자의 것이다. 그런데 이들 각편에서 신부가 신랑 대신 옥에 남고 신랑이 옥을 빠져나가는 과정을 서술할 때, 화자의 성별에 따른 흥미로운 차이가 발견된다.103)

– <이하는 남성 화자의 각편> –

1번 각편 : 이 사람이 생각하이 원통하기 짝이 없는기라. '이만치 참 잘난 마누래겉으만은 한 평생을 못 살아 보고 죽는 것이 억울하기 짝이 없고, 또 여자라는 거는 저만치 지금 마음먹었지마는 내보내 놓으만 딴 데로 시집가가지고 잘살끼라. 에라 이놈의 거 이 속에서 죽인다. 죽이고 나는 나가가 (신부가) 먼저 죽고, 저 세상 있으면 저게가 그때 한번 살아 보자.' 이런 생각이 들었는 기라.

2번 각편 : 그 여자는 놔 그 유치장으로 들어가고 이 남자는 장 보냈어. 근게 남자는 할 수 없이 나왔어. 어떻게던지 말을 어떻게 했던지 근게 걍 나와 버렸는디.

3번 각편 : <옥지기가 신부에게 옥에서 나오라고 하자> "새댁이 나오는기라. 덜고 나왔는기라. 그래 왔는데, 새댁이는 그 새댁이가 뭐라 카는기 아이라, '저는 천상 여자 몸으로 지 소원을 풀었은께 옥지기의 은혜를 천 년이라도 못 잊겠다.' 카고 떠났뿟는기라. 그래 집에도 안 들어오고. 떠나뿔고.

103) 여기에 매겨지는 각편의 번호는 3장에서 이미 검토한 바를 토대로 한 것이다. 따라서 3장에서 제시한 표의 내용에 나타나는 각편의 번호와 일치한다. 이후로도 마찬가지임을 밝혀 둔다.

- <이하는 여성 화자의 각편> -

4번 각편 : 옷 벗어주는 거 입고, 그 사람 옷을 입고 나설라 칸께 참 열시살 먹은 기 그런 시근은 어데 있겠노. 처자 손목을 쥐고 울면서 이별하면서 곽랑 손목 소저 쥐고 소저 손목 곽랑 쥐고 서로 작별을 하고 나왔단 말이다.

5번 각편 : 그 죄인 옷을 지가 입고, 지 옷 입고 간 거는 신랑을 입히가 기어이 나가라 카거든. 나가라 카이께네, 신랑이 '내가 지식이 부족해서 이런 일로 당했는데, 내 죄로 그래 남 입히고 내가 나갈 면목이 아이라.'고. 함부래(기어코) 신랑이 안 나갈라 카이, 우째도 기어코 각시가 그 신랑을 속카(속여) 가지고, 온갖 소리 해가지고, ……

1번을 제외하면 남성 화자는 신랑의 내면을 전혀 그리지 않거나 건조하게 요약적으로 설명하는 반면 여성 화자들은 이 부분을 생생하게 묘사하고 있음을 본다. 구체적으로 1번에서 신랑은 신부를 내보내고 자신이 죽으면 신부가 다른 곳으로 시집가서 잘살게 될까 봐서, 신부가 옥에서 죽도록 내버려두기로 하고 내세를 기약하며 그곳을 떠난다. 2번에서는 신랑이 신부를 옥에 두고 나오는 과정이 생략된 채 신랑이 할 수 없이 나왔다고 되어 있다. 3번에도 역시 구체적인 과정이나 신랑의 내면은 서술되지 않은 채, 새댁으로 변장을 한 신랑이 옥지기에게 고맙다는 인사까지 하며 유유히 옥을 떠나는 것으로 되어 있다.

이처럼 남성 화자의 각편에서는 신랑이 신부의 제의를 비교적 당연하게 받아들일 뿐, 신부의 희생에 대해 죄의식이나 갈등을 전혀 보이지 않는다는 점이 공통적으로 드러난다. 특히 1번에서는 신랑은 이기적인 성향까지 드러내는데, 신부가 다른 곳에 시집가는 것이 싫어서 신부가 차라리 옥에서 죽기를 바란다. 이는 신부에 대한 신랑의 소유욕이나 애착을 극단적인 방식으로 표현한 것이다. 3번에서 신랑은 옥지기에게 고맙다고 천연덕스럽게 인사를 하고 사라질 정도로, 옥에 갇힌 신부에 대한 미안함이 좀처럼 없을 뿐더러 오히려 당당하기까지 하다. 신랑은 대개 이렇듯 오직 자신의 안위에만 관심이 쏠려 있는데, 이는 '신랑은 살아서 반드시 대를 이어야 하므로 신부의 희생은 당연하다'는 남성화자들의 의식을 엿보게 한다. 즉, 男尊女卑의 가치관이나 양반들의 가문의식, 그리고 여인의 烈行을 당연한 도덕적 의무로 여기는 전통사회 남성들의 가치관을 보여주는 것이다.

그러나 이는 어찌 보면 무고한 신부에게 자신의 죄를 떠넘기고 옥을 빠져 나오는 신랑의 뻔뻔한 태도에 대해 남성 화자들이 애써 궁색한 변명을 늘어놓기 싫었던 탓일 수도 있다. 신랑은 가문의 대를 잇기 위해 살아야 한다는 명분을 내세우지만, 사실 따지고 보면 신부 역시 外孫奉祀를 통해서라도 자기 가문의 대를 이어야 할 처지에 있기는 마찬가지이다. 신랑은 자신의 不察로 단지 혼약만 맺은 신부에게 이런 불행을 가져다 주었다는 점에서, 신부에 대해 마땅히 도의적 책임을 져야 하는 것이다. 그럼에도 불구하고 신랑이 신부에 대해 사죄하기는커녕 오히려 한 술 더 떠서 신부에게 자신을 대신하여 목숨을 내놓을 것을 요구한다는 것은, 어디로 보나 厚顔無恥한 소행임이 분명하다.

그렇다면 남성화자들은, 비록 대를 잇기 위한 것이라고는 하나 신부에게 모든 죄를 떠넘기고 옥을 빠져 나오는 신랑의 무책임하고 비인간적인 행동을 합리화하는 데 곤란을 느꼈던 것 같다. 신랑과 신부의 옥중 맞바꾸기 장면을 남성 화자들이 이처럼 간략히 처리하고 있는 것은, 어떤 명분을 갖다 대더라도 신부 앞에서 도저히 떳떳할 수 없는 신랑의 비굴함을 드러내고 싶지 않았던, 남성으로서의 자존심에 원인이 있는 듯하다.

여성 화자들의 각편에서는 서로 옥에 남겠다며 벌이는 신랑과 신부의 승강이가 구체적으로 묘사되면서 두 사람 사이의 각별한 애정이 그려진다. 어린 남녀가 함께 눈물을 쏟는가 하면 아직 혼례도 올리지 못한 상황이면서 서로 손까지 부여잡으며 애틋한 정을 표현하는 것이다. 이런 두 사람의 행동은 양반 가문의 禮法과는 사뭇 거리가 멀다. 전혀 본 적도 없는 신랑을 위해 대신 옥에 갇히는 신부의 감정은 분명 異性(신랑)을 향한 愛情과는 무관한 것이며, 신랑도 신부에 대해 마찬가지일 것이다. 그러나 이 여성화자들의 각편에서는 두 사람의 옥중 만남과 이별이 마치 오래전부터 사랑해온 연인들의 이별 장면처럼 묘사되고 있다. 또한 남성 화자들과 달리 이들은 신랑이 자신의 잘못에 대해 심한 죄책감을 갖고 있음을 부각시켜 신부의 희생을 결코 당연하게 여기지 않는 신랑의 심경을 강조한다. 사실 이 설화유형에서 모든 사건을 이끌어나가는 기본적 추동력은 양반사대부들의 가치관임을 이미 앞에서 논의한 바 있다. 단지 婚約을 한 사이라고 하여 얼굴도 모르는 신랑을 위해 대신 죽겠다는 신부의 의지도 그렇고, 그런 제의를 받아들이는 신랑의 태도도 그러하다. 이렇듯 이 설화에서는 인간의 감정이 아니라 의리와 명분이라는 도덕적 관념이 서사의 핵심적 추동력인 것이다. 그러나 여성 화자들은 이 설화에 나타난 신부의 烈行을 의리 명분만이 아닌 인간의 보편적 情理로서 해석하려는 태도를 보이고 있다. 이는 여성 화자들이 婚姻을 가문의식이나 명분보다는 '남녀의 애정적 결합'이라는 측면에서 이해하려는 성향이 있음을 보여주는 것이다.[104]

104) 이는 설화를 전승하는 남성 화자와 여성 화자의 각편에서 나타나는 차이 가운데 하나이다. 여성 화자는 남성 화자에 비해 가족 내의 문제, 남녀의 애정문제에 대한 관심이 더 많다. 주로 구연하는 문서들의 성격에서도 그런 점을 발견할 수 있지만, 전승되는 동일한 내용의 설화를 구연하더라도 여성 화자의 각편에서는 이런 측면이 강조되는 경향이 있다. 이에 대해서는 이인경(1992a), 「화자의 개성과 설화의 변이」, 서울대학교 석사학위논문에서 논의한 바 있다.

'자신의 살로 남편 구하기' 유형을 보면, 남편의 나병이 치료되는 대목까지는 각편들 사이에 별 차이가 없으나, 그 이후부터 결말까지는 서사 전개가 각편마다 다르다. 결말 부분을 요약하면 다음과 같다.

1번 각편 : 결국 남편(곽씨)은 살고 여자는 죽고 말았다. **열녀비**를 세우고 그때부터 곽씨 집안이 상민에서 양반으로 신분이 상승되었다.

2번 각편 : 여자는 앓다가 죽었고 **열녀가** 되었다. 화자는 자기 집안의 이야기임을 강조한다.

3번 각편 : 여자는 **열녀가** 되었다. 화자는 자기 집안의 이야기임을 강조한다.

4번 각편 : 아내의 살로 남편의 나병이 나았다는 소문을 듣고 그 이웃에 사는 여자도 그렇게 하였지만, 남편의 병이 낫지 않았다. 화자는 인간의 볼기 살이 약이 되는 것이 아니라 아내의 정성으로 병이 나았음을 강조한다. 충신 집에 충신 나고, **열녀 집에 열녀 나고**, 효자 집에 효자 난다면서 이야기를 종결한다.

5번 각편 : 남편이 정신을 차려 보니 아내가 옆에 기절해 있었다. 화자는 아내의 살로 병을 고친 이야기라며 종결한다. (각편에 烈女라는 말이 나오지 않는다.)

6번 각편 : 남편이 아내의 정성으로 살아났음을 강조하고, 남편이 **열녀비를 세우려고** 하자 '내 남편 살리려고 한 일일 뿐'이라며 세우지 못하게 하였다. 아들 딸 낳고 잘살았다. 화자는 **여자가 열녀라며** 이야기를 종결한다.

- <이후 여성 화자의 각편> -

7번 각편 : **두 사람이 함께 잘살았다**.

8번 각편 : 나라에서 준 종이로 상처를 싸매니 새 살이 생겼다. 나라에서 산열녀각을 지어 주고 많은 녹이 내렸다. 이후에 **잘살았다**. 화자는 새 살이 돋아서 여자가 살아났다는 말은 이야기니까 가능하다며, 살을 베어낸 것이 사실이라면 여자는 죽었을 거라고 말한다.

9번 각편 : 시부모가 매우 감사하게 여겼다. 아내도 무사해서 **두 사람이 함께 잘살았다**. 화자는 요즘 사람 같으면 누가 그렇게 하겠느냐고 반문한다.

10번 각편 : **아들 딸 낳고 잘살았다**. 화자는 그렇게 독한 사람이 어디 있겠느냐고 반문한다.

11번 각편 : **자식을 낳고 부부가 백년해로하였다**.

변이양상을 종합해 보면, 먼저 아내가 죽는 비극적인 결말이 여성 화자의 각편에서는 나타나지 않고, 남성 화자의 각편에서만 나타난다. 그리고 여성 화자의 각편에서는 처음부터 끝까지 烈女라는 단어가 등장하지 않는 반면 남성 화자들은 각편에서 주인공이 烈女임을 강조한다. 이야기의 종결 부분을 주목해 보면, 남성 화자들은 여인의 희생에 대해 주로 '烈女라는 칭송을 받는 일'로 보상하고자 하고 여성 화자들은 모두 '남편과 함께 자식을 낳고 잘살았던 일'로 보상하고 있다. 여기서 "아들 딸 낳고 잘살다 죽었다."는 결말은 사실 민담의 종결 부분에서 흔히 볼 수 있는 상투적 표현이다. 여성 화자들은 설화에 등장하는 여성인물의 시련이나 고통을 경감시키려는 경향이 짙은데,[105] 이런 현상이 여기에서도 확인되고 있다. 그러나 이 설화유형의 경우에는 화자의 성별에 따른 각편의 변이를 이렇게 일반론으로 접근할 것이 아니라, 이런 현상이 지니는 의미를 심층적으로 분석할 필요가 있다. 각편의 변이란 결국 화자에 따른 가치관의 차이에서 기인하는 것이기 때문이다.

1번에서는 본래 상민이었던 곽씨 집안이 며느리의 烈女다운 죽음 덕분에 양반으로 신분이 상승되었다. 2번과 3번에서는 화자들이 그 이야기가 실제로 자기 집안의 이야기라면서 후손들의 불찰로 열녀문을 못 세웠다며 못내 아쉬워하는 등, 가문의 명예를 소중히 여기는 화자의 의식이 드러난다. 남성 화자들이 이처럼 가문의 명예나 사회의 인정 같은 관념적 가치와 신분 상승이라는 사회적 보상에 주목하는 데 비해, 여성 화자들은 가족이라는 울타리 안에서 건강한 남편과 함께 자식을 낳고 사는 개인적이며 현실적인 삶에 시선을 두는 것을 볼 수 있다. 남성 화자들이 烈女라는 도덕적 명분을 중요시하고 있다면, 여성 화자들은 단란한 가족을 이루는 삶이라는 실질적인 행복을 소중하게 여기는 것이다.

'개가하여 유복자로 대잇기' 유형의 경우, 남성 화자의 각편에서는 주인공들이 貞節을 지키기 위해 자신에게 가혹한 행위를 하고, 後夫와의 사이에 생긴 아이를 낙태하거나, 아이를 낳았더라도 잔인하게 죽이며, 그렇지 않으면 絶緣하는 것으로 되어 있다. 이는 남성 화자들이 本夫의 혈통이 아닌 자식을 認定하지 않으려 하기 때문으로, 父系血統의 순수성을 중시하는 남성들의 의식을 보여준다. 한편 여성 화자의 각편 내용을 정리하면 다음과 같다.

105) 이에 대해서는 이인경(1992a), 「화자의 개성과 설화의 변이」, 서울대학교 석사학위논문에서 논의한 바 있다.

> 과부들만 사는 大家집 며느리가, 갓난아이를 낳은 후에 산모가 죽은 어떤 常民의 집에 임신한 상태에서 보쌈을 당해 가서 유복자를 낳았다. <下門을 지진다거나 許身을 않기 위해 애쓰는 내용이 없다> 여인은 두 아이를 모두 정성스럽게 키웠는데 얼마 후 後夫가 죽었다. 여인은 두 아이를 잘 길러서 과거보러 보냈다. 유복자가 서울에서 우연히 어떤 집의 제사를 지내주게 되었는데 유복자의 가슴에 위패가 달라붙어서 그 집 자손임을 알게 되었다. 유복자는 장원급제를 하고 後夫의 아들은 과거에 낙방하였다. 여인은 살림을 모두 정리하고 後夫의 아들을 잘살게 해 주고서, 자신이 낳은 아들과 함께 본가로 돌아가 잘살았다.

이 각편에서는 後夫와 여인의 동침 문제가 아예 제기되지 않아서, 주인공이 後夫로부터 貞節을 지키기 위해 어떤 종류의 自害行爲도 하지 않는다.[106] 게다가 주인공이 보쌈을 당해 온 후에 곧 後夫가 죽음으로써 여인과 後夫와 사이에서 아이가 태어나지 않는다는 점도 특이하다. 즉, 여인과 後夫의 결합이 남성 화자의 각편에서는 전적으로 後夫의 정욕을 위한 것임에 반해, 이 각편에서는 갓난아이의 양육 때문인 것으로 되어 있다. 이는 남성 화자들이 남녀의 혼인을 대개 성욕의 충족이라는 측면에서 바라보는 반면 여성 화자는 자녀의 양육에 더 큰 비중을 두는 것을 시사한다.

이 설화에서 여인은 烈에 대한 지향이라든가 改嫁한 것에 대한 自意識을 갖지 않는다. 말하자면 이 여성화자 역시 주인공이 烈女인가 아닌가에 대해서는 전혀 관심이 없는 것이다. 여인의 자결이 나타나지 않는 것도 이런 까닭이다. 여기서는 貞節이나 烈이념이 아니라 단지 어린 생명에 대한 여성의 母性愛가 강조된다. 여인은 자기와 血緣關係가 전혀 없는 어린아이를 끝까지 보살피는 인간적 헌신을 보여준다. 여인이 이처럼

106) 남성화자의 각편에서는 예외 없이 주인공이 後夫와의 동침을 거부하기 위해 下門을 지지는 등 자해행위를 하는 것이 강조된다.

常民의 아이를 친자식처럼 길렀다는 것은 남성 화자의 각편에서 정승댁 며느리를 보쌈해 간 종에 대한 應報로 여인이 자신이 낳은 종의 자식을 잔인하게 죽이는 내용과 선명한 대조를 이룬다. 이처럼 남성 화자는 대체로 父系血統을 重視하는 의식을 보이는 반면 여성 화자는 母系血統을 중시하며, 더 나아가 血緣關係를 뛰어넘는 확대된 母性愛를 보인다는 점을 확인할 수 있다.

'後夫의 자식 죽여 본남편 치료하기' 설화유형에서 여인이 자결하는 동기를 보면 남성 화자들이 이 설화의 의미를 어떻게 이해하는가를 확인할 수 있다.

> 1번 각편 : "자기 부모한테 인사하고는 말이여. 그 칼로 젖을 따악 벌리고는 기앙 거그서 죽어버렸재. 그 열녀여. 그래 인자 **다른 남자한테 몸을 허하고 애기를 낳아서 그랬다 그것이죠.**"

> 2번 각편 : "**내가 개가로 가 가이고 살았는데 우찌 일가 속에 염치를 보고 마 내가 가서 살 수가 없다** 말이다. 그게 한다이(번듯한) 열녀가 말이다. 내가 마 넘우 여자 됐다 남편 병 고치주문 그 뿐이지 더 살 수 없다."

> 3번 각편 : "그 부인은 **자기가 열녀데 二夫를 보았다 그것이여. 그것이 열녀가 못되고 죄가 되았다고** 그렇게 인정해 가지고, 거그 정자나무에 목을 매 가지고, 응 이미 죽어불고 없드라우."

위의 각편에서 보듯이 남성 화자들은 예외 없이 여인이 자결한 것을 개가한 것에 대한 죄책감에 의한 것으로 해석하고 있다. 아이를 서너 명씩이나 낙태하거나 죽인 데 따른 윤리적 책임에 대해 관심을 보이는 남성화자는 전혀 없다. 그러나 이와는 대조적으로 여성 화자들은 모두 한결같이 여인이 改嫁한 일보다 殺人을 저지른 일에 대해서 더 큰 윤리적 책임을 묻고 있다. 여성 화자의 각편을 요약하면 다음과 같다.

> 4번 각편 : 아내가 새 삶을 찾아갈 수 있도록 나병환자인 남편이 도망을 가자, 여인이 대성통곡을 하며 슬퍼하였다. 여인은 보쌈을 당해서 낳은 後夫의 아이로 술을 담가두었다가 후에 本夫를 만나게 되자 그에게 먹여 병을 고친 후 本家로 돌아가다가 자결하였다. 本夫는 다시 장가들어 자식을 낳고 잘살았다. 여인은 "**내가 아를 낳아가이고 죄를, 아를 하나 낳아가이고 남편 고칠라고 죄를, 죄를 저질렀는데 내가 드가서 저저 남편하고 자식을 낳아가이고, 내가 유자손을 할라카만 내가 무슨 죄를 받겠나. 내가 이래 죽는 것이 의당하지**. 저 사람은 인제 병 낫은께 장개 들어 가지고 자식 놓고 살만 되지." 라고 한다.

위의 각편을 비롯하여 여성 화자의 각편을 보면, 주인공은 자신의 毁節에 대해서는 아무 自意識을 갖지 않지만 本夫의 생명과 자신이 낳은 자식(또는 이웃집 총각)의 생명을 맞바꾼 일에 대해서는 매우 심각하게 갈등하는 것으로 나타난다. 이는 남성 화자들이 여인의 자결 동기를 한결같이 毁節에 대한 죄책감으로 설명하는 것과 아주 대조적인바, 여성 화자들은 주인공의 자결동기를 毁節보다는 殺人에 대한 죄책감으로 설명하고 있다. 요컨대 남성 화자들은 여성의 육체적 貞節을 절대적 가치로 인식하고 있는 반면 여성 화자들은 이를 거부하고 있는 것이다.

또한 여성 화자의 각편에서는 나병에 걸린 본남편이 아내가 자유롭게 살 수 있도록 도망을 가고 아내는 사라진 본 남편을 못 잊어하는 등 부부애가 강조되고 있어서, 여인의 행위를 烈의 실현이라는 이념 차원이 아닌 부부애라는 인간의 감정 차원에서 해석하고 있다. 그런가 하면 남성 화자의 각편에서는 여인이 처음부터 남편의 병을 고치기 위해 남편의 동의를 얻어 일부러 개가하지만, 여성 화자의 각편에서는 여인이 보쌈을 당해서 억지로 後夫와 살게 되거나 생계가 곤란했기 때문에 개가한 것으로 설명한다. 이처럼 여성 화자의 각편에서는 주인공의 烈女다운 모습이나 이념 지향적 성향이 약화되고 대신 개인적 감정이나 현실적 삶의 조건 등이 부각되고 있는 것이다.

한편 여성 화자의 각편에서는 여인이 정절을 지키기 위해 자해하거나 자결하는 일이 드물게 나타날 뿐 아니라, 모든 갈등이 원만히 해결되어 행복한 결말로 이어지는 경향이 있다. 남성 화자의 교조적인 열녀이야기에 나타나는 傳說的 비장감 대신 여성 화자의 각편은 民譚的 낙천성을 띠고 있는 것이다.

이에 반해 남성 화자들은 모두 자신의 이야기가 實話이며 심지어 자기 先祖의 이야기라면서 전설로서 구연하고 있다는 점에서, 이야기를 단지 흥미 전달을 위해 민담처럼 구연하는 여성 화자들과 선명한 대조를 이룬다.[107]

'옥에 갇힌 남편 살리려고 몸을 허락하기' 설화유형에는 여성 화자의 각편이 한 편 있는데 내용을 정리하면 다음과 같다.[108]

---

107) 이는 이야기를 바라보는 화자의 태도를 말하는 것이다. 여성 화자는 일반적으로 증거물 등 사실성을 중시하며 비극적인 성격을 갖는 전설을 허구적이며 낭만적인 성격의 행복한 이야기로 변이시켜 구연하는 것을 볼 수 있다. 이인경(1992a)이 여성 화자의 이런 일반적 경향을 지적한 바 있는데, 김대숙은 구비열녀설화에서도 이 점이 확인된다고 하였다. 김대숙(1986), 「구비효행설화의 거시적 조망」, 『구비문학연구』 3집, 한국구비문학회, 62~63면.

108) 앞에서 이 설화유형에 속하는 남성 화자의 각편을 모두 제시하고 분석한 바 있다.

> 4) 어느 대감 댁에 밥을 얻으러 온 여인이 美人이어서, 여인이 마음에 든 대감이 집을 마련해주고 술장사를 하도록 해 주었다. 대감이 유혹을 하자, 여인은 대감이 마련해 준 것을 버리고 불구인 남편과 함께 자취를 감추었다. 대감이 우연히 여인과 재회하였는데, 남편이 살인 누명을 쓰고 죽게 된 것을 알게 되어 남편을 살려주었다. 풀려난 남편이 여인에게 '저 대감 덕분에 내가 살았으니, 대감의 수청을 들라'고 하였다. 여인과 한 방에 있게 된 대감은 계속 기회를 엿보지만, 여인은 끊임없이 바느질만 하며 시간을 보냈다. 새벽 먼동이 터오자 여자가 마지막 저고리를 바느질하는 것이었다.
>
> 화자는 "보니꺼네, 저 여자 눈에서 피가 철철 쏟아지는 것 겉거든. 운다 말이다. '이것을 마치고 나면 저 사람하고 자야 안 되겄나?' 우는 것이 대감 눈에 보이기는 양 눈에서 피가 막 쏟아지는 기라. 그래서 먼동이 탁 틀어진게 대감이 배깥에서 굴복을 했어. 참 과연 열녀다!"라고 하면서, 사람이 아닌 그림의 열녀이기 때문에 대감과 동침하지 않았다고 설명한다.

이 각편에서 가장 주목되는 것은 남편의 생명과 여인의 정절을 교환하는 것이 아니라, 남편의 생명을 구한 보답의 의미로 事後에 여인의 性이 제공되는 성격을 띤다는 점이다. 게다가 더 중요한 것은 이런 性의 交換이라는 문제를 일으킨 주체가 대감이 아니라 바로 여인의 남편이란 사실이다. 따라서 모든 윤리적 책임은 전적으로 여인의 남편에게 있음이 부각되고 있다. 남편은 자신의 목숨에 대한 보상으로 아내의 性을 별다른 갈등 없이 제공하려는 어찌 보면 이기적인 인물이다. 그런데도 남편이 아내에게 훼절을 요구하는 것이 당연한 일인 듯 서술되고 있음은 아내의 性은 남편에게 종속된 것이라는 인식 때문일 것이다.

그런가 하면 이 이야기가 다른 남성 화자의 각편처럼 여인의 갈등을 어린 자식의 양육 문제와 관련짓지 않고 전개되고 있는 것도 특이하다. 이점 또한 여성을 주체가 아니라 언제나 남성 또는 자식과의 관계 속에서 他者로 파악하는 남성 화자의 의식과 차이를 보이는 것이다. 자신을 단지 육체적 쾌락을 위한 도구로서 바라보는 대감과, 아내의 性을 다른 남성에게 기꺼이 제공하고자 하는 남편에 대한 여인의 원망이 나타나 있는 것이다. 三從之道, 女必從夫, 夫唱婦隨 등으로 표현되는 전통사회에서 여인은 남편의 命에 복종할 수밖에 없는 상황이다.[109] 이런 상황에서 대감과의 동침을 원치 않는 여인은 새벽이 오도록 저고리를 바느질하며 피눈물을 쏟고 있는 것이다. 이를 본 대감이 감동하여 淫心을 버리게 된다는 서사의 전개는 다른 남성 화자의 각편에서 여인이 '自決하려는 것을 알고서' 단념한다는 서사 전개와 상이하다. 즉, 이 각편에서는 남편의 명령을 따라야 하는 자신의 처지와 이를 수용하기 어려운 自意識 사이에서 갈등할 수밖에 없는 여인의 내면을 보여준다. 이는 여인의 자결의지만을 부각시키는 남성 화자들과 대조적인바, 이 여성화자는 여인의 육체만이 아닌 內面 意識의 측면에서 貞節의 문제를 조명하고 있다.

'과부 개가하기' 유형은 화자의 특성과 각편의 의미를 관련지을 때 특히 주목할 만한데, 특히 이 설화유형에는 여성 화자의 각편이 많은 편이다.[110] 자료 6번에서는 청상과부가 된 과부가 허수아비 신랑을 만들어서 외로움을 달래는 부분이 다음과 같이 매우 섬세하게 묘사되고 있다.

---

109) 사실상 조선시대에는 남편이 자신의 아내를 다른 남자와 간통하게 할 경우 국가가 세 사람 모두를 처벌할 뿐 아니라, 부부는 강제로 이혼하게 되어 있었다. 장병인(1997), 『조선 전기 혼인제와 성차별』, 일지사, 359면.

110) 모두 5편이다. 이 화자들에 대한 정보가 충분하지 않아서 여성 화자 모두를 대상으로 논의하는 것이 불가능하다. 이들 가운데는 제보자 소개가 되어 있지 않은 경우도 많다.

딸이 너무 너무나 참 금방 혼자 돼 놓이께네, 이 청춘을 늙힐라하니 너무 너무나 고독해 노이께네, 첫날밤에 비던 비개하고, 그거로, 턱 신랑 옷하고 턱 이래 도복을 해서 비개로다가 활개를 패가 턱 시아놓고 술상을 채리놓고, "한 잔 드이소." 카이캐네, "에이구 인자 엔간하네. 자네 한 잔 들게." 이래 쌓거든. 아바시가 가만 문구녕을 뒬다 들바다 보이께네, 딸이 혼자서 그래쌓거든. 가심이 아프거든. 저기 얼마나 인간에 포원(抱寃)이 져서 저라는고 싶어서[111]

이 각편을 구연한 김분임(61세, 여)은 17세에 결혼하여 21세 되던 해에 남편이 징용으로 일본에 끌려가 돌아오지 않았다고 하는데, 이런 화자의 외로운 삶의 경험이 그의 각편에 고스란히 투영되고 있음을 발견하게 된다.

가장 주목할 만한 화자는 19번 각편을 구연한 정연옥(여, 87세)이다. 그의 각편 내용은 '남편의 초상을 치르며 좋아하는 여인을 보고서 개가를 금지시킨 황희 정승이 그 후로 천벌을 받아서 매우 가난하게 살았다'는 것이다. 화자는 "남자는 喪妻를 해도 장가를 가는데, 여자는 개가를 못하게 한 것이 積惡이 되어서 그렇다"며 나름대로의 설명을 덧붙이고 있다. 정연옥은 조사를 할 당시 87세로[112] 12살에 시집을 와서는 1주일이 채 안 되어서 남편이 폐병으로 죽었는데, 이후로 계속 수절하며 살아오고 있어서 그 지역에서 칭송이 자자하다고 한다. 郡誌에 그 행적이 기록되어 있을 정도라고 하는데 이야기하는 품이 격이 높고 행세하는 집안의 사람 같았다고 하며, 내방가사를 손수 짓고 佛家의 전설에도 밝은 사람이었다고 한다.[113] 이로 보면 화자 정연옥은 지체 높은 집안으로 12살 때 시집을 와서 과부가 되어 75년간을 홀로 살아야 했던 恨을 설화 속에

111) 『구비대계』 8-9, 710면.
112) 설화의 조사 시기가 1981년 9월이므로 1894년 즈음에 태어난 사람이다.
113) 『구비대계』 2-5, 29~30면, 제보자 편.

담아내고 있다고 하겠다. 화자는 '개가를 금지시킨 황희 집안에는 장이 다 썩을 만큼 되는 일이 없어서 그의 아내 역시 가난으로 고생을 하였다' 면서, 개가를 금지하여 積惡을 한 황희에게 분을 내며 저주를 하고 있는 것이다. 역사적으로 개가를 금지하게 된 일이 사실 황희의 탓은 아니련만, 화자는 자신에게 희생을 강요한 사회를 향해 이런 식으로 대항하고 있는 것이다.

요컨대 이처럼 화자의 인생 역정이 그의 각편에 고스란히 담기는 것을 보면서, 여성 화자가 구연한 '烈설화' 자료에는 전통 사회에서 여성들이 겪었던 생생한 삶의 체험이 녹아 있음을 재확인하게 되는 것이다.

2. 話者의 계층의식과 烈인식

역사자료나 공식 문헌이 지배 권력의 논리를 담고 있다면 구비설화에는 지배층의 담론과 피지배층의 담론이 공존하고 있다는 점에서 설화를 구연하는 화자의 계층의식을 주목할 필요가 있다. 민중이 구연한 것이라고 해서 구비 설화의 모든 각편이 동일한 의미 지향을 보이는 것은 아니다.[114)]

설화를 전승하는 집단에는 烈이라는 규범적 가치의 실현을 요구하는 남성 집단과 요구를 당하는 여성 집단이 존재할 뿐만 아니라, 거기에는 상층과 하층이라는 계층이 또한 있을 수 있다. 남성 화자들 사이에도 '개가하여 유복자로 대 잇기' 유형에서 보듯이 양반사대부들의 가문의식을

---

114) 민간의 이야기에는 이미 그 자체에 민중의 관점과 지배층의 관점, 민중의 사유와 지배층의 사유, 민중의 말과 지배층의 말이 함께 섞여 있기 마련이다. 물론 이 양자가 어떤 수준으로 섞여 있는지는 이야기의 종류에 따라 그리고 이야기 각편에 따라 다를 수 있으므로 일률적으로 말하기 어렵다. 박희병(1997), 『韓國傳奇小說의 美學』, 돌베개, 96면.

중시하는 화자가 있는 반면, '개가하여 본남편 구완하기' 유형처럼 遊離乞食하는 하층민들의 현실적인 문제에 더 관심을 보이는 화자도 존재한다. 따라서 烈에 대한 인식 차이가 반드시 남성과 여성이라는 성별의 차이에서만 기인한다고 판단하는 것은 경계해야 할 것인바, 여기에는 계층의식의 차이가 복합적으로 존재하기 때문이다.

烈이라는 중세적 이념을 겉으로 내세운 이야기라고 해서 무조건 중세적이라거나 양반 지배층의 사유를 담고 있다고 할 수 없을 것이며, 또한 口碑說話라고 해서 그것이 오로지 민중의 의식을 담지하고 있다고 볼 수도 없을 것이다. '烈설화'에는 상하층의 烈인식이 함께 나타나고 있는바, 이를 몇 개의 설화유형을 중심으로 살펴보기로 한다.

먼저 '남편 대신 옥에 갇히기' 유형을 구연한 화자들을 보면 박문원은 서당을 다녀서 漢文에 능통한 사람이며, 김운학도 漢文 해독이 가능하며 儒敎를 신봉하는 사람이라고 한다. 김경렬 역시 서당에서 小學을 읽었으며, 김귀식이나 김수진도 漢文에 식견이 밝다고 한다. 이들 제보자에 관해 주어진 정보가 충분하지 않은 관계로 더 정확한 분석은 불가능하지만, 이 설화유형의 제보자들이 공통적으로 漢文에 대한 소양을 갖추고 있다는 사실은 매우 주목할 만하다. 설화의 전승집단이란 경제적 기반에 앞서 공동체 내부의 사회적 지위나 儒敎的 知識의 소유 여부에 따라 그 성향을 나누어 볼 수 있기 때문이다.[115] 이들은 어릴 때부터 漢文에 대한 識見을 바탕으로 중세의 유교적 가치관을 내면화해 온 이들로서 비교적 보수적인 성향을 띠고 있다고 볼 수 있다.[116]

그런데 화자들의 이런 보수성은 그들의 선택하여 구연하는 설화 자료

115) 김영희(1999), 「아기장수 이야기의 전승력 연구」, 연세대학교 석사학위논문, 157면에서 이런 점을 지적하였다.

116) 계층이란 계급과 달리 사회집단을 구분하는 가시적이고 객관적인 기준을 갖지 못한다. 따라서 개인의 주관적인 의식에 주목할 필요가 있다.

의 성격과 밀접히 관련되고 있음을 볼 수 있다. 이 설화유형은 주인공의 신분을 모두 양반 가문의 자녀로 설정하여 양반가문의 아들이 자식을 낳아 가문의 대를 잇는 일이 至高한 가치임을 강조하는 내용을 담고 있다. 이 설화에서 제기된 모든 갈등과 그 해결은 한결같이 義理名分論을 바탕으로 한 중세적 가치관과 양반중심의 지배질서 속에서 이루어진다. 또한 양반에게 도전한 賤人의 철저한 패배를 보여주는 이 설화는 班常갈등에서 승리하는 추동력을 名分論에 입각한 양반층의 도덕성에서 찾고 있으며, 신분 질서의 변동을 용인하지 않는다는 점에서 중세적 가치관을 보여준다.

또한 양반 가문의 대잇기 문제가 서사의 핵심적 갈등인 '개가하여 유복자로 대잇기' 유형에서, 서사의 진행이 반드시 유복자의 과거 급제와 가문의 대잇기로 귀결되는 것은 중세적 의미의 烈이란 근본적으로 양반 사대부 가문의 영달을 위한 것이었음을 잘 보여준다. 화자와 그의 각편을 관련지어 살펴보면,[117] 성판원의 각편에서는 班常의 階級意識이 뚜렷이 나타난다. 조동윤의 각편에서는 本夫의 유복자와 後夫 김참판의 아들이 모두 과거에 합격하여 士族의 후손이 영달하는 모습을 보여주는가 하면 최임생의 각편에서는 大家댁의 宗孫인 유복자는 과거에 합격하지만 常民의 자식은 그렇지 못한 것으로 되어 있어 양반만이 官職에 진출할 수 있다는 의식을 비롯하여 중세의 身分構造를 긍정하고 있다. 이 화자들 대부분은 그 지역의 유지이거나 識者로서 상당히 대접받는 사람들인 바, 화자의 이런 계층의식과 구연 자료와의 상관관계가 흥미롭다.

구체적으로 살펴보면 조동윤은 서당 훈장을 지냈으며 주역까지 읽은 儒學者로서 나주 兩班이라고 불린다고 한다. 박종철 역시 漢學者로서의 자부심이 높고, 김환기는 부근 토박이 姓氏의 하나인 경주 金氏 門中의

117) 이 유형을 구연한 화자는 성판원, 박종철, 김환기, 조동윤, 최임생 등 5명이다.

宗孫으로서 대접을 받고 있다. 이들은 모두 자신의 身分에 대해 높은 자부심을 갖고 있는데, 김환기는 자신이 구연한 烈女譚이 자기 先祖의 이야기라며 가문의 명예를 높이고자 한다. 요컨대 이 설화유형의 화자들은 양반으로서의 강한 자부심을 지니고 있거나, 중세적 가치관을 지향하는 이들임을 짐작할 수 있다.118)

한편 앞의 '개가하여 유복자로 대잇기' 설화유형의 성격이 중세 이념을 지향하는 보수적 성향을 띠고 있다고 한다면, '개가하여 본남편 구완하기' 설화유형은 낮은 계층의 치열한 삶의 현장을 담고 있다. 이 유형을 구연한 화자들은 識者層이 아니고 漢學에 대한 소양도 없으며, 대부분 他地로부터 이주해온 사람들인데, 이들은 계속해서 여기저기를 떠돌던 사람들로서 가문의식이 없으며 경제적으로도 상당히 낮은 처지에 있다. 이런 화자의 특성은 각편에 나타난 가치관과 밀접한 관련을 맺고 있는데,119) 이 각편에는 遊離乞食하는 하층민 여인이 나병에 걸린 남편을 구완하고 자신의 생계도 해결하기 위해 富者에게 개가하게 되는 비참한 현실에 대한 연민이 나타난다. 이들은 여인의 육체적 정절을 절대적 가치로 본다든지 義理와 名分에 따른 烈行을 긍정하지 않고, 실제적인 삶의 문제 해결에 관심을 보인다. 이처럼 화자의 각편에는 그가 걸어온 삶의 歷程과 그로부터 형성된 가치관이 여실히 반영되어 있음을 확인하는바, 화자의 계층의식과 설화의 의미지향이 불가분의 관계를 맺고 있음을 알 수 있다.

---

118) 한편 성판원은 巫病을 앓고 무당이 된 사람인데, 골계담이 아닌 古談에 속하는 자료를 주로 제보한 사람으로, 『구비대계』에 수록된 정보로는 降神巫가 되기 전의 신분을 확인하기 어렵다. 다만 그의 설화자료 목록으로 판단컨대 보수적 성향이 짙어 보인다. 여성 화자인 최임생의 신분에 관해서는 별다른 정보가 없다.

119) 이런 논의는 『구비대계』의 제보자편에 수록된 정보에 따른 것이다.

제3장 '烈설화'에 나타난 이념과 현실

제1절 '守節型'에 나타난 烈行의 성격과 의미

1. 烈行의 명분과 실제

守節型 '烈설화'에 나타난 烈行의 성격을 파악하기 위해서는 烈行의 동기와 결과를 모두 주목할 필요가 있다. 만일 표면에 드러난 결과만을 가지고 烈行의 의미를 찾는다면, 이는 자칫 진실을 보지 못한 채 피상적인 논의에 그칠 우려가 있기 때문이다. 타인의 눈에 비친 모습이 실상의 전부는 아닐 것이므로, 열녀의 행적을 이해하기 위해서는 반드시 여성인물의 내면을 조명해야 할 것이다. 따라서 烈行을 행한 여인의 개인적 동기가 무엇인지를 따져 본 후에 이런 烈行의 결과에 부여되는 사회적 의미는 무엇인지를 고찰할 필요가 있다. 뿐만 아니라 그러한 烈行의 動因이 인간의 보편적인 본성에 있는지 아니면 사회의 이념적 교화에 따른 것인지도 아울러 검토해야 할 문제이다. 이제 설화에 나타난 烈行의 동기와 사회적 의미를 구체적으로 살펴보기로 한다.

우선 여성이 性的 핍박에 저항하며 貞節을 지키려고 하는 動因을 밝혀 보기로 하자. 우선 守節은 조선시대 가부장제적 가족질서에 의해 부여된 것으로 남편에 대한 아내의 의무(烈)로 이해할 수 있다. 그러나 '핍박당하여 죽기' 유형에는 有夫女나 寡婦만이 아니라 현실에 존재하는 다양한 처지의 여성이 고루 등장한다. 이때 기생이나 처녀의 守節을 '남편에 대한 아내의 의무'로 간주하는 것은 곤란할 것이다. 그렇다면 처녀는 미래의 남편을 위해, 기생은 연모하는 남성을 위해 수절을 하는 것이라고 설명할 수도 있을 것이다. 그런데 '烈설화'에는 등장하지 않지만, 女僧이나 修女의 경우를 생각해 보자. 이들이 외부로부터 가해지는 性的 핍박에 저항할 경우, 이를 특정 남성을 위한 행위라고 볼 수는 없다. 일단 이는 異性과의 접촉 자체가 금지되는 계율(규범)에 의한 것이라고 해석할 수도 있겠다.

그러나 위에서 분석한 내용이 전적으로 타당한가에 대해 반문하지 않을 수 없다. 과연 性的 핍박에 저항하는 여성인물들의 내적 동기가 이처럼 각자의 신분에 따라 서로 다른 것일까? 사실 어찌 보면 여성인물들이 처한 사태의 성격과 이에 대한 반응 양상은 사실상 본질적으로 동일한 것이라고 이해할 수 있다. 그렇다면 이 상황을 보편적으로 이해할 수 있는 가장 단순한 설명 방식을 찾아야 할 것이다. 게다가 여성인물의 행위동기를 전적으로 외부의 힘과 관련지어 설명하는 것에도 많은 문제가 있다. 여성인물의 행위를 특정 남성을 향한 도덕적 의무의 수행이나 종교적 계율에 대한 순종으로 설명하고 만다면, 자율적인 행동 주체로서의 인간의 의지와 감정을 간과한 것이기 때문이다.

이제 이 문제를 '性的 逼迫'이라는 말에 주목하여 다시 생각해 보자. 우선 '핍박'이란 단어는 이미 인간에 대한 괴롭힘이라는 부정적 의미를 내포하고 있다. 따라서 男女와 老少 그리고 신분이나 계층을 가리지 않고 인간은 누구나 자신에게 가해진 '핍박'에 대해 자발적으로 저항할 것이다. 性的 핍박은 남성에게도 가해질 수 있으며 남성 역시 이런 핍박에 대해서 당연히 저항할 것이다. 따라서 性的 핍박에 대한 개인의 저항은 자신의 신체에 관한 自律權을 지키려는 인간의 본성에 일차적으로 뿌리를 두고 있다고 하겠다. 그러므로 이들의 저항은 신체의 자유를 구속당하지 않으려는 인간의 基本權 행사이며, 자신의 性을 주체적으로 통제하고자 하는 性的 主體性의 발현이라고 할 수 있다. 그러므로 이들의 저항은 각자의 처지에 따라 각기 다른 動因도 분명히 존재하지만 그 기본적 동기에 있어서는 일치한다고 할 수 있다.[1)]

앞의 논의내용을 바탕으로 <정절 지키기> 유형군의 설화를 분석해 보자. 먼저 '핍박당하여 죽기' 유형에서는 임진란 때 왜구의 위협에 항거하다가 죽은 열녀들이 등장한다. 이런 여성인물들은 모두 處女이며 예외 없이 겁탈을 당하기 전에 죽는다. 그런데 설화 속의 이런 내용은 <高麗史> 列傳에 수록된 烈女傳 주인공들이 대부분 '누구의 妻 모씨'로 나타나는 것과 대조적이란 점에서 상당히 흥미롭다. <고려사> 열전에 소개된 열녀이야기는 몽고군이나 왜적의 침입이 있었을 당시의 역사적 사실을 엿보게 한다. 이로 볼 때, 조선시대에도 外敵의 침입이 있었을 때마다 피해를 본 여성은 대부분 旣婚女이었을 가능성이 높다. 특히 早婚이 널리 행해졌던 조선시대의 상황을 고려해 볼 때 왜적의 핍박을 받을 만큼 성숙한 여인들은 이미 旣婚女이었을 가능성이 짙기 때문이다. 실제로도 임진왜란과 정유재란 때 왜군의 만행에 항거하여 죽음으로써 烈女로 旌表된 여성들은 대개 旣婚女라는 사실을 史料를 통해 확인할 수 있다.[2)]

그렇다면 설화에서는 왜 왜병의 핍박으로 희생된 여성을 실제 사실과는 달리 처녀로 설정하고 있는가를 몇 가지로 추론해 볼 수 있다. 이는

---

1) 이런 시각은 열녀들의 다양한 烈行 동기를 분석하는 데에 상당히 중요한 단서를 제공할 것으로 본다.

2) 박주(1990), 『조선시대의 旌表정책』, 일조각, 143~146면.

우선 남녀의 애정을 미처 느껴보지 못한 채 처녀의 몸으로 죽어갔다는 점에서 주인공의 저항과 희생을 더욱 더 가륵하고 비극적으로 묘사하기 위해서일 것이다. 둘째로 처녀의 순결함과 이를 핍박한 왜병의 더러운 욕망을 대조시켜서 왜병의 만행을 강조하고 민족적 적개심을 불러일으키기 위함일 것이다. 셋째로 처녀가 왜병에게 끝까지 저항함으로써 정절을 잃지 않았다는 점은 오랑캐에게 수모를 당할 수 없다는 朝鮮人의 문화민족적 우월감을 표현한 것으로 볼 수 있다. 따라서 이 설화들은 임진란과 정유란을 일으킨 왜병에 대한 적개심과 조선인의 민족적 자존심을 드러낸 것으로서, 전승자들은 열녀의 행적을 性的 주체성을 확보하려는 여성의 개인적 동기보다는 왜구에 대한 민족적 저항이라는 사회적 가치의 실현으로 보고자 한 것이다.

한편 2장에서 분석한 바와 같이, 왜병에게 저항하다가 죽은 처녀의 죽음을 화자들은 대부분 '性的 핍박에 대한 저항'으로 바라보는 반면, 화자 박영국은 처녀가 왜병의 뜻에 동의할 경우 쾌락을 누릴 수 있었다고 보아 처녀의 행동을 '性的 유혹에 대한 거부'로 보았다. 사실 상황에 따라 性的 핍박과 性的 유혹 사이의 경계를 긋는 것이 현실적으로 매우 곤란할 수 있다. 그러나 이런 경우는 여성이 그 상황에서 자발적 선택권 즉, 性的 自決權을 갖는가 여부를 판단의 기준으로 삼는 것이 유용하리라고 본다.[3] 특히 여성이 남성의 性的 요구를 수용할 권리보다는 자유롭게 거절할 수 있는 권리를 지니는가 여부를 따지는 것이 선명한 판단을 내리는 데 도움이 될 것이다. 이렇게 볼 때, 처녀가 왜병의 강제적 힘에 대해 저항한 것을 두고 외부의 性的 유혹에 대한 거부로 해석한 화자의 견해는 부적절하다고 할 것이다.

'핍박당하여 죽기'와 '외간 남자의 유혹 물리치기' 유형은 그 서사적

---

3) 이에 대해서는 이인경(2001), 「口碑說話에 나타난 여성의 '性的 主體性' 문제」, 『구비문학연구』 제12집, 한국구비문학회에서 자세히 논의한 바 있다.

갈등은 동질적이지만 여인의 죽음이라는 비극적 결말과 여인이 살아서 보상을 받는 행복한 결말이라는 상이한 귀결을 보여준다. 후자에서 나타나는 여성인물의 守節의지는 본질적으로 전자와 동일한 것이지만 性的인 핍박이 아니라 유혹을 받았다는 점에서, 여성인물의 자결이라는 극한 상황으로 치닫지 않았던 것이다. 그런데 후자의 경우, 남편의 부재중에 훼절을 유도하는 외간 남자의 유혹을 단호히 물리친다는 점에서 여성인물의 행적은 왜병의 겁탈 위협으로 인하여 자결한 여인들보다 어떤 점에서는 더 굳건한 '수절의지'를 보인 것으로 간주할 수 있다. 왜냐하면 성적 '핍박'을 벗어나기 위해 자결하는 것은 인간이 급박한 상황 속에서 외부적 '폭력'에 맞서거나 이로부터 벗어나기 위해 취한 즉각적이고 반사적인 행동으로 볼 수 있지만, 성적 '유혹'에 대한 거절은 보다 복잡한 인간의 심리적 동기를 살펴야만 하기 때문이다. 사실 성적 '유혹'을 거절하는 것은 마음에 들지 않는 異性을 거부하고자 하는 인간의 보편적 욕망일 수도 있지만, 그보다는 개인이 추구하는 어떤 정신적 가치를 위해서 인간의 동물적 본능을 억제한 결과로 이해되기 때문이다. 따라서 性的 '유혹'에 대한 거부는 대부분 개인이 사회화 과정에서 습득한 도덕적 규범에 의한 것이란 점에서 훨씬 더 '사회적'이고 '문화적'이며 '도덕적'인 행위라고 할 수 있다. 물론 급박한 상황 속에서 성적 핍박에 저항하며 '죽음'을 선택하는 것 역시 분명 사회화 과정에서 습득하고 강화된 도덕적 행동방식이라고 할 수 있다. 그러나 '폭력'에 대한 즉각적이고 반사적인 대응보다 '유혹'에 대한 理性的인 거절이 어떤 경우에는 훨씬 더 어려운, 자율적이며 도덕적이고 따라서 문화적인 선택이 될 수 있다는 것이다.

'남편을 따라 죽기' 유형에서는 시부모의 만류에도 불구하고 양반 가문의 과부가 어린 자식을 남겨 둔 채 남편의 뒤를 따라 자결하는 이야기들이 나타난다. 이런 경우 화자들은 여인의 從死 동기를 남편과 生死를 함께 하는 것이 옳다는 믿음 때문으로 설명하고 있다.[4] 즉 그의 從死는 一夫從

事라는 중세적 烈이념의 敎化에 의한 것으로 본 것이다. 그러나 未亡人이란 말에서 보듯이 양반층 과부의 從死가 당시 사회에 보편화되어 있는 상황에서 과부가 꿋꿋이 살아가는 것 역시 쉽지는 않았을 것이다.[5)]

더욱 중요한 사실은 오직 남편에 의해 여성의 위상이 규정되던 사회현실에서 과부가 된 여인의 자아정체감은 매우 비참한 것이었으리라는 점이다. 과부가 삼년상을 치르고 죽은 것은 그의 자결이 결코 충동적이지 않으며 오랜 갈등 끝에 내려진 결정임을 보여준다. 시댁과의 유일한 연결고리인 남편을 잃은 여인은 이방인으로서 소외될 수밖에 없을 것이다. 이로 보면 남편의 죽음 후 자결을 하기까지의 삼 년은 화자가 설명하듯이, 어린 아들을 젖을 먹여 양육하기 위해 從死라는 烈의 실현을 유예한 시간일 수도 있겠지만, 한편 과부로서의 소외감과 고독감이 증폭되어간 시간이었다고도 볼 수 있다. 이 여인은 고독으로부터 영원히 벗어나려는 개인적 동기에서 죽음을 택했을 개연성이 짙다.[6)] 따라서 여인의 從死가 감정에 따른 충동적 선택이 아닌 것은 분명하지만, 그렇다고 인간의 본성과 전혀 무관한 이념의 실현 차원만으로 보기도 어려울 것이다. 과부의 守節을 지역사회와 가문이 감시하던 당시 상황에서[7)] 젊은 과부의 수절 문제는 好事家의 구설에 끊임없이 오를 수밖에 없었을 것이다. 이렇게 보면 과부가 수절을 하며 살아가는 것은 차라리 죽음보다도 어려운 일인 것이다. 결국 과부의 從死는 개인적 동기와 사회적 압력의 합작품이라고 할 만하다.

---

4) "내 운명이 가훈에 달려 있다. 내 죽고 사는 것은 가훈이 죽고 사는 데 달려 있다. 가훈이 죽으면 나도 따라 죽는다." 『구비대계』 6-10, 504면.

5) 이혜순(1998a), 「열녀상의 전통과 변모」, 『진단학보』 85, 진단학회, 180면에서 이점이 지적된 바 있다.

6) 이혜순은 이를 두고 "여성이 시집 온 가문의 일원이기보다 남편과 아내의 개별적 관계로 남으려는 강한 욕망이 있음을 볼 수 있다."고 해석하였다. 이혜순(1998a), 「열녀상의 전통과 변모」, 『진단학보』 85, 진단학회, 172면.

7) 이 점에 관해서는 '제5장 1절 1. 烈이념의 배경'에서 논의할 것이다.

한편 '남편 따라 죽기' 유형에 속하는 다른 각편들에서는 부부애가 진솔하게 그려지기도 한다. 한 각편에서는 여인의 미모를 탐낸 지주의 꼬임으로 배를 타고 나간 남편이 물에 빠져 죽자 여인이 따라서 죽는다. 애정의 삼각관계 때문에 억울하게 죽은 남편의 뒤를 따라서 물에 몸을 던진 이 여인의 죽음은 얼굴도 못 본 신랑을 위해 수절하는 따위의 명분론적 烈과는 거리가 멀다. 이 경우 여인의 죽음은 一夫從事라는 烈이념에 입각한 從死이기보다 남녀의 애정에 기초한 情死에 가깝다.[8] 여기에는 부부간의 애정이라는 개인적 동기가 깊이 개입하고 있는 것이다.

또 다른 각편에서는, 외나무다리 위에서 주인공이 남편 대신 시아버지를 살린 후 자결한다. 화자는 이 여인을 오로지 孝婦도 되고 烈女도 되는 데에 집착하는 것처럼 묘사하고 있다. 그러나 정황을 살펴 볼 때 이 여인의 자결은 단순히 烈女가 되는 명분을 마련하기 위한 것으로 이해할 성질은 아닌바, 결과적으로 從死를 통해 열녀의 명분을 얻었을지는 모르지만 실제 동기는 그렇게 이해되지 않기 때문이다. 여인의 자결은 시아버지를 위해 남편의 죽음을 방관한 데에 대한 죄책감과 남편을 잃은 슬픔 때문으로 보인다. 그러나 화자들은 이 설화유형에 나타난 여인의 죽음을 대부분 女必從夫의 가치관과 결부시켜 이해하는 경향이 있다.

<남편 구하기> 유형군을 보면, '남편을 구하려다 죽기' 유형에서 신랑과 신부의 관계는 마치 아들과 어머니 또는 동생과 누나의 관계처럼 그려진다. 신부의 품에 안겨서 그 溫氣로 목숨을 부지한 신랑의 모습은 어린 자식의 모습을 연상케 한다. 이들은 夫婦라기보다 마치 母子관계처럼 그려지는데, 이 설화에서는 남편에 대한 아내의 일방적 의무로서의 烈에 앞서 사람의 생명을 구해야 한다는 인간 보편의 윤리가 나타나 있는 것

8) 이혜순(1999), 「조선조 열녀전 연구」, 『省谷論叢』 30집, 省谷學術文化財團, 52면.

이다. 이 설화에서 신부가 신랑의 생명을 구한 것은 烈보다는 이런 人道主義的인 利他行爲로 이해될 수 있다.9)

반면, '비상으로 치료하기' 유형에서는 나병환자를 남편으로 둔 여인이 자결하려 하였으나 남편이 실수로 여인의 비상을 대신 먹고 병이 낫는다. 남편의 병이 나은 것은 사실 돌발사태에 의한 것이다. 그럼에도 불구하고 남편의 목숨을 구했다는 이유로 여인은 열녀로 칭송 받는데, 이는 아마 여인이 차라리 자결할지언정 나병 환자인 남편을 배신하지 않았다는 점을 높이 산 것으로 보인다. 그러나 사실 비상을 먹고 자결하려 한 주인공의 내면을 분석해 보면 이는 애정도 미래도 없는 남편과의 삶에서 도피하기 위한 수단이었음을 알게 된다. 따라서 남편의 병을 고쳤다는 점에서 이 여인은 결과적으로 烈行을 한 셈이지만, 실제 동기를 고려할 때 이는 烈行과는 무관한 것이다.

요컨대 수절형 '烈설화'에 나타난 여성인물의 烈行 동기를 주인공의 내면의식을 통해 분석해 보면 표면에 드러난 결과나 화자들의 평가와는 상당한 차이가 있음을 발견한다. 이는 烈女의 행적을 바라보는 화자의 시선과 무관하지 않은데, 他者의 시선으로 조명된 열녀의 모습은 피상적일 수밖에 없기 때문이다. 열녀의 烈行이 표면상 비슷해 보일지 몰라도 그 이면을 보면 각 상황마다 다른 동기에서 비롯된 것임을 보게 된다. 중요한 것은 흔히 기대하듯이 열녀의 烈行 동기가 烈이라는 중세이념에 경도된 데에서 나타난 것만은 아니라는 것이다. 열녀들은 각자가 처한 현실에서 자신이 할 수 있었던 최선의 선택을 하고자 하였다. 여기서 최선

9) 한편 <정절 지키기> 유형군의 '개가 권유 물리치고 시부모 받들기' 유형에서 주인공은 개가하고픈 욕망이 있지만 무력한 시부모에 대한 동정심과 며느리로서의 책임감 때문에 갈등한다. 따라서 이 주인공의 개가 거부는 그 동기 면에서 볼 때 不更二夫의 정신을 실현하는 烈보다는 사회의 보편적 義理의 실현이거나 약자를 보살피는 人道的인 利他行爲로 해석된다.

의 선택이란 인간의 개인적 욕망에 따른 것일 수도 있고, 인간 사회의 보편적 윤리에 의한 것일 수도 있다. 따라서 열녀의 행적을 반드시 烈이라는 중세 이념의 敎化에 의한 것으로만 단정지을 수는 없다. 이는 동서고금을 통해 남녀를 불문하고 인간에게서 발견되는 보편적 정서나 윤리의식에 기대어 설명할 수 있기 때문이다.

2. 烈行의 적극적/소극적 성격

守節型 '烈설화'에 나타난 烈行의 성격을 '남편 따라 죽기'와 '개가 권유 물리치고 시부모 받들기' 유형을 통해서 구체적으로 살펴보기로 한다. 우선 '남편 따라 죽기' 유형에서 남편이 죽자 뒤따라 죽은 여인의 이야기를 보자. 이 설화의 각편을 보면, 이야기를 듣고 있던 청중이, 남편의 삼년상을 마친 여인이 아들을 홀시어머니에게 맡기고 자결하는 내용에 대해서 다음과 같이 반응하고 있다.

청자1 : 죽었는데 뭐 열녀고?
청자2 : 그 집을 봐서는 그 야속한 여자다.
청자1 : 살아가면서 얼매든지…… 죽어가지고.
청자3 : 그 후손이 잘사나?[10)]

이 각편을 구연한 화자 최돌이는 이것이 최씨 가문의 이야기라면서 그 후손이 잘 산다며 자못 자랑스러운 태도를 보인다. 화자가 이처럼 과부의 從死를 대단히 긍정적으로 인식하는 것과 대조적으로 청중은 이 죽음이 진정 그 가문을 위하는 일인가에 대해 비판적이다. 청중은 홀시

10) 『구비대계』 8-13, 317면.

어머니를 모시고 자식을 키우며 살아가는 것이 從死함으로써 烈女의 명분을 세우는 것보다 바람직하다는 것이다. 중세에 긍정적으로 이해되었을 여인의 從死가 현대의 설화 전승자들에게는 부정적으로 비친 것이다. 청중은 시부모에 대한 孝와 자식에 대한 양육의 의무를 저버린 여인을 비난하고 있다. 죽음으로 남편을 따르는 烈과 시부모를 봉양하고 자식을 길러 가문의 대를 잇게 하는 烈 가운데 어떤 것이 진정한 烈인가에 대해 청중은 후자의 편에 서 있는 것이다. 이는 烈인식이 변모한 데에도 원인이 있겠지만 진정한 烈이 무엇인가에 대한 가치관의 차이에서도 기인할 것이다.

한편 이 유형의 각편인 "시부모를 살리고 남편 따라 죽은 효부 열녀"라는 제목의 이야기를 보면, 외나무다리 위에서 남편과 시아버지를 양손에 각각 붙들고 누구를 살려야 하는가를 갈등하는 여인이 등장한다. 여인은 이 상황에서 남편을 살리는 烈과 시부모를 살리는 孝를 동시에 실현해야 하는 '의무의 상충'을 겪고 있다. 여인은 남편의 목숨을 구하는 烈을 포기하고 시아버지를 살리는 孝를 택한 후 남편을 따라 죽는다. 화자들은 이를 두고 孝와 烈을 함께 실현하였다고 한다. 이로 보면 이 설화에서는 여인이 행할 수 있는 烈의 방식이 두 가지이다. 남편의 생명을 구하는 것과 남편을 따라 죽는 것이 바로 그것인데, 이 두 가지 烈行은 그 성격이 다른 것이다.

앞의 경우처럼 남편이 죽자 從死한 여인을 열녀로서 칭송하는 설화가 있는가 하면 오히려 과부로서 수절하며 시부모를 받든 여인을 孝婦라 하여 더 높이 평가하는 설화도 많다. '개가 권유 물리치고 시부모 받들기' 유형을 보면, 이 설화의 주인공은 從死도 개가도 하지 않고 시부모를 봉양하였다. 앞에서 검토한 바대로,[11] 이 여인은 내심 개가하고픈 욕망이

11) 2장 2절에서 검토하였다.

있음에도 불구하고 의지할 곳 없는 시부모를 저버릴 수 없어서 개가하지 않았던 것이다. 결과적으로 貞節을 지킨 셈이기는 하지만 이 여인의 烈行은 본질적으로 不更二夫의 정신에 의한 것으로 볼 수는 없다. 그의 烈行은 오히려 무력한 시부모에 대한 봉양에서 찾을 수 있다.

위에서 살펴본바 열녀들의 행적은 나름대로 논쟁의 여지가 있는데, 이 설화의 주인공들은 모두 구체적인 상황에서 여러 상충되는 의무를 지고 있기 때문이다. 이들은 각기 다른 방식의 烈行을 보여 주고 있어서 이 烈行의 성격에 대해 살펴볼 필요가 있다고 보는데, 이는 결국 <정절 지키기> 유형군과 <남편 구하기> 유형군 설화에 나타난 烈行의 성격을 비교하는 작업과 상통한다.

<정절 지키기> 유형군에서는 여인의 육체적 정절이 문제의 핵심이 되고 있는데, 여기에 나타나는 여성의 행위를 구체적으로 제시하면 ㉠ 핍박당하여 죽기, ㉡ 남편을 따라 죽기, ㉢ 외간 남자의 유혹 물리치기 ㉣ 개가 권유 물리치고 시부모 받들기이다. 아마도 이 가운데 우리에게 가장 먼저 떠오르는 열녀의 모습은 ㉠과 ㉡의 경우라고 생각하는데, 烈女란 일반적으로 '죽음으로 정절을 지킨 여인'을 말하기 때문이다. 주인공이 핍박을 당하여 죽는 것이 貞節의 保全 그 자체가 목적이라면, 남편을 따라 죽는 것은 남편과 生死를 함께 하기 위함이라고 할 수 있다. 물론 후자의 경우 여인이 자결함으로써 미래에 있을 수 있는 性的 핍박이나 개가의 권유를 원천적으로 피한 것으로 볼 수도 있는데, 사실 각편에 따라서는 주인공이 외간 남자의 유혹을 피해서 자결하기도 한다. 그러나 여인이 남편을 따라 죽는 것은 역시 정절의 保全보다는 남편을 잃은 슬픔과 고독, 그리고 一夫從事의 명분 때문이라고 할 수 있다.

<남편 구하기> 유형군에서는 남편의 救命을 위해 희생을 무릅쓰는 아내의 여러 가지 행위가 나타난다. 이를 구체적으로 살펴보면 ㉠ 남편 대신 죽기, ㉡ 남편 대신 옥에 갇히기, ㉢ 남편의 생명 구하려다 죽기,

㉣자신의 살로 치료하기, ㉤공포를 무릅쓰고 약을 구하기, ㉥비상으로 치료하기 등이다. 여인은 ㉠과 ㉡처럼 남편의 생명과 자신의 생명을 맞바꾸거나, 나머지 유형에서처럼 죽어가는 남편을 살리기 위해 몸을 던지고, 약을 구하는 등 헌신한다.[12] 이 유형군에서는 여인의 관심이 자신의 몸이 아니라 남편의 몸과 남편의 가문에 있음을 확인할 수 있다.

정리해 보면 <정절 지키기> 유형군 설화에 나타난 烈行은 여성의 貞節을 保全하는 현상유지를 목표로 하는바, 이는 여인이 貞節을 '잃지 않기' 위한 노력이란 점에서 소극적이며 방어적인 성격을 띠고 있다. 또한 이 유형군의 설화에서는 여성 인물의 관심과 행동이 모두 자신의 육체적 정절을 지향하고 있다. 그러나 <남편 구하기> 유형군에서는 여성 인물의 육체적 정절보다는 남편의 救命이 문제의 핵심으로서,[13] 여성 인물이 남편을 살리기 위해 보이는 적극적인 노력이 강조된다. 따라서 <남편 구하기> 유형군에서는 여성 인물의 관심이 자신의 육체적 정절이 아닌 남편의 생명을 향하고 있다.

이 점에 비추어 볼 때 이 유형군에 나타나는 烈行은 전자에 비해 상대적으로 적극적이며 창조적인 성격을 띤다.[14] 물론 이 경우 烈行의 '적극적/소극적 성격이란 烈行에 나타난 희생이나 고통의 심각성을 떠나서, 烈行의 성격이 현실 유지(貞節 保全)와 현실 개척(남편의 救命 등 현실적 문제 해결을 위한 적극적 행동) 가운데 어느 쪽에 더 비중을 맞추고 있는

12) 앞에서 분석한 결과에 따르면 '비상으로 치료하기' 유형은 烈이라기보다 친정부모에 대한 孝를 강조하거나 하층민의 신분상승 욕구를 담은 이야기인바, 여인의 동기를 주목하면 烈行의 범주에 넣을 수 없다.

13) 물론 '남편 구하려다 죽기' 유형의 한 각편에서는 여성에게 性的 핍박이 동시에 가해지기도 하는바, 각편의 분류는 주제의 복합성으로 인해서 획일적으로 이루어지지는 못함을 밝혀 둔다.

14) 이 때 '창조적'이란, 守節이나 從死처럼 烈의 실현 방식이 이미 사회에서 구체적으로 규정된 것이 아니라는 뜻이다. 즉, 새로운 烈行의 방식을 보인다는 의미이다.

가를 판단한 것이다.

이런 시각에서 앞의 세 가지 설화에 나타난 烈行의 성격을 보면, 남편을 따라서 죽는 것이 소극적인 烈行에 해당한다면 남편의 생명을 구하거나 자식과 시부모를 위해서 수절하는 것은 적극적인 烈行에 해당한다.

한편, <정절 지키기> 유형군에 나타난 소극적인 烈行과 <남편 구하기> 유형군에 나타난 적극적이며 창조적인 烈行이 갖는 가치의 優劣을 따지는 일은 결국 <남편 위해 훼절하기> 유형군에서 여인이 행한 烈과 貞節의 의미를 논하는 것과 같은 맥락에 있다. 이 때 '烈설화'에 나타난 貞節 중심의 '소극적 烈'과 救命 중심의 '적극적 烈'을 두고 그 가치의 優劣을 판단하는 주체는 설화 전승자들로서, <남편 위해 훼절하기> 유형군의 경우 소극적 烈行보다는 적극적 烈行에 더 큰 의미를 부여하고 있음을 알 수 있다.

3. 순응/저항, 피학성/공격성의 양면성

주자성리학의 이론적 기초는 乾/坤, 天/地, 君/臣, 父/子, 男/女, 夫/婦 사이에 존재하는 分別과 秩序을 논하는 周易의 陰陽思想에 있다. 陽이 提唱하면 陰이 이에 和應하는 것이 자연의 順理요 법칙이라는 주역의 원리에서 陰인 여자는 陽인 남자를 따라야 한다는 '三從之道'의 義理가 도출되었다. 조선시대 전통적인 여성상은 바로 이런 주자성리학적 세계관에 의해 형성된 온순하며 순종적인 태도를 지닌 여인인 것이다. 그런데 열녀 설화에 등장하는 여성들은 이런 여성상과는 거리가 멀어서 우리를 적잖이 당황하게 만든다. 그들은 예외 없이 거칠고 공격적이고 독단적이거나 자학적이며 표독스럽고 냉혈적이다. 왜병에게 핍박을 당하는 절박한 상황에서도 남성을 준엄하게 꾸짖는가 하면, 외간 남자가 희롱한 자신의 신체를 냉혹하게 도려내어 내던진다. 또한 남자도 당해내지 못한 호랑이의 습격에서 남편을 구해오거나,[15] 공포를 무릅쓰고 시체의 일부를 잘라와 남편을 구완하는가 하면 자신의 신체를 자해함으로써 남편을 살리거나 외간 남자로부터 정절을 지킨다. 그런가 하면 심지어 자신의 자식을 죽이면서까지 본남편에게 헌신하기도 한다.

평상시에는 더할 수 없이 순종적이며 온순하고 연약한 여인이 비상시에는 이렇듯 적극적이며 폭력적으로 돌변하는 것을 어떻게 설명할 수 있을까. 이는 조선시대 여성의 兩面性 또는 二重性이라고 부를 수 있을 것이다. 조선시대 여성은 모든 면에서 억압된 삶을 오직 인내하며 살아갈 수밖에 없었다. 이런 조선시대 여성의 억압되고 좌절된 내면적 욕구는 바로 恨이라는 정서로 내면화되었는데, 恨은 고단한 현실이 여성에게 만들어준 정서적 결과물인 동시에 여성이 현실의 고통을 감내하기 위한 심리적 에너지이기도 한 것이다. 바로 이러한 恨의 심리적 역동성은 구체적 상황을 만나 행동으로 표출되기도 하는바, 현실에 대한 무기력한 순응이라고 볼 수 있는 피학성과 현실에 대한 강력한 저항이라고 할 수 있는 공격성(독립성)으로 나타나게 되는 것이다. 따라서 이런 피학성과 공격성은 일정한 정서적 에너지의 두 가지 표출 방식인 셈이다. 이처럼 오랜 시간 강하게 억압되어온 정서가 폭발할 때 매서운 힘을 발휘한다는 것을 조선시대 열녀들의 행적을 통해 확인할 수 있는바, 중세사회에서 순종과 온순함의 모습 아래 숨겨져 있던 여성들의 좌절된 욕망이 예사롭지 못한 상황을 맞아 강렬하게 표출되는 양상을 열녀설화를 통해 보게 되는 것이다.

---

15) 이런 이야기는 문헌에서 매우 흔하게 발견되는데 구비설화에서는 독립된 유형으로 묶을 만큼 각편이 많지 않아서 본고의 유형분류에서는 일단 제외하였다. 『구비대계』 6-9, 181면에 실린(정봉수, 남, 70세) "호랑이 원수 갚은 열녀"라는 제목의 이야기가 이런 내용을 보여준다.

이렇게 볼 때 설화에 빈번히 등장하는 열녀들의 자살 행위는 자기 파괴라는 조선시대 여인의 극단적 피학성의 결과일 수도 있고, 사회 제도에 대한 저항의 의미일 수도 있다. 여인이 친정 부모나 시부모의 권유에도 불구하고 개가를 거부하거나 부모의 만류에도 불구하고 從死하는 경우를 보자. 여인은 시어머니의 만류에도 불구하고 오래도록 극심하게 슬픔을 표하는데, 이는 감정의 분출을 절제하는 유교적 가치관에 비추어 볼 때 지나친 일이다. 한편 자신은 남편을 잃었지만 시어머니는 아들을 잃었다는 점에서 이 두 사람이 느끼는 슬픔은 마찬가지일 것이다. 따라서 시어머니를 위로하기 위해 자신의 감정을 절제하는 것이 며느리로서 마땅히 취해야 할 바임을 생각하면 여인의 이런 태도는 不孝에 해당되는 것이다.

이해를 돕기 위해 『동국여지승람』에 실린 김씨 여인의 이야기를 예로 들어보자.16) 김씨는 남편이 죽자 임신한 몸으로 시체를 안고 통곡하였는데, 그 어머니가 말리며 "임신한 몸이 상을 당하여 지나치게 슬퍼하는 것이 옳지 않다."고 하였으나 김씨는 그날 저녁에 나무에 목을 매어 죽었다. 이런 김씨의 행위는 不孝일 뿐 아니라 시부모를 봉양하고 어린 자식을 출산하고 양육하여 대를 잇는 三從之道의 완성을 어그러뜨린 행위이다. 말하자면 여인은 가족질서에 순종하지 않고 자신의 의지에 따라 독단적으로 행동하고 있는 것이다. 사실 여인이 三從之道를 어기며 자결하는 것은 사회의 요구와 무관하게 자신의 존재론적 고독을 해결하지 못한 데에서 오는 내면적 동기에서 기인한다고 볼 수 있다. 열녀들에게서 발견되는 이런 행동 양식은 從死라는 사회적 이념을 수용함으로써 표면적으로는 이념에 순응한 것이 되지만 실제로는 개인의 존재론적 고독을 해결하기 위해 사회와 가족제도의 수직적 질서에 저항한 결과가 된다. 이

16) 국역 『신증동국여지승람』, 민족문화추진회, 1970, 25면, 고창현 편.

혜순은 『삼강행실도』의 열녀편을 분석하면서 이런 면을 지적하여 다음과 같이 언급하였다.

> 『삼강행실도』 열녀편이 가져온 또 다른 변이는 삼종의 의리에서 '종'이 보여주는 여성의 수동적이고 종속적인 위상이 열이 지니는 극한의 행위 성격 때문에 오히려 능동적이고 적극적인 형상으로 전환된다는 것이다. 열녀들의 이러한 행위의 결단에는 전통적으로 여성들에 금기시 되었던 사고와 행위들, 즉, 남의 의사는 돌아보지 않고 자기의 생각대로만 처리하거나(專制), 삼종지의를 버리고 자기의 의사대로 수행하는 것(自遂), 일을 독단적으로 행하는 것(擅爲), 다른 사람들을 참여시켜 알게 하지 않고 행동하는 것(獨成)이 들어가 있다. <u>*『삼강행실도』의 여성들은 독자적이고 강하며 격렬한 여성들이어서 종속적이고 수동적이며 유약한 정적 여성과는 차이가 크다. 여기에 수반되어 나오는 것이 여성성의 변모이다. 음양의 원리에 의하면 여성은 음이고 따라서 靜이고 柔이지만 열은 動이고 剛인 것이다. 결과적으로 순종보다 저항의 정신이 드러난다.</u>[17]

한편 열녀들의 烈行에 나타나는 이런 역동성과 저항의지는 '남편 대신 옥에 갇히기' 설화유형에서 더 확실히 드러난다.[18] 여기서 男裝을 하고 부모를 속이면서까지 무언가 문제를 해결하기 위해 길을 떠나는 처녀의 모습은 실로 양반 가문의 정숙한 규수에게서는 좀처럼 찾아보기 어려운

---

17) * 부분은 『小學』 明倫 중 明夫婦之別에서 부인에게 금지한 사항들이다. "婦人伏於人也. 是故無專制之義……無所敢自遂也……事無擅爲, 無行獨成." 이혜순(1998a), 「열녀상의 전통과 변모」, 『진단학보』 85집, 진단학회, 182면. 이혜순은 이런 측면을 여인이 부부질서를 내세워 가족질서라는 사회질서를 일탈한 것으로 보았다.

18) 설화의 내용은, '양반으로 유명한 현풍 곽씨 집안과 안동 김씨 집안이 혼약을 맺어서, 신랑이 혼례를 올리려고 오는 도중 살인죄를 저질러 옥에 갇혔다. 그러자 신부는 자신을 다른 곳으로 시집보내려고 하는 부모에게 유람을 간다고 거짓으로 고하고는 男服으로 갈아입은 채 신랑을 찾아가 대신 옥에 갇힌다.'는 것이다.

것이다. 모든 것을 운명으로 돌리고 사태의 추이에 몸을 맡기는 수동적인 태도가 그 시대의 여성들의 일반적 태도였으리라고 추측되는데, 무엇보다 부모에게 절대적으로 순종하는 것이 바로 孝이기 때문이다. 신부는 忠孝烈의 이념이 至高한 가치로 여겨지는 당대 사회 분위기로 보아 자신의 烈行이 법에 관용을 호소할 최소한의 명분은 지니게 될 것으로 판단하였던 것 같다. 신부는 신랑을 대신하여 옥에 갇힌 후에 이는 모두 양반 가문의 대를 잇기 위함이라는 명분을 내세워서 자신과 신랑의 죄에 대한 情狀 參酌을 기대한 것으로 볼 수 있는바, 이런 신부의 예상은 적중하였고 결과는 매우 성공적이었다.

이 신부는 부모의 명을 어기고 독단적으로 행동하였을 뿐 아니라 男服을 입고 남자 행세를 하여 남녀의 分別을 어지럽게 하였다. 게다가 신랑 대신 옥에 갇힘으로써 獄事를 어지럽혀 官에 도전한 것이다. 신부는 烈이라는 이념을 내세워 사회적 질서에 저항하면서 오히려 교묘하게 자신의 의지를 관철하고 있는 것이다. 요컨대 여기서 여성에게 至高한 가치요 규범으로 부과된 烈이라는 명분은 여성을 억압하는 기제로 작용하는 한편 오히려 이를 통해서 여성이 자신의 의지를 관철시킬 수 있는 양면성을 지닌다.

'烈설화'에는 이런 사회 질서에 대한 여성의 순응과 저항이라는 양면성이 두루 나타나고 있는데, 이는 고전소설 가운데 '여성영웅소설'의 주인공들의 행동 양식을 설명하는 데에 특히 유효할 듯하다. 여성영웅소설에 나타나는 주인공들이 보여주는 남성 지배체제에 대한 도전과 이를 통한 적극적인 문제 해결 능력은 '烈설화'에서 나타나는 열녀의 모습과 유사하다.[19] 설화에 나타난 열녀들의 저항의지와 독립적이며 적극적인 행

19) 전용문은 소설 <곽낭자전>의 경우를 들어서, '주인공이 남복으로 갈아입고 가출하여 옥으로 향하는 일은 여성영웅소설의 사건구조에 흡사한 일면을 보여 주는 바'라고 하였는데, "<곽낭자전>의 주제의 양면성, 곧 烈行과 애정갈등의 성

동방식은 烈이라는 名分이 여성에게 자아실현의 통로를 마련해 주는 데에서 기인한다.[20] 작품에 따라 차이가 있지만,[21] 여성영웅소설의 경우도 마찬가지로 여성 주인공에게 상투적으로 부과되는 과제는 婚約을 맺은 남자를 찾아서 혼사를 성취하는 일이거나 남편을 도와서 전쟁에 이기는 것이다. 이런 문제를 해결하기 위해 여성영웅들은 男服을 입고 남성들을 향해 소리를 내지르며 武功을 세우는데 이는 언제나 烈이라는 명분 아래 허용되며 찬양된다. 요컨대 이 여성영웅들은 烈이라는 이념에 순응하기 위해서 武將이 되어서 남성 중심의 사회 질서에 저항하고 있는 것이다. 이로 볼 때, '烈설화'에 나타난 여성의 저항 정신은 여성영웅소설의 창작과 수용에도 영향을 미쳤으리라고 본다. 이는 보다 많은 논의를 필요로 하므로, 하나의 가능성으로 제시해 두기로 한다.[22]

격은 여성영웅소설의 그것과 일맥상통하는 바라 하겠다."고 하였다. 전용문(1995), 「여성영웅소설의 문학사적 위치」, 『경산사재동박사 화갑기념논총』, 중앙문화사, 1250면.

물론 이 '남편 대신 옥에 갇히기' 설화에서는 선랑과 신부가 얼굴을 못 본 사이이므로 이들의 관계는 애정 갈등으로 설명하기 곤란하다. 그리고 여기에서 논의하는 '烈설화'에서도 남녀의 애정 갈등이 그다지 부각되지 않는다.

20) 이인경(1995), 「여성영웅소설의 유형성에 관한 반성적 고찰」, 『경산사재동박사화갑기념논총』, 중앙문화사.

21) 한편 <홍계월전>에서는 홍계월의 활약을 '혼사장애의 해결'보다는 '부부갈등의 해소' 차원으로 이해하는 것이 적절하다고 보는데, 홍계월의 이런 행적은 사실 烈行이 아니라 자아실현과 관련된다. 이인경(1992b), 「<홍계월전>연구」, 『관악어문연구』 17집, 서울대학교 국문과.

22) '남편 대신 옥에 갇히기'설화유형의 경우는 소설이나 가사와 같은 기록문학과의 교섭이 활발히 이루어졌다고 볼 수 있어서 오히려 이 설화가 여성영웅소설의 특성을 이어받았다고 설명할 수도 있다. 그러나 이 설화유형과 기록문학과의 선후 문제는 본질적으로 선명히 밝혀내기 곤란한데, 이는 구비설화와 기록문학의 교섭이 순환관계에 있기 때문이다. 그러나 분명한 것은 여성영웅소설이 발생한 시기보다 훨씬 앞선 시기부터 열녀들에 대한 설화가 전승되고 있었음을 문헌을 통해서 분명히 확인할 수 있다는 점이다. 따라서 열녀설화에 일찍부터 나타나는 여성인물의 공격성과 저항의 정신이 보다 후대인 여성영웅소설의 주인공에게 영향을 미쳤다고 생각할 수 있을 것이며, 최소한 여성영웅소설의 수용자의 입장에서는 전통적인 여성상에 비해 너무도 낯선 이 여성 영웅의 성격을 수용하는 데에 이런

제2절 '毁節型'에 나타난 이념과 현실의 갈등

1. 부부애와 모성애의 갈등
-<남편 위해 훼절하기> 유형군

毁節型 '烈설화'에서는 烈 또는 貞節이라는 사회 규범적 가치와 母性愛나 性的 욕망과 같은 인간의 본성 사이에 나타나는 갈등이 그려지고 있다. 먼저 <남편 위해 훼절하기> 유형군에 나타난 부부애와 모성애 사이의 갈등양상을 살펴보기로 한다.

'옥에 갇힌 남편 살리려고 몸을 허락하기' 유형의 경우 여인이 자결을 각오함은 물론이고 母性愛까지 포기하면서, 남편의 목숨을 살리기 위해 어사와 동침하려고 결심하게 되는 내면적 동기를 따져 보기로 한다. 우선 이런 여인의 선택을 두고 그가 '열녀라서 죽음을 각오하고 烈行을 하였다'는 식의 同語反覆的 해석을 가하는 것은 곤란하다. 화자들은 흔히 이런 경우 '하늘이 낸 烈女이기에 투철한 烈이념으로 남편의 생명을 구하고 기꺼이 자결한 것이다'라고 설명하는데, 이는 인간의 본성을 捨象시킨 채 이념 추구라는 초월적 면만을 부각시킨다는 점에서 비현실적이며 공허한 논의가 되기 때문이다. 또한 여인이 오로지 남편을 살려야 한다는 도의적 책임감으로 자식을 남겨둔 채 죽는 희생을 감수하고자 하였다고 한다면 모성애보다 부부애가 앞선다는 설명이 된다. 사실 남성 화자들의 각편에서는 모성애보다 부부애가 중시되고 있음을 보는데, 과연 주인공에게 모성애보다 부부애가 더욱 소중하였기 때문에 이런 선택을 하였을까 의문이다.

이 설화 각편에서 주인공이 어린애에게 젖을 물리며 "젖 빨리 무우라.

열녀들의 성격이 이해의 틀을 제공하였으리라고 추론할 수 있다.

젖도 올 저녁이 마지막 젖이고만."[23]이라고 하자 그가 자결할 것을 알아챈 어사가 마음을 돌이켜 남편을 살려주고 여인에게는 열녀비를 세워준다. 어사가 마음을 바꾸어 여인에게 온정을 베푼 것은 여인이 모성애보다 부부애를 소중히 여겼던 점을 높이 산 때문으로 볼 수도 있다. 그러나 이런 서사전개는 부부애가 모성애보다 결코 우선될 수 없음을 역설적으로 보여주는 것이다. 이 설화는 어머니가 어린 자식에게 젖을 먹이는 모습을 통해서 여인의 母性愛를 매우 실감나게 형상화하고 있는데, 젖먹이 자식을 둔 어미로서 자결을 결심한다는 것은 여인이 택할 수 있는 모든 희생 가운데 가장 큰 것임을 강조하고 있다.

여인이 선택할 방식은 두 가지이다. 하나는 훼절함으로써 남편을 구하는 것이고, 다른 하나는 御使의 제의를 거절함으로써 毁節하지 않고 그냥 寡婦가 되는 길을 선택하는 것이다. 이는 원치 않은 남자와 동침할 필요가 없으며 외간 남자의 유혹에 넘어가지 않고 정절을 지킨 여인이 되어 도덕성을 인정받을 수도 있다. 그러나 심각한 문제는 만일 남편이 죽고 나면 자신은 과부가 되어 자식을 양육하며 생계를 꾸려가야 한다는 것이다. 전통사회에서 과부로서 사는 것은 죽음보다 못한 삶이 되기 마련이지만, 특히 경제적 기반이 없는 이 하층 여인이 홀로 자식을 양육하며 살아간다는 것은 至難한 문제였을 것이다.[24] 따라서 여인으로서는 인간적인 情理로 남편의 죽음을 방관하는 것도 물론 어려웠겠지만, 무엇보다 자신의 희생으로 남편을 살림으로써 자식들의 양육까지 가능할 것으

---

23) 『구비대계』 8-7, 573면.

24) 守節型 '烈설화'의 '남편 따라 죽기' 유형에서도 과부가 어린 자식을 남겨 둔 채 從死하는 이야기가 있다. 따라서 이 경우에도 모성애와 烈이념 사이의 갈등이 나타난다. 그러나 이 여인들은 모두 양반 가문의 며느리였다는 점과 남편이 이미 죽은 뒤라는 점에서 처한 상황이 다르다. 그러나 역시 이 경우도 여인이 젖먹이 어린 자식을 두고 목숨을 끊는 것이 가능한가 그리고 그것이 과연 바람직한가 하는 윤리적인 문제가 제기된다.

로 판단하였을 것이다. 이는 각편에서 여인이 남편에게 자신이 죽고 나면 다른 여인을 만나 자식들을 잘 키우라고 당부하는 것에서도 확인할 수 있다.[25)]

한편 '개가하여 유복자로 대잇기' 유형이나 '後夫의 자식 죽여 본남편 치료하기' 유형에서는 天倫으로 인한 모성애 (모성본능)보다 婚姻이란 계약관계에 의해 출발한 부부애가 우선할 수 있는가의 문제가 제기된다. 夫婦愛가 상호간의 유대감에 기초한 비교적 조건부적인 사랑임에 비해 모성애는 보다 본능적이며 自己愛적인 성격을 띠는 무조건적 사랑에서 출발하고 있음을 생각할 때, 夫婦愛가 母性愛를 앞지르는 것은 쉽지 않을 것이다. 따라서 보편적으로 여인은 貞節이나 烈이라는 이념보다 생존의 욕구와 모성애에 집착할 수밖에 없을 것이다.

그럼에도 불구하고 이 설화유형들에서는 여인이 後夫의 자식을 죽여서, 後夫에 대한 거부와 本夫에 대한 信義를 표하거나 더 나아가서는 본남편을 살리기 위한 藥으로 삼기까지 한다. 이 설화들에서 여인의 이런 非情한 행위는 인간의 本性과 理念의 전면적인 충돌 속에서 理念이 승리한 결과로 이해된다. 인간의 윤리나 규범은 인간의 본능적 욕구를 거슬러 정신적 가치를 지향하는 초월적 성격을 띠기 마련이지만, 이 설화에서는 그 정도가 지나쳐서 인간성 상실에 다다르는 것이다. 後夫와의 사이에 낳은 자신의 자식을 죽여서 本夫의 약을 삼는다는 것은 烈이념이 教條的인 성질로 변질됨으로써 비인간화를 초래하는 양상을 심각하게 드러내고 있다.

25) 물론 이 여인에게 三從之道라는 당대의 사회적 규범도 작용하였겠지만, 하층민인 이 여인에게는 이런 명분보다는 현실적인 문제가 보다 더 중요하였을 것이다. 여인은 자신의 희생을 통해 결과적으로 자식과 남편 모두를 구하려고 하였던 것이다. 貞節이나 烈을 절대적 가치로 삼는 양반 가문의 여성들이 아닌 하층의 여성에게는 이처럼 당면한 현실의 문제가 더욱 피부에 와 닿았을 것이다.

2. 사회 규범과 욕망의 갈등

-<수절하기 어려운 사연> 유형군

<수절하기 어려운 사연> 유형군 설화를 살펴보면 오랜 동안 수절한 과부의 억압된 욕망에는 동정 또는 긍정의 시선을 보여주는 반면, 수절을 깨뜨린 여인의 일탈된 욕망에는 죽음이라는 즉각적인 징벌을 가하고 있다. 우선 '열녀 시험 통과하기' 유형을 보면 청상과부의 내밀한 정서가 고백을 통해 드러나는바, 守節이라는 사회적 규범을 위해 희생될 수밖에 없었던 과부의 性的 욕망과 고독한 삶의 여정이 진솔하게 그려져 있다. 이 설화의 또 다른 주인공은 바로 선비의 아내인바, 여인의 정절에 대한 피상적 이해를 깨뜨리게 하는 인물이다. 열 명의 남자를 보게 된 사연을 고백하는 부분이나 열녀(十女)의 조건에 자신이 맞는가를 보려고 '중도 사내로 치는가?' 하고 묻는 대목에서는 이 不貞한 여인의 일탈된 욕망이 상당히 희극적으로 노출되고 있다.

한편 이와 반대되는 상황이지만, 고모가 팔십 세가 되도록 남자와 접촉한 사실이 전혀 없음을 들어 자신의 貞潔함을 밝히는 다음의 고백 내용도 이에 못지 않게 희화화되고 있다.

> 2번 각편 : 내 배 위에다 오줌을 한 번 싼 일이 있을 뿐입니다. 그런 죄뿐이 없었습니다.
>
> 7번 각편 : 우리 손자가 오줌 싸서 사탱이를 들여다 본 것 백이 없습니다.
>
> 8번 각편 : 양자 조카로 맞아들여 그 보듬고 있으모, 보듬어서 오줌이나 내가 만내봤으까……"

위의 고백 내용에는 어린 사내아이의 배설 행위에서조차 남성의 성행위를 연상하며 죄의식을 느껴야 했던 고모의 왜곡되고 경직된 정서가 잘 드러나 있다. 이는 남성과의 접촉에 대해 결벽증에 가까울 정도로 예민하게 경계해야만 했던 청상과부의 수절의식을 엿보게 한다. 그런데 중요한 사실은 역설적으로 이 고백 속에는 어린 조카의 사타구니를 통해서도 남성을 떠올릴 수밖에 없었던 여인의 억압된 性的 욕망이 노출되어 있다는 점이다. 과부의 이런 고백 내용은 청상과부의 억압된 욕망을 생생하게 드러낸다는 점에서 상당한 리얼리티를 지닌다.

이처럼 70년 가까운 세월을 守節해 온 덕분에 과부는 드디어 상금을 받게 되는데, 여성 화자의 각편에서 고모는 상금을 타고 만족해하는 조카에게 다음과 같이 말한다.

> "야아 야, 우리 한기둥(큰기둥) 가 봐라. 춘삼월 호시절에 두견이 슬피 울고 할 때, 한기둥을 안고 돌아 쌓아서 지둥이 반득반득한다…… 그래, 내가 한 세상 넘어간 거 어느 누가 알겠고?"26)

화자는 봄날의 애절한 정서를 환기하는 두견새의 울음소리와 오랜 세월 동안 닳고 닳아서 반질반질하게 윤이 나는 기둥으로 수절 과부의 지독한 외로움을 형상화한다. 과부가 겪어야 하는 이런 守節의 고통이란 결코 타인이 공감하기 어려운 것이며, 烈女라는 명예나 상금 따위로는 도저히 보상할 수 없는 것임을 역설한다. 이쯤 되면 貞節이란 가치가 인간의 삶에서 지니는 의미가 과연 무엇인가를 되묻지 않을 수 없다.

이 설화에서는 욕망이 규범의 테두리를 넘어선 아내의 일탈된 삶과, 규범을 위해 욕망을 억제한 고모의 삶을 대비하면서 일견 전자를 부정하고 후자를 긍정하고 있는 듯하다. 그러나 좀 더 깊이 들여다보면 진정 설화가 지향하는 의미는 이것만이 아님을 알게 된다. 즉, 이 설화는 인간의

26) 『구비대계』 8-3, 심을순(여, 66세), 팔십 수절 과부.

욕망이 倫理的 규범을 일탈하였을 때와 이와 반대로 강하게 억압되었을 때의 폐해를 동시에 보여주는 것이다. 밖으로 드러난 삶의 모습은 서로 다를지언정 설화 속에 등장하는 두 여성인물에게는 본질적으로 동일한 性的 욕망이 내재하고 있다는 사실을 환기하고 있는 것이다. 즉, 이 설화는 여성에게 보편적으로 내재한 性的 慾望을 조명함으로써 정절 이념이란 사실상 여성들에게 지워진 인간적 굴레였음을 말하고 있는 것이다.

'원수의 아내가 되었다가 복수하기' 유형에서 화자들은 여인이 사실을 모른 채 남편을 죽인 친구의 유혹에 넘어가 함께 살게 된 과정을 다음과 같이 묘사한다.

> 3번 각편 : 친구라고 그 후사를 봐줘…… 그리 갖고는 여 가찹게 걍 몸이 달아가지고, 걍 얻어가지고는 자석을 형제 나놨단 말여.

> 5번 각편 : 부인허고 과부허고 숯불허고 건드리기만 허먼 고만여. 과부는 건드리면 고장여. 그 살다가 혼자 있은 게 별 수가 있소.

> 8번 각편 : 여자라 쿠는 기 한 번 꼬우고 두 번 꼬우고 한 번 찍고 두 번 찍으몬 그기 세상을 따라 가는 기 여자거덩.

> 10번 각편 : 마 어떻게 생각끔 하는지, 꿀로 담아 붓고 하는지, 요 여자가 맴이 솔곳하그덩. '참 저 양반이 저렇게 도와 주이께네 참 좋다' 싶어.

위의 인용은 주인공 여인이 남편을 죽인 원수와 결혼하여 아이까지 낳게 된 動因을 설명하는 부분이다. 위에서 보듯이 화자들은 아무리 진상을 몰랐다고는 하지만 남편을 죽인 원수에게 개가하는 여인의 지조 없는 행동을 비꼬는 한편, 본래 과부의 수절의지란 매우 허망한 것이어서 믿을 게 못 된다는 태도를 보여준다. 그러나 이는 단순히 화자의 감정 개입 즉, 화자의 분풀이를 위해 삽입된 것만은 아니다. 이 부분은 과부의 일이란 현실적으로 그렇게 되기 마련임을 강조하여서 서사전개에 리얼리티를 확보하기 위한 수사적 장치인 것이다. 화자의 이런 설명은, 과부의 守節이란 인간의 본성에서 벗어난 것으로 현실적으로 볼 때 오히려 毁節보다도 비일상적이며 부자연스러운 일이라는 의식을 드러내고 있다.

'거짓 열녀 만들기' 유형에서는 청상과부에게 사회가 가하였던 守節의 압력이 드러난다. 이 과부가 지닌 욕망이 절제의 선을 넘었을 때, 그에게는 죽음만이 있을 뿐이었다. 또한 '과부 개가하기' 유형에서는 士族의 여인들이 아버지나 시아버지의 주선으로 개가하는가 하면, 이방의 며느리나 평민층 여인들이 자진하여 개가를 한다. 士族이 아닌 여인들이 스스로 종과 정을 통하고 혼인까지 하는 것은 개가금지가 士族 여인들에게 우선 해당되기 때문이다. 어떤 각편에서는 양반 가문의 과부를 겁탈한 종을 죽이지 않고 과부와 함께 살게 하는데 이는 신분질서보다 인간의 욕망을 긍정하는 의식의 반영이라고 할 수 있다. 또한 군수가 효자로 하여금 喪妻하여 홀로 된 노인을 장가보내게 하고 수절하던 열녀로 하여금 개가하게 한 각편에서는, 지배층 스스로가 명분보다 인간의 욕망을 존중하는 태도를 보였다는 점에서 의리와 명분을 앞세운 貞節이나 孝의 절대적 가치를 부정하는 반중세적인 의식을 보이고 있다.

정리해 보면 <수절하기 어려운 사연> 유형군은 여성의 욕망 그 자체를 부정하지 않는다는 점에서 여성을 흔히 烈이념의 化身으로 그리고 있는 守節型 '烈설화'와 차이를 보인다. 이는 중세적인 烈이 貞節 본래의 건강한 의미를 상실하고 여성의 性的 욕망 자체를 전면적으로 부정하기에 이른 사태에 대한 전승자들의 문제제기를 보여주는 것이다. 전승자들은 기본적으로 잘 절제된 욕망을 긍정하고 있는 한편, 극도로 억압된 욕망과 일탈된 욕망 모두를 부정적으로 바라보고 있다. 설화 전승자들은 貞節이 절대적 가치로 고착되는 것을 부정하고 인간성의 긍정을 주장하는바, 정절의 본래 의미는 남녀 간의 자연스러운 애정 욕구라는 인간의 본성에 기초를 두기 때문이다.

3. 등장인물의 신분과 烈이념의 수용

守節型 '烈설화'의 경우 주인공이 양반 가문의 여성으로 나타나는 각편에서는 여인의 죽음이 대부분 烈이라는 명분을 위한 것으로 그려지는 반면, 어촌에서 살아가는 하층 여인의 삶을 다룬 각편에서는 남녀의 애정 문제가 전면에 드러나고 있다. 이는 주인공들의 계층과 삶의 방식에 따라 烈이라는 이념의 수용이나 실현 방식이 다르다는 점을 보여주는 것이다. 그리고 인간의 자연스러운 감정을 조명한 각편이 모두 바닷가 마을을 배경으로 하고 있는 것은 매우 흥미롭다. 이런 각편들에는 제도적 규범으로부터 비교적 자유로운 공간이 설정됨으로써 진솔한 삶의 모습을 사실적으로 담아낼 수 있었던 것으로 보인다.

등장인물의 신분계층에 따른 烈인식의 편차는 毁節型 '烈설화'에서 더 분명하게 나타난다. 이는 설화의 주인공인 여성 인물에만 해당되는 사항이 아니고 이야기에 등장하는 남성 인물들에도 마찬가지로 적용되는 것인데, 이는 현실에서 자신이 처해 있는 상황이 어떠한가에 따라서 규범을 이해하고 적용하는 태도가 다르기 때문이다. 이러한 점은 그런 규범을 수행해 가는 여성들만이 아니라 그런 규범을 요구하거나 어그러뜨리는 남성들의 烈인식을 엿볼 수 있게 한다는 점에서 주목할 만하다. 이제 인물의 신분에 따른 烈인식의 편차를 설화유형들을 통해서 검토하기로 한다.

먼저 <수절하기 어려운 사연> 유형군을 살펴보기로 하자. '거짓 열녀 만들기' 유형에서는 보듯이[27] 어사는 지배층 양반의 기득권을 옹호하는 자이다. 이들이 보여주는 烈인식은 가문에 속한 여인들의 烈이 가문의 도덕적 위상을 높이고 자신들의 기득권을 유지하기 위한 명분으로서 절실히 필요하다는 것이다.

과부가 되어 수절을 강요받은 여인은 사실상 그 가문의 이익을 위해 바쳐진 희생물인 셈이다. 그러나 이 설화에서는 이런 집단의 이익을 위해 한 개인이 희생되는 현실에 대하여 아무도 이의를 제기하지 않는다. 義理를 지키기 위해 과부의 개가를 금한 것이 오히려 과부의 윤리적 일탈 행위를 부추겼다는 점에서 이는 정절 이념의 모순을 보여준다. 이 설화에 나타난 문제의 핵심은 과부의 비윤리적 행실 자체가 아니라 이런 사태를 초래한 것은 바로 청상과부의 개가를 원천적으로 막은 불합리한 사회구조 때문이라는 것이다. 그러나 어사는 이런 사회 제도의 모순을 인식하지 못한 채, 가문의 영달을 위해 기지를 발휘하는 어린 소년에게 찬사를 보내고 있는 것이다. 이는 어사가 양반층의 지배질서에 철저히 봉사하고 있음을 보여주는 것으로 이 설화에 나타나는 남성 인물들은 모두 기존의 사회적 질서를 유지하려는 강한 보수성을 드러내고 있다.

이런 사정은 '과부 개가하기' 유형에서도 드러난다. 과부의 개가가 금지된 것은 한번 맺은 약속을 저버리지 않는 의리와 명분이라는 중세적 가치관 때문이지만 실제로는 양반의 數的 증가를 막아 양반층의 기득권을 유지하기 위함이었다. 즉 과부의 개가금지는 소수의 양반지배층 남성들의 특권을 위해서 양반 가문의 여인들에게 적용된 사회 제도였던 것이다. 이 설화에서 과부가 된 딸(또는 며느리)이 남성에 대한 애정욕구를

---

27) '양반 가문의 며느리가 불륜을 저지르는 현장을 목격한 어사나 어린 시동생이 여인과 姦夫를 죽인다. 시동생은 훼절한 형수를 열녀로 둔갑시켜 열녀문을 세우게 하고 이를 몰래 다시 불태워 버림으로써 가문의 명예를 유지한다. 이 사실을 알게 된 어사는 이 시동생을 현명하다고 여겨 벼슬길을 열어준다.'는 내용이다.

강하게 보이자 정승은 딸을 그대로 두면 가문에 누가 될 것을 염려하여 시골로 쫓아낸다. 이런 정승의 모습에서 양반 가문의 명예를 수호하여 기득권을 잃지 않으려는 태도를 볼 수 있다. 정승은 과부의 개가가 허용되지 않는 사회 제도를 전면적으로 개혁하는 대신 그저 딸을 몰래 종과 혼인시켜 떠나보내는 소극적 편법을 사용한다. 정승의 가문은 그곳에 남고 지배질서에 위협이 되는 과부만 축출함으로써 문제를 해결하는 것은 양반의 지배 질서 속에 안주하려는 정승의 체제지향적 보수성을 보여준다. 유교적 질서에서 가장 영달했다고 할 수 있는 정승의 자리에 앉아 있는 그로서는 현실유지가 최상의 목표였을 터이기 때문이다.

이번에는 <남편 위해 훼절하기> 유형군 설화에 나타나는 주인공들의 신분과 그들의 행위를 관련지어 살펴보기로 한다. 먼저 '개가하여 유복자로 대잇기' 유형을 보면[28] 화자들은 각편에서 한결같이 주인공이 속한 家門을 강조한다. 이 설화의 절정은 바로 유복자가 자라 本家의 祭祀를 지내주면서 血緣관계가 밝혀지는 장면인데, 유복자가 제사를 지낼 때 가슴이 뜨거워진다거나 祖上의 위패가 가슴에 달라붙는 것처럼 血緣의 문제가 매우 진하게 형상화된다. 이 때 祭祀를 지내는 과정에서 혈연관계가 확인된다는 상황 설정은 자못 상징적이다. 조상숭배 의식인 祭祀란 兩班 士大夫家의 家門意識을 보여주는 것으로,[29] 양반 가문의 가부장제

28) 양반 가문의 며느리가 개가한 후 유복자를 잘 키워서 과거에 급제한 유복자를 본가로 보내어 대를 잇게 하고는 자결한다는 내용이다.

29) 성리학이 표방하는 宗法制度에는 嫡長子繼承, 宗子繼承이라는 원칙이 있는데, 嫡統이 단절되었을 때 血脈을 위주로 할 것인가 宗統을 위주로 할 것인가의 문제가 대두되었다. 조선시대에는 성리학의 義理와 名分에 따른 嫡系主義의 正統論과 血統主義가 대립하였는데, 후대로 갈수록 正統論이 세력을 얻게 되었다. 지두환(1984), 「조선전기의 종법제도 이해과정」, 『태동고전연구』 창간호 참조. 한편 양반 사대부 가문에서 친자식이 아닌 養子를 들여 제사를 지내기도 한다는 점을 고려하면, 양반가문의 제사를 반드시 양반가문의 순수혈통을 확인하는 의식으로 이해하는 데에는 무리가 있다. 그러나 養子를 들이는 것은 嫡系 혈통이 없는 불가피한 경우이며, 조선시대에 정통론과 혈통주의가 계속 대립해 온 것을 보더라도 양반

적 가족질서가 강조되고 있다.

이처럼 설화에서 士族의 여인은 모두 강한 가문의식을 지니고 있으며 가부장제적 질서 유지를 위해 노력하는 것을 볼 수 있다. 烈이념의 提高가 이루어진 것은 조선시대 양반사대부 가문의 혈통적 순수성을 보장하며 그들의 道德的 優位를 드러내기 위한 것이었다. 이는 결국 상층계급의 기득권을 유지하거나 때로는 몰락한 가문을 일으켜 세우기 위한 것이었으므로 烈이란 본질적으로 상층 양반 사대부 가문의 여인에게 부여되던 규범이었다.

그러나 '개가하여 본남편 구완하기'나 '옥에 갇힌 남편 살리려고 몸을 허락하기' 유형에서는 상황이 다르다. 이 설화유형에 등장하는 인물은 양반 가문과 무관한 遊離乞食하는 하층민들이다. 여인은 남편과 상의하거나 스스로 남편과 자신의 생계를 위해서 개가를 한다. 현실적으로 이들에게는 가문의식이나 士族들의 道德的 名分이 개입할 이유가 없는바, 당면한 삶의 조건하에서 가능한 최선의 선택을 한 것이다. 말하자면 이들의 정절의식은 관념적인 명분에 관한 문제가 아니라 실제적인 삶의 영위와 밀착되어 있다. 이는 '굶어 죽는 일은 극히 작은 것이요, 절개를 잃는 것은 극히 큰 것'이라는 程頤의 명분론적 언술과는 거리가 있다. 일정한 지역 공동체에 소속되어 고정된 사회기반을 지니는 양반계층과 달리, 이곳저곳을 떠돌아다닐 수밖에 없었던 이 하층민들에게 貞節이나 烈은 강제적 규범이라는 사회적인 의미보다 부부 사이의 私的 윤리로서 자리 잡고 있다. 다시 말해서 兩班家 여인의 貞節은 개인의 문제가 아닌 가문 전체의 문제인 데 반해, 遊離乞食하는 하층민에게 貞節의 의미는 외부의 시선과 무관하게 개인의 가치관에 따른 문제였던 것이다. 이처럼 하층민

가문에서 養子로 대를 잇는 것을 기꺼이 바라지는 않았을 것이다. 자신의 혈통으로 대를 잇고 싶은 것은 당연할 것이므로 이 설화에 나타난 제사의 의미는 바로 이런 혈통의 확인과정으로 나타나고 있다.

들의 烈인식은 양반계층이 고양한 중세적 의미의 烈과는 매우 다른 것임을 알 수 있다.

'옥에 갇힌 남편 살리려고 몸을 허락하기' 유형은 貞節이라는 도덕적 가치가 모든 계층의 인간에게 보편적으로 적용되기 어려운 사회 현실을 반영하고 있다. 말하자면 양반계층의 남성들은 모든 여성의 정절이 보호되는 것이 아니라, 貞節에는 보호될 가치가 있는 것과 그렇지 않은 것이 있다는 烈인식을 보이는 것이 있다. 어사가 하층의 여인에게 남편의 목숨을 대가로 하룻밤의 동침을 요구할 수 있던 것이나 상전이 여종에게 수청을 요구한 것은 모두 이런 인식에서 기인한 것이다. 烈이란 인간의 보편적 가치가 아닌 지배계급만의 가치라는 인식이 양반층 남성들에게 존재하는바, 이들이 妓女와 풍류를 즐기는 동시에 자기 家門의 여인에게는 守節을 요구할 수 있었던 것이다.

한편 이 설화에 등장한 암행어사는 刑事의 억울함을 해결하기보다는 향응을 받고 죄의 有無와 무관하게 살인자를 풀어주기도 하는 등 職權을 남용한다. 게다가 이 어사는 忠孝烈 같은 유교 이념을 몸소 실천하는 것은 물론 백성을 교화하여야 할 士族 계층임에도 불구하고 실제로는 정욕에 눈이 먼 위선적 인물이기도 하다. 이렇듯 부도덕한 자가 正義를 구현하는 暗行御史가 되고, 도망한 노비인 까닭에 선량한 사람이 살인자로 몰리고, 민중의 억울함을 해결해야 할 어사는 오히려 公務 중에 有夫女를 유혹한다.

그런데 주목할 것은 설화 속에서 이런 기형적인 어사의 행태가 낯설기는커녕 오히려 매우 자연스럽게 서술되고 있다는 점이다. 청중들 역시 충분히 그럴 수 있다는 듯이 별다른 문제를 제기하지 않는다. 왜 이런 일이 일어나는가? 이는 바로 이 설화가 사회에서 보편적으로 일어나는 强者와 弱者 사이의 지배와 종속 관계를 표상하고 있기 때문이다. 설화에 나타난 어사와 주막집 여인의 관계, 그리고 他地에서 도망쳐 왔다는 이유로 살인자로 몰아세우는 지역 공동체와 살인자로 내몰린 남편과의 관계는 모두 현실 속에 존재하는 다양한 권력 구조를 반영한다. 이들의 관계에서 나타나는 이항대립을 다음과 같이 정리해 볼 수 있다.

어사(强者) : 남성, 양반, 상전, 부자, 권력자(지배자)
여인(弱者) : 여성, 천민, 노비, 가난한 자, 피지배자

마을공동체(强者) : 多數, 정착자, 기득권자
남편(弱者) : 小數, 이주자, 소외된 자

이처럼 이 설화는 身分의 貴賤, 사회적 地位의 高下, 권력의 有無, 貧富, 旣得權의 획득 여부 그리고 남녀의 성별에 따른 차별 등과 같은 强者와 弱者 사이의 지배와 피지배 현상을 보여주고 있다. 이런 현실적인 권력구조에 매우 익숙한 전승자들로서는 설화에 나타난 갈등양상에 대해 별다른 문제의식을 갖지 못한다. 이 설화유형에서 대감이 잘살 수 있다는 말로 賤民인 여인을 유혹하는 것이나, 어사가 여인(여종)에게 淫心을 품어 아내의 性과 남편의 목숨을 교환하려 하는 상황이 자연스럽게 설정되는 것은, 인간 사회에 보편적으로 존재하는 强者와 弱者의 '지배와 종속'이라는 권력구조가 性을 매개로 하여 핍진하게 그려지고 있기 때문이다.

제4장 문헌설화와의 대비고찰

『朝鮮朝文獻說話輯要』에는 59편의 열녀담이 실려 있으며, 여기에는 주인공의 계층, 장애요인, 수절의 방식 등이 다양하게 나타나 있다.[1] 김현룡은 역대 전적에 실려 전하는 문헌설화를 '烈節 : 절개를 지킨 여인'과 '변절 : 절개를 굽힌 부인'이라는 제목으로 '烈설화'를 정리하고 있다.[2] 이 장에서는 『대동야승』을 중심으로 한 문헌 자료와 구비 '烈설화'를 대비하여 고찰하기로 한다. 먼저 문헌과 구비의 '烈설화'를 전승유형을 중심으로 대비해 본 후, 각 설화유형에서 발견되는 서사전개의 차이와 그에 따른 의미의 변화 양상을 검토하여 이를 종합적으로 논의하는 순서로 진행하기로 한다.

---

1) 김대숙(1998), 「문헌소재 열녀설화 연구」, 『설화문학연구』 下, 단국대학교출판부, 472면.
2) 김현룡(1999), 『한국문헌설화』, 건국대학교출판부.

제1절 문헌 소재 '烈설화'의 유형과 의미

1. 구비와 문헌에 공통으로 나타나는 '烈설화' 유형

(1) <정절 지키기> 유형군

가) '핍박당하여 죽기'

문헌설화에서 가장 많이 발견되는 열녀이야기는 대개 외적의 침입으로 정절을 잃게 될 상황을 피하려고 죽은 여인들이다. 『어우야담』에 실린 '韓氏吾侄柳洸妻'라는 제목의 설화는 유광의 妻인 韓氏가 왜구를 피해 목을 매어 죽었고 그의 여동생은 왜장의 핍박을 피해서 낭떠러지 아래로 떨어져 죽었다는 내용이다. 한편 『錦溪筆談』에 실린 '仁祖朝一名士'라는 제목의 설화는 여인의 정절 문제로 인해 가족간의 신뢰가 깨어지는 갈등 상황이 나타나 있어 주목을 끄는데, 다음에 그 내용을 정리해본다.

> 인조 때 한 名士의 아내가 매우 현명하고 정숙하였다. 병자호란 때 부부가 아들을 데리고 도망가다가 慕華館 앞에서 오랑캐에게 붙잡혀 죽임을 당하게 되었는데, 부인이 애원하여 남편과 아이를 살려 보냈다. 나중에 그 선비의 벼슬이 재상에 이르렀으나, 늘 아내가 절개를 잃은 것을 한스럽게 여겨 그 아들을 몹시 구박하였다. 어느 날 친한 재상 하나가 선비가 아들을 구박하는 장면을 보게 되었는데, 그 이유를 듣고는 당시에 자신이 모화관 대청마루 밑에서 그 사건을 목격했었다고 하였다. 그가 말하기를, '당시에 부인이 남편과 아이를 멀리 보낸 후 오랑캐들을 꾸짖으며 스스로 말에서 떨어지니 오랑캐들이 부인을 亂刺하였기에 자신이 부인의 시체를 거두어 마른 우물 속에 넣고 흙으로 덮었다'고 하였다. 선비

> 가 이 말을 듣고 재상과 함께 모화관으로 가서 마른 우물을 파보니, 아내가 피투성이가 된 채 예전의 모습으로 누워 있었다. 선비가 크게 통곡하고 다시 장례를 치른 다음, 아들을 잘 대해 주었다.[3)]

여기서 여인은 남편과 자식을 적으로부터 안전하게 구해낸 후에 비로소 자결함으로써 정절을 지킨다. 그러나 이런 사정을 모르는 선비는 아내가 필경 정절을 잃었으리라고 여기고, 不貞한 여인의 소생이라는 이유로 자신의 아들을 구박하게 된다. 그러나 설령 아내가 정절을 팔았다 하더라도 사실 선비가 아내를 일방적으로 원망할 수 있는 상황은 아니다. 아내의 희생 덕분에 자신과 아들이 생존할 수 있었기 때문이다. 그럼에도 불구하고 선비가 이를 못마땅하게 여긴 것은 중세 사회에서 여인의 정절은 개인적인 차원의 문제가 아니었기 때문이다. 나중에 아내가 정절을 지킨 채 죽었음을 알고 나서야 비로소 선비가 태도를 바꾼 것은, 아내의 '목숨'과 자신의 목숨을 바꾸는 일은 몰라도 아내의 '정절'과 자신의 목숨을 바꾸는 것은 절대 용납할 수 없다는 태도를 보여준다.

한편 선비가 아들을 구박했던 것은 훼절한 아내와 현실 속의 자신을 완전히 분리하고자 하는 선비의 잠재의식이 표출된 것으로 볼 수 있다. 그러나 선비가 아들을 구박했던 본질적인 이유는 자신과 아들의 救命을 빌미삼아 훼절하였을 不貞한 아내에 대한 증오나 원망보다는 훨씬 더 복잡한 선비의 내면심리에서 찾을 수 있을 것이다. 즉, 선비는 아내의 정절을 팔아서 얻은 자신의 비굴한 생존을 도저히 스스로 용납할 수 없었을 것이기 때문이다. 아들을 구박하는 선비의 행위는 바로 자신의 이런 자괴감을 아들에게 투사한 것에 지나지 않는다. 높은 도덕성을 자아정체감으로 삼고 살아왔을 양반사대부로서, 아내의 훼절을 代價로 하여 얻었다고 믿는 구

---

3) 서대석 편(1992), 『朝鮮朝文獻說話輯要』 II, 집문당, 454면.

차한 삶을 매일 매일 이어가는 것이 무척이나 괴로웠을 것이다.

한편 높은 벼슬을 지닌 양반 가문에서 여인의 정절을 어느 정도 중시했는가를 『매옹한록』의 '晩沙沈相國之源'으로 시작되는 설화에서 다시 확인할 수 있다. 설화 내용을 보기로 한다.

> 심지원의 부인이 홀로 있는데 妹壻가 와서 부인의 옷을 잡고 겁탈하고자 하니 부인이 소리를 쳐서 위기를 면했다. 심공이 돌아오자 부인이 "여자가 비록 몸을 더럽힌 것은 아니지만 외간 남자에게 옷을 잡히는 핍박을 당했으니 자결하고자 합니다."라고 하니, 심공이 일리 있는 말이라 하였다. 부인이 곧 자결하였다.[4)]

이 여인의 정절의식은 매섭기 이를 데 없다. 자신만 비밀을 지키면 아무 일도 없었던 것처럼 그저 묻어둘 수도 있었을 터인데, 남편의 허락까지 받아가며 자결함으로써 설욕을 한다. 사건이 일어났을 때 妹壻 앞에서 곧 자결하지 않고 남편이 오길 기다려서 자신의 정절을 증명하고 죽는 것은, 이 여인의 자결이 일시적이거나 충동적인 사적 감정에서 기인한 것이 아니라 양반가문의 여인으로서의 義理와 名分에 의한 것임을 확실히 하기 위함이다. 아내의 자결을 허락하는 남편의 모습은 상당히 몰인정하거나 비인간적으로 비춰지기도 한다. 그러나 심공의 이런 태도는 사실 아내의 죽음을 대수롭지 않게 여겨서가 아니라, 부부의 情과 같은 사사로운 감정보다는 義理가 더욱 중요하다는 의식 때문일 것이다. 말하자면 그 아내의 그 남편인 셈인데, 이처럼 義理의 문제는 개인에 국한되지 않는 사회적이며 공적인 가치임을 시사한다.

한편 『지봉유설』에는 다음과 같은 이야기가 보인다.

---

4) 김현룡(1999), 『한국문헌설화』, 건국대출판부, 82면.

> 임진왜란 때 선비 부인이 피난길에 배를 타려는데, 한 사람이 부인의 손을 잡고 끌어올려 주었다. 부인이 울면서 말하기를 "내 이미 손이 외간남자의 손에 의해 더럽혀졌으니 어찌 살 수 있으리요?"하고 곧 물에 빠져죽으니, 부인을 따라온 여자 종도 따라 죽었다.[5]

맹자는 물에 빠진 형수의 손을 잡아 구하는 것은 權道라고 하였는데, 이 선비의 부인은 이 權道조차 허락하지 않았던 潔癖에 가까운 貞節意識을 갖고 있었다. 부인을 살리려던 남자는 졸지에 여인을 죽음으로 내몰아버린 셈이 되고 말았다. 이 남자가 이처럼 여인의 손을 잡아서 올려준 것은 필시 여인의 이런 반응을 전혀 예견하지 못하였을 터인즉, 이는 그가 남녀의 內外法을 목숨만큼 중시하는 士族 身分이 아닌 下層民이었거나, 비록 士族이었을지라도 상황이 너무 급박하여 나름대로 權道를 행했던 것일 터이다. 여기서 여인의 자결은, 전쟁 중이라는 비상사태에서조차 낮은 신분의 남자에게 (최소한 內外法을 모르는 남자에게) 목숨을 구걸하기 위해 義理를 저버리는 행동을 결코 하지 않으려는 士族 여인의 높은 기개와 자존심을 보여준다는 점에서, 양반들의 도덕적 자부심에 잘 들어맞는 내용이었으리라고 짐작된다.

정절을 위해 여인이 죽는 일은 性的 핍박을 피하기 위함에 그치지 않는바, 여인의 정절을 누군가가 모해함으로써 일어나기도 한다. 실제 사건을 기술한 『계서야담』의 '榮川儒生閔某'라는 설화[6]에서는 양반가의 과부를 탐한 부유한 양반이 과부의 정절을 모해하는 사건이 나타난다. 내용은 다음과 같다.

> 閔某의 처는 박씨 양반 출신으로 혼인한 후 곧 과부가 되었다. 박씨가

---

5) 김현룡(1999), 121면.
6) 1820년 무렵에 일어난 일이라고 한다. 김현룡(1999), 120면.

> 시집올 때 데리고 온 종 萬石을 데리고 살림을 꾸려나갔는데, 이웃의 부자 양반인 金祖述이 박씨의 미모를 탐해 방에 침입하려다가 들키자 박씨가 자신과 사통했다는 헛소문을 퍼뜨렸다. 박씨가 관청에 찾아가 고발하였으나 뇌물에 매수된 관원이 듣지 않자 官門 밖에서 자결하였다. 만석이 바라를 쳐서 判府에서 조사하게 되었는데, 김조술이 돈을 풀어서 박씨가 음행을 부끄러이 여겨 죽은 것으로 꾸몄다. 옥사가 4년이 넘도록 끝나지 않아 시체를 염습하지 못했는데 시체가 조금도 썩지 않았다. 만석은 김조술의 여종과 결혼했었는데 이 일로 하여 헤어졌다. 후에 절도사가 와서 박씨의 무죄를 밝혀내어 김조술을 처벌하고 박씨의 정려문을 세워주었다.7)

이는 『청구야담』, 『청구총화』, 『기문총화』, 『계서잡록』, 『청야담구』, 『하담만록』에도 실려 있을 만큼 문헌설화집을 잡록한 사대부나 漢文을 아는 識者層이 상당히 중요시한 설화임을 알 수 있다. 그만큼 이 설화는 양반층의 세계관에 잘 부합하는 내용을 담고 있다고 짐작할 수 있다. 士族의 여인이 정절을 의심받았다는 것은 개인의 문제가 아닌 가문의 문제인바 과부는 누명을 벗기 위해 官에 호소하였지만 뜻대로 되지 않자 결국 자결한다. 이 문제의 해결은 친정에서 함께 데리고 온 종 만석의 몫이 되는데, 상전의 伸寃을 위한 그의 노력은 바라를 치는 것에서부터 자신의 아내를 버리는 일에까지 이른다. 사족 여인의 烈과 종의 忠이 강조되고, 돈 많은 양반의 횡포와 돈에 매수되는 관원들의 세태에 대한 고발로 이어지면서 이야기는 事必歸正이라는 교훈으로 끝을 맺는다.

여인의 정절 지키기는 이런 양반가문 여인들에게 국한되는 것이 아니라 良人 신분의 여인에게까지 미치고 있는데, 다음에 『청구야담』 소재

---

7) 서대석 편, 『朝鮮朝文獻說話輯要』 I, 집문당, 1992, 245면; 김현룡(1999), 119~120면.

'節婦當難辨高義' 설화를 보자.

> 夷城 良家의 여인인 節婦 李氏는 16세에 시집을 가서는 일 년 만에 과부가 되었는데, 시아버지의 개가 권유를 물리치고 수절하고 있었다. 夷城의 풍속이 과부가 생기면 도당을 모아 반드시 탈취하는 것으로 되어 있으나 節義가 높은 李氏를 넘보지 못하였는데, 必彧이란 자가 탈취하러 들어갔다. 피할 수 없음을 안 이씨가 필욱을 안심시킨 후 그가 잠시 밖으로 나간 사이에 자결하였다. 사건의 전말이 밝혀져 필욱은 처벌되고 이씨에게는 정문이 내렸다.[8)]

夷城의 풍속이었던 과부 보쌈[9)]을 피하기 위해서 자결을 한 이씨는 비록 士族은 아니지만 굳은 수절의지를 보여준다.[10)] 한편 夷城은 실제 地名

---

8) 서대석 편(1992,), 『朝鮮朝文獻說話輯要』 I, 집문당, 397면.

9) 과부를 보쌈하는 풍속은 여자가 귀한 지역에서 행해지는 일종의 掠奪婚으로 볼 수 있는데, 양반가의 蓄妾과 조선시대 과부의 개가금지로 인해 남녀 相偶의 균형이 어지러워져 경제적으로 빈곤한 常民 총각들 사이에서 널리 행해지고 있었다. 이런 노총각만이 아니라 처자가 있으면서도 첩을 탐하여 보쌈을 하는 남성도 있었다. 이런 보쌈의 풍속은 사회 전체로 볼 때, 과부개가금지로 인해 생겨난 여러 가지 문제를 해결하는 必要惡으로서 사회적으로 용인되고 있었다고 하겠다. 즉, 빈곤한 상민층 노총각에게 혼인 기회를 제공함으로써 결과적으로 전체 인구의 증가를 가져올 수 있으며, 음성적이지만 과부의 개가를 허용하는 결과를 가져옴으로써 과부들의 性的 욕구를 해결할 수 있기 때문이다. 게다가 더욱 중요한 것은 경제적 기반이 없는 상민층 과부들이 굶어죽기도 하던 당시 상황에서 과부들의 생계 문제까지 해결할 수 있었다는 사실이다. 실제로 암암리에 과부 쪽의 동의를 얻어 보쌈이 행해지기도 한 것은 과부보쌈이 이런 순기능(?)을 갖고 있기 때문일 것이다. 그러나 이는 여러 가지 문제를 낳았던바, 불시에 일어나는 이런 人身掠奪은 수절의지를 지닌 과부들을 죽음으로 몰고 가기도 하였던 것이다. 이순홍(1992), 『韓國傳統婚姻考』, 학연문화사, 62~66면; 이영진(1991), 보쌈, 『한국민족문화대백과사전』, 한국정신문화연구원 참조.

10) 이런 과부보쌈을 피하기 위해 죽은 여인의 이야기와, 보쌈으로 인해 양반인 홀아비와 처녀가 결연하게 되는 설화가 문헌설화와 구비설화에 두루 나타나는데, 이에 대한 자세한 고찰은 이 논문에서 감당하기 어려우므로 후속 연구의 과제로 넘

을 뜻하는 고유명사는 아닐 것 같은데,[11] 보쌈이 공공연히 행해지는 곳이라는 점을 들어 禮義도 모르는 오랑캐의 고장이라는 뜻으로 붙여진 이름인 듯하다.[12] 사실 주인공 이씨는 士族이 아닌 까닭에 守節이 강요되거나 장려되지 않는 분위기 속에서 살고 있었으며 심지어 시아버지까지 나서서 개가를 권유할 정도였다. 그러나 그럼에도 불구하고 이씨가 節義를 소중히 여기고 목숨을 가벼이 여겼다는 점을 이 설화는 강조하고 있는 것이다. 이는 여인의 정절 문제가 士族 여인에 국한된 것이 아니라 良人을 비롯한 사회의 보다 낮은 계층으로까지 적용된 사정을 잘 보여준다.

이처럼 중세의 정절이념은 사족의 여인은 물론이고 양반의 첩으로부터 종의 아내 그리고 妓女에게까지 미치고 있는데, 『기문총화』에는 정절을 지키려고 죽은 여종의 이야기가 실려 있다.[13]

> 한 선비가 영남으로 내려갈 때 종의 아름다운 딸을 발견하였는데, 그녀는 이미 시집간 몸이었다. 선비가 그녀를 데리고 길을 떠나니 여인의 남편도 슬퍼하면서 따라와 낙동강에 이르렀다. 여인은 남편에게 詩를 한 편 써준 후 강에 몸을 던졌다. 詩는 다음과 같다. <威如霜雪信如山 欲去爲難不去難 回看洛東江水碧 此身危處心安>

기기로 한다. 한편 김정석(1991), 「<보쌈설화>의 전개 양상과 의미」, 『한국정신문화연구원 대학원 논문집』 5집에서 이런 보쌈을 주제로 한 설화에 대한 고찰이 이루어졌다.

11) 『신증동국여지승람』에 나타난 地名 모두를 검토한 결과 夷城이란 지명은 없고, 다만 유사한 지명으로 함경도의 利城과 전라도의 伊城이 보인다.

12) 물론 '夷'의 뜻에 '오랑캐' 말고도 '평평하다', '온화하다', '마음이 편안하다'라는 긍정적인 의미도 있다. 그러나 뒤에 나타나는 상황에서 보듯이 과부보쌈이 공공연히 일어나는 곳임을 감안하면 긍정적인 의미보다는 오랑캐라는 부정적인 이미지로 읽히는 것이 자연스러울 듯하다.

13) 김현룡(1999), 477면.

이 이야기에는 비록 미천한 신분이지만 죽음으로 남편에 대한 신의를 지키는 여종의 모습과 色을 탐하는 선비의 모습이 대조되고 있다. 여기서 종의 딸이 漢詩를 지어서 남편에게 주었다는 것은 믿기 어려운데, 이는 아마 설화채록자가 여인의 마음을 假託한 것일 터이다. 어찌 되었든 이 詩에는 여인의 갈등과 결심이 잘 드러나 있다. 상전의 위협은 서릿발 같고 남편에 대한 信義는 산과 같아서, 상전을 따라가기도 안 따라가기도 어려워 갈등이 심하던 여인은, 문득 낙동강의 푸른 물을 돌아보고는 마음을 정한다. 비록 몸은 위태롭겠지만 마음은 편안하리라는 판단으로 강물에 몸을 던지는 것이다. 여종은 상전에 대한 忠과 남편에 대한 烈 사이에서 고민하다 결국 자결로써 생을 마감함으로써, 남편에 대한 신의를 지킨다. 忠보다는 烈을 택한 것이다.

이는 구비설화 가운데 고경춘의 죽음을 떠오르게 하는데,[14] 여종과 妓女라는 점에서 서로 신분이 다르기는 하지만 貞操權을 주장할 만한 처지가 아니라는 점에서는 사정이 같다. 이 설화는 자신의 애정과 무관하게 士族 남성의 性的 노리개가 되어야 했던 賤民 여성의 애달픈 삶을 그려내고 있다. 상전 앞에서 자신의 貞操權을 주장할 수 없었던 천민 여인의 자결은 신분제도와 烈이념 사이의 모순과 부조리를 보여준다.

문헌 소재 설화에는 이처럼 士族 여인의 교조적인 烈인식에서부터 良人 신분과 천민 신분의 여인이 보여주는 烈인식이 드러나 있다. 외간남자에게 옷깃을 잡힌 일로 남편의 동의까지 얻어가면서 자결을 감행하는 士族 여인이 남녀 간의 애정보다는 이념 자체에 대한 지향에서 촉발된 烈인식을 보여주고 있다면, 賤民 여인의 죽음은 烈이라는 理念 이전에 부부간의 깊은 애정에서 촉발된 행위임을 짐작하게 한다. 상전을 따라 떠나가는 아내를 뒤쫓으며 슬퍼하는 남편과 이를 바라보며 갈등하다가

14) 2장 2절의 <정절 지키기> 유형군의 '핍박당하여 죽기' 유형에서 검토한 바 있다.

결국 자결하고 마는 아내의 모습에서 부부 사이에 교감하는 깊은 애정을 엿볼 수 있기 때문이다.

나) '남편을 따라 죽기'

남편을 따라 죽은 '從死型' 열녀들의 이야기가 『동국여지승람』을 비롯하여 구비설화와 문헌설화에 두루 나타나고 있는데, 우선 '烈설화'의 주인공으로 빈번히 등장하는 현풍 곽씨 가문의 이야기를 『어우야담』에서 찾아볼 수 있다. 한국학중앙연구원(구 한국정신문화연구원)에 소장된 <현풍현 읍지>나 <玄風郭氏 十二 旌閭 事蹟>에서 확인한 결과 현풍 곽씨 집안에 내린 12정문은 충신과 효자를 포함한 것으로, 열녀는 6명인데 대개 현풍 곽씨 집안으로 시집온 며느리들이고 곽씨 집안의 딸은 한 명뿐이다. 시기는 임진란 이후부터 18세기까지이다. 특히 1748년 영조 24년에 郭乃鎔의 妻인 全義 李氏가 혼인한 지 여섯 달 만에 남편이 죽자 음식을 먹지 않고 自盡하여서 나라에서 旌門을 내렸는데, 이때 남긴 <絶命詞>라는 가사가 유명하다.[15] 현풍 곽씨 집안에 처음으로 정문이 내린 것은 임진란 때의 안음현감으로서 황석산성을 지키다가 죽은 郭䞭으로부터 시작하는데, 이 實話를 『어우야담』에서는 다음과 같이 기록하고 있다.

> 현풍인 郭䞭은 孝友가 지극하여 사람들로부터 사랑과 공경을 받았다. 임진란에 의병을 일으켜 적을 토벌하여 安陰縣監을 제수 받았다. 黃石山城에서 성을 지킬 때 장수 白士霖의 백성이 적과 내통하여 城이 함락되었다. 곽준과 두 아들 履常과 履厚가 도망가지 않고 있다가 일시에 해를

15) 한국학중앙연구원(구 한국정신문화연구원) 소장 『玄風郭氏 十二旌閭事蹟』과 이상보 편(1991), 『18세기 가사전집』, 민속원 참조요. 또한 『玄風郭氏 十二旌閭事蹟』의 존재를 알려주신 임치균 선생님께 감사드린다.

> 입었다. 곽준의 딸은 남편을 따라 성 밖으로 나가 같이 도망가다가 남편과 서로 떨어지게 되었다. 남편이 이미 죽었을 것이라 생각하고 '남편과 고별하고 말았으니 어찌 왜적 가운데 몸을 던져 구차히 살겠느냐'며 목을 매어 죽었다. 履常의 아내는 시댁이 전몰하였다는 소리를 듣고 역시 목매어 죽었다. 아버지는 忠에 죽고 아들은 孝에 죽고 딸과 며느리는 절개에 죽었으니 일가 다섯 사람이 모두 節義를 위해 죽었다.[16)]

곽씨 집안에 忠孝烈을 행한 공로로 다섯 개의 정문이 내린 이야기인데, 사실 이는 곽씨 집안의 명예로운 이야기이라기보다는 임진란을 당해서 일가가 몰살하게 된 비극적인 한 가문의 이야기이다. 이후로도 현풍 곽씨 집안에는 열녀가 많이 나오는데[17)] 이런 곽씨 집안의 열녀문 이야기가 매우 유명했던 것으로 보인다.[18)]

한편 충무공의 후예인 李節婦의 행적은 여러 문헌설화집에 두루 실려 있을 만큼 문헌 설화의 편찬자들이 높이 평가하였던 것으로 보이는데 『동야휘집』에 실린 설화를 간략히 정리해 본다.

> 李節婦는 閔兵使의 孫婦로 혼약을 맺었는데 초례 후 남편이 죽었다. 그러자 이節婦가 자청하여 시댁으로 가서 시부모를 정성스럽게 봉양하였다. 또한 몸소 친척집에 가서 애걸하여 養子를 얻어서 길러 결혼시켰다. 후에 시부모가 天壽를 누리고 죽자 후원에 묻고 治喪하였다. 어느 날

16) 유몽인, 『어우야담』, 柴貴善·李月英 譯註(1996), 한국문화사, 94면.
17) 한국학중앙연구원(구 한국정신문화연구원)에 소장된 『현풍곽씨정려사적』에서 확인할 수 있다.
18) '烈설화'에 등장하는 여주인공들은 곧잘 현풍 곽씨 가문의 여인으로 그려지고 있는데 이에 대해 뒤에서 상론하기로 한다. 가사 <김부인열행록>과 소설 <곽씨전> 등도 현풍 곽씨의 이야기를 소재로 삼고 있다고 한다. 임치균(1998), 「<곽씨효행록>연구」, 『고소설연구』 6집, 한국고소설학회 참조.

이절부가 새 옷을 입고 아들 내외를 데리고 후원의 묘소에 참배한 후에 집안일을 부탁하고, 독약을 마셔 자결하였다. 그 아들이 이절부를 부친과 합장하고 유서의 가르침을 따르니 마을 사람들이 칭찬하였다. 날에서 이절부에게 정려문이 내려졌다.[19]

구비설화에는 초례만 치르고 남편이 죽었을 때, 養子를 얻어 길러서 결혼을 시키고 시부모의 상을 마치는 등 시집 가문에서 자신이 해야 할 모든 책임을 완수한 후에 從死하는 이런 열녀의 모습은 잘 나타나지 않는다. 시부모나 친정부모의 명을 거역하면서까지 어린 자식을 남겨두고 자결하는 열녀들의 모습에 烈과 三從之道 사이에 괴리가 나타나고 있음을 인식한 文士들이 이를 경계하고자 한 것을 보면,[20] 李節婦의 행적은 양반층이 가장 바람직하게 여겼을 듯하다.

김대숙은 이를 두고 朱子家禮에 의한 삼종지례의 예속이 상층으로부터 민간으로 깊이 침윤되고 있는 사태의 좋은 본보기라고 하였다.[21] 그러나 이는 쉽게 동의하기 어려운 견해인데, 충무공의 후예이고 종이품의 武官 벼슬인 병마절도사(兵使)의 아내인 李節婦는 비록 文官은 아니지만 분명 상층 양반가문의 여인이기 때문이다. 게다가 養子를 들여서 대를 잇는 것은 宗法을 중시하는 양반가문에서 볼 수 있는 일이다. 가문의 대를 잇고 시부모의 상을 마치고 養子의 혼례를 올린 후에 從死한 것은, 양반가문의 여성이 他家門으로 시집가서 며느리, 아내, 어머니로서 수행해야 할 본분을 완수한 것으로 이해된다. 이는 명분론에 입각한 '士族女人'다운 烈의 실현을 보여준다.

구비설화에서는 과부가 남편의 삼년상을 치르고 나자 이제 겨우 젖을

---

19) 서대석 편(1992), 『朝鮮朝文獻說話輯要』 Ⅰ, 집문당, 542면.
20) 이혜순(1998a), 「열녀상의 전통과 변모」, 『진단학보』 85, 진단학회, 177면.
21) 김대숙(1998), 477면.

떼고 밥을 먹게 된 어린 자식을 홀시어머니나 종에게 맡기고 자결한다. 이런 과부의 자결에 대해 聽者들이 매우 부정적인 반응을 보이는 것을 생각할 때, 李節婦의 행적을 긍정적으로 바라보는 까닭을 짐작할 수 있다.[22] 남편을 잃고 홀로 시댁에 남겨진 과부가 고독을 이기지 못해 차라리 죽음을 원할지라도 가문에서는 이를 허락하지 않는다. 남편에 대한 아내로서의 의무는 소멸되었을지 모르지만 시부모에 대한 孝와 가문의 대를 이어주는 며느리로서의 의무는 여전히 남아 있기 때문이다. 李節婦가 이 모든 것을 마친 후에 목숨을 끊는 것은, 자신이 지금껏 살아온 것이 그동안 從死의 뜻이 없어서가 아니었음을 대외적으로 분명히 밝히는 셈이다. 한편 李節婦의 내면심리를 고려한다면 그의 죽음은 더 이상 삶을 지탱할 만한 의무나 목표를 상실한 데에서 기인한 것으로도 볼 수 있다. 그녀가 살아온 세월은 그만큼 至難하였던 것이다.

이처럼 남편을 따라 죽은 양반가문의 여인의 이야기가 있는가 하면, 비록 기생의 몸이지만 사랑하는 남자를 위해 절개를 지키다가 죽은 여인의 이야기가 문헌설화에 상당히 많이 보인다. 『청구야담』에 실린 '托終身女俠損生' 설화를 다음에 소개해 둔다.

> 일곱 살 난 기생 可憐이 北關 어사가 된 李匡德의 詩 한 편을 받고는 그 문장을 사랑하여 이후 자신을 이공에게 의탁하기로 맹세하고 다른 사람에게 許身하지 않았다. 李公이 수년 후 북관에 유배를 당해서 오자 가련이 극진히 모셨는데, 이공은 벌을 받는 중이라 가련을 가까이 하지 않았다. 이공이 유배에서 풀려 돌아갈 때 가련과 정을 나누고 후일 데려갈 것을 약속하였다. 그러나 얼마 후 이공이 병들어 죽으니, 가련은 이공의

22) 김대숙은 문헌설화 가운데 가장 바람직한 열녀상으로 꼽는 이가 바로 李節婦라고 언급하였다. 김대숙(1998), 「문헌소재 열녀설화 연구」, 『설화문학연구』 下, 단국대학교출판부, 477면.

제사를 지낸 후 자결하여 길가에 묻혔다.23)

일곱 살 난 가련이 詩를 받고 그 문장을 사랑하여 李匡德에 대한 수절을 결심했다는 것은 어찌 보면 참으로 개연성이 없어 보인다. 어린 기생이 漢詩를 읽고 과연 그 의미를 깊이 있게 이해할 수 있었을까 의문이기 때문이다. 그런가 하면 일곱 살 소녀가 이광덕에게 특별히 남녀간의 情을 느꼈다고 보는 것에도 무리가 있다. 그렇다면 이는 아마 어린 기생에게 漢詩를 써줄 만큼 자신을 인격적으로 존중해 준 이광덕의 배려에 可憐이 감동하였던 것으로 이해된다. 이처럼 자신을 인정하고 사랑해주던 사람을 잃었을 때 가련은 끝내 희망을 잃고 자결할 수밖에 없었던 것이다. 가련의 죽음은 烈女의 칭송을 받을 수 있는 일도 아니었고 아무 빛도 없이 그저 길가에 쓸쓸히 묻힐 수밖에 없는 것이었다는 점에서, 그녀의 이름처럼 可憐함을 자아낸다. 미천한 신분으로서 자신을 알아주는 남자를 위해 몸과 마음을 함께 바친 가련의 이야기는 열녀담보다는 애정담에 가까운 것이다.24)

그런가 하면 『기문총화』에 실린 '禹兵使夏亨' 설화에서는 여인(여종)의 헌신이 보다 구체적이고 현실적으로 드러날 뿐 아니라 그 강도도 높아진다. 내용은 다음과 같다.

물 긷는 여종이 가난한 兵使 우하형과 정분을 맺어 그의 생활비를 충당해 주었는데 우하형이 임기가 되어 돌아가자 돈을 주어 보낸 후, 홀아비로 지내던 읍내의 老校에 의탁하여 살림을 해주며 살았다. 朝報를 빌려보면서 우하형의 소식을 기다리다가 그가 관서로 부임하는 것을 알게

23) 서대석 편(1992), 『朝鮮朝文獻說話輯要』 Ⅰ, 집문당, 428면.

24) 이런 기녀의 守節과 從死는 『東稗洛誦』에 실린 '兪斯文命修'와 『계서야담』에 실린 谷山의 妓女 梅花의 이야기에서도 나타난다.

> 되자 그를 만나러 가서 함께 살았다. 우하형이 죽자 治喪한 후 嫡子들에게 가업을 분배해 주고 자결하였다. 우하형의 관이 움직이지 않다가 소실의 관과 함께 발인하니 비로소 움직였다. 사람들이 두 사람을 나란히 묻어주었다.[25)]

이 이야기는 아마도 가난한 사대부 남성들의 구미에 잘 맞았을 법한 내용을 담고 있다. 물 긷는 여종이 가난한 兵使에게 경제적인 도움을 주는가 하면 아무 약속도 하지 않고 떠나간 남자를 지속적인 애정을 가지고 기다릴 뿐 아니라, 남자가 죽은 뒤에도 손수 그의 治喪을 하고 嫡子들에게 재산을 분배하는 등 끝까지 변함없는 헌신을 보인다는 것은 가난한 남성들이 한번쯤 동경해볼 만한 일인 것이다. 특히 이 여종은 嫡子들을 박대하기는커녕 오히려 재산을 분배하는 등 가부장제적 질서 특히 一夫多妻의 가족질서에 잘 순종하고 있다. 우하형이 이 여종을 어떻게 대우하였는지는 잘 드러나지 않지만, 여종의 관이 함께 발인하니 비로소 우하형의 관이 움직였다는 사연을 보면, 우하형이 그만큼 이 여종을 애틋하게 여겼다고 짐작할 수 있다. 그러나 이는 어찌 보면 저승길도 여종의 도움이 없이는 가기가 어려웠을 만큼, 우하형이 일생 동안 그녀에게 전적으로 의지하며 살아왔음을 보여주는 수사적 장치인 듯싶다.

다) '정절 지키며 살아가기'

우선 『記聞叢話』 소재 설화 '泉谷宋象賢'에서는 임진란을 당해 죽은 송상현의 측실 李良女의 이야기가 나온다.[26)] 이양녀가 왜구의 겁탈 위협

25) 서대석 편(1992), 『朝鮮朝文獻說話輯要』 II, 집문당, 141면.
26) 이양녀 이야기는 신흠, <상촌고> 권30 <李良女傳>에 실려 있다. 이혜순(1999), 「조선조 열녀전 연구」, 『省谷論叢』 30집, 省谷學術文化財團, 9면에서 재인용.

에 목숨을 걸고 저항을 하자 이양녀를 일본에 끌고 간 왜구들이 결국 그녀의 수절의지에 감동하여 그녀를 무사히 귀국시켰다는 이야기이다. 이런 사건의 전말은 진실 여부가 의심되는 바도 없지 않은데, 수많은 왜구를 상대로 한 여인의 저항이 과연 얼마나 힘을 발휘할 수 있을지 의문이기 때문이다. 이양녀의 굳은 정절의식이 禮義를 모르는 오랑캐를 감동시켜 몸을 보전한 채 무사히 귀국하였다는 줄거리는, 양반가의 첩조차도 매섭게 정절을 지킨다는 사실을 들어 문화 민족으로서의 조선의 자부심을 왜구에게 드러내고 있다.

이 이야기는 여성이 스스로 정절을 지키려고 하는 굳은 의지만 있다면 정절과 목숨을 지킬 수 있음을 보여주어, 外侵을 당해 정절을 잃는 것은 전적으로 여성 개인의 미약한 정절의식 탓이라는 인식을 보여준다. 이는 임진왜란이나 병자호란 때 많은 여성들이 정절을 잃었던 사태의 책임을, 外侵을 막지 못한 남성지배층의 무능함보다 여성 개인의 윤리의식에 묻고 있다는 점에서 양반지배층의 자기방어적 旣得權 의식을 보여준다.[27)]

한편 기녀의 수절 이야기는 『조선조문헌설화집요』에 실린 59편의 열녀담 가운데 18편을 차지할 만큼[28)] 많은데, 다음에 소개할 巫雲의 이야기가 특히 유명하다. 이는 문헌설화집에 두루 실려 있는데 『계서야담』에서 뽑아 정리해 본다.

> 강계 기생 무운은 자색과 기예가 뛰어났는데, 서울에서 온 성진사와 애정이 깊었다. 성진사와 헤어진 후 무운은 수절하기로 하고 새로 부임한 李敬懋 大將의 수청 요구를 거짓 성병을 핑계로 거절하였다. 얼마 후

---

27) 바로 이런 가치관으로 인해 병자호란 때 청나라에 끌려갔다가 돌아온 還鄕女들을 가문에서 定罪하는 사태가 벌어진다. 이처럼 병자호란 때 청나라에 끌려간 여인들의 문제를 다룬 자료가 문헌설화에 많이 보인다.

28) 김대숙(1998), 476면.

> 이대장의 인품에 감동한 무운이 자진하여 수청을 들었는데, 이대장이 임기가 되어 돌아가게 되자 따라가고자 하였다. 이대장이 거절하자 무운이 수절하겠다고 하니, 이대장이 그것은 성진사를 위한 수절이 될 것이라고 놀렸다. 10년 후 훈련대장으로 부임한 이대장을 찾아간 무운은 그와의 동침을 거절하였다. 이대장이 죽자 무운은 시골로 가서 조용히 생을 마쳤다.[29]

문헌설화 소재 妓女守節譚 가운데 이 설화는 마음에 드는 남자를 위해서 그리고 자신의 자존심 때문에 수절을 고집하는 여주인공의 내면심리를 잘 드러내고 있다. 무운의 守節은 사실 명분이 없는 일이다. 妓女의 신분으로서 守節이 당치 않기도 하지만, 그간의 행적으로 볼 때 그의 守節 결심은 일생에 단 한 번 한 명의 남자를 만나 죽는 날까지 헌신하는 그런 성질이 아니기 때문이다. 무운의 이런 행동은, 스스로를 기생이 아니라고 여기는 춘향의 경우[30]와는 사뭇 다르다. 우선 무운은 자신이 妓女가 아니라고 주장할 만한 처지가 아니기 때문이다. 무운은 남자를 만나 마음에 들면 그를 위해 기꺼이 수절을 하다가도 새로운 남자가 마음에 들면 이전 남자에 대한 수절을 파하고 연정을 나눈다. 그는 기녀의 신분이지만 자신의 주관 욕망에 맞추어 행동하는 당찬 여인인 것이다. 무운의 이런 자존심과 고집은 그녀를 만만한 妓女로 얕잡아 볼 수 없게 하는바, 이는 바로 무운이 지닌 개성이며 매력인 것이다. 수절하겠다는 자

---

29) 이우성 · 임형택(1997), 『이조한문단편집』 上, 일조각, 287~289면.

30) 이런 점은 이도령에 대한 春香의 수절과도 성격이 다른 것으로, 바로 이 점이 무운이 보여주는 수절의 의미가 특별한 것임을 시사한다. 또한 이에 대해서는 2장에서 기녀 고경춘과 춘향을 비교하면서 언급한 바 있다. 춘향은 從母法에 따라 기녀 신분에 해당하기는 하나 아직 개업하지 않은 妓女이다. 따라서 이도령을 첫 남자로 만나 인연을 맺은 춘향이 여염집 여자처럼 수절을 하겠노라고 나서는 것은 명분이 없지 않다.

신의 말을 妓女의 농담 정도로 여긴 이대장에게 이후로 동침을 거부하는 것에서 무운의 이런 강한 자존심이 잘 드러난다. 무운이 일부러 이대장을 찾아갔으면서도 정작 그와의 동침을 거부한 것은, 단순히 이대장이 자신의 말을 무시한 데에 대한 섭섭함 때문이 아니다. 오히려 이대장을 깊이 연모하는 무운이, 사랑하는 남자에게만큼은 진정 흔한 妓女 중의 하나가 아니라 독립적인 인격체로서 인정받고 싶었던 욕구를 역설적으로 표현한 것이다. 요컨대 무운은 자신의 욕망에 따라 사랑의 대상을 선택하거나 거부하고자 함으로써 나름대로 性的 주체성을 실현하고자 했던 것이다.31)

라) '개가 권유 물리치고 시부모 받들기'

『東野輯史』에 실린 송극기의 처 유씨 이야기의 내용은 다음과 같다.

> 유씨는 고려 상서 유준의 딸이다. 나이 22세에 과부가 되니 친정에서 개가하기를 권했다. 그러나 유씨는 개가를 반대하고, 네 살 난 아들을 등에 업고 몰래 친정을 빠져 나와 媤家가 있는 곳까지 50리 길을 걸어갔다.

31) 기녀의 수절에 대해 엄기주는 다음과 같이 지적하였다. "양반 부녀에게 있어서 정절이 집단 이념을 존중하는 측면의 소산이라면 기생의 수청 또한 당시 사대부나 양반 위주의 집단 이념 체계에서 마련된 부분이라 할 것이다. 양반 부녀의 경우 집단 이념에 이의를 제기하고 개인의 입장을 주장한 결과가 개가를 긍정하는 방향으로 나아갔다면, 吉女나 春香의 경우는 이와는 반대로 정절을 행하는 것을 통해 집단 이념 체계에 도전하여 개인을 주장한 것이며 나아가 신분제에 대한 반발을 보인 것이라고 해석할 수 있다는 것이다. 서민 부녀들의 이러한 선택은 이념을 위해 형식에 치중하다가 끝내는 그 실을 잃어버려 형식을 어그러뜨릴 수밖에 없었던 양반가 부녀들의 경우와는 반대로 정절을 행하게 되는 과정이 자의적이라는 면 때문에 오히려 인간 본연의 감정에서 우러나온 애정의 완성이며 실천으로서의 정절이라는 본래 의미를 회복할 수 있었던 것 같다." 엄기주(1990), 「야담에 나타난 정절의식의 굴절양상」, 『성대문학』 27집, 성균관대학교 국문과, 234면.

> 아이를 업고 걸으면서 힘이 빠지고 발이 부르텄다. 간신히 媤家에 도착하니 시아버지가 문 안에 들여놓지 않고 "무슨 여자가 부모가 시키는 대로 하지 않고 그렇게 고집을 부리느냐? 삼종지도도 모르느냐?"라며 받아주지 않았다. 유씨는 "아버님, 저의 삼종지도는 제 등에 업혀 있습니다."라고 하면서 삼일 간 문 밖에서 서서 돌아가기를 거절하였다. 이에 시아버지는 할 수 없이 유씨를 받아주었다.[32]

어린 아들을 위해서 守節을 결심하는 유씨의 마음과 젊은 나이에 과부가 된 며느리를 개가시키려는 시아버지의 따뜻한 정이 담겨 있는 이야기이다. 이 며느리는 守節을 당위로 받아들일 뿐 어떤 갈등도 보이지 않는다는 점이 구비설화의 경우와 특히 다른 점이다. 갈등을 하는 쪽은 오히려 시아버지이다. 며느리의 행복을 위해서 그를 개가시키려는 시아버지는, 수절을 하겠노라며 고집을 부리는 젊은 며느리를 만류해야 할지, 수절하도록 허락해야 할지 갈등하는 것이다. 구비설화에서 과부가 개가하고픈 욕망과 무력한 시아버지에 대한 봉양의 의무 사이에서 갈등하는 동안, 시아버지는 며느리가 자신을 버리고 개가해 버릴까봐 두려워하는 것과는 상황이 정반대이다. 수절할 것을 고집하는 며느리와 개가시키려는 시아버지의 승강이는 차라리 아름답기까지 하다.

이 과부의 수절이 이처럼 자발적이며 집요한 것은 무엇보다 어린 아들로 인한 희망이 남아있기 때문일 것이다. 그러나 또 한편으로는 이는 이토록 자신을 아껴주는 시아버지에 대한 며느리의 情과 義理에서 기인하였을 것이다. 과부가 되어 사는 시집살이가 모질기만 하였다면 유씨가 이처럼 수절을 고집하지 않았을지도 모를 일이다. 이처럼 자애로운 시아버지와, 효성스러운 며느리인 동시에 모성애 강한 어머니이며 절개가 굳

---

32) 김현룡(1999), 133면.

은 아내인 유씨는, 당대의 가부장제적 질서에서 매우 모범적인 여성형으로 여겨졌을 것이다.

(2) <남편 구하기> 유형군

가) '남편 대신 옥에 갇히기'

구비설화에서는 신랑이 혼례를 올리러 오는 도중에 사소한 시비 끝에 실수로 사람을 죽여서 옥에 갇히자, 신부가 얼굴도 못 본 신랑을 구하기 위해 자진하여 옥에 대신 갇혔는데, 이런 신부의 烈行 덕분에 두 사람 모두 목숨을 건졌다는 내용이 보인다. 이와 유사한 문헌설화로는『필원잡기』에 실린 吳氏의 妻 許氏 이야기를 들 수 있다. 내용은 다음과 같다.

> 朝官 오씨가 중죄를 짓고 옥에 갇혔는데 다음날 사형을 당하게 되었다. 그의 아내가 종에게 부인의 복장을 입게 해서 오씨의 아내인 것처럼 꾸민 후, 獄吏에게 가서 마지막 이별을 하겠다고 애원을 하여 옥으로 들어가게 하였다. 종은 준비해 간 칼과 톱으로 형구를 풀어서 자신에게 설치하고 오씨에게 자기가 입었던 부인 옷을 입혀서 밖으로 내보냈다. 아내는 미리 말을 대기해 두었다가 옥에서 나온 남편이 타고 멀리 도망가게 하였다. 뒤에 이 일이 조정에 보고되었고 세종은 그 종의 의기를 가상히 여겨 벌하지 않고 석방했다.[33]

구비설화에서는 자신과 미처 혼례도 올리지 않은 남자를 구하기 위해 여주인공이 홀로 계책을 강구하여 희생을 자처함으로써 열녀적인 면모

---

33) 김현룡(1999), 197면.

를 보인다. 이에 비해 문헌설화에서 오씨의 아내는 자신의 계략으로 종의 목숨과 남편의 목숨을 바꾸려고 하였을 뿐 스스로는 아무 희생도 치르지 않았다. 문헌설화에서 아내의 역할은 남편을 위해 이런 일을 계획하고 지휘할 뿐이고 실제로 희생을 한 것은 그의 종이었던 것이다. 이는 구비설화에 비해서 상당히 개연성이 있어 보인다. 얼굴도 못 본 신랑을 위해서 신부가 대신 옥에 갇힌다는 서사전개는 자연스러워 보이지 않기 때문이다.

이 문헌설화에 세종이라는 왕명이 나오는 것으로 보아 최소한 세종 이후의 일을 채록한 것이며 『필원잡기』의 편찬 시기를 1420년에서 1488년 사이로 볼 수 있으므로, 이 문헌설화의 형성 시기는 비교적 이른 시기임을 짐작할 수 있다. 상전에 대한 하인의 충성은 烈女의 개념이 나타나기 전부터 계급사회에서 보편적으로 강조되던 가치였다면 烈이념은 조선시대에 본격적으로 高揚되기 시작하였던바, 이처럼 종의 충성심을 강조하는 내용의 설화가 후대에는 열녀설화로 변이되어 구비전승된 것이 아닌가 한다.

나) '남편의 생명 구하려다 죽기'

구비설화에는 물에 빠진 남편을 구하고 죽거나 어린 신랑을 품에 안고 얼어 죽은 신부의 이야기가 보이는데, 유사한 내용의 설화가 『대동야승』의 <송와잡설>에 다음과 같이 나타난다.

> 통천군 읍내에 가난한 백성이 있었는데 겨울에도 입은 것이 허술했다. 소를 몰고 추지령 밑으로 나무를 하러 갔는데, 마침 그날은 풍설이 매우 차가웠다. 날이 저물어서 남편이 몰고 갔던 소가 홀로 돌아오자, 아내가 찾으러 나갔다. 길에 이르니, 남편이 凍傷을 입고 눈 위에 쓰러져 정신을

잃고 있었다. 아내는 옷을 벗고 남편과 가슴을 맞대어 안고 누웠다. 남편이 혹시라도 깨어나기를 바란 것이었지만 아내 또한 옷이 얇아서 두 사람이 머리를 가지런히 하고 죽었다. 이튿날 아침 집에 있던 두세 살 된 아이가 기어가 시체 옆에서 울고 있었다. 군수가 이를 매우 불쌍하게 여겨 조정에 상신하여 고아를 구휼하고 그 집의 부역을 면제하였다.[34]

얼어 죽어가는 남편을 구하기 위해서 여인이 자신의 체온으로 남편을 살려보려 하였지만 결국 함께 얼어 죽고 말았다는 내용은 독자에게 연민을 자아낸다. 자신의 죽음까지 각오하고 옷을 벗은 채 얼어 있는 사람을 가슴에 안는다는 것은 쉽지 않은 일이라는 점에서 남편에 대한 여인의 각별한 애정을 엿볼 수 있다. 하얀 눈 속에서 얼어 죽은 부모의 주검 앞에서 울고 있는 어린자식의 모습은, 가난 속의 고단한 삶이지만 그래도 오붓하게 살아왔을 이 가족의 단란한 삶을 환기시키는 비극적 장면이다. 여기서 죽어 가는 사람을 살려야 한다는 것은 인간의 보편적 윤리이며 가치이다. 그가 자신의 남편이든, 아내이든, 자식이나 형제이든 심지어 生面不知의 他人일지라도 말이다. 이런 점에서 이 여인의 죽음은 중세의 '의리와 명분'에 따른 烈行과는 일단 거리가 있는 것이다.

다) '자신의 살로 남편 치료하기'

『어우야담』에 실린 '星州士人金宗澤之妻'라는 설화의 내용은 다음과 같다.

성주의 선비인 김종택의 처 안의조는 본래 향촌 현자의 후손으로 사

34) <송와잡설>, 국역 『大東野乘』, 민족문화추진회, 1986.

> 람됨이 정숙하였다. 종택이 병이 들었는데, 들으니 시체의 즙만이 효과가 있다고 하였다. 시체를 구할 도리가 없자 자신의 넓적다리에서 피를 내어 먹였다. 차도가 있자 이번에는 다시 넓적다리의 살을 베어 익혀서 먹이고 나니 종택이 일어났다. 종택이 그것을 보고서 울었다.[35]

구비설화에서는 남편의 병을 고치기 위해 여인이 자신의 살을 베거나 공포를 무릅쓰고 시체의 일부를 잘라 오는 이야기가 보이는데, 위의 설화에서는 이 두 가지 유형이 합해져서 시체를 못 구하자 대신 여인의 살을 베어낸다는 것으로 되어 있다. 한편 종택이 아내를 보고 울었다는 대목은 아내의 헌신에 감격하는 남편의 심정을 강조함으로써, 결과적으로 이런 식의 烈行을 美化하고 있다. 이런 서술 태도는 산 사람의 살을 베어내기에 이른 烈의 教條的 성격이나 역기능은 간과한 채, 주인공의 烈行을 美化하고 理想化하는 결과를 낳고 있다. 이는 구비설화에서 모방담의 형식을 통해 교조적인 烈行의 부정적 기능을 지적하고 있는 것과는 매우 다른 것이다.[36]

한편 구비설화에 나타나는 '공포를 무릅쓰고 약을 구하기'나 '비상으로 남편 치료하기' 유형이 문헌설화에서는 잘 나타나지 않는다. 이는 이야기의 전개가 상당히 신비주의적이라는 점에서 儒家的 合理主義를 표방하는 양반사대부들의 가치관에 맞지 않았던 것이 아닌가 한다.

(3) <수절하기 어려운 사연> 유형군

훼절형 '烈설화'의 <남편 위해 훼절하기> 유형군에 해당하는 문헌설화는 단지 한 편이 발견될 뿐이고, <수절하기 어려운 사연> 유형군의

35) 서대석 편(1992),『朝鮮朝文獻說話輯要』Ⅰ, 집문당, 224면.
36) 2장 2절에서 이 점에 대해 자세히 분석한 바 있다.

'열녀시험 통과하기'와 '원수의 아내 되었다가 복수하기' 유형도 문헌에서 한 편씩 발견되었다. 한편 '거짓 열녀 만들기'와 '과부 개가하기' 유형의 설화는 심심치 않게 보이는데 다른 유형에 대한 논의는 뒤에서 하기로 하고 여기서는 '과부 개가하기' 유형만 살펴보기로 한다.

『東稗洛誦』에는 다음과 같이 며느리를 改嫁시킨 이퇴계의 이야기가 실려 있다.

> 퇴계의 장자가 일찍 사망하여 자식이 없었는데 그 子婦는 9대 독자의 딸이었다. 선생은 아들을 잃은 것 못지 않게 靑孀이 된 며느리를 슬퍼하였는데, 친정으로 보내며 "구대 독자의 딸로 우리 집에 시집와서 絶孫됨을 차마 볼 수 없으니, 너의 절행을 알지만 다시 돌아오지 말고 친정부모 명령에 따르도록 하여라."하고 타일러 보냈다. 수년 후 선생이 단성 지역을 지나다가 한 양반 가정에 묵게 되었다. 주인이 저녁 식사를 아주 풍성하게 차려왔는데 보니까 청장을 큰 그릇에 가득 담아 올려놓았다. 퇴계가 알고 보니, 이 집은 바로 자신의 옛 자부가 개가해간 집이었고 그날 선생이 유숙한 것을 안 그 자부가 선생이 늘 좋아하던 청장을 만들어 상에 올린 것이었다.37)

이 설화에서 이퇴계와 그의 子婦가 등장하는 것은 매우 의미심장하다. 과부의 개가가 실제로는 양반들의 數的 증가를 막기 위함이기는 하지만 그 명분을 제공한 것은 주자학적 윤리관임이 분명하다. 그런데 이런 주자학적 사회질서에 대해 누구보다도 투철한 이해를 하고 있을 퇴계 스스로가 자부를 개가시켰다는 이 설화의 내용은, 청상과부의 수절을 美化할 일이 아니라는 주장을 담고 있다. 구대 독자인 딸에게 外孫奉祀를 기대

37) 김현룡(1999), 169면.

했을 친정의 사정을 고려하여, 며느리를 개가시키는 시아버지의 행동은 매우 사려 깊은 것이다. 사실 퇴계가 진정으로 걱정한 것은 평생을 홀로 외롭게 살아가야 했을 젊은 자부의 미래였던 것이다.

이 이야기 전면에서는 훈훈한 인간애가 짙게 배어 나오고 있는데, 우선 이 이야기에서는 과부를 개가시킬 때 상투적으로 등장하는 虛葬의 술책이나 신분이 낮은 남자와 과부를 짝 지어서 夜半逃走 시키는 일과 같은 비밀스럽고 음침한 분위기가 나타나지 않기 때문이다. 이 설화에서 서사의 초점은 퇴계의 밥상에 오른 큰 그릇 속의 청장으로 모아지고 있는데, 이 청장이 주는 따끈한 느낌과 구수한 향은 인간적인 온기를 환기시키고 있다. 여기서 청장은 며느리에게 새 삶을 마련해 준 퇴계의 慈愛함과 이런 시아버지에 대한 며느리의 깊은 감사의 마음을 이어주는 정서적 매개물인 것이다. 한편 이 여인의 개가가 더욱더 긍정적으로 보이는 것은 여인이 양반계층의 남자의 본처로 개가할 수 있었기 때문인데, 이는 실제로는 쉽지 않았던 일로 보인다.

이밖에도 과부의 개가를 다룬 문헌설화는 다른 '烈설화'의 유형들 가운데 상당히 많은 편이고 내용도 다채로운데, 한정된 지면에서 논의하기 어려우므로 이에 대한 기존논의를 적극적으로 활용하면서 고찰하기로 한다. 김상조는 『이조한문단편집』에 소개된 설화 가운데 과부의 개가를 다룬 자료들을 정리하였는데 다음과 같다.[38]

㉠孀女 : 어느 재상이 과부가 된 딸을 무변에게 개가 시켜서 북관에 가서 살게 한다.

㉡古談 : 서울의 번화한 仕宦家 딸이 과부가 되자 그녀의 오빠가 그녀를

38) 김상조(1986), 「조선후기 야담에 나타난 再嫁의 양상과 의미」, 『한문학논집』 4집, 단국대 한문학회. 또한 앞의 설화 제목은 이우성 · 임형택 譯編(1997), 『李朝漢文短篇集』 上 · 中 · 下, 일조각에 소개된 제목이다.

데리고 여행을 하다가 우연히 만난 안동의 권진사의 아들에게 첩으로 맡긴다.

㉢ 義宦 : 환관 金昌義가 자신의 첩을 영남의 선비에게 첩으로 준다.

㉣ 邊士行 제1화 : 퇴관 金肅川이 첩들에게 젊은 사람에게 시집가서 잘살라고 하면서 많은 재물을 주어 친정으로 돌려보낸다.

㉤ 金令 : 역관 김영이 과부가 된 딸을 채생에게 개가시키고 이를 거부하는 채생의 부친을 회유한다.

㉥ 太學歸路 : 과부가 된 이동지의 딸이 밤길에 만난 진사에게 자청하여 개가한다.

㉦ 避雨 : 시전 상인의 며느리로서 과부가 된 여인이 처마 밑에 비를 피하여 들어온 權斯文을 집안으로 끌어들여 3년여를 內緣의 관계로 지내다가, 시아버지가 죽자 따라서 죽는다.

㉧ 馬 : 홀로 된 民村 부자의 딸이, 과거 길에 액땜하러 그녀의 방에 잠입한 선비에게 개가하여 해로한다.

㉨ 得二妾權上舍福緣 : 어느 과부가 이웃집 선비를 끌어들여 자신을 보쌈하려 한 고을 이방을 피하고 선비와 함께 산다.

㉩ 倡義兵賢母勗子 : 김견신의 어머니가 스스로 개가하여 견신을 낳는다.

여인의 개가는 이처럼 재상의 딸에서부터 양반의 첩이나 역관의 딸과 상인의 며느리에 이르기까지 모든 계층의 여인들에게 관련된 문제로서 문헌설화에서 활발히 다루어지는 주제이다. 한편 문헌설화에서는 구비설화와 달리 과부의 개가만이 아니라 ㉢ 義宦이나 ㉣ 邊士行 에서처럼 나이 든 양반이 자신의 첩을 젊은 남자에게로 개가시키는 경우도 있다. 양반 남성의 이런 개가 주선은 인간성을 긍정함으로써 봉건 윤리 규범을 깨뜨리고 이 여성인물들에게 새로운 삶을 마련해 준 것이라 하겠다.[39)]

그러나 ㉠ 孀女나 ㉡ 古談의 경우에서처럼 과부의 개가가 빈번히 친정과의 絶緣을 전제로 이루어진다는 점에서, 이를 반드시 봉건질서로부터의 탈피로 보기는 어렵다. 딸이나 누이에 대한 남성들의 개가 주선은 분명 인간적인 동정심에서 바탕을 두지만, 이는 자신의 기득권을 손상시키지 않기 위해 天倫을 끊어 버리는 방식을 취함으로써 여전히 당대의 사회질서를 고수하고 있기 때문이다.[40] 그런데 여기에서 주목할 것은 이런 여인의 개가가 어떤 신분의 남자와 어떤 자격으로 이루어졌는가 하는 점이다. 이는 크게 妻再嫁와 妾再嫁로 나눌 수 있는데 다음과 같이 정리해 볼 수 있다.[41]

* 妻再嫁
㉠ 孀女 : 兩班女가 武弁에게로 (이후는 평민과 다름없이 살아야 했다.)
㉨ 得二妾權上舍福緣, ㉩ 倡義兵賢母勗子 : 평민녀가 몰락 양반이나 평민남에게로

* 妾再嫁
㉡ 古談, ㉥ 太學歸路 : 양반녀가 양반남에게로
㉤ 金令, ㉥ 太學歸路 : 중간 계층의 여인이 양반남에게로
㉧ 馬 : 평민녀가 양반남에게로
㉢ 義宦 : 신분 미상의 여인이 양반남에게로

양반층 여인의 경우 妻로서 개가하는 것은 필히 신분의 降等이 이루어질 수밖에 없었다.[42] 당시는 양반 가문의 후손일지라도 再嫁女의 자손은

39) 이명학(1985), 「한문단편에 나타난 여성형상」, 『한국한문학연구』 8집, 한국한문학연구회, 72면.
40) 엄기주(1990), 「야담에 나타난 정절의식의 굴절양상」, 『성대문학』 27집, 성균관대학교 국문과, 225면에서 이 점을 지적하였다.
41) 김상조(1986), 239면.

벼슬길에 오르기 어려웠기 때문이다. 요컨대 문헌설화에서는 이처럼 신분의 下落이나 친정과의 絶緣을 감수하고서라도, 남녀가 부부를 이루어 사는 삶이 과부로 수절하며 사는 삶보다 행복한 것이라는 의식을 보여 준다. 즉, 義理와 名分과 같은 관념적 가치가 희석되고 인간의 욕망이 긍정되고 있는 것이다. 그러나 양반가문의 여인은 남성의 손에 이끌려서 수동적으로 개가하고 있는데, 이는 당사자임에도 불구하고 정작 개가하는 문제에 있어서는 중간에서 일을 만들어주는 남성들보다 훨씬 소극적일 수밖에 없는 士族 여인들의 태도를 보여준다.[43] 이는 이 여성들의 여건이 삶에 대한 주체적 자각을 이룰 만큼 성숙되지 못하였음을 의미한다.[44]

한편 보다 낮은 계층의 여인들은 더 적극적인 모습을 보여준다. ⓑ太學歸路에서 중간 이하의 계층으로 보이는 李同知의 딸은 구체적 현실 세계와 대면하여 상황을 주체적으로 타개하고 있다는 점에서 士族의 여성들이 보여주는 수동성과 확연히 구별된다. 또한 ⓞ馬에서는 모든 상황을 평민인 여주인공의 주도면밀한 연출과 대처로 완벽하게 해결하는데,[45] 이들이 양반의 신분이 아닌 탓에 제도적 규범으로부터 자유로울 수 있었기 때문이다. 그러나 이 자유로움은 명분론적 규범과 완전히 무관함을 의미하지는 않는다. 서민들은 제도적 규범이나 교화의 영향을 받기는 하되 그것을 변용하여 자신들의 요구에 의한 질서를 나름대로 창출할 수 있는 여지를 지니고 있다는 의미이다.[46]

42) 반대로 양반남자에게로 개가하는 여인들은 그의 본래 신분이 어떠하였든지 모두 첩의 신분이 될 수밖에 없었다. 김상조(1986), 240면.

43) 엄기주(1990), 226면.

44) 강진옥(1995b), 「열녀 전승의 역사적 전개를 통해 본 여성적 대응 양상과 그 의미」, 『여성학논집』 12, 이화여자대학교 한국여성연구원, 90면.

45) 강진옥(1995b), 93면.

46) 엄기주(1990), 228면.

2. 문헌에만 존재하는 '烈설화' 유형

여기서는 구비설화에 나타난 설화유형과는 성격상 차이가 많아서 동일한 분류 방식을 적용하기 어려운 문헌설화를 살펴보기로 하는데, 먼저 『效顰雜記』에 실린 이야기를 보기로 하자.

> 현풍현에 박씨 성을 가진 부부가 화락하게 살았으나 아들을 낳지 못하였다. 그래서 남편이 副室을 얻어 자식을 낳겠다고 부인에게 이야기하니, 부인은 "庶子는 다만 부모의 제사밖에는 모실 수가 없으니, 첩을 둔들 역대의 조상 제사를 어찌하겠습니까? 차라리 왕에게 상달하여 나와는 이혼하고 정식으로 후처를 얻으십시오."라고 말했다. 남편이 차마 어찌 그렇게 하겠느냐고 슬퍼하니, 부인은 "내가 반대해도 오히려 그렇게 해야 하는데, 내가 원하니 그렇게 하십시오."하고는 자기에게 한 칸 방을 지어준 후에 再娶할 것을 강권하였다. 그래서 박씨는 부인과 이혼하고 정식 재취하여 두 아들을 낳았다. 그러나 前妻의 정성을 잊을 수가 없어서, 하루는 밤에 그 곳으로 찾아가 문을 두드렸다. 하지만 부인은 이미 왕명으로 이혼했으니 만날 수 없다면서 문을 열지 않고 울기만 했고 이 사람 역시 울면서 돌아왔다. 아, 이 부인이야말로 義烈부인이로다.47)

첫째는 부부 사이에 자식이 없어서 가문의 대를 잇지 못하여 先塋奉祀가 어렵게 되었다는 점이고, 둘째는 첩을 들이면 庶子를 얻게 될 뿐이므로 宗法에 의해 역대의 조상의 제사를 養子를 세워서 받들어야 할 형편이라는 것이며, 셋째는 박씨 부부의 금슬이 좋으니 부인과 이혼하는 것은 남편으로서 너무 가혹하며 또한 감정적으로도 매우 고통스러운 일이

47) 김현룡(1999), 143~144면.

라는 것이다. 결국 박씨 부인의 종용으로 박씨는 이혼하고 후처를 얻어 아들을 낳아 대를 잇게 되었으니, 이는 모두 前妻의 義烈 덕분에 이루어진 일이라는 것이다.

이 부인이 행한 義와 烈의 내용을 보면, 우선 시집을 간 여인은 마땅히 아들을 낳아서 가문의 대를 이음으로써 가부장제적 가족질서를 공고히 해야 함을 깨닫고 이의 실천을 위해 노력하였다는 점이다. 사실 주인공은 남편에게 첩을 얻어주어 아들을 낳도록 하는 선에서 이 문제를 해결할 수도 있었을 것이다. 남편이 첩을 들이는 것을 좋아할 아내는 아마도 없을 것인즉, 첩을 들이도록 조처하는 것만으로도 이 부인은 남편에 대한 아내로서의 도리를 다한 것일 수 있다. 그러나 여인이 이혼을 자청하는 것은 宗法에 따라 嫡子를 얻어서 제사를 받들 수 있도록 하기 위함이다. 부부간의 애정이나 신의가 개인적 차원의 일이라면 嫡子를 낳아서 先塋에 奉祀하는 것은 가문 전체와 관련된 公的 차원의 일이라는 점에서, 이 여인은 公義를 위해서 私慾을 버린 것이다. 게다가 옛정을 못 잊어서 찾아온 남편을 냉정히 물리치는 여인의 태도는 그녀가 마지막까지 애써 義理를 지키고자 노력했음을 보여준다. 이는 여인이 이혼을 결심한 것이, 편법을 통해 박씨 가문에 嫡子를 얻어주도록 하기 위함이 아니라, 진실로 양반가의 禮와 名分에 따라 가문의 대를 잇기 위한 일이었음을 증명해 주는 것이다.

그런가 하면 남편을 밖에 세워두고 울기만 하는 여인의 모습에서 그녀가 名分論이라는 관념 속에 갇힌 冷血人이 아니라 진실로 남편과의 애틋한 정을 그리워하는 소박한 여인임을 확인하게 된다. 이처럼 가문의 번영(名分)을 위해서 부부의 애정(私慾)을 희생해야 했던 두 사람은 문을 사이에 둔 채로 함께 울고 있는 것이다. 이들 사이에 놓여있는 문은 그래서 매우 의미심장한데, 이 문은 이들 부부의 애정을 가로막고 있는 사회적 질서를 상징하는 셈이다. 당대 사회에서 이혼을 당한 여인은 사실상 죽은 것이나 다름없는 상황이었음에도 불구하고, 여인은 이를 자처하였다. 이는 여인이 자신의 정절을 지키거나 남편의 생명을 구하는 차원은 아닐지라도, 양반가문의 지고한 가치인 가부장제적 家系繼承 그리고 의리와 명분을 위한 희생을 하였다는 점에서 義烈에 해당하는바, 이는 양반사대부들이 지녔던 명분론적인 烈인식의 단면을 엿보게 하는 이야기이다.

한편 『성호사설』에는 또 다음과 같은 이야기가 실려 있다.

> 조인필은 숙원 조씨의 친족이다. 김자점이 바야흐로 역모를 꾀할 때에 인필이 가담하였는데, 인필의 사위 申某가 고발하니 인필이 극형에 처하게 되었다. 申某의 아내가 종신토록 그 남편과 말을 하지 않았으며 문을 닫고 수절하였으나, 또한 신씨 가문에서 떠나지는 않았고 그 남편이 잠자리를 함께 하려 하면 굳게 거절하고 받아들이지 않았으니, 또한 열녀 가운데 한 사람이었다.
>
> 옛날 우문사급의 아내는 수양제의 長公主였다. 우문지급(사급의 형)이 양제를 시해하였는데, 사급이 부부의 인연을 지속하려 하였으나 공주가 거절하고 드디어 이혼하였다. 송나라 왕경칙의 딸도 그 남편 謝眺와의 관련된 일이 또한 이와 비슷하니, 만약 그 우열을 논한다면 인필의 딸 조씨의 행한 일이 中道를 얻었다고 할 것이다.[48]

자신의 아버지를 죽음으로 내몬 남편을 용서할 수 없었지만 그에 대한 복수를 할 수도 없었던 여인의 이야기이다. 여인이 처한 상황은 진정 난감하다. 첫째는 장인을 고발하는 非禮를 행한 자를 남편으로 섬겨야 하는가 하는 문제이다.[49] 그렇지만 여인이 남편에게 친정아비의 원수를 갚

---

48) 국역 『星湖僿說』, 민족문화추진회, 1981, 216면.

49) 『논어』에서 葉公이 孔子에게, 아버지가 양을 훔치자 아들이 이를 증언한 일을 두

는 것 또한 불가한 것이 이는 남편에 대한 不烈이기 때문이다. 이미 三從之道에 의해 친정아버지보다는 남편을 섬기는 것이 당대의 사회적 규범이란 점을 고려하면 더욱 그러하다. 그러나 이런 남편과 함께 살면서 정분을 나누는 것 또한 친정아비에 대한 孝가 아닐 것이며 인간의 보편적인 도리가 아닐 것이다. 여인은 남편과의 동침을 거부하는 것으로써 친정아비에 대한 禮를 행하는 동시에 자신의 불편한 심기를 남편에게 표현하였는데, 그럼에도 불구하고 끝까지 신씨 가문을 저버리지는 않음으로써 남편가문에 대한 烈을 다한 것이다.

李瀷은 중국 여인들의 例와 비교하면서 이 조인필 딸의 행동을 높이 평가하였는데, 이는 그녀가 中道를 얻었다고 보았기 때문이다. 수양제의 공주가 결국 남편을 떠남으로써 친정아비에 대한 孝와 개인적 감정에 치우쳤던 것에 비해 조인필의 딸이 끝까지 남편 가문의 사람으로 남았음을 들어서, 조인필의 딸이 남편에 대한 烈과 친정아비에 대한 孝 사이의 중용을 이루었다고 보았던 것이다. 결국 여기에 나타난 조인필 딸의 행적은 여성의 육체적 정절이나 남편에 대한 헌신에 관한 문제가 아니라 인간으로서의 道理를 다하는 것으로서, 이는 義烈이라고 할 만하다. 이로 볼 때 남편과의 동침을 거부하는 것이 때로는 義理일 수 있으며, 부부의 내밀한 관계가 끊어졌을 경우조차 그 남편과의 인연을 끊지 않는 것이 또한 烈인 것이다. 이 이야기는 결국 어떤 상황에서도 남편을 저버리는 것은 옳지 않으며, 따라서 어떤 상황과 조건 아래에서도 아내는 남편에 대한 신의를 지켜야 한다는 주장을 담고 있다.

고 정직하다고 말하자, 공자는 아버지는 아들을 위해 숨기고 아들은 아버지를 위해 숨기는 것을 진실로 정직하다고 하였던 것이다. 葉公語孔子曰 吾黨 有直躬者 其父攘羊 而子證之. 孔子曰 吾黨之直者 異於是 父爲子隱 子爲父隱 直在其中矣. 『論語』 子路篇.

제2절 구비 '烈설화'에 나타난 변이와 의미

문헌과 구비로 전승되는 '烈설화'의 유형 가운데 유사한 서사전개를 보이는 자료들을 세부적으로 대비함으로써, 문헌과 구비로 전승되는 설화자료의 차이를 밝히고 그 의미를 고찰하고자 한다. 이는 무엇보다 조선후기에 집중적으로 잡록된 문헌설화와 1980년대에 채록된 『한국구비문학대계』 소재 구비설화 사이의 시간적 변화에 대한 고찰이 매우 중요한 연구과제이기 때문이다. 뿐만 아니라 이런 작업은 문헌설화에서 발견되는 중세적 가치가 근대를 거쳐 어떻게 변화하였는지를 가늠하는 한 방법이 될 수 있기 때문이다. 게다가 문헌설화의 편찬자와 구비설화의 구연자는 각기 신분계층과 세계관에 있어서 상이하다는 점 역시 매우 중요하다.

물론 이런 연구는 그리 간단하지 않은데, 동일한 설화유형이 단선적으로 전승되어 우리 앞에 모습을 드러내는 것이 아니기 때문이다. 문헌설화집을 읽은 후에 이 내용을 입으로 전달하는 방식으로 전승된 설화자료가 구비설화에는 상당히 많다는 점을 인식해야 한다. 따라서 문헌과 구비 사이에 존재하는 설화의 변이에 대해서는 어떤 종류의 판단도 확실히 내리기가 어려운 상황이다. 그러나 최소한 두 가지 자료에서 동시에 관찰되는 객관적 사실을 대비하는 작업이 필요하다고 본다. 이런 작업을 토대로 전체 설화자료의 전승과 변이양상을 세부적으로 검토해 간다면 보다 진전된 논의를 할 수 있을 것으로 기대한다.

1. 史實과 虛構의 결합과 의미의 전환

구비설화에 나타나는 <수절하기 어려운 사연> 유형군의 '거짓 열녀 만들기' 설화유형의 내용을 서사단락으로 정리하여 제시한 후 논의를 전개하기로 한다.

가) 현풍 곽씨 집안에 열녀가 많다는 소문을 듣고 어사 박문수가 확인하러 갔다.

나) 곽씨 집안에 가서 하룻밤을 묵는데, 밤에 몰래 염탐하니 과부인 며느리와 중이 사통하고 있었다.

다) 어사가 몰래 두 사람을 죽이고 돌아왔다.

어린 시동생이 이들을 죽였다(형수가 형을 죽인 것에 대한 복수이다).

라) 시동생이 시체를 수습한 후 '형수가 외로움을 못 이겨 자결하였다'며 열녀문을 세웠다.

마) 시동생이 몰래 열녀문에 불을 질러 태운 후 동네 거지의 소행이라고 하였다.

바) 어사가 시동생을 불러 사실을 확인하자 '당신이라면 어찌하겠느냐?' 라고 반문하니, 이를 기특하게 여겼다.

사) 화자가 '현풍 곽씨는 서방질해도 열녀라면서 세상에 열녀가 없다'고 말한다.

이 설화유형은 전승되어 오던 설화와 현풍 곽씨 가문에 十二旌門이 선 역사적 史實이 결합하여 새로운 이야기를 만든 것으로 보인다. 앞의 논의 과정에서 이미 언급한 바와 같이 곽씨 집안의 열녀문 이야기는 매우 유명했던 것으로 보이는데, 특정 지역의 인물전설이 아닌 허구성이 강한 열녀설화에서는 예외 없이 주인공이 현풍 곽씨 집안의 여인으로 설정된다. 이는 <곽씨효행록>이나 <김부인열행록>처럼 문헌에 정착된 소설이나 가사에서도 확인되는데 이런 기록문학을 통해서도 현풍 곽씨 집안의 열녀 이야기가 전국적으로 유포되었을 것이다.

또한 어사 박문수(1691~1756)라는 역사적 인물의 이야기가 결합하고 있다. 이 설화 가운데 나) 단락부터 라) 단락까지의 이야기는 문헌에서 그 類話를 찾을 수 있는데, 『용재총화』(1438~1504)와 『어우야담』(1559~1623)

그리고 『記聞叢話』와 『東稗洛誦』에서 그런 이야기를 찾을 수 있다.50) 『용재총화』와 『어우야담』에 실린 설화 내용을 간추리면 다음과 같다.

가) 재상집 딸이 과부가 되었는데 매우 예뻤다.

나) 한 장군이 여인을 보고 혹하여서 그 집 여종에게 부탁하니 여종이 몸을 숨기고 참고 기다리라고 하였다.

다) 여인이 들어와 곱게 단장하고는 화로에 불을 피워 고기를 굽고 술을 데웠다.

라) 장군은 자신을 위한 것인 줄로 알았는데 참고 기다리니, 잠시 후 중이 들어와 과부와 희롱하였다.

마) 장군이 나아가 새끼로 중을 묶고 몽둥이로 때리니 중이 슬프게 부르짖었다.

바) 장군은 과부와 정을 통하였다.

사) 장군이 중에게 새사람 만난 禮를 행할 宴具를 마련하라고 하니 중이 행하였다.

아) 장군은 과부의 집에 자주 드나들었으며 과부도 사랑하여 해가 넘도록 변치 않았다.51)

-『용재총화』

가) 한 武士가 친구의 집을 방문하였으나 그 친구는 죽고 없었다.

나) 날이 저물어 무사가 그 집에서 묵게 되었는데 죽은 친구 생각에 잠을 이룰 수 없었다.

---

50) 박희병은 이 허구적인 설화 내용과 역사적 인물인 김하서의 이야기가 결합하여 『김하서전』이라는 소설로 형성화되는 과정을 논의된 바 있다. 박희병(1995), 「민간의 상상력과 도학자의 소설적 형상화」, 『관악어문연구』 20집, 서울대학교 국어국문학과.

51) 국역 『대동야승』 1권, 민족문화추진회, 1985, 120~121면.

다) 한 중이 규방으로 가는 것을 보고 따라가니 친구의 아내가 중에게 고기를 대접하고 있었다.

라) 무사가 활을 쏘아 중을 죽인 후에, 아무 일도 모르는 척 제자리로 와서 누웠다.

마) 잠시 후 부인의 비명소리가 나기에 하인에게 물어보니, 안주인이 침입한 중을 죽이고 자결하려고 하기에 급히 막았다고 하였다.

바) 무사는 쓴웃음을 짓고 길을 떠났다.

사) 다음 해에 그 집을 지나는데 節婦 旌門이 세워져 있었다.[52)]

-『어우야담』

설화들을 비교해 보면 과부가 고기를 구워서 중에게 먹인 후 사통한다는 이야기와 이를 목격한 누군가가 중을 제어한다는 이야기가 가장 이른 시기에 형성된 것으로 보인다. 여기에 여인의 거짓 열녀 행세 삽화가 덧보태지고, 현풍 곽씨 가문에 十二旌門이 선 역사적 史實이 결합하여 새로운 설화유형을 만든 것으로 보인다. 또한 여기에 박문수의 어사 행각이라는 또 다른 史實까지 결합함으로써, 이 구비설화는 현실 속에 존재하는 烈女들이 실제로 모두 날조된 것처럼 그리고 있다.

사실 '烈설화'에서는 현풍 곽씨 가문이 자주 등장한다. 수절형에서는 화자들이 자기 가문의 實話라면서 구연하는 경우가 많아서 주인공이 현풍 곽씨가 아닌 다른 가문의 여인으로 나타나는 경우가 많다. 그러나 훼절형에서 특히 허구성이 두드러질 경우는 예외 없이 현풍 곽씨가 주인공으로 등장하고 있다. 이를 통해 보면, 설화 전승자들은 현풍 곽씨 집안의 烈女門에 대해 비교적 못마땅하게 여기는 경향이 있음을 알게 된다.

한편 문헌에서는 여인은 무사하고 중만 징치되는 반면 구비설화에서

52) 유몽인, 柴貴善·李月英 譯註(1996), 『어우야담』, 한국문화사, 421~422면.

는 여인도 죽는다. 이는 烈女의 개념이 형성된 후 여인의 정절에 대한 사회적 감시가 강화되면서 일어난 변화로서, 烈女의 개념이 후대로 갈수록 절개를 위해 죽은 여자라는 의미로 고착되어간 것과 관련된 것으로 보인다. 『용재총화』에서 장군이 중을 징치한 것은 여인을 자신이 차지하려는 욕심이 있었을 뿐 아니라 姦夫의 신분이 禁慾을 실천해야 할 중이었다는 점에서 이를 징치하는 명분이 서기 때문이다. 『용재총화』 소재의 이 설화는 과부의 훼절에 대한 풍자보다는 장군이 과부와 결연하게 되는 과정에 생긴 무용담에 비중이 있는 것으로 볼 수 있다.

『어우야담』에서 주인공은 과부의 毁節에 대해 매우 곱지 않은 시선을 보인다. 이는 이 과부가 바로 자신이 아끼던 친구의 아내이기 때문이다. 자신은 죽은 친구가 그리워서 잠을 못 이루는데 그 친구의 아내는 벌써 남편에 대한 신의를 잊은 채 姦夫와 사통하는 현실에 대해 분노를 느끼는 것이다. 게다가 중의 죽음을 뒤집어서 오히려 자신의 節行으로 가장할 만큼 교활한 이 여인에게 열녀문까지 내린 것을 보고 失笑를 금치 못하는 주인공의 시선을 통해 부조리한 현실이 풍자되고 있다.

구비설화에서는 문헌에 나타난 이런 이야기에 가문의식이 결합되고 있음을 볼 수 있다. 구비설화에는 중을 제어할 武力을 지닌 武士 대신에 어리고 연약한 시동생이라는 인물이 등장하여 일을 처리하고 있는데, 이 과정에서 가문의 명예를 위해 사건을 재빨리 수습하는 어린아이의 영악함이 부각되고 있다. 가문의 명예를 세우기 위한 어린 소년의 당돌한 지혜는 한 가문을 영달시킬 만한 것으로서 긍정적인 평가를 받고 있는 것이다. 현풍 곽씨의 명망은 가문의 높은 도덕성에 힘입은 것이었는데, 이는 이 가문으로 시집온 며느리들이 열녀가 되었기 때문이다. 그러나 진실을 알고 보니 이 열녀문이 모두 가짜였던 것으로 곽씨 집안의 명성은 모두 조작된 것이라는 설화 전승자들의 주장을 담고 있다.

2. 새로운 삽화의 결합과 의미의 다중화

구비설화에 나타나는 '열녀시험 통과하기' 유형의 類話를 『용재총화』(1439~1504)와 『성호사설』(1681~1763) 등의 문헌에서도 찾아볼 수 있는데, 내용을 간추리면 다음과 같다.

> 재상 윤씨에게 딸이 몇 명 있었다. 하루는 화려한 복장을 갖춘 군사들이 중국 사신을 맞기 위해 행군했다. 이런 행차가 있을 때는 집안에 있던 여자들이 모두 나와 구경하는 것이 하나의 관습이었다. 윤재상의 딸들도 구경하고자 하니 윤재상이 딸을 불러 타이르기를,
>
> "구경 가는 일은 나쁘지 않지만 얘기 하나만 듣고 가라.
>
> 「옛날 어떤 왕이 뜰에 8척이나 되는 나무를 세우고 이 나무를 뽑으면 천금을 주겠다고 하였다. 벼슬아치 중 힘센 사람도 모두 시도해 보았으나 나무는 움직이지 않았다. 이때 한 術師가 말하기를 '아주 정숙한 貞女만이 이 나무를 뽑을 수 있을 것이다.'라고 하였다. 城中의 부녀자가 와서 어떤 이는 바라보고 달아나고 어떤 이는 만져 보고 물러가곤 하였다. 그런데 한 여자가 스스로 '貞節이 있습니다.'라고 하고 그 나무를 어루만졌는데 나무가 움직이기는 하였으나 넘어뜨리지는 못하였으므로 여자가 하늘을 우러러 맹세하여 말하기를, '평생의 절조를 하늘이 아는 바인데 이제 이미 이와 같으니 죽는 것보다 못합니다.' 하더니 울음을 그칠 줄 몰랐다. 술사가 '비록 숨길 행실은 없으나 반드시 그 외모를 사모하여 잊지 못하는 사람이 있을 것이요.' 하니 여자는 문득 깨닫고 말하기를, '그러합니다. 어느 날 문에 기대어 서있을 때 한 선비가 화살을 허리에 차고 말을 타고 지나갔었는데, 눈은 가늘고 눈썹은 길어 아름다운 모습이 뛰어났기에 저 선비의 아내 되는 사람은 참으로 복 있는 사람이리라고 생각한 일이 있을 뿐 이밖에는 조금도 사사로운 정이라곤 없습니다.'라고

하였다. 이때 술사가 '이것도 넉넉히 이 나무를 뽑지 못하는 緣由에 해당합니다.'라고 하므로 그 여자는 다시 경건한 마음으로 맹세하고 나아가 드디어 나무를 뽑으니 나무가 뽑아졌다고 한다.」

이제 너희들이 만약 준수하게 생긴 선비를 보고 잠자리에서 생각하는 일이 없을 수 있겠느냐."

라고 하니, 딸들이 마침내 가지 못하였다.

–『용재총화』

구비설화에 나타나는 '열녀시험 통과하기'의 서사단락을 정리하면 다음과 같다.

가) 시골 선비가 과거를 보러 서울로 갔는데, 열녀를 널리 구하고 있었다.

나) 공중에서 갑자기 화살(못, 칼)이 날아와 궁궐 기둥에 박혔는데 '열녀라야만 뽑을 수 있다'고 쓰여 있었다(열녀만이 움직일 수 있는 탑이 있었다). 나라에서는 이것을 뽑는 사람에게 상을 주기로 하였다.

다) 온 나라의 열녀를 모두 동원해 보았으나 성공하는 사람이 없었다.

라) 선비가 자신의 아내에게 응해 보게 하려고 귀향하였다.

마) 도중에 청춘과부가 되어 술장사를 하는 고모에게 들러 자신의 계획을 말하니 집에 가서 '남자를 열 명 본 열녀(十女)이어야 한다'고 말하라고 시켰다.

바) 아내는 그 동안 본 남자가 중까지 합하면 꼭 열 명이라고 하여 (관계한 남자들을 열거하여) 不貞을 노출하였다.

사) 선비는 자청하고 나선 고모를 모시고 상경하였다.

아) 화살(못, 칼)이 빠지다가 마지막에 걸려 나오지 않았다 (탑이 움직일 뿐 옮겨지지 않았다).

자) 고모는 통곡하며 마음에 꺼려지는 바를 토로하는데 모두 청춘에 과

부가 되었음을 강조한다(목욕재계 후 물을 떠놓고 고백한다).

자-1) 친정에서 조카를 배 위에 얹고 어르는데 조카가 배 위에 오줌을 싼 일 (또는 어린 사내아이의 사타구니를 본 일)

자-2) 준수한 청년을 보고 남편도 살았으면 저렇게 다녀볼 거라고 생각한 일

자-3) 지나가는 선비가 죽은 남편과 비슷하여 뒤통수를 곁눈질한 일

자-4) 부부가 아들의 손을 잡고 오는 것을 보며 남편이 살았더라면 자기도 아이 낳고 살아봤을 거라고 생각한 일

자-5) 샘에서 물을 얻어 마시고 가는 남자를 보며 '하룻저녁 자 봤으면' 하고 생각한 일

차) 고백을 마치자 화살(못, 칼)이 빠졌다(탑을 밀어 옮겼다).

문헌설화와 구비설화의 차이는 전자는 액자 구성을 보인다는 것이고 후자는 이 액자 안의 이야기(話中話)와 다른 삽화가 결합하여 서사구조가 확대된다는 점이다. 문헌과 구비설화에 공통적으로 나타나는 것은, 여인이 열녀시험 과정을 거의 다 통과하였는데 마지막 단계에서 난관에 봉착하게 되자 자신의 정절을 주장하며 내면을 토로하는 고백 내용이다. 구비설화에는 이런 설화의 기본 골격에다 '城中의 여인들이 모두 시험해 보았으나 실패하였다.'라는 문헌설화 내용이 더욱 구체화된, '평소에 貞潔한 줄로 알았던 선비의 아내가 사실은 不貞한 여인이었다.'라는 이야기가 결합되고 있다.

또한 시험에 응하는 여인이 술장수를 하는 과부인 고모로 설정되어 새로운 의미가 추가되고 있다. 貞潔할 것으로 기대되었던 여염집 여인의 '淫行'과 술장사하는 고모의 '貞節'이, 그리고 아내의 순박하다 못해 어리석기까지 한 언행과 삶에 대한 통찰력을 지닌 고모의 지혜가 대비됨으로써 인간에 대한 피상적 이해가 갖는 한계를 일깨운다.[53] 구비설화에는

문헌설화의 의미에 烈女에 대한 우리의 선입견과 烈에 대한 보편적 인식을 뒤집는 내용이 첨가된 것이다.

화살이 뽑혀 나오다가 중간에 걸리고 만 절박한 상황에서 여인이 내면을 고백하는 장면은 이 설화의 절정에 해당하는데, 여기서 활용된 '고백'이란 서사적 장치는 절박한 상황 속에서 인간의 본능적이며 자연스런 느낌을 가식 없이 노출하는 기능을 한다. 문헌설화에서는 여인이 하늘을 우러러 맹세하여 말하기를, '평생의 절조를 하늘이 아는 바인데 이제 이미 이와 같으니 죽는 것보다 못합니다.'라고 내면을 토로하자, 술사가 외모를 사모하여 잊지 못하는 자가 있을 거라고 다그친다. 그러자 여인은 과거에 준수한 남자를 보고 마음속으로 연모했던 일을 고백한다. 이 고백 대목에서는, 윤재상이 딸들에게 외간 남자를 바라보는 일조차 여성의 守節에 걸림돌이 되므로 구경하러 가서는 안 된다고 말했던 사실을 떠올리게 한다. 나무가 뽑히지 않고 멈춘 것은 여인이 육체적으로는 貞潔할지라도 정신적으로는 그렇지 못한 데에서 기인한 것이라는 말이 된다. 말하자면 외간 남자를 바라봄으로써 잠재된 욕망을 불러내게 되는 것만으로도 毁節의 혐의가 있다는 것이다. 이 삽화(話中話) 속에 등장하는 여인이 생각한 '평생의 절조'가 육체에 관한 것이었다면, 윤재상이 생각하는 貞節이란 毁節로 이어질 우려가 있는 잠재적 욕망조차 소거된 상태인 셈이다. 즉 정신적 정절과 합일되지 않은 육체적 정절은 불완전하며, 이런 수절 의지는 잠재된 욕망이 외부 자극에 의해 분출됨으로써 언제든지 무너질 수 있다는 이야기인 것이다.

그런데 구비설화에서는 여인의 고백이 지니는 의미 지향이 문헌설화와 다르게 설정된다. 여인이 고백한 내용은 사실 대개 죽은 남편에 대한 절절한 그리움의 표현이거나, 어린 조카와의 접촉을 거론해야 할 만큼

53) 황인덕(1990), 「'열녀시험'형 설화의 유형적 성격과 烈인식의 의미」, 『조종업박사 화갑기념논총』, 동간행위원회, 445면.

남자와의 접촉이 전혀 없었던 사실이다. 이는 문헌설화에서처럼 여인이 외간 남자를 연모했던 罪過를 인정하는 것이 아니라 오히려 죽은 남편에 대한 끝없는 그리움과 변함없는 사랑을 증명하는 것이다.[54] 이런 내면 토로는 과부가 겪었던 守節의 고통을 강조하여 결과적으로 자신의 貞節이 갖는 가치를 부각시키는 동시에, 청상과부의 수절이 갖는 엄혹함을 고발하는 역할을 한다.

3. 설화 모티프의 변이와 의미의 변화

(1) <정절 지키기> 유형군

'개가 권유 물리치고 시부모 받들기' 유형을 보면 『청구야담』에 실린 '守貞節崔孝婦感虎'라는 자료에서 구비설화와 거의 동일한 내용의 이야기를 찾을 수 있다.

> 청춘에 과부가 된 최씨 여인이 눈먼 시아버지를 지성으로 봉양하였는데, 친정부모가 개가시키려 하자 밤중에 도망하여 媤家로 가다가 범을 만났는데 범이 며느리를 시집까지 등에 태워서 데려다 주었다. 며칠 후 그 범이 동네 함정에 빠졌는데 여인이 사정을 말하고 풀어주게 하였다.[55]

이 문헌설화에서는 시아버지의 존재가 전혀 부각되지 않고 있어서 며느리에 대한 시아버지의 태도나 여주인공의 내면이 드러나지 않는다. 그러나 구비설화에서는 이들의 내면심리를 화자가 서술하고 있어서, 며느리가 내심 개가하고픈 마음을 지니고 있음이 드러난다. 따라서 구비설화

54) 단락 E를 제외하면 그렇다.
55) 『청구야담』, 李月英·柴貴善 譯, 한국문화사, 1995, 156~158면.

의 경우 며느리가 수절하는 이유는 一夫從事하기 위해서가 아니라 자신이 봉양하지 않으면 살아갈 수 없는 눈먼 시아버지에 대한 책임감 때문이다.[56] 뿐만 아니라 구비설화에서 시아버지는 며느리가 필경 자신을 버리고 갔으리라 여기고 절망하는 모습을 보이는데[57] 이는 家父長의 의젓함을 상실한 초라한 모습으로서 깊은 연민을 자아낸다.

구비설화에서는 이 여인에게 호랑이가 어린아이를 물어다 주는 등 실제적인 보상이 쏟아지지만 문헌설화에서는 이런 보상이 나타나지 않는다. 문헌설화에서 며느리는 그저 아무 갈등 없이 마땅히 해야 할 도리를 다하고 있을 뿐이다. 문헌설화의 이런 서술 태도는 며느리의 희생을 구비설화에서처럼 무력한 노인에 지나지 않는 시아버지에 대한 동정이나 연민에 기반한 施惠의 차원으로 바라보지 않으려는 의도를 드러낸다. 즉, 과부가 늙은 시아버지를 봉양하며 수절하는 것은 가부장제적 가족질서 안에서 며느리가 마땅히 행해야 할 의무임을 전제로 하고 있는 것이다. 따라서 구비설화에서처럼 家父長의 권위를 상실한 초라한 시아버지의 모습이나, 과부가 근본도 모르는 어린아이를 데려다 키우며 위안을 삼는다는 것은 문헌설화에서 기대할 수 없다.[58] 사실 중세의 가부장제적 질

56) "어떻게 시아버지 병을 좀 고쳐 놓구서 음 내가 낭중에 後嫁를 가두 가야 할텐데, 저 저러니 시아버님 저러니 어떡하나." 또 자기두 신세를 생각하니 앞으루 아들 딸두 아무 것두 없고 청춘이 여태 있구. 『구비대계』 3-1, 359면. "야 이거 내일 지나면 시집을 가면 좋은데 시어머니는 금방 죽는다."이거야. 누가 조석을 봉양할거야. 일가친척도 없는데 굶어 죽을 것 아니냐 이거야.' 『구비대계』 4-3, 538면.

57) 이 시애비가 밥 묵은 정신은 있어도 (며느리가) 뭘 보고 올 거냐 말이야. (시아버지가) 큰 거부가 돼서 올 것이냐? …(중략)… 서방이 있어 올 거이냐? 자식 있어 올 거이냐? 인자 남 됐다 그 말이여. 앉아가 훌쩍 훌쩍 우네. 밥 안 묵고 울어.' 『구비대계』 6-3, 316면. '시아버지가 눈물을 그만, 흘린단 말여…… 『구비대계』 3-1, 359~360면.

58) 이와 동일한 내용인, 『파수록』에 실린 '安峽節婦'에서는 시아버지 대신 시어머니가 등장하는데, 시어머니가 며느리가 늦게 옴을 원망하고 있었다고 되어 있다. 김현룡(1999), 128면.

서를 떠받치는 힘은 家父長의 권위이었던 바, 이런 가부장의 절대적 권위를 훼손하지 않으려는 문헌 설화 편찬자들의 보수적인 의식을 짐작할 수 있다.

(2) <남편 구하기> 유형군

구비설화와 문헌설화에서 '남편 대신 죽기' 유형의 설화를 찾아 대비해 보기로 한다.

* 구비설화의 내용

가) 상전을 죽이고 도망간 노비의 딸과 상전의 아들이 혼인을 하였다.
나) 상전의 아들인 줄 알게 된 노비는 그를 죽일 계획을 세웠다.
다) 신랑과 하룻밤을 지낸 신부는 친정에서 남편을 죽이려는 사실을 알게 되었다.
라) 신부가 신랑과 옷을 바꾸어 입고 대신 죽었다.
마) 신랑이 官의 힘을 빌어 노비들에게 원수를 갚고 신부의 시체를 찾아 장사 지낸 후 열녀비를 세웠다.

* 『청구야담』 <乞父命忠婢完三節>[59)]

가) 선비 심씨는 도망노비를 추쇄하러 갔다.
나) 심씨는 옛 종의 딸인 향단을 총애하여 오랫동안 거기에 머물렀다.
다) 종들이 심씨를 죽이려고 모의한 것을 향단이 알게 되었다.
라) 밤에 향단은 심씨와 전보다 배로 親愛하여 嬉戲하다가 서로 옷을 바꿔 입었다.

59) 『청구야담』, 『계산담수』, 『파수편』에 실려 있는데, 『청구야담』, 李月英·柴貴善 譯(1995), 한국문화사, 202~204면의 내용을 인용하기로 한다.

마) 향단이 울자 심씨가 이유를 물으니, 종들의 모의 사실을 말하고 아비는 모의를 주도하지 않았고 억지로 가담하였으므로 용서해 줄 것을 간청하였다.

바) 심씨는 도망치고 향단이 대신 죽었다.

마) 심씨는 官의 힘을 빌어서 종들을 모두 처단하였으나, 향단의 아비는 선비의 간청으로 죽음을 면하였다.

바) 향단은 주인에게 忠을 지아비에게 烈을 아비에게 孝를 다해 三綱을 갖추었으므로 碑와 旌門을 세웠다.

구비설화와 문헌설화를 비교해 보면 이야기 전개에 있어서 몇 가지 차이가 있다.[60] 첫째 주인공 여자와 남자의 관계에 차이가 있는데, 구비설화에서는 혼례를 올리고 첫날밤을 치른 신혼부부인데 반해서 문헌에서는 오랫동안 정을 통한 상전과 여종으로 설정되어 있다. 문헌설화에서는 여종이 선비와 오래도록 정분을 나누었고 마지막 밤에는 더 깊은 애정을 나눈 것으로 묘사함으로써 이들이 인간적으로 깊은 정을 나눈 사이임을 보여준다. 반면 구비설화에서는 단지 하룻밤을 함께 지낸 부부로 설정되어 있어서 깊은 애정을 나눈 사이라고 보기 어렵다.

둘째, 구비설화에서는 이전에 신랑의 아비를 죽인 신부의 아비가 신랑이 복수할 것을 두려워하여 그를 죽이려고 하지만, 문헌에서는 향단의 아비는 도망 노비라는 점을 제외하면 선비와 怨恨관계에 있지 않으며 선

60) 소설 <김학공전>의 경우는 구비설화보다는 문헌설화의 내용과 近似하다. 그러나 신랑(김학공)을 죽이려고 하는 노비들과 신부(별선)의 친정식구가 아무 관련이 없다는 점이 차이점이다. 따라서 신부의 희생은 친정식구의 잘못을 대신하기보다는 전적으로 신랑의 목숨을 살리기 위한 행동으로 나타나는데, 다만 신부의 어머니가 김학공의 신분을 노출시킴으로써 김학공을 위기로 몰아넣었다는 점에서는 신부가 책임의식을 느낄 만하다. 그리고 이 소설에서는 종국에 신부가 환생함으로써 행복한 결말을 보인다는 점에서 설화와 큰 차이를 보인다.

비를 죽이려는 모의에도 억지로 가담하였을 뿐이다. 따라서 구비설화에서는 신랑이 신부의 아비를 비롯한 가족들을 모두 죽임으로써 신부의 죽음은 결국 친정 식구들의 沒殺을 초래하였지만, 문헌설화에서는 선비가 향단의 아비를 살려 주도록 배려함으로써 향단의 죽음으로 그 아비의 목숨을 구할 수 있었다는 차이가 있다.

문헌과 구비 설화에 나타난 위와 같은 차이는 이 설화의 의미를 파악하는 데에 있어서 상당히 중요한 변수가 된다. 우선 문헌설화에서 향단의 행동은 구비설화의 경우에 비해서 현실성이 있어 보인다. 구비설화의 경우 부부의 緣도 중요하겠지만, 겨우 하룻밤 인연을 맺은 신랑을 위해서 자신과 가족의 목숨을 내맡기는 것은 범상한 여인의 감정으로는 쉽게 선택하기 어려운 일로 보이기 때문이다. 그러나 이미 깊이 정이 든 남자의 목숨을 구하는 동시에 아비의 목숨도 구하기 위해서 불가피하게 자신의 목숨을 희생하는 향단의 심정은 어느 정도 납득이 되는 일이다. 이런 시각에서 보면 구비설화에서는 문헌에 비해서 여주인공의 희생을 개인의 私的인 감정에 의한 것보다는 명분을 위한 大我의 실현으로 그려내고 있음을 알게 된다. 이런 사실은 전승자들이 이 설화에서 개연성 있는 서사전개보다는 事必歸正과 勸善懲惡의 가치관을 실현하는 데에 더 큰 가치를 두고 있음을 보게 된다. 전승자들은 이 설화를 통해, 선량한 사람이 억울하게 살해당하는 일이 있어서는 안 되며 살인을 저지른 惡人은 반드시 징벌되어야 한다는 사회적 정의의 실현을 강조하고 있다. 사회적 정의의 실현은 부녀간의 혈연의 情보다 우선되어야 한다는 주장인 것이다.

한편 양반사대부들이 고양하고자 한 烈女의 모습을 『삼강행실도』의 열녀편에서 엿볼 수 있는데, 이 설화와 유사한 갈등을 '節女代死' 라는 이야기에서 찾을 수 있다. 그 내용을 보면 주인공 여인은 아버지와 남편 가운데 한 사람의 죽음을 택할 수밖에 없는 상황에 처해 있다. 여인은 그 어느 쪽의 희생도 선택할 수 없는 나머지 자신이 대신 죽었고, 이로 인해 평생 孝義를 한 몸에 감당했다는 칭송을 받게 된다.61) 이 여인의 행동은 혼인을 하여 三從之義에 따라서 섬김의 대상이 아버지로부터 남편으로 옮겨왔다거나, 또는 남편의 생명을 아버지보다 우위에 두었기 때문이라고 볼 수 없다. 혼인은 여성에게 친정에서 出嫁外人이 됨을 의미하지만 이 여인은 타 가문에 들어간 후에도 기계적으로 外人이 될 수는 없었던 상황을 보여준다.62)

그러나 구비설화에서는 여인이 일방적으로 남편의 편을 들고 있다는 점에서 상황이 다르다. 이 여인의 烈行은 신랑을 향한 烈이며 동시에 상전에 대한 노비의 복종이란 점에서 忠을 겸하는 것이지만, 친정의 아버지와 오라비에 대해서는 배반함으로써 친정아비에 대한 孝와 형제들에 대한 義理를 저버린 것이다.63) 문헌에서는 여주인공이 忠孝烈을 함께 행한 중세의 이상적인 인물인 반면 구비설화에서는 친정식구의 목숨을 희생하면서까지 시집에 충성하는 인물로 그려진다. 따라서 양반사대부들의 입장에서는 전자의 경우를 바람직한 것으로 여겼으리라고 볼 수 있는바, 구비설화에 나타난 이 열녀의 모습은 양반사대부들이 이상적으로 여긴 열녀상과 거리가 있다.

(3) <**남편 위해 훼절하기**> **유형군**

가) '개가하여 본남편 구완하기'

구비설화에서처럼 나병환자인 남편을 살리기 위해서 개가하는 여인의

61) 較兩端輕與重 平生孝義一身當. 『三綱行實圖』 열녀편, 세종대왕기념사업회, 1982, 52면.

62) 이혜순(1998a), 「열녀상의 전통과 변모」, 『진단학보』 85, 진단학회, 173면.

63) 이는 여인이 혼인을 통해 친정에서 出嫁外人이 됨으로써 三從之義에 따라 아버지로부터 남편으로 그가 섬겨야 할 대상을 옮겨온 것으로도 이해할 수도 있다.

이야기가 문헌에는 잘 나타나지 않는다. 사실상 문헌에는 <남편 위해 훼절하기> 유형군 설화가 거의 나타나지 않는다고 볼 수 있는데, 『消閑細說』에서 오직 한 편을 찾아볼 수 있다. 이는 여인이 개가한 후에 본남편을 섬기는 식의 二夫從事가 아니라, 위험에 처한 남편을 살려주는 조건으로 개가할 것을 약속하는 이야기인데 구체적인 내용은 다음과 같다.

> 가난한 부부가 은광에 가서 일을 하며 살았는데, 남편이 갱 속에 매몰되자 남편이 죽은 줄로 안 여인이 남편의 시신을 꺼내어 장사지내 주는 사람과 함께 살겠다고 하였다. 남편은 구조되어 回生하였는데, 여인은 남편에게 상황을 설명하여 동의를 얻은 후, 약속을 지켜서 後夫에게 형제를 낳아준 다음 다시 本夫에게 돌아와 살았다.64)

한편 구비설화에도 이와 완전히 동일한 서사전개를 보이는 각편이 있다.65) 그러나 이런 내용이 구비설화에 오직 한 편만 있고 내용도 문헌설화와 완전히 일치한다는 점에서 이 구비설화는 화자가 문헌설화를 통해서 알게 된 이야기일 가능성이 짙다.

이야기에서 여인은 남편의 동의를 얻어 개가하였고 다시 돌아와 남편과 살면서 자신의 훼절에 대해 전혀 罪意識을 갖지 않는다. 여인의 烈行이란 죽은 줄로 안 남편의 屍身을 수습하기 위해서 毁節을 무릅쓴 것에 있다. 이 이야기는 烈과 貞節의 충돌을 심각하게 문제 삼지 않으며, 대신 약속을 지키는 인간의 信義라는 측면에 초점을 두고 있다. 대개의 열녀들이 보여주는 처절한 고난 따위는 부각되지 않고 있어서 이야기가 자못 평화롭게 전개되고 있다. 이 부부 역시 은광에서 일하던 낮은 신분임을 알 수 있다. 여인이 자신의 훼절을 문제삼지 않는다거나, 後夫에게 형제

64) 김현룡(1999), 146면.
65) 『구비대계』 5-7, 김창기(남, 68세) 구연, 이부열녀.

를 낳아주고 다시 本夫에게 돌아와서 사는 등 가부장제적 질서와 유리된 삶의 태도를 보여준다는 점에서 이는 양반층의 의식과는 거리가 아주 먼 이야기인 셈이다. 여인은 변함없이 本夫에 대한 신의를 가지고 있었음을 보여주는데 처음에는 本夫의 시신을 거두기 위해 개가할 것을 마음먹었고 종국에는 本夫에게로 돌아와서 살았다는 점에서, 이는 여인의 육체적 정절에 절대적 가치를 두지 않고 있음을 보여준다.

나) '원수의 아내 되었다가 복수하기'

이 유형에 해당하는 구비설화의 내용은 다음과 같다.

> 혼자 사는 남자가 친구의 아름다운 아내를 빼앗기 위해 친구와 함께 나무를 하러 가서, 친구를 낫으로 찔러서 죽였다. 이때 친구는 목에서 피를 거품처럼 뿜으며 죽었다. 혼자 돌아온 남자는 시치미를 떼고 친구의 아내에게 접근하여 함께 살았다. 세월이 흘러 둘 사이에 아이가 생겼다. 하루는 비가 오는데 거품을 내며 낙숫물이 떨어지는 것을 보고 남자가 혼자 웃었다. 여인이 이유를 묻자, 남자는 전남편을 죽였다는 것과 그가 죽을 때 거품이 생기던 일을 말해주었다. 여인은 後夫를 죽였다(또는 관가에 고발하여 처리하거나, 아버지를 죽인 것을 보고 자식이 여인을 죽였다).

한편 『효빈잡기』에는 다음과 같은 복수담이 실려 있다

> 갑오년(1594년)에 도적이 들끓어 남자를 죽이고 그 아내를 탈취하는 일이 빈번하였다. 銀尺里의 한 사람 집에 도적이 들어 남편을 죽이고 그 아내를 빼앗아 데리고 살았다. 아내가 남편의 복수를 노렸지만 여의치

> 않아 삼 년을 같이 살면서 한 아들까지 낳았다. 하루는 도적이 며칠간 집을 떠나 멀리 간 사이 독한 술을 빚어 준비했다가 도적이 돌아오니 여러 잔을 권하여 도적이 잠들게 하였다. 부인은 도적을 방안에 끌어넣고 또 아들을 그 옆에 눕힌 다음 문을 잠그고 밖에서 집에 불을 질렀다. 그리고 이웃사람들을 불러 소리치기를 "내 남편의 원수를 갚는 중이니 불을 끄지 마십시오."라고 하였다. 얼마 후 불이 거의 다 탄 다음 부인은 홀몸으로 어디론가 가버렸다.[66)]

문헌설화에서는 처음부터 끝까지 後夫에 대한 여인의 증오와 복수의 지가 부각되고 있다. 이런 까닭에 구비설화에서와 같이 진실을 모른 채 後夫와 아들을 낳고 단란하게 살아가던 여인이 어느 날 문득 진상을 알고 받게 되는 충격이나 갈등-後夫에 대한 배신감, 前夫에 대한 죄책감, 자신의 부조리한 삶에 대한 절망감 그리고 後夫의 자식에 대한 愛憎-같은 서사적 긴장과 극적 반전이 나타나지 않는다.

後夫와 삼 년 동안 살면서 자식까지 낳았다면, 이제는 어느 정도 怨恨을 잊고 현실에 젖어서 살아갈 수도 있으련만 여인은 처음의 뜻을 꺾지 않고 맹렬한 복수를 행한다. 삼 년이란 것은 물리적이거나 수량적인 개념이 아니라 이들이 함께 산 것이 결코 짧지 않은 기간이라는 뜻인바, 범상한 사람이면 과거의 원한을 잊을 만큼 충분한 시간이 흘렀다는 의미이다. 아마도 처음부터 복수를 계획했음이 분명한 이 여인은 불을 질러서 後夫와 사이에 낳은 자식과 後夫를 죽인다. 이런 여인의 용의주도한 모습에는 아무런 갈등이나 주저함이 드러나지 않는다. 이처럼 여인이 자식에게조차 연민을 보이지 않는 것은 필경 원수의 자식에게 처음부터 情을 주지 않았던 탓일 것이다. 남편이 미우면 그 자식도 미운 법일 테니 말이다.

---

66) 김현룡(1999), 144면.

그러나 사실 이는 그런 정황을 따져서라기보다 여인에게는 오직 그것이 마땅한 도리로 여겨졌기 때문으로 보아야 할 것이다. 원수의 자식에 대해 집착하는 것이 용서될 수 없었던 것은, 원수의 자식을 낳은 것부터가 스스로 용서할 수 없는 사실이었기 때문이다. 여인의 이런 사회적 正義感을 높이 산 까닭에 이런 참혹한 이야기가 문헌에 정착될 수 있었던 것으로 보인다. 한편 여기서 비록 여인이 원수의 피를 받았더라도 반쪽은 자신의 혈육이 분명하건만 무고한 자식까지 거침없이 죽이는 것은 역시 父系의 혈통을 중시하는 남성 중심의 가부장제적 사고와 관련이 있을 것이다.

(4) <**수절하기 어려운 사연> 유형군**

구비설화의 '과부 개가하기' 유형에 해당하는 문헌설화로 『청구야담』에 실린 '憐孀女宰相矚窮弁'라는 이야기를 들 수 있는데, 서사단락으로 정리하면 다음과 같다.

> 가) 재상의 딸이 출가했다가 일 년도 안 되어서 과부가 되어 친정에 와 있었다.
> 나) 딸이 거울을 보다가 흐느끼는 것을 재상이 보았다.
> 다) 재상이 잘 아는 무변에게 銀을 주고 딸을 데리고 북관에 가서 살라고 하였다.
> 라) 재상은 딸이 자결하였다며 虛葬을 하였다.
> 마) 수년 뒤에 재상의 아들이 어사가 되어 함경도 지방에 갔다.
> 바) 죽었다던 누이가 아들 둘을 낳고 잘살고 있었다.
> 사) 재상의 아들이 돌아와 재상에게 고하니 재상은 눈을 부릅뜰 뿐 아무 말을 않으니 아들은 그냥 물러서고 말았다.

이는 구비설화와 비교해 보면 크게 두 가지 차이점을 발견하게 된다. 먼저 문헌설화에서는 사) 단락에서 보듯이 재상이 끝까지 딸의 개가 사실을 불문에 붙이고자 하는 데 반해, 구비설화에서는 대다수 각편에서 친정식구들과 여주인공이 재회하는 것으로 나타난다.[67] 또한 士族의 여인으로서 종과 혼인하여 신분의 하락을 겪을 수밖에 없었지만, 친정 오라비의 도움으로 오히려 과부와 혼인한 종의 신분이 상승되는 것으로 변이된 각편도 적지 않다.

또 다른 차이는 재상이 딸을 개가시키려는 의도가 문헌설화에서는 그저 거울을 보고 흐느끼는 딸의 모습을 보고 연민의 정을 느낀 것으로 나타날 뿐 그 밖의 다른 의도가 있었는지 드러나지 않지만, 구비설화에서는 재상이 혹시라도 딸이 훼절하여 가문에 누가 될 것을 두려워 한 때문으로 설명하는 각편이 많다는 점이다. 이처럼 구비설화에서 딸을 개가시키려는 재상의 의도를 양반층의 기득권 수호를 위함으로 그리고 있는 것은, 구비설화의 전승자들이 양반층의 도덕적 허위의식에 대한 짙은 반감을 갖고 있음을 보여준다.

한편 이런 재상의 보수성과 체제유지적 속성을 보다 선명하게 노출시키고 있는 것이 바로 사) 단락이라고 할 수 있다. 물론 虛葬까지 치르며 개가를 시켜줄 만큼이나 깊이 아끼는 딸이었다면, 오랜만에 그의 生死와 형편을 알아온 아들에게 재상이 구체적으로 딸의 근황을 캐어묻는 것이 人之常情일 터이다. 그러나 문헌설화에서 재상이 굳게 입을 다문 채 아들에게 緘口하도록 無言의 압력으로써 가하는 것은 그가 가문을 위해서 인간적 감정을 억제하고 있음을 분명하게 보여준다. 사실 재상의 이런 냉정한 모습은 당대의 현실을 고려하면 상당히 개연성이 있는 것이다.

그러나 구비설화에서는 이와는 상황이 다르게 전개된다. 나중에 감사

---

67) 재상이 직접 오라비를 시켜서 여동생의 소식을 알아오도록 시키는 각편도 있다.

의 벼슬에 오른 친정 오라비가 여동생 부부와 해후하고 사람들 앞에서 이들이 처남 매부 사이임을 과시함으로써 이들의 신분을 상승시켜 주며, 친정부모와도 내왕을 하기에 이른 각편도 있다. 이런 서사전개는 전반부에서 가문의 안녕을 위해 딸을 가족의 테두리 밖으로 치우는 재상의 기득권 의식을 강조한 것과 모순된다.68) 게다가 종이었던 남자가 과부와 혼인하여서 종국에는 신분의 상승을 이루어서 양반이 된다는 것은 상당히 비현실적이다.

구비설화의 전승자들이 이야기를 이렇듯 비논리적인 방향으로 변이시키고 있는 것은, 서민층의 所望을 설화 속에 반영하고 있기 때문으로 볼 수 있다. 결국 구비설화에서는 士族여인이 再嫁를 통해서 신분의 하락을 당하는 것이 아니라, 오히려 종이 士族 여인과 혼인함으로써 신분이 상승된 행운담으로 이 설화의 주제를 변이시키고 있는 것이다.69) 이런 발상은 班常의 신분 질서를 허무는 것으로서 양반지배층의 체제 유지적 사고와 배치되는 것으로, 문헌설화의 편찬자와 구비설화 전승자 사이의 의식 차이를 보여준다. 전자는 재상에게 이야기의 초점을 맞추고 있는 반면, 후자는 재상의 딸 덕분에 신분이 상승된 남자나 과부살이를 면한 여성 인물의 행운담에 더 관심을 보이고 있는 것이다.

제3절 구비와 문헌에 나타난 '烈설화'의 烈인식 대비

이제 문헌에 실린 '烈설화'를 검토한 결과를 토대로 문헌설화와 구비

---

68) 이 유형의 4)번 각편인 『구비대계』 2-7, 진병두(남, 79세)의 "정승의 사위 된 황도령"이라는 각편이 그 대표적인 예이다.

69) 여기서 문헌설화에 비해서 구비설화가 내용상 변이를 일으킨 것으로 판단한 것은 이야기 구성상 문헌설화의 서사구조가 보다 개연성이 있다고 보기 때문이다.

설화에 나타난 烈인식의 차이를 종합해 보기로 하자. 우선 문헌자료와 구비자료에 나타난 '烈설화'의 전승 유형에 차이가 나는 것을 발견하게 되는데, 문헌에서는 <남편 위해 훼절하기> 유형군 설화가 거의 전승되지 않는다. <수절하기 어려운 사연> 유형군의 경우, 특히 '과부 개가하기' 유형이 압도적으로 많이 발견되고, <남편 구하기> 유형군의 경우에는 설화유형이 한정되어 있지만 적지 않은 양의 자료가 있다. '烈설화' 가운데 <정절 지키기> 유형군 설화와 <수절하기 어려운 사연> 유형군의 '과부 개가하기' 유형이 가장 많은 비율을 차지하는 것은 문헌과 구비에서 공통적이다.

'핍박당하여 죽기' 유형에서 모든 계층의 여성이 주인공으로 나타난다는 점은 구비와 문헌 사이에 별로 차이가 없다. 그런데 구비설화에서는 무고한 여인이 열녀 시험 때문에 죽는 어처구니없는 이야기가 나타나지만 문헌에는 이런 이야기가 보이지 않는다. 구비설화가 경직된 烈인식이 불러온 부조리한 세태를 풍자하고 있는 반면 문헌설화에서는 그런 모습을 찾기 어렵다.

문헌설화에서는 특히 士族 여인의 의리와 명분에 입각한 정절 지키기가 빈번하게 나타난다. 구비설화에서는 처녀가 외적에게 실제로 性的 핍박을 받아서 죽거나, 과부가 성희롱을 당하고 수치심으로 자결한다. 반면 단지 性的 핍박을 당할 뻔 한 일을 들어 남편의 동의까지 얻어가며 자결하거나, 정절을 의심받거나 內外法을 못 지켰다는 이유로 자결하는 것은 모두 양반 가문의 여인들이다. 그들은 모두 사대부 가문의 도덕적 자존심이라는 명분을 내세워서 죽는 것이다.

한편 양반의 첩실이 왜구에게 끌려갔지만 굳은 수절의지로 저항하자 이에 감복한 왜적이 그를 무사히 귀국시켰다는 내용의 문헌설화에서는, 미천한 여인조차 강한 정절의식을 가지고 있을 만큼 조선인은 문화 민족이라는 자부심이 밑바닥에 깔려 있다. 그러나 이 이야기는 外侵 때마다 일어나는 여성 훼절 문제의 책임을, 근본적으로 外侵을 막지 못한 양반 지배계층이 아닌 여성 개인에게 돌림으로써 지배층의 보수성과 기득권 수호 의식을 드러내고 있다.

문헌 소재 '烈설화'의 두드러진 특징은 妓女 守節譚이 상당수를 차지한다는 점이다. 이로 보면 기생의 수절담은 문헌설화를 기록하고 향유하던 識者層들이 특히 선호하던 이야기라고 할 수 있다. 妓女와 인연을 맺고 풍류를 지킬 만한 여유를 갖는 것은 주로 사회적으로 일정한 기반을 갖춘 남성들이었을 터인바, 기녀와의 애정담에 등장하는 기녀의 상대역도 바로 이런 신분계층의 남성들이었다. 기녀수절담이란 기녀 신분이면서 여염집 여인처럼 한 남자에게만 性을 독점적으로 허용하려 하였다는 점 때문에 이야깃거리가 된다. 문헌에 이런 이야기가 많이 수록된 것은 貞節이란 말 자체가 성립할 수 없는 기녀가 수절을 한다는 것이 일단 好事家들의 이목을 끌만도 하지만, 한편으로 기녀의 애정까지 독점하고 싶었던 남성들의 심리가 투영된 것으로도 볼 수 있다. 따라서 妓女의 守節譚은 外敵의 핍박으로부터 정절을 지키기 위해 맹렬히 저항하는 열녀의 이미지와는 거리가 멀다. 여기에서 수절이란 가부장제적 가족질서를 위한 여인의 육체적 정절도 아니고, 양반가문의 의리와 명분을 위한 烈은 더욱 아니다. 이는 사회적 규범이나 가치와는 무관한 것이다.70)

이 유형의 이야기는 사실상 중세에 유일하게 가능했을 남녀의 로맨스를 다룬 이야기로서, 한 여인이 순수하게 한 남자를 사랑함으로써 그와만 육체적 관계를 맺고자 한 지극히 개인적이며 자연스러운 사랑이야기

70) 이런 점에 대해 "정절이란 인간 본연의 감정과 자연스럽게 연결되는 것인데 그것이 마치 양반층의 전유물처럼 되어 버려서 이 시점에서 서민 부녀가 정절을 행함은 양반의 계급적 특성의 한 가지를 획득한다는 의미가 될 수 있다는 것이다. 따라서 이것은 그런 잘못된 제도에서조차 소외된 서민의 인간 주장이라는 의미를 지니면서 이와 같은 과정을 통해 정절의 본래 의미를 회복하고 있다."라는 엄기주의 지적은 매우 적절하다. 엄기주(1990), 233~234면.

이다. 게다가 기녀들의 애정은 상대 남성에게 자신의 性에 있어서만 헌신한 것이 아니라, 경제적인 도움까지 주고 그 자식과 집안을 돌보는 등 신실한 후원자의 모습으로 변모함으로써 현모양처처럼 보이기에 이른다. 따라서 이런 기녀담은 양반 신분의 가난한 남성들이 한번쯤 꿈꾸어 볼 만한 행운담인 것이다.

妓女守節譚이 문헌에 활발히 전승되는 반면 구비설화에 나타난 기녀수절담은 기생 고경춘의 이야기 한 편이 있을 뿐인데, 이는 순수하게 구비적 전통 속에서 전승된 자료로 보기 어렵다. 이는 우선 채록된 각편의 수가 희소하다는 것과 주인공의 이름이 정확히 붙어있다는 점에서 그러하다. 기억에 의존하여 여러 사람의 입으로 전달되는 구비설화의 전승원리로 볼 때 고유명사는 가장 먼저 탈락되거나 변이되는 요소인데다 특히 '고경춘'이란 이름은 어사 박문수나 숙종대왕, 흥부나 떡보, 춘향이나 현풍 곽씨 열녀처럼 설화 속에 빈번히 등장하는 이름도 아니다. 한편 가장 결정적인 증거는 기생 고경춘의 행적을 立傳한 '妓瓊春傳'[71]이라는 기록문학이 실제로 존재한다는 사실이다.

문헌설화에는 구비설화의 고경춘 이야기처럼 기생이 양반의 수청을 거부하고 자결하는 류의 妓女守節譚이 보이지 않는 대신, 남편을 둔 여종이 상전의 수청을 거부하고 자결하는 이야기가 나타난다.[72] 어차피 妓女란 남성의 性的 도구에 지나지 않는다고 여기던 당시 사대부 남성들에게 妓女가 수청을 거부하고 자결한다는 내용은 수용하기 어려운 반면, 여종의 경우는 긍정적으로 바라 본 것 같다.[73] 여종의 수절이 비록 상전

71) 洪直筆, 妓瓊春傳, <梅山集>.

72) 한편 문헌설화에서 여인의 烈行을 남녀의 애정과 관련하여 그리고 있는 것은 대개 양반계층이 아닌 하층민으로 이는 구비설화의 경우와 마찬가지이다. 상전의 수청을 들지 않으려고 죽은 여종의 이야기가 그렇고, 겨울에 변변한 옷도 마련하지 못해 얼어 죽은 남편을 살리려다 함께 죽은 하층의 여인 이야기가 그러하다. 이들의 烈行은 모두 애정에서 출발한 개인적 차원에서 이루어진 것이다.

에 대한 忠은 다하지 못했지만 남편에 대한 烈을 행하였다는 점에서 이를 갸륵하게 여길 수 있었던 것이다. 이는 烈을 여성의 윤리 덕목 가운데 최상의 가치로 놓으려 한 당대 사회의 분위기를 엿볼 수 있는데 모든 수절형 '烈설화'에서도 보편적으로 확인되는 사실이다.

문헌 소재 '烈설화'에는 구비설화에서는 나타나지 않는 특이한 유형이 있는데, 바로 남편에 대한 義理와 名分을 지키기 위해 남편과의 동침을 거부한 烈女의 이야기이다. 이 설화의 주인공들은 남편에게 嫡子를 얻어주기 위해 이혼을 자청하거나, 친정 아비를 죽인 원수인 남편과 동침은 거부하지만 그 가문을 떠나지는 않는다. 여기에 나타난 烈의 의미는 남녀의 애정과도 별개이며 가부장제적 질서를 위해 여성이 육체적 정절을 지키는 문제와도 무관한 것으로, 이는 오직 양반 사대부 가문의 여인들에게만 부여되던 명분론에 따른 烈인 것이다.

한편 문헌설화와 구비설화의 類話를 대비한 결과 현재 구비 전승되는 설화자료들은 역사적으로 다양한 방식으로 형성되고, 변모된 것임을 추론할 수 있다. 먼저 <수절하기 어려운 사연> 유형군의 '거짓 열녀 만들기' 유형에서는, 조선시대를 거치면서 열녀의 개념이 점점 강화되었던 사실과 구비설화 전승자들이 실제 史實을 虛構的인 가짜 열녀담과 결합시킴으로써 현실에 존재한 열녀들이 사실은 모두 조작된 것이라는 주장을 하고 있음을 알 수 있다. 그리고 '열녀 시험 통과하기' 유형의 경우는 전승되어 오던 이야기에 새로운 삽화가 결합함으로써, 처녀가 정절을 지키기 위해서는 어떤 종류의 외부적 자극에도 노출되어서는 안 된다는 의미에다 진정한 열녀가 누구인가는 겉으로 보아서는 쉽게 알 수는 없는 것

73) 조선시대의 법에는 상전이 여종을 겁간하였을 때, 여종은 이에 저항하는 것이 인정되었고, 여종의 남편은 이를 고소할 권리가 있었다고 한다. 장병인(1997), 『조선전기 혼인제와 성차별』, 일지사.

이라는 새로운 의미가 결합되었음을 보게 된다.

이야기 모티프의 세부적 변이에 따라서 문헌설화와 구비설화의 의미가 달라짐을 알 수 있었는데, <정절 지키기> 유형군에서는 구비설화와 문헌에서 공통적으로 나타나는 유형인 '개가 권유 물리치고 시부모 받들기' 유형의 경우 구비설화에서는 무력한 시아버지의 처지가 부각되면서 시아버지에 대한 연민과 책임감 때문에 며느리가 개가하고픈 욕구를 참고 수절하지만, 문헌에서는 시아버지의 존재가 전혀 부각되지 않아서 구비설화처럼 실추된 家父長의 권위가 그려지지 않으며, 며느리의 개가 거부는 매우 당연한 결정으로 그려진다. 이는 강력한 가부장제적 사회질서 유지를 지향하는 양반사대부들의 의식을 보여주는 것이다.

<남편 위해 훼절하기> 유형군의 경우 문헌 설화에서는 여인의 심리적 갈등이 부각되지 않는 반면 구비설화에서는 여인이 겪는 烈과 貞節의 갈등 양상이 첨예하게 드러나 있어 烈과 貞節의 의미에 대한 진지한 성찰을 보이고 있다. '원수의 아내 되었다 복수하기'의 경우, 문헌에서 개인적 정서보다 사회적 정의를 부각시켜 이념 쪽에 비중을 두는 반면 구비설화에서는 주인공의 인간의 보편적 정서를 부각시킴으로써 개인의 행복과 사회적 정의 사이의 갈등을 첨예화하고 있다.

무엇보다 구비설화와 문헌설화에 나타난 가장 큰 차이는 문헌에는 구비설화와 동일한 내용의 <남편 위해 훼절하기> 유형군 설화가 잘 나타나지 않는다는 점이다. 유사한 갈등 양상을 보이는 자료가 극소수 발견되지만, 이에 나타난 윤리적 갈등의 심각성이 구비설화에 비해 상당히 약하다. 이는 문헌 기록자와 구비전승자의 계층의식에 의한 것으로 보이는데, <남편 위해 훼절하기> 유형군 설화는 윤리적 논쟁의 소지가 많은 까닭에 識者層이 이런 구비 설화유형을 알고 있었음에도 불구하고 의도적으로 기록하지 않았을 수도 있고, 본래 이 이야기가 識者層을 제외한 민중들 사이에서만 전승되어온 결과일 수도 있다. 한편으로 이는 근대에

이르러 새로 생겨난 설화유형으로서 미처 문헌에 정착될 기회가 없었을 가능성도 있다.

그렇다면 이제 문헌에는 잘 나타나지 않는 <남편 위해 훼절하기> 유형군 설화의 형성시기에 대해 추론해 보기로 하자. 가부장제적 질서와 의리와 명분론에 입각한 가문의 대 잇기 의식이나 맹목적인 남편에의 복종을 주제로 삼고 있는 '개가하여 유복자로 대잇기' 유형과 '後夫의 자식 죽여 본남편 받들기' 유형이 조선시대 주자학적 세계관이 확고해진 이후에 형성된 것으로 추정할 수 있다면, 다른 유형들은, 조선시대의 성리학적 세계관의 성립 이전부터 존재했을 인간의 節義 또는 他者에 대한 善의 실현이라는 보편적인 가치관을 보여준다는 점에서, 형성 시기를 더 거슬러 올라갈 수 있을 것이다.

'원수의 아내 되었다가 복수하기' 유형은 남녀의 애정이 문제되는 삶이 시작된 시점부터 인간 사회에서 보편적으로 발생될 수 있는 상황을 다루고 있다고 할 수 있으므로, 이 설화의 형성 시기는 조선시대에 烈女라는 개념이 제창되기 전으로 거슬러 올라갈 수 있다. 일찍이 이 이야기가 중국 설화의 영향을 받은 것이라고 본 손진태 선생은 중국 설화에는 여인이 무의식중에 속아서 개가하지만 우리나라 설화에서는 처음부터 진실을 밝히기 위해 개가하는 것으로 되어 있다면서 이는 단지 양 민족간의 여성의 氣節의 差違를 말하는 것에 불과하다고 한 바 있다.[74] 그러나 共時的으로 중국과 우리나라에서 공통적으로 발견되는 이야기들의 영향 授受 관계나 先後 관계를 따지는 일은 언제나 신중해야 할 것이다. 그리고 우리나라 설화 역시 대체로 여인이 진실을 밝히기 위해서가 아니라 生活苦나 愛情 때문에 개가하는 것으로 되어 있음을 볼 때, 이 설화는

74) 손진태(1947), 『韓國民族說話의 硏究』, 을유문화사, 60~65면.

본래 烈女譚이 아닌 것이 조선시대를 거쳐 오늘날까지 전승되면서 본래 이야기에 烈이라는 이념이 덧칠된 것으로 추측된다.

문헌설화에서는 양반사대부들이 지향하는 사회 명분론적인 가치로서의 烈인식이 분명하게 드러나는바, 이는 상층사대부들의 기득권 수호에 기여하는 데에서 烈의 가치가 인정되고 있음을 알 수 있다. 문헌에 나타난 妓女守節譚은 양반사대부 남성들이 동경하는 로맨스의 차원에 머물 뿐, 독립된 인격체로서 妓女의 人權을 남성들이 인정하였음을 의미하지는 않는다.

그러나 구비설화에서는 양반 가문의 기득권을 위해 청상과부의 수절이 강요되는 세태를 풍자하거나 수절과부의 모진 고통을 여성 화자의 목소리로 토해 냄으로써, 중세의 경직된 烈이념이 갖는 盲目性을 지적한다. 그런 한편 남편에 대한 아내의 진실한 애정에 기초한 헌신이나 무기력한 시부모를 저버리지 않는 며느리의 인간적인 義理에 대해서는 매우 긍정적인 시선을 보낸다.

중요한 사실은 구비 설화의 <남편 위해 훼절하기> 유형군에서는 문헌에서 찾아보기 어려운 "진정한 烈이란 무엇인가?"에 대한 진지한 고민을 보여주고 있다는 점이다. 이는 문헌설화의 편찬자이며 주된 향유층인 양반사대부 남성들이 자신들의 지배 이데올로기에 깊이 빠져서 미처 간파하지 못했던 문제 즉, 현실의 구체적 삶에서 제기되는 烈과 貞節의 충돌 문제를 보다 낮은 계층인 구비설화의 전승자들이 진지하게 고민해 왔음을 보여주는 것이다.

제5장 '烈설화'에 나타난 烈인식의 변모와 현재적 의의

제1절 전통적 烈女觀과의 비교 고찰

1. 烈이념의 배경

(1) 남녀의 애정과 性的 주체성

烈이나 貞節을 사회적인 차원에서 접근할 때 이를 규범이나 이념이라고 부를 수 있을 것이다. 그러나 이처럼 烈이나 貞節을 도덕적 의무로 이해하기 전에 개인의 기본적 권리로서 이해할 수 있다. 인간이 자신의 욕구에 따라서 행동할 자유가 인정된다면, 그리고 자신의 몸과 마음을 주체적으로 제어할 기본적 권리를 보장받는다면, 사랑하는 異性에게 정신과 육체의 독점적인 헌신을 보이는 것은 義務에 앞서 權利인 것이다. 남녀 간의 자연스런 애정에 기반한 상호간의 신뢰가 烈이나 貞節이라고 이름 붙일 만한 행동으로 표출되었을 때, 이는 규범이라는 사회적 가치 이

전에 인간의 보편적 정서와 관련하여 해석할 문제이다. 남녀 간의 애정은 상호 독점적이며 배타적인 성격을 띠며 이런 의미에서 貞節이란 남녀 모두에게 적용되는 가치이다.

한편 특정한 異性이 전제되지 않은 상태에서 원치 않는 異性을 거부하는 것은,[1] 미래의 어떤 異性을 향한 의무라기보다 자아의 자유의지를 존중하는 개인적 권리로서 이해하는 것이 적절할 것이다. 따라서 인간이 자신에게 가해지는 性的 핍박에 대해 저항하는 것은 이른바 性的 自決權의 행사라고 할 수 있다. 이는 人權의 차원에서 이해될 수 있는 것으로 性에 대한 自我의 주체적 태도와 관련된다. 인간은 자신의 性으로부터 소외당하지 않는 性的 主體性을 지니며 자신의 性에 대한 決定權을 갖고자 한다. 性的 自決權이란 인간이 자신의 性에 대해 意思決定權을 갖는 것으로, 자신의 의사와 무관한 性的 접촉을 거부하거나 자신의 욕망에 따라 대상을 선택할 수 있는 권리인 것이다.[2]

요컨대 이런 의미의 貞節은 인간의 자연스러운 애정에서 출발하는 것으로 정신과 육체 모두에 해당된다. 남녀의 애정과 개인의 性的 主體性에서 출발하는 정절은 사회적 규범이나 이념 이전의 보편적인 가치라고 할 수 있다. 또한 이런 시각에서 바라보는 육체적 정절이란 정신적 정절을 증명하는 수단적 가치일 뿐 절대적 가치를 지니지 않는다는 점에서, '烈'이념의 다른 배경들과 차이가 있다. 한편 이렇게 보면 남녀의 애정과 무관하게 이루어진 烈行은 보편적 가치로서의 '烈'과 분명 거리가 있는

---

1) 예를 들어 처녀가 겁탈의 위협에 저항하거나, 수녀나 여승이 정절을 지키는 경우를 말한다.

2) 강진옥은 "여성인물들의 정절수호 의지는 누구를 위해서 발휘되는 것이 아니라 자신이 결코 받아들일 수 없는 외부적 압력이나 폭력에 대해 인간적 존엄을 지키기 위한 결연한 자세의 표현으로 볼 수 있다."고 하였다. 강진옥(1995a), 「삼국 열녀전승의 성격과 그 서사문학적 의의」, 『경산 사재동박사 화갑기념논총』, 중앙문화사, 419면.

만큼 이는 여성인물의 내면적 동기와 사회적 규범의 역학적 관계라는 면에서 분석되어야 한다.

(2) 가부장제적 질서와 혈통의 순수성

女性의 육체적 貞節은 아마도 인류 역사가 母系社會에서 父系社會로 전환되면서 부각되기 시작하였을 것이다. 이는 남성들이 父系血統의 순수성을 지키고 血統이 분명한 자기 자식에게 財産을 상속하고자 하는 욕구와 결부된 것으로 家父長制的 가족제도의 성립과 직결되어 있다.[3] 이는 생명의 잉태와 출산과정에서 母系血統이 분명하게 드러나는 것에 비해 父系血統은 확인하기 어려운 데에서 일차적으로 기인한다. 순수한 부계혈통을 통한 家系의 계승을 위해서는 여성의 性에 대한 통제가 불가피하기 때문이다.

따라서 가부장제적 가족질서 안에서 貞節의 의미는 여성이 남편 이외의 남성과 어떤 종류의 性的 접촉도 하지 않는 것이며, 이런 여성의 육체적 정절은 가부장제를 지속하기 위한 사회의 지배 이데올로기로서 자리잡게 된다. 남녀 상호간의 애정에 기초한 烈이란 남녀 쌍방에게 해당되는 것이라면, 가부장제적 질서에서는 여성에게만 해당되며 특히 육체적 정절이 절대적 가치가 된다. 따라서 가부장제적 질서에서의 '烈'은 본질적으로 여성의 육체적 정절과 동의어 관계에 있다.[4]

---

3) 가부장제를 구성하는 요건으로 남성의 여성노동에 대한 지배, 公私영역의 性別분업, 兩性의 위계적 관계, 사회에서의 가족의 성격, 결혼제도, 상속 제도를 들 수 있다. 이옥경(1985), 「조선시대 貞節이데올로기의 형성기반과 정착방식에 관한 연구」, 이화여대 석사학위논문, 33면. 한편 조선시대 정절 이데올로기에 관한 것은, 이옥경의 앞의 논문과 다음의 연구를 참조할 수 있다. 한명숙(1986), 「조선시대 유교적 여성관의 원리론적 고찰」, 이화여대 여성학과 석사학위논문; 이숙인(1995), 「유교윤리와 한국여성」, 『여성신학논집』 1, 이화여대 여성신학연구소.

4) 또한 이런 家父長制의 성립은 男尊女卑의 가치관을 주입하였는데, 동양에서 이런

한편 가부장제적 가족질서와 관련하여 여성의 貞節 문제를 살펴보기 위해서, 우리나라에서의 가부장제적 가족질서의 형성과 발전과정을 연구한 최재석의 견해를 잠시 살펴보기로 한다.

> 우선 친족용어, 왕위계승 면에서 본 親孫과 外孫의 차별, 行列의 사용과 養子, 가족형태와 혼인규제, 그리고 始祖廟·神宮祭祀의 여섯 가지 측면에서 볼 때, 신라시대에는 父系의 혈연집단이 존재한다고 볼 수 없다. 고려시대에도 父系의 혈연집단은 구성되지 않았으며, 父系의 血族組織 내지 혈연집단으로서의 씨족은 훨씬 후인 조선에 이르러서야 출현하게 되었다.[5)]
>
> 신라 시대는 父系가 優位에 서는 非單系의 사회이며, 고려시대의 가족은 雙邊的 傍系가족이다. 고려 시대 역시 실제로 父系血緣親만의 조직이나 집단이 없었으며 嫡系主義도 존재하지 않았다. 조선 중기 즉 17~18세기에 들어서 父系血緣親만의 조직 내지 집단의 형성이나 同宗支子의 養子의 일반화, 父系重視, 嫡長子에서 嫡長孫으로의 傳繼主義의 보편화가 이루어졌다.[6)]
>
> 17세기는 相續制度, 氏族制度, 養子制度 등을 포함한 家族體系 내지 親族體系 전체의 변화의 시기였으며, 조선시대의 사회변동 내지 정치변동이 크게 일어난 시기였다. 또한 兩系尊重에서 父系 한쪽만의 존중으로 기울어져 가는 親族 성격의 전환 시기였다. 父系親의 존중은 유대 범위

男尊女卑的 諸規範은 그 정당성의 근거를 周易의 음양사상에서 도출해 냄으로써 人倫으로서의 婦道를 乾坤의 法則性과 일치시켜 남성에 대한 여성의 순종과 종속성을 天道로서 합리화하였다. 한명숙(1986 참조).

5) 최재석(1983), 『한국가족제도사 연구』, 일지사, 204~205면.

6) "이런 父系優位의 非單系社會가 신라에서 고려, 고려에서 조선 말기로 이행함에 따라 점차로 非單系의 성격은 약화 내지 제거되고 조선 후기에 이르러 거의 父系로만 강화된 것으로 생각된다. 이런 변화의 하나의 큰 시기는 조선 중기 즉 17~18세기라고 생각된다." 최재석(1983), 358~359면.

의 확대와 조직화, 그리고 아들에 의한 家系繼承思想(奉祀)을 낳게 하고 이것을 강화하는 것이다.[7)]

또한 조옥라는 고려시대에서 가부장적 요소는 신분제적 지배를 의미하며 남녀간의 행위규범까지를 지배하는 사회적 기제를 이루지 못했다고 지적하였다.[8)] 이로 볼 때 우리나라에서 가부장제적 가족질서와 관련하여 여성의 貞節 문제가 절대적 가치로 부상하는 것은 조선시대에 들어오면서부터라고 하겠다.

(3) 성리학적 名分論과 義理

烈이념이 우리나라에서 강력한 실천 이데올로기로서 자리 잡은 것은 주자성리학이 당대의 지배적 이념으로 부각된 조선시대에 들어오면서부터이다.[9)] 조선왕조는 『小學』이나 『三綱行實圖』와 같은 서적을 통해서 忠孝烈이라는 성리학적 이념을 백성에게 적극적으로 주입하였다. 烈女를 논할 때면 늘 '忠臣은 두 임금을 섬기지 않고 烈女는 두 남편을 고쳐 맞지 않는다.'라는 『小學』의 구절이 인용되곤 한다.[10)] 중세 사회에서 과부의 재가를 금지하게 된 논리적 근거는 『近思錄』에서 보듯 '굶어 죽는 일은 극히 작은 것이요, 절개를 잃는 것은 극히 큰 것'이라는 당대의 지배적 관념이었다.[11)]

---

7) 최재석(1983), 667～668면.

8) 조옥라(1986), 「가부장제에 관한 이론적 고찰」, 『한국여성학』 2집, 한국여성학회, 22면.

9) 우리나라 조선시대 이전 문헌에는 烈女라는 용어가 등장하지 않는다.

10) 『小學』 內篇 明倫 第二篇. 王蠋曰 忠臣不事二君 烈女不更二夫.

11) 朱熹, 呂祖謙 編, 『近思錄』 家道篇. 問 孀婦於理似不可取 如何 曰 然 凡取以配身也 若取毁節者以配身 是已毁節也 又問 或有孤孀貧窮無託 者可再嫁否 曰 只是後世怕寒餓 死故有是說 然餓死事極小 毁節事極大.

이런 주자성리학의 이론적 기초는 乾/坤, 天/地, 君/臣, 父/子, 男/女, 夫/婦 사이에 존재하는 分別과 秩序을 논하는 周易의 陰陽思想에 있다. 陽이 提唱하면 陰이 이에 和應하는 것이 자연의 順理요 법칙이라는 주역의 원리에 의해, 陰인 여자는 陽인 남자를 따라야 한다는 여성의 順從윤리인 '三從之道'의 義理가 도출되었던 것이다. 그러나 周易의 陰陽思想은 원래 循環과 變通의 원리에 서있는 것으로서, 陰과 陽의 절대적 固定化는 원리적으로 부정되는 것이다. 그럼에도 불구하고 周易 그 자체가 이미 家父長制가 확립된 단계의 산물인 만큼, 인간 사회의 질서를 논함에 있어 그런 순환과 변통의 원리를 관철하지 못하였다.

우리나라에서 貞節 倫理가 이데올로기로서 정착하게 된 것은 다음의 세 단계의 역사적 계기를 거치면서이다.[12] 첫째는 麗末鮮初의 신흥사대부의 집권, 둘째 조선 성종대의 "재가녀자손금고법"의 제정, 셋째 16세기 이후 훈구파와 사림파의 대립이다. 고려시대에는 儒敎的 女性觀에 규정된 정절 관념이 이상적으로 칭송되고 있으나 현실과는 거의 유리되어 있었는데, 고려말 신흥 사대부 계층이 실질적인 집권 세력으로 등장하게 된 공양왕 원년에 再嫁에 대한 법적 제재를 시도하게 되는 것을 단서로 조선왕조의 건국과 함께 새로운 국면으로 들어가게 되었다. 조선을 건국한 신흥사대부 계층은 새로운 지배이념으로서 유교를 민중이 받아들이도록 함으로써 지배의 항구적 안정화를 꾀하기 위해 유교이데올로기 확산을 위한 여러 조치를 취하였고, 정절 이데올로기도 이 작업의 일환으로 강화되었다. 신흥사대부층은 자기의 이익을 확립하기 위해 기존이익을 독점하고 있는 구체제의 두 기둥인 권문세족과 불교세력을 타파해야만 했으며, 따라서 士族婦女의 불교 밀착을 끊고 유교 이데올로기로 편입시키는 것

---

12) 이옥경(1985), 「조선시대 貞節이데올로기의 형성기반과 정착방식에 관한 연구」, 이화여대 석사학위논문, 34면. 계속되는 정절 이데올로기의 전개 과정에 관한 논의는 이 논문에서 발췌하여 인용하기로 한다.

은 새로운 지배계층의 지위를 안정시키는 것과 직결된 문제였다.

성종대에 이르러 "再嫁女子孫禁錮法"의 제정으로 정절의 이데올로기화는 한 획을 긋게 되었다. 양반 계층에게 여성의 守節이 생명보다 강한 절대성을 띠게 된 것은 이 법의 제정과 뒤이은 위반자에 대한 처벌의 강화에 크게 의존하였다. 혈통의 순수성에 의해 양반 신분이 보장되는바, 국가가 母나 妻의 정절 여부와 양반의 신분을 직결시키고 정절이라는 실천적 규범을 위반한 자를 처벌하는 일을 행하였다면, 가족은 가문내 여성들을 감시하고 위반자에게는 私刑을 가하였다. 이 시기 향촌의 鄕約은 여성의 정절 특히 과부의 守節에 대한 감시를 주요 내용으로 삼았다.[13]

향촌 지주층 중심의 사림파는 16세기 이래 가속화된 양반 지배체제의 동요를 유교 이데올로기의 재강화로 대처하려 하였다. 이 시기 양반계급의 정절 이데올로기 실천은 다음과 같은 이익이 그 바탕에 있었다.

첫째 흐트러진 신분질서를 바로잡아 이완된 양반체제의 안정을 도모함으로써 양반의 계급적 지위와 이익을 확고히 하려는 것이다. 그들의 향촌 사회 지배의 근거는 농민을 세호로 하는 지주라는 점과 지식과 이데올로기적 우위성에 바탕을 둔 권위에 있었기 때문이었다.

둘째, 양반 계급 내적으로 치열해진 집단대립에서 자기 집단의 승리에 필수적인 요건이었다. 16세기 이후 조선 사회에 당쟁이 거의 모두 禮論 투쟁의 외관을 갖고 있는 상황에서 禮에 규정된 정절을 실천하지 않음은 패배를 의미했다.

셋째, 개별 가문의 차원에서는 양반 신분 유지의 요건이면서 자기 가

13) 현실적으로 여성의 재가를 심각하게 문제 삼게 된 始初는 "再嫁女子孫禁錮法"이다. 이는 양반사대부 가문에서 再嫁女의 자손이 벼슬길에 오르는 것에 제재를 가했던 것으로 이후로 양반가 여인의 再嫁를 원천적으로 막는 결과를 가져왔다. 이는 사실상 조선시대 양반의 數的 증가를 억제하기 위해 마련된 것이었지만 이후로 양반이 아닌 하층의 여인들에게까지 영향을 미쳐 과부의 재가를 금기시하는 결과를 낳았다.

문의 도덕적 우월성을 드러내는 지표였다. 따라서 양반 가문은 貞節의 外形 유지에 가문의 존립을 걸고 집착하였다.

이처럼 조선 후기에 이르러 양반 지배층은 임·병 양란으로 흔들리고 있는 중세 봉건체제를 유지하기 위해 烈이념을 더욱 강화하였던 것이다.

한편 烈이념의 사상적 배경을 이해하기 위해서는 正統論을 주목할 필요가 있다. 16세기에 士林들의 『朱子家禮』연구가 심화되고 유교의례가 광범위하게 퍼지면서 宗法에 대한 이해도 심화되었다.[14] 宋代에 義理名分을 중시하는 주자성리학이 성립되면서, 周代의 宗法思想에 입각한 正統論이 재천명되었는데, 宋代의 宗法은 血統보다는 宗統 계승이라는 原理的인 公的 입장이 강조되었으며 그 적용 범위도 사대부 계층 전반에 확산되었다.[15] 이런 正統論은 宗法이 확립되면서 血統論과 대립하였는데, 똑같이 父系의 혈통을 받았음에도 불구하고 正妻의 소생만을 인정한다든지 父系血統인 庶子를 인정하지 않고 養子를 세워 가계를 계승하게 한 것은 모두 義理와 名分 때문이다. 조선시대의 嫡庶差別은 실제로는 양반의 數的 증가

14) 조선 중기에 養子制度가 변화한 요인을 최재석은 다음과 같이 지적하였다. 첫째, 17세기에 유교의 宗法思想이 일반 민중생활에까지 보급되었다. 둘째, 격화된 정치집단 간의 갈등에 대처하기 위해서 父系親 내지 남자 중심의 친족집단의 조직화가 필요하였다. 이때 父系集團의 조직화에 기본원리를 제공한 것이 宗法思想이다. 셋째, 임진란 이후 경제적 궁핍을 극복하기 위해 사회집단의 조직화가 필요했다. 子女均分相續보다 長子優待의 상속이, 兩系에 같은 관심보다 父系 위주의 친족의 조직화가 더욱 능률적이기 때문이다. 넷째, 신분제의 붕괴에 대처하여 양반계급의 신분과 지위를 유지하기 위해 父系 중심, 남자 중심의 친족집단이 조직화되었다. 최재석(1983), 669면.

15) 宗法은 본래 周代에 성립한 種族의 조직법으로 祭祀와 族食을 중심으로 하는 崇祖와 收族을 그 기본정신으로 하고 있으며 父系血統主義와 嫡長子相續制 및 家長權 등을 그 특징적인 내용으로 삼았다. 宗法은 正統과 異端의 구별, 나아가 尊卑·貴賤·長幼·親疎의 구별을 명확히 하여 왕실로부터 가정에 이르기까지 嫡長子의 계승과 지배라는 하나의 고리로 연결함으로써 중세 家父長的 지배체제를 유지하기 위한 기본 원리였다. 고영진(1995), 『조선중기예학사상사』, 한길사, 250~251면; 지두환(1984), 「조선전기의 종법제도 이해과정」, 『태동고전연구』 창간호; 김두헌(1969), 『한국가족제도연구』, 서울대출판부.

를 막기 위한 것이었지만 그 名分은 바로 이 正統과 異端을 구별하는 正統論에 두고 있는 것이다.

이런 義理와 名分을 통해 烈女를 이해한다면 열녀는 忠臣과 동일한 도덕적 원리를 지닌다. 忠의 도덕적 의미는 한 사람이 다른 사람에 대해 은혜를 저버리지 않고 일관성 있게 그에 대한 의무를 수행한다는 데 있을 것이다. 忠의 반대 개념은 變節일 것인데, 變節은 有利할 때에 약속한 他者에 대한 의무를 불리할 때에 내던져 버리는 행위라고 할 것이다. 그런 의미에서 利를 따르지 않고 義를 따르는 행위가 忠이라 할 수 있다. 즉, 처음에 맺어진 他者와의 관계보다 더 有利한 사정이 나타날 수 있는 위기에 처해 있음에도 불구하고 애초에 맺어진 관계가 계속 유지되었을 때 忠은 실천되는 것이다.[16)]

이런 까닭에 父系血統의 순수성 보장과는 무관하지만 婚約만 하고 남자가 죽었더라도 여자가 다른 곳으로 시집가지 않는 것은 첫 약속을 저버리지 않는 義理 때문인 것이다. 요컨대 烈女가 조선시대에 들어와 더욱 강조되었던 것은 父系血統의 순수성 보장만이 아니라 바로 이런 義理名分을 중시하는 주자성리학적 가치관과 깊은 연관이 있다. 따라서 이 경우 貞節이란 여성의 육체적 性에 한정되지 않고 여성의 전면적인 존재가치가 오로지 남편에 의해 규정되는 것을 의미한다. 따라서 과부가 된 여인은 자신의 생명을 연장할 명분을 잃고 從死하는 것이다.[17)]

---

16) 이명현(1983), 「한국의 전통적 덕목에 관한 현대적 연구」, 『철학사상의 제문제』(1), 한국정신문화연구원, 133면.

17) 최봉영은 조선 시대 유교문화의 '義理'를 다음과 같이 설명한 바 있다. 첫째, 理로서의 眞理. 삶의 기초이며 변화가 불가한 무궁한 것, 둘째, 義로서의 正義. 옳고 그름의 기준, 셋째, 節. 志操로서 실천이 요구되는 것으로 이때 마음의 일관성이 지조, 이에 따라 일관되게 행동하는 것은 절개, 지조와 절개의 극단적 형태는 이를 위해 목숨을 바치는 節義. 넷째, 마땅함. 상황과의 적합성. 義는 일정한 제도가 없으니, 宜에 합치하는 것을 귀하게 여김. 최봉영(1997), 『조선시대 유교문화』, 사계절, 255면.

2. 문헌에 나타난 烈인식의 전개

우리나라의 열녀 전승은 <삼국사기> 소재 도미처와 설씨녀 이야기에서부터 찾아볼 수 있다.[18] 여기서는 烈이나 烈女와 같은 용어는 나타나지 않고 대신 節行이나 信과 같은 표현이 사용되었다. 이는 이념 차원이 아닌 남녀간의 애정 차원에서 이야기가 자연스럽게 전개되고 있는바, 貞節을 지키기 위해서 여성만 희생을 하는 것이 아니라 남성도 혹독한 희생을 감내하였다는 점을 주목해야 한다. 가실의 희생과 설씨녀의 信義, 도미의 수난과 도미처의 信義가 동시에 강조된다는 점에서 사랑을 이루려는 이들의 노력은 雙務的이다. 여성에게만 일방적으로 부과되는 중세적 烈이념과는 달리 이들의 행위는 남녀간의 내밀한 사랑을 지키려는 인간적인 권리 행사로 이해된다.[19]

또한 <삼국사기>가 유가적 이념지향을 보여주고 있음에도 불구하고 이 이야기에서 남녀의 자연스런 애정이 드러나고 있는 것은 이 자료의 원천이 민간의 구전에 있었던 때문으로 보인다. 이는 烈인식이 규범으로

---

18) 이 두 설화에 나타난 의미에 대해서는 강진옥(1995a), 「삼국 열녀전승의 성격과 그 서사문학적 의의」, 『한국서사문학사의 연구』, 중앙문화사와 이혜순(1996), 「김부식의 여성관과 유교주의」, 『고전문학연구』 11집에서 깊이 있는 논의가 이루어졌다.

19) 이런 면에 대해 이혜순 교수는 다음과 같이 적절히 지적하였다. '설씨녀가 가실과의 언약을 지키려 한 것은 일반적 인정에 기인한 것이지 烈이념 때문은 아니었다. 이것은 도미처의 경우도 마찬가지로, 그녀가 "남편도 이미 잃었고 단독 한 몸이 홀로 살 수 없을 뿐 아니라 더구나 임금을 모시는 일"이므로 즐겨 순종하겠다고 한 말은 물론 임금의 경계심을 늦추려는 속임수였지만, 그러한 입장에 처해 있으면서 도미처가 고수한 정결은 단순히 一夫從事라는 열 윤리의 수행으로만 간주할 수는 없다. 그녀가 왕을 거부하고 남편을 찾아 타국에서 함께 비참한 생활을 한 것은, 자신을 전적으로 믿었고 그리고 자신 때문에 불행해진 남편에 대한 한 여인의 인간적인 사랑과 헌신으로 보는 것이 마땅하다. …(중략)… 설씨녀, 온달처, 도미처는 모두 절의를 지켰으나, 이것은 일방적이기보다 남편의 헌신(가실), 의리(도미), 순종(온달)과 병행하며, 따라서 단순히 자기방어라기보다 오히려 상대방에 대한 인간적인 정리에 기초한 것이다.' 이혜순(1996), 17~18면.

시행되기 이전 사회에서 자연스럽게 존재하고 있었을 인간적 가치관을 보여주는 것이다.[20]

한편 개루왕이 '무릇 婦人의 덕은 貞潔이 제일이지만 만일 어둡고 사람이 없는 곳에서 좋은 말로 꾀면 마음을 움직이지 않을 사람이 드물 것이다'[21]라고 말하는 것으로도 알 수 있듯이 개루왕이 도미처를 유혹하는 것은 진실한 애정이 아닌 일종의 遊戲 차원에서 일어난 일이다. 따라서 도미처는 자신을 性的 도구로서 간주하는 개루왕의 요구를 거부함으로써 性的 주체성을 실현하였을 뿐 아니라 無力한 백성을 힘으로 지배하려는 부당한 권력에 맞서 인간적 自尊을 지켰다고 하겠다. 이는 도미처의 행동을 여성의 자아정체성과 관련지어 설명할 수도 있는 부분이다. 烈女라는 용어와 개념은 우리나라에서는 조선시대 주자 성리학의 영향으로 성립한 것인 만큼 삼국시대 설씨녀나 도미처의 貞節은 三從之道나 女必從夫와 같은 여성의 종속적 위치를 강조하는 주제적 烈개념과 차이가 있다.

<삼국유사>에 실린 김유신의 동생 문희의 이야기에서는, 김유신의 계략에 의한 것이기는 하나 문희는 혼례를 치르지도 않고 김춘추와 관계하여 잉태한 탓으로 죽음을 당할 뻔하였다. 김유신은 문희에게 "너는 부모에게 알리지도 않고 아이를 배었으니 그게 무슨 까닭이냐"[22] 라고 꾸짖었고, 선덕왕이 연기가 나는 것을 보고 연유를 물었을 때 '누이동생이 남편도 없이 임신한[23] 때문'이라고 대답하였다고 되어 있다.[24] 또한 주몽신화의 유화 역시 혼전에 해모수와 사통한 까닭에 고난을 당하였다. 이는 모두 父系血統을 중시하는 사회에서 여성의 정절의식을 보여준다.

---

20) 강진옥(1995b), 「열녀전승의 역사적 전개를 통해 본 여성적 대응양상과 그 의미」, 『여성학논집』 12, 이화여대 한국여성연구원, 79면.

21) 凡婦人之德 雖以貞潔爲先 若在幽昏無人之處 誘之以巧言 則能不動心者鮮矣乎.

22) 爾不告父母而有娠何也.

23) 曰爲其妹 無夫有娠.

24) 『三國遺事』, 太宗 春秋公 條.

고려 후기 신흥사대부들이 등장하면서 烈이념이 강화되게 되는데, 이들은 잦은 外侵을 비롯하여 정치적인 요인으로 혼란했던 당시 사회를 주자학적 이념에 의해서 바로잡고자 하였던 것이다. 이 시대 열녀의 모습은 <고려사> 열전에 나타나 있는데 이들은 대개 정절을 지키기 위해 죽은 여인이며, 남편의 생명을 구출한 여인도 소수 포함되어 있다. 도미처나 설씨녀가 고난을 극복하고 남성과 재결합한 것과 달리 고려사 열전의 여인들은 모두 급박한 상황 속에서 죽음을 맞이하고 있어서, 이후로 문헌에서 烈行이 곧 여인의 죽음과 동일시되는 시초를 볼 수 있다. 또한 <고려사> 열전의 여인들은 왜적의 핍박을 피해 물에 빠져 죽은 강화 처녀 세 자매를 제외하고는 모두 旣婚女로서, 자식에 대한 모성애를 희생하면서 정절을 지키는 것으로 그려진다. 이는 여성들이 생명에 대한 본능적인 애착 때문에 적의 위협에 굴복하고 절개를 잃어버린, 특히 母性에 기대어 정절훼손을 합리화했을 상황에 대한 비판을 보여주는 것이다.[25] 이는 烈 또는 貞節이 남녀의 애정과 같은 인간적 본성과 밀착되지 않고 그 자체가 절대적인 가치로 자리 잡게 되었음을 보여준다. 이제 여성의 정절은 개인적 가치가 아니라 사회적 규범으로 확대된 것이다.

중세의 규범적인 열녀의 모습은 조선시대의 『삼강행실도』나 『신증동국여지승람』에 잘 드러나 있다.[26] <삼국사기>에서 도미의 신의와 도미처의 정절이 함께 부각되었던 것에서 『삼강행실도』에서는 도미처가 주인공으로 부각되면서 여인의 烈行은 남편의 인품과 상관없이 수행되어야 하는 것으로 묘사함으로써 烈을 이데올로기화하는 것을 볼 수 있다.[27] 한편 <고려

25) 강진옥(1995b), 「열녀전승의 역사적 전개를 통해 본 여성적 대응양상과 그 의미」, 『여성학논집』 12, 이화여대 한국여성연구원, 79면.

26) 이혜순(1998a), 「열녀상의 전통과 변모-<삼강행실도>에서 조선후기 <열녀전>까지-」, 『진단학보』 85, 진단학회; 고두행(1980), 「동국여지승람 <孝子·烈女>條의 분석」, 전북대 교육대학원 석사학위논문.

27) 이혜순(1996), 「김부식의 여성관과 유교주의-<삼국사기> 여성열전의 분석적 고

사> 열전의 열녀들이 대개 적군에게 욕을 당할 절박한 순간에 죽음을 택한 여인들이라면 조선시대에는 명분론에 입각하여 남편을 따라서 죽거나, 남편의 시묘살이를 정성껏 하는 열녀로 나타난다. 고려의 열녀들이 危難에 처하여 충동적으로 죽음을 택하는 것에 비해 조선시대는 이념적 교화에 의한 烈行을 보여주는데, 실제로 이런 규범적인 열녀들이 조선시대에 양산되었음을 『조선왕조실록』을 통해서 확인할 수 있다.[28] 이런 중세적 烈인식은 후대의 문헌전승에까지 이어지고 있는데,[29] <고려사> 열전에서와 같은 '危難에 처하여 죽음으로 정절을 지키는 열녀'가 조선시대 戰亂이 있을 때마다 나타나고 있다.

3. 조선조 烈女傳과 '烈설화'의 烈인식 비교

『구비대계』에 수록된 구비설화 자료는 1980년 무렵에 채록된 것으로,[30] 烈인식의 역사적인 변모 과정과 烈이념의 근대적 의미를 엿볼 수 있게 한다. 여기서는 烈女傳에 나타난 烈인식과 구비설화에 나타난 烈인식을 비교해 봄으로써 전승자의 계층의식에 따른 烈인식의 변모양상을 고찰해 보기로 하자.[31]

찰-」, 『고전문학연구』 11집, 21면.

28) 김경진(1977), 「조선왕조실록에 기재된 孝女·節婦에 관한 小考」, 『아세아여성연구』 16집.

29) 구비 '烈설화'의 <정절 지키기> 유형군에 속하는 '죽음으로 정절 지키기' 유형 설화에서 이런 규범적인 烈인식을 볼 수 있다.

30) 『구비대계』는 1980년부터 1988년까지 출간되었다.

31) 개별 작품에 나타난 구체적 사항들을 세밀하게 분석하여 대비하는 것이 바람직할 것이다. 그러나 이는 상당한 작업량과 지면을 요하므로 후속연구의 몫으로 넘기기로 한다. 여기서는 일단 烈女傳에 관한 기존연구를 활용하여, 구비 '烈설화'와 烈女傳의 烈인식을 비교해 보기로 한다. 이를 위해 다음의 연구성과를 참조하였다. 이대형(1994b), 「조선전기 열녀전 연구」, 『연세어문학』 26집; 이대형(1994a), 「18세기 열녀전 연구」, 연세대학교 석사학위논문; 이혜순(1998b), 「조선후기 열녀전

烈이념이 규범화된 것은 조선시대인데, 특히 임진란과 병자란을 겪은 직후인 16세기말에서 17세기 전반이후에 절대적인 사회 규범으로 자리 잡는다. 이 시기 이후 저술된 烈女傳의 내용을 살펴보기 위해 먼저 기존 연구 성과를 간략히 정리하기로 한다.[32)]

임진란 이전에는 『삼강행실도』에 110편의 열녀편이 실려 있는데, 어머니, 아내, 딸 등의 가족 내 위치가 포함되었으며, 정절을 지키기 위한 죽음, 개가하지 않기 위한 신체 훼손, 자식 교육, 시부모 공양 등이 나타나 있다. 또한 여성의 殉節이 74편이나 나타나서 열행과 여성의 죽음이 밀접히 연결되어 있음을 본다. 그 밖의 개별적인 열녀전에서는 여성의 守節이 강조되고 있어서 이 시대에 여성의 수절에 문제가 많았음을 보여 주는데, 걸식하던 賤人인 은아가 입전된 것은 상층의 윤리가 하층에까지 확대된 데 대한 감동과 기대에 기인한 것으로 추정된다.

임·병란 직후는 전란 속에서 정절을 지키기 위해 자결한 열녀들이 다수 입전되었다. 또한 17세기에 들어서는 남편이 죽자 從死하는 열녀가 나타난다. 이는 失節의 위험에서 자신을 보호하기 위함으로 그려지는데, 자신이 책임져야 할 자식과 부모가 없을 때 죽을 수 있다는 의식이 두드러진다.

18세기에는 자신의 정절을 죽음으로 증명하거나, 남편 死後 어린 자식이 젖떼기를 기다려 從死하는 열녀가 나타나는데, 이 시기는 節義의 개념이 이전보다 더욱 엄격·절대화되고 있다. 또한 남편을 살해한 원수를 찾아 복수하는 적극적인 여인들이 입전되기 시작하여 19세기에는 더욱

의 입전의식」, 『양포이상택 환력기념논총』, 집문당; 이혜순(1998a), 「열녀상의 전통과 변모-<삼강행실도>에서 조선후기<열녀전>까지-」, 『진단학보』 85, 진단학회; 이혜순(1999), 「조선조 열녀전 연구」, 『省谷論叢』 30집, 省谷學術文化財團; 임유경(1995), 「이옥의 열녀전 서술방식과 烈관념」, 『어문학』 56, 한국어문학회.

32) 이혜순(1999), 「조선조 열녀전 연구」, 『省谷論叢』 30집, 省谷學術文化財團에서 발췌 인용하였다.

많아진다. 이 18세기는 열녀의 從死가 증대되는 동시에, 생열녀에 대한 긍정적 인식이 나타나는 양면성을 보여준다.[33]

19세기 이후에는 자식을 두고 죽는 여인을 '不慈'로 비판하는 문사가 있지만, 자식이 없는 여인의 선택은 자결이 가장 보편적이다. 남편 사후 친정의 개가 강요를 물리치면서 홀로 남은 시아버지를 공양한 열녀가 나타나며, 남편이 병들었을 때 남편을 대신하여 죽기를 바라는 경우가 많다. 또한 아내 때문에 남편이 병들어서 아프다는 점쟁이의 말 때문에 여인은 자결하고 남편은 건강을 회복하고 잘살았다는 이야기처럼 이 시기에는 烈行의 유형이 여인의 목숨을 보다 경시하는 방향으로 가고 있음을 보여 준다. 이전 시기의 열녀는 신분의 고하를 불문하고 모두 지아비의 아내였으나, 이 시기에는 비록 烈女라는 표제는 달지 않았으나 기생의 수절 이야기가 등장하는바, 이는 節死가 기녀 계층으로 이미 확대되고 있었음을 보여 준다. 이 시기 이후에는 남편의 목숨을 살리기 위해 부인이 자신의 살을 베어 먹이거나 무명지를 잘라서 피를 먹이는 일이 빈번히 나타난다.

요컨대 열녀전의 입전자들은 일반적으로 자식을 두고 자결하거나 시댁을 위해 친정의 인연을 끊는 열녀를 통해, 인정을 뛰어넘는 重義精神을 美化하여 열녀의 비인간적인 형상화를 시도하고 있다. 이는 모두 잠재적 열녀들을 교화시키려는 의도이며, 이런 열녀전의 입전은 개인을 위한 것보다 사회질서의 회복이라는 사회적 기능을 목적에 두고 있음을 본다.

한편 이옥은 <생열녀전>에서[34] 살을 베는 것은 죽는 것보다 어렵다고 하였다. 그는 일상생활에서의 지속적인 실천을 중요시하면서, 烈보다 孝를 우위에 두면서, 남편을 따라죽는 관습을 은연중에 비판한다. 즉, 맹

---

33) 이옥의 <生烈女傳>은 남편의 병을 고치려고 자신의 살을 베었던 여인의 이야기이다.

34) 이옥의 열녀전에 관해서는 임유경, 앞의 글에서 상세히 논의하였다.

목적인 烈에 대한 회의와 함께 삶에 대한 긍정, 현실의 중요함을 강조하는 것이다.[35] 또한 정약용은 그의 <烈婦論>에서, 從死를 烈이라 하여 정려문을 세우고 혜택을 주는 정책을 비판하였다. 그는 세상에서 가장 흉한 일이 자신의 몸을 죽이는 일인데, 정책적으로 그런 흉한 일을 본받게 만드는 旌閭制度는 義에 맞지 않음을 보였다. 박지원 역시 <열녀함양박씨전>에서 순절과 지나친 수절 관습에 대한 비판을 한 바 있다.[36]

기록문학과 '烈설화'는 烈인식에 있어 일정한 차이를 드러내는데 이는 문학갈래를 향유하는 담당층의 성격과 관련된다. 烈女傳은 양반 사대부들의 烈인식을 보여주는 반면, 민간에서 전승되는 구비설화는 매우 복합적인 성격을 지니고 있다. 구비설화의 전승집단 속에는, 양반 가문의 후예임을 자처하며 중세적 사회질서를 동경하는 보수적 성향에서부터 근대의식을 지닌 진보적 성향에 이르기까지 다양한 의식의 소유자가 존재한다. 무지한 하층민에서부터 나름대로 漢學에 대한 識見을 갖추고 풍부한 독서를 한 識者層이 존재할 뿐 아니라 여기에는 남성만이 아닌 여성들도 포함된다.[37] 이처럼 구비 '烈설화'에는 다양한 계층의 烈인식이 혼재하는 반면, 양반 사대부들이 성리학적 이념으로 민중을 교화하기 위해 저술한 烈女傳에는 지배층 남성의 烈인식이 두드러지고 있다.

그러나 烈女傳을 입전한 사대부들이 모두 천편일률적인 烈인식을 보여주는 것은 아니다. 시대에 따라서 烈女傳에 나타난 烈인식도 변화하고 있는데, 이는 사회변동이나 烈女傳 입전자의 의식 변화와 일정한 관련이 있다. 임·병 양란 이후 사회질서를 바로잡고자 하는 사림들의 의식에 따라 烈이념은 점점 절대적 규범으로 굳어지면서 여인의 목숨을 경시하

---

35) 임유경(1995), 401면.

36) 임유경(1995), 415~416면.

37) 이들은 烈女傳을 창작하고 향유하였던 중세의 양반사대부들의 수준에는 물론 못 미칠 것이다.

는 방향으로 흐르고 있다. 반면 박지원이나 정약용, 이옥 같은 이들은 이런 敎條的인 烈의 맹점을 지적하고 있다는 점에서 이전과는 다른 烈인식을 보여준다.

烈女傳에서 발견되는 烈의 의미는 重義主義를 지향하는 강한 관념성을 띤다면, 구비설화에서는 현실적 삶 속에서 제기되는 烈의 문제를 구체적으로 드러내면서 烈이나 貞節의 의미를 다각적으로 해석하고 있다. 사실 烈女傳은 實話를 바탕으로 할 뿐 아니라 烈이념을 고양하는 교화의 목적에 따른 것으로 강한 교술성을 띤다. 한편 구비설화는 烈女傳같이 교술성이 강한 각편도 없지 않지만, 이보다는 흥미를 위한 허구성과 서사성을 지향하는 각편이 훨씬 더 많다. 이런 사정은 훼절형 '烈설화'에서 두드러진다.

<남편 위해 훼절하기> 유형군은 烈이라는 추상적 가치가 구체적 현실과 만날 때 벌어질 수 있는 윤리적 논쟁을 제기하고 있다는 점에서, 烈이념을 모든 현실 조건보다 우위에 놓는 烈녀전의 관념적 태도와 차이가 있다. 이 유형군에 나타난 아내의 性과 남편 생명의 교환, 남편의 치료를 위한 자식 살해, 양반계급인 御使의 비윤리성 같은 심각한 윤리적 파탄은 기존의 사회질서를 뿌리째 흔드는 일이라는 점에서 지배층의 의식과 배치된다. 이는 열녀전과 구비 '烈설화'의 烈인식 사이에 나타나는 매우 중요한 차이이다.

한편 <수절하기 어려운 사연> 유형군에는 烈이나 貞節 자체에 대한 전승자들의 회의가 드러나고 있는바, 이는 烈이념을 고양하고자 하는 烈녀전의 烈인식과 상반된다. 사실 박지원의 <열녀함양박씨전>에서 밤마다 동전을 굴리는 수절과부의 고통은 <수절하기 어려운 사연>의 '열녀시험 통과하기' 유형에서 기둥을 끌어안고 도는 수절과부의 고통과 동질적이다. 그러나 <열녀함양박씨전>은 과부의 수절이 자결보다도 어려운 일임을 강조하고 수절 과부에 대한 연민을 보여주는 데 그칠 뿐 문제 해

결을 위한 구체적 전망을 제시하지 못하는 데 비해, '과부 개가하기' 유형에서는 고을 원이 직접 나서서 수절과부를 개가시키기도 한다. 또한 '거짓 열녀 만들기' 유형에서처럼 사대부가문의 기득권을 위해 열녀를 조작하는 세태를 풍자함으로써 양반층의 위선을 직접 공격한다는 것은 烈녀전의 烈인식과 거리가 멀다. 그런가 하면 '열녀 시험 통과하기' 유형에서 정절이 사회규범으로 되면서 오히려 여인의 훼절을 부추기게 되는 역리현상을 드러내 보인 것 역시 매우 주목할 만한 일이다.

당연한 결론이겠지만, 훼절형 '烈설화'인 <남편 위해 훼절하기>나 <수절하기 어려운 사연> 유형군의 설화는 이처럼 중세적인 烈이념을 거부하고 있는 것이다. 그렇다면 수절형 '烈설화'는 烈녀전과 동일한 烈인식을 보이는지 확인해 보자.

수절형 '烈설화'에는 열녀전과 상당히 유사한 이야기들이 있는데, <남편 구하기> 유형군의 '남편 대신 죽기'나 '남편 대신 옥에 갇히기' 유형이 그것이다. 이는 義理와 名分을 위한 士族 여인의 烈行을 보여주는 것이어서, 이런 설화를 구연하는 화자는 열녀전을 입전한 문사들과 동질적인 烈인식을 지니고 있는 듯하다. 그러나 이 설화유형들은 기록문학과의 교섭이 활발한 것이어서[38] 순수한 구비전통에 의해 형성되어 전승된 설화가 아니라고 할 수 있다.

<정절 지키기> 유형군의 설화를 자세히 보면, 열녀전과 유사한 烈行을 소재로 삼고 있더라도 그 의미지향은 판이한 것을 알게 된다. 예를 들어 무모한 열녀 시험으로 억울하게 죽은 여인의 이야기나, 아내의 살을 베어 먹였지만 남편의 병이 낫지 않았다는 이야기에서는, 중세의 경직된 烈이념의 폐해를 고발하고 있다. 또한 어사 박문수의 유혹을 여염집 여인이 물리치는 이야기에서는 양반들의 비윤리성과 민중의 도덕성

38) 제2장과 제4장에서 이 점을 지적한 바 있다.

을 대비하고 있으며, 시부모를 받들기 위해 수절한 과부의 이야기에서는 시부모 봉양에만 초점을 맞출 뿐 不更二夫의 규범에는 가치를 두지 않는다는 점에서 중세의 烈인식과 배치된다. 또한 烈女傳에서는 열녀의 내면이 고려되지 않은 채 주인공이 烈이념의 화신으로 그려지는데 반해, 구비설화에서 특히 여성화자들은 열녀들의 내면 풍경을 섬세하게 드러내 보이고 있다.

요컨대 구비설화에 나타난 烈인식은 일차적으로 조선시대 상층 양반 사대부들에 의해 민간으로 전파된 것에 뿌리를 둔 것이다. 烈이라는 중세이념을 마련한 것이 그들이기 때문이다. 그러나 구비설화 전승자들은 이런 중세적 烈이념을 追隨하지 않고 구체적 현실의 문제와 관련지어 烈을 재해석하고 있음을 본다. 그들은 관념에 치우치거나 경직된 중세의 烈이념을 거부하는 것이다. 이런 烈인식의 차이는 열녀전과 구비설화의 담당층의 계층의식에서 기인할 수도 있지만, 중세와 근대라는 시간적 차이에서 기인할 수도 있을 것이다.

제2절 <남편 위해 훼절하기> 유형군에 나타난 烈과 貞節의 상황윤리적 성격

독자가 문학 작품에서 감동을 받는 것은 일상적 사고에서 벗어나게 해주는 충격을 발견했을 때라고 할 때,[39] <남편 위해 훼절하기> 유형군 설화에서 그런 충격을 발견하게 된다. <정절 지키기> 유형군에 나타난 烈行의 성격은 여성의 정절 수호를 위한 방어적이며 소극적인 성격을 띤다면, <남편 구하기> 유형군에 나타난 烈行은 남편을 향한 아내의 적극

39) 조동일(1980), 『문학연구방법』, 지식산업사, 55면.

적인 헌신을 의미한다. 그런데 이런 두 가지 烈行이 동시에 실현될 수 없는 갈등 상황이 바로 이 <남편 위해 훼절하기> 유형군 설화에 나타나 있기 때문이다. 이 설화유형군은 남편에게 烈을 행하려면 아내가 毁節할 수밖에 없다는 딜레마적 상황을 담고 있다는 점에서 매우 낯설게 느껴지는데, 여기에 나타난 烈과 貞節의 충돌 문제를 상황 윤리 측면에서 고찰해 보기로 하자.

1. 毁節을 통한 烈의 실현

아내가 남편을 살리기 위해 부득이 정절을 훼손하였을 때 이 여인을 烈女로 평가해야 하는가를 생각해 보자. 우선 '옥에 갇힌 남편 살리려고 몸을 허락하기' 유형에는 남편이 아내에게 외간 남자와의 동침을 강요할 경우 여인이 복종해야 하는가 하는 문제가 제기되고 있다. 이 설화는 부부의 性은 부부가 共有하는 것이지만 특히 아내의 性은 남편에게 종속된 것이라는 의식을 보여주고 있다. 설화에서 아내는 자신의 훼절 문제를 남편의 승인을 받아 결정하기도 하는데, 각편에는 자신의 생명과 아내의 貞節을 교환하는 상황에 처한 남편의 내면 풍경이 전혀 드러나지 않는다. 이는 全的으로 여성인물에게 서술의 초점이 맞추어진 탓도 있지만, 아내의 性을 팔아서 목숨을 구걸하는 남편의 모습을 부각시킬 경우 烈이라는 규범을 마련한 주체인 남성들의 도덕성에 흠집을 낼 것을 우려한 결과일 수 있다.

그럼에도 불구하고 화자들은 모두 여인의 훼절은 남편의 동의하에 이루어진 것임을 굳이 강조한다. 말하자면 이 여인의 毁節은 남편에 의해 강요(허용)된 것이기에 훼절의 책임을 여인에게 전적으로 묻는 것은 부당할 뿐 아니라, 정황을 살피건대 이 여인을 烈女로 보는 것이 마땅함을 주장하는 것이다. 남편에 대한 절대적 복종이 중세 烈이념의 핵심이라면,

여인이 자신의 性에 대해 決定權을 쥔 남편의 命에 순종하여 御使와 동침하는 것 또한 女必從夫라는 烈이념에 따른 것일 수 있다. 그렇다면 아내가 다른 남자에게 몸을 허락하는 일이 오히려 남편에게 有益을 끼치는 것이라면 이를 烈行으로 보아야 하는가.

남성화자들은 설화 각편에서 여인이 烈의 구현을 위해 毁節할 수밖에 없다면 결국 여인이 自決의 방식으로 자신의 도덕적 정당성을 증명할 것을 요구한다. 만약 여인이 결국 毁節하는 것으로 서사가 전개되었더라면 분명 여인의 自決이 뒤따랐을 것이고, 따라서 여인이 죽음이라는 희생을 통해 남편의 생명을 구한 셈이므로 여인은 毁節했음에도 불구하고 분명 烈女에 해당한다고 전승자들은 주장하는 것이다. 이는 貞節의 훼손이라는 그릇된 방식으로 구현한 烈은 불완전하므로, 烈女가 되기 위해서는 자결해야 한다는 주장이다.40)

일찍이 魯迅은 중국에는 毁節이란 말은 있지만 不烈이란 말은 없다고 하고 不烈節이란 말을 쓴 바 있다. 그가 정리한 바에 따르면 중국에서 節婦는 살아서 守節한 여인이고 烈女는 죽어서 貞節을 지킨 여인이어서, 이미 貞節을 잃었다면 죽었더라도 烈女로 보기 어렵다는 것이다. 즉, 貞節은 烈女의 필수요소라는 것이다.41) 그렇다면 일반적으로 烈女란 좁은 의미로는 남편의 生死와 관계없이 죽음으로써 貞節을 지킨 여인이며, 넓

40) 훼절한 여인은 자결하는 길이 열려 있을 뿐, 전통적 가치관에서는 容忍될 수 없었던 사실을 반영한다. 그러나 여성 화자의 각편에서는 여인의 죽음을 전제하지 않고 있어서 烈이라는 가치규범을 부여하는 주체인 남성들과 입장 차이를 보인다.

41) "오늘날의 道學者의 의견을 따라 정의를 내린다면 節은 남편과 死別한 여자가 再婚을 하지 않고 몰래 달아나지도 않는 것이요, 烈에는 두 종류가 있으니 첫째는 기혼과 미혼을 불문하고 남편으로 정해진 남자가 죽었을 때 곧바로 뒤를 따라 자살하는 것이고 둘째는 강간당하려고 하였을 때 자살하든가, 또는 저항하다가 상대방에 의해 살해되든가이다. 이때 역부족으로 당하고 난 뒤에 자살한 경우는 무조건 그렇게 여길 수는 없다." 魯迅, 「나의 烈節觀」, 『魯迅文集』, 竹內好 譯註, 한무희 옮김(1987), 일월서각.

은 의미로는 과부가 되었을 때 개가하지 않은 守節女(또는 節婦)까지를 포함한다. 물론 守節女의 경우 그 守節이 매우 어려운 조건에서 이루어지는 경우일 것이다. 즉, 烈女란 어떤 방식으로든 결국 貞節을 잃지 않은 여인이어야만 하는 것이다. 따라서 '남편을 살리려면 貞節을 희생해야 한다'는 딜레마적 상황은 자못 심각한 것이다.[42] 이런 관점에 선다면 여인은 남편을 구했더라도 烈女로 인정받을 수 없다.

조선시대 婚姻 제도는 男兒를 생산하여 家門을 이어가기 위한 수단으로서, 여성은 남편보다 남편의 家門에 종속되어 있었으며 여인의 烈行이란 결국 어떤 방식으로든 남편 家門의 지속과 번영을 도모하기 위한 것이었다. '개가한 열녀 유복자로 대잇기' 유형은 이런 면을 잘 보여주고 있는데, 중세에서 烈이념이 강화된 주요한 이유는 가문의 순수한 혈통을 지키기 위한 것이므로 여인은 비록 毁節했지만 오히려 이를 통해 가문의 代를 이었다는 점에서 烈女의 명분을 얻는다. 이 설화유형은 貞節은 烈을 구현하는 하나의 방식에 해당하므로 烈의 구현을 위해 때로는 貞節이 희생될 수 있다는 주장을 공통적으로 담고 있는바, 여인의 毁節이 남편을 섬기는 烈(헌신)을 실현하는 수단이 되고 있는 것이다.

2. 正道와 權道

상황윤리란 상황에 따라서 변하는 윤리이므로, 이것의 개념은 定言的

42) 그런데 '개가하여 본남편 구완하기' 유형과 '옥에 갇힌 남편 살리려고 몸을 허락하기' 유형 사이의 큰 차이는 전자의 경우 여인이 실제로 훼절하였지만, 후자는 훼절할 소지만 있었을 뿐 결과적으로 貞節을 지켰다는 점이다. 따라서 주인공을 烈女로 보아야 하는가의 문제는 후자의 경우가 전자에 비해 훨씬 단순해 보인다. 그러나 여인이 결과적으로 정절을 지켰다는 이유로 그를 열녀라고 한다면 이는 상황을 충분히 이해하지 못한 것이라고 할 수 있다. 이 설화의 초점은 여인이 결과적으로 훼절을 했는가 여부가 아니라, 여인이 자신의 貞節을 희생하여 남편의 생명을 구하기로 결정하였다는 점에 있다.

으로 표현할 수 있는 성질이 아니다. 한편 이런 상황 윤리를 이해하는 儒家的 행위 규범으로 正道와 權道, 時中論 또는 常變論을 거론할 수 있다.[43] 인간에 대한 진리나 규범의 획일적 지배와 우위를 부정하고 인간이 상황에 따라 가치 있는 행위양식을 창출한다는 이 時中論의 개념은 <남편 위해 훼절하기> 유형군 설화에 나타난 갈등상황을 설명하는 데 유효할 것이다.

禮는 義(宜), 稱, 時의 3대 요소를 갖는데, 義는 정신이라면, 稱은 표준이 되는 형식이고, 時는 時流를 의미한다.[44] 孔子의 道로서 특징지어진 時中之道를 時와 中으로 구분하여 전자를 상황성(變) 후자를 규범성(常)으로 말할 때, 이것을 각각 體用으로 볼 수 있다. 이것은 곧 공자에게 있어서 不變體로서의 一의 개념과 變易體로서의 千言萬語가 표리를 이루어주는 관계로서, 合而言之할 때 이는 곧 時中之道로 지칭할 수 있다.[45]

한편 體를 用보다 더욱 근본적인 것으로 이해한다면, 모든 덕의 근본은 역시 仁이라고 해석할 수 있다. 『論語』를 통해 보면 공자는 모든 개인에게 동일하게 적용될 수 있는 하나의 고정된 교육방법이 있다고는 믿지 않았다. 그러므로 仁의 기본적 원리는 같지만 그것이 나타나는 바는 서로 다르다고 할 수 있다. 말하자면 이런 상황에서는 이것을 행하는 것이 仁이고 저런 상황에서는 저것을 행하는 것이 仁인 것이다. 따라서 우리는 仁의 구체적 실례를 기술할 수 있을 뿐, 그것에 대한 형식적 정의를 구하기란 어려운 것이다. 그리고 이런 仁에 대한 강조는 도덕적 행위자

---

43) 이에 대한 연구로는 다음을 참조할 수 있다. 유칠로(1976), 「공자의 時中之道에 관한 연구」, 성균관대 석사학위논문; 유칠로(1991), 「儒家의 權道에 관한 연구」, 『동서철학연구』; 노효경(1970), 「時中의 실천성에 관한 연구」, 성균관대 석사학위논문; 최봉영(1997), 「조선시대 유교문화」, 사계절; 권정안(1991), 「權道」, 『한국민족문화대백과사전』, 한국정신문화연구원.

44) 황원구(1981), 「주자가례의 형성과정」, 『인문과학』 45, 연세대학교, 1981, 84면.

45) 유칠로(1976), 4면.

의 내면적 삶이 표현되는 외적 형식에 대한 중요성을 가져왔다.

도덕성의 외적 기준으로서의 禮를 살펴보면, 禮에는 특수한 의미의 禮와 일반적 의미의 禮가 있음을 보게 된다. 좁은 의미의 禮는 인간의 행동을 규제하는 儀式의 절차이며, 넓은 의미의 禮는 내적 도덕성의 외면적 표현으로 규정된다. 공자가 관심을 보인 것은 바로 이 넓은 의미의 禮인 것이다. 즉 아무리 그 자체로는 도덕성을 지닌 행위라 할지라도 禮의 기초가 없다면 참된 규범적 의미가 없는 단순한 행위에 떨어지고 만다. 따라서 내용과 형식이 조화를 이룰 때에만 인격은 완성되는 것이다.[46]

유교 윤리는 이성과 감정과 의지의 내적 통일성을 강조하기 때문에 특이한 도덕적 유연성을 갖는다. 이런 도덕적 유연성을 공자는 時宜로 표현했고 孟子는 주어진 구체적 상황에 따라 결단을 내리는 權道로서 지칭하였다. 이것은 모두 도덕적 원리의 추상적 보편성뿐 아니라, 이 보편성을 인간의 개별성과 결합시키는 데에서 참된 본성이 나타난다는 통찰에서 연유된 것이라고 할 수 있다.

정병설은 이런 正道와 權道의 개념을 상세히 검토한 후 고전 소설에 나타난 상황 윤리로서 權道의 문제를 매우 치밀하게 분석한 바 있다.[47] 그는 통상적으로 이해되는 權道의 개념인 '행위 자체는 윤리에 부합하지 않지만 행위 목적은 윤리에 부합하는 것'은 儒家의 해석인 '權道는 正道일 뿐이다'라는 개념과 모순된다면서, 사실 이것은 權이 가진 표면적 윤리 일탈적 성격에 큰 의미를 부여하는가 아니면 그것이 가진 이면적 윤리 지향적 성격에 비중을 두는가 하는 접근 방식의 차이일 뿐이라고 하였다. 그는 權道는 '의무의 상충'이지만 '忠과 孝의 상충'처럼 이념들 사

46) 이한구(1982), 「유교 윤리의 구조와 사회적 기능」, 『한국 철학 사상 연구』, 한국정신문화연구원, 93면~103면.

47) 정병설(1995), 「正道와 權道, 고전소설의 윤리논쟁적 성격과 서사적 의미」, 『관악어문연구』 20집, 서울대학교 국문학과.

이에 나타나는 모든 '의무의 상충'이 곧 權道인 것은 아니라고 하고, 이 문제를 기성윤리나 텍스트에 명시적인 덕목과 묵시적인 덕목으로 나누어 이해하고자 하였다.

즉 忠이나 孝, 男女授受不親의 禮와 같은 것은 기성윤리와 텍스트에 드러나는 명시적 덕목이며, 救人은 묵시적 덕목이라는 것이다. 忠과 孝의 대립과 같은 等價的인 덕목의 대립은 '명시적 덕목 사이의 상충'인바 이는 權道의 문제가 아니며, 손을 건네 물에 빠진 형수를 구하는 것은 '명시적 덕목과 묵시적 덕목의 상충'으로서, 權道란 이때 묵시적 덕목을 따라 행하는 경우를 가리킨다고 하였다. 그는 또 고전적인 權道의 例는 자기희생이나 이익이 없이 행하는 것인 반면, 고전소설에서는 權道를 행함으로써 스스로 이익을 얻는 것으로 나타난다고 하였다.

그렇다면 '옥에 갇힌 남편 살리려고 몸을 허락하기'나 '개가하여 본남편 구완하기' 유형 설화에 權道의 문제가 제기되었다고 가정하고, 정병설의 이런 논의방식을 적용해 보자. 일단 전승자들이 이 설화의 주인공을 烈女로 인정하는 것은, 여인의 毁節이 남편의 救命을 위한 불가피한 선택이었으므로 여인이 權道를 행한 것으로 보았다고 할 수 있다. 즉, 주인공은 명시적 덕목인 貞節에서는 일탈하였지만 묵시적 덕목인 救人을 행한 것으로 해석할 수 있다. 그러나 이런 분석은 만족스럽지 않은 점이 있다. 손을 잡아서 형수의 목숨을 구할 경우의 윤리적 일탈과, 설화에서 아내의 훼절로 남편의 목숨을 살리는 경우의 윤리적 일탈은, 그 사태의 미묘함이나 심각성이 크게 다르기 때문이다. 貞節을 목숨보다 귀하게 여기는 중세적 가치관으로 볼 때,[48] 여인이 단지 외간 남자의 손을 잡는 정도가 아니라 실제로 훼절하는 것은 일단 본인에게는 목숨을 잃는 것과 같다. 게다가 외간 남자의 손을 잡아서 여인이 자기 자신의 목숨을 구하는

48) 사실 중세적 貞節觀은 목숨보다 중한 것이었음을 상기하면 손을 잡힌 형수의 입장에서는 毁節을 회복하기 위해 다시 죽음을 택해야 할지도 모른다.

것이 아니라, 아내의 훼절을 수단으로 남편의 목숨을 살린다는 것은 문제가 훨씬 더 복잡하다. 또한 烈 설화에서는 주인공이 자신의 毁節 행위를 만회하기 위하여 결국 자결을 한다는 점에서, 고전소설의 인물들이 權道를 내세워서 실제로는 자신의 私慾을 채우는 경우와는 본질적으로 다른 상황인 것이다. 요컨대 이런 설화에서 전승자들은 烈(남편을 위한 헌신)과 정절(육체적 정절)을 等價嫡 價値로 여기지 않는 것이다. 이제 장을 바꾸어서 이 문제를 다시 고찰해보기로 한다.

3. 닫힌 도덕과 열린 도덕

'옥에 갇힌 남편 살리려고 몸을 허락하기'나 '개가하여 본남편 구완하기'의 설화에서 여인의 선택은 貞節을 지킨 채 남편의 죽음을 방관할 것인가 또는 毁節이라는 불명예와 이를 만회하기 위한 자결을 각오하고 남편을 살릴 것인가 하는 문제이다. 어느 쪽을 택하여도 여인은 윤리적으로 惡하다고 할 수 있다. 따라서 여인에게 最善이란 상대적으로 작은 惡을 택하는 것이다. 그렇다면 貞節을 버리는 것과 남편의 죽음을 방관하는 것 가운데 어느 것이 더 큰 惡인가라는 문제가 제기된다. 여기서 貞節이 갖는 가치로서의 의미는 무엇인가. 가치란 사물에 본래적으로 존재하는 것이 아니라 그 사물이 사용되는 목적에 의존한다고 할 때, 하층민인 이들에게 貞節이란 가문의 도덕성을 위한 명분도 아니요, 오로지 夫婦의 내밀한 관계를 유지하기 위한 사랑의 실천으로서 의미를 갖는다. 이들에게는 程頤의 '굶어 죽는 일은 극히 작은 것이요, 절개를 잃는 것은 극히 큰 것'이라는 언명이 무의미하다. 이들이 남편에 대한 애정을 표하는 것은 일차적으로 그의 건강한 생존을 보장하는 일이다. 이들에게 烈이란 貞節을 잃지 않음이라는 방어적이며 소극적인 개념이 아니라 상대방에게 善을 행하는 적극적인 사랑의 실천이라는 창조적 개념으로 나타난다.

부부란 그 뿌리를 에로스의 최고 절정이라고 할 性愛에 두고 있다. 부부에게서는 유일무이하게 제삼자에 대한 배타성과 부부 사이의 내밀성이 이루어진다.[49] 따라서 여인의 훼절은 이런 부부만의 내밀한 관계와 제삼자에 대한 배타성을 깨뜨린다는 점에서 상당히 심각한 것이다. 만일 부부의 愛情을 오로지 육체적인 性에만 초점을 맞추어 이해한다면 여인의 훼절은 이들을 부부로 묶어주는 유대를 끊어버리는 결과를 야기하게 된다. 그러나 여인의 선택은 이런 에로스적인 사랑을 뛰어넘어 자기희생적이며 무조건적인 아가페의 사랑을 실천하는 것으로 이해할 수 있다. 육체적 헌신은 정신적 헌신의 표현으로 이해될 수 있으며 여인은 자기희생의 방식으로 남편에 대한 정신적 헌신을 증명한 것이다.

한편 논의를 심화하기 위해, 한 사회에는 두 가지 倫理 즉, 닫힌 도덕과 열린 도덕이 있다고 하는 앙리 베르그송의 언술을 주목해 보자.[50] 그는 종교와 도덕 및 사회의 폐쇄성과 개방성, 정태성과 역동성을 주목하였다. 정태적이며 닫힌 도덕은 내부에 진보나 발전의 원리가 내재하지만 근본적으로 정체되어 있는 반면, 역동적인 도덕인 열린 도덕은 더 이상 우리에게 일정한 형식이나 규범을 처방하지 않는다. 이 도덕에서는 무엇을 해야 할 것인가를 묻지 말아야 한다. 그것은 자유 자체이며 해방된 정서이기 때문이다.

유교의 三綱五倫과 같은 사회적 규율로서의 윤리는 닫힌 도덕에 해당하며, 불교의 자비, 기독교의 사랑, 플라톤의 善같은 인간 最高 價値로서의 윤리는 열린 도덕에 해당한다고 할 수 있다. 일정 시점의 한 사회는 반드시 이 두 가지 윤리를 함께 갖고 있기 마련인데, 닫힌 도덕은 열린

---

49) 요한네스 로쯔, 심상태 역(1984), 『사랑의 세 단계』, 서광사, 74면.
50) 앙리 베르그송, 송영진 역(1998), 『도덕과 종교의 두 원천』, 서광사; 박이문(1978), 「과학과 윤리」, 『하나만의 선택』, 문학과 지성사; 김형효(1990), 『베르그송의 철학』, 민음사; 스털링 P. 램프레히트, 김태길 외 역(1992), 『서양철학사』, 을유문화사, 591~592면.

도덕을 실천하는 데 도움이 되는 한에서 가치로 인정된다. 이때 규율로서의 윤리(닫힌 도덕)가 가치로서의 윤리(열린 도덕)를 위한 二次的 가치임을 망각하고 규율 자체가 절대적 가치로 되어[51] 오히려 최고 가치로서의 윤리와 갈등하게 될 수 있다. 이때 올바른 윤리(열린 도덕)의 입장에서 볼 때 규율로서의 윤리는 인간의 최고 가치를 위해 희생되어야 하는 것이다.[52]

조선시대 주자학적 세계관이 지배하면서 정립된 烈女의 개념은 貞節을 굳게 지킨 여인이었다. 이때 닫힌 도덕 즉, '규율로서의 윤리'인 貞節이 후대로 갈수록 절대적 가치로 변질되면서 仁이나 善, 慈悲와 같은 인간의 '최고 가치'로서의 윤리인 열린 도덕과 충돌하게 된 것이다. '개가하여 본남편 구완하기' 설화유형은 바로 이런 두 도덕이 충돌하는 삶의 현장을 구체적으로 보여주고 있는바, 닫힌 도덕인 '육체적 貞節'이 열린 도덕인 '烈(남편의 救命)'을 위해서 희생되어야 하는 상황윤리적 성격이 나타나 있다.[53]

<정절지키기> 유형군의 '핍박당하여 죽기' 유형 설화에서는 새댁이 내빈객 남성의 목숨을 살리기 위해 그를 등에 업는 善行을 하였음에도 불구하고 이를 미약한 정절의식에 기인한 것으로 보거나, 외간 남자의

---

51) 이는 주로 안정된 사회, 보수적인 사회, 침체 사회에서 나타나는 현상이라고 한다. 박이문(1978).

52) 열린 윤리는 인간성 안에 자리 잡고 있는 비합리적 요소들을-인간성의 어두운 그림자-억압만 하지 말고, 어느 한계 안에서 수용하고 충족시킬 수 있는 통풍장치를 구비해야 하는 것이다. 인간성에 드리운 어두운 그림자에 대한 적절한 배려가 없는 윤리는 인간의 의식의 이중성을 심화시킨다. 여기에 나타나기 쉬운 것이 경직된 형식주의이다. 경직된 형식주의는 앞문에서 발로 찬 것을 뒷문으로 불러들이는 위선과 허위의 몸짓을 낳는다. 이명현(1983), 「한국의 전통적 덕목에 관한 현대적 연구」, 『철학사상의 제문제』(1), 한국정신문화연구원.

53) 여기서 열린 도덕이나 닫힌 도덕 그 자체는 상황윤리로 볼 수 없으며, 열린 도덕을 위해 닫힌 도덕이 희생되는 상황에서 발생하는 윤리가 바로 상황윤리라고 할 수 있다.

손이 거기에 닿았다는 이유로 주인공이 자신의 신체를 도려내고 죽는다. 여기에는 救人보다 貞節 保全이 더 중요하다는 인식이 나타나는데 육체적 정절에 고착된 敎條的인 烈인식이 드러나 있다. 사실 이처럼 정절이 절대적 가치로 인정받는 것은 <정절 지키기> 유형군 설화에만 나타나는 것이 아니다.

<남편 위해 훼절하기> 유형군의 경우도 각 유형이나 각편에 따라서 이런 성격이 드러난다. 여인이 훼절한 경우 남성화자들은 대개 여인이 훼절한 것에 책임을 지고 자결하는 것을 강조한다. 여성의 정절은 그의 생명과 같다고 인식하고 있는 것이다. 역시 남성들이 구연하는 유형인 '後夫의 자식 죽여 본남편 치료하기' 설화에서는 또 다른 형태의 윤리적 파탄이 심각하게 나타나고 있다. 이는 인간 생명의 존중이라는 보편적 가치가 묵살되고 오로지 남편의 생명만이 절대 가치로 부상함으로써, 남편에 대한 아내의 헌신이라는 유교이념이 교조화하면서 나타나는 병리 현상을 드러내고 있다.

이제 논의한 내용을 종합하여 烈과 貞節의 상관관계를 밝혀보자. 우선 육체적 정절과 烈은 별개의 개념인바, 烈은 목적에 해당하며 육체적 정절의 수호는 이런 烈을 실현하는 수단 가운데 하나라고 할 수 있다. 烈을 실현하기 위한 필수조건은 정신적 정절이다. 여성이 육체적 貞節을 굳게 지키는 것은 그의 정신적 貞節을 실현하는 하나의 방식인 것이다. 따라서 烈을 실현한다는 것은 반드시 육체적 貞節의 수호를 의미하는 것은 아니기에, 烈女란 반드시 육체적 정절을 지킨 여인만을 의미하지는 않는다는 것이 <남편 위해 훼절하기> 유형군에 나타난 구비설화 전승자들의 烈인식이다.

제3절 '烈설화'의 현재적 의의

1. 문학적 의의

'烈설화'가 문학으로서 갖는 의의는 설화 문학 안에서의 의의와 기록문학과 관련한 서사문학으로서의 의의, 그리고 여성문학으로서의 의의를 들 수 있다. 먼저 설화 문학적 의의부터 살펴보기로 한다.『韓國口碑文學大系』의 설화유형 분류 작업에 참여한 김대숙에 따르면, 수집된 전체 설화 각 편의 수로 볼 때 善惡譚이 가장 많은 비중을 차지하고 있는데 특히 孝行譚과 烈女譚이 善惡譚의 대부분을 차지하고 있다고 하였다.54)

수집된 설화의 量으로 보면 전체 구비설화에서 '烈설화'가 갖는 비중은 孝行譚 다음이 된다. 그러나 설화에 담긴 주제의 심각성을 따진다면 '烈설화'가 갖는 가치는 孝行譚에 비해 월등하다고 할 수 있다.55) 특히 중세 이념이란 상하의 질서에 기초한 것으로 윗사람이 아랫사람에게 요구하는 것임을 고려할 때, 구비 '烈설화'의 전승에 여성들이 참여하고 있다는 사실을 주목해야 한다.

孝行譚은 일반적으로 부모가 자식을 훈육하기 위한 교훈담이다. 화자들은 한결같이 다음 세대에게 孝를 요구하려는 의도에서 孝行譚을 구연하는 까닭에, 효행담에는 孝의 절대적 실현을 요구하는 부모의 목소리만 있을 뿐, 이에 복종하는 자식들의 속사정은 드러나지 않는다. 인간은 남

---

54) 김대숙(1994),「구비열녀설화의 양상과 의미」,『고전문학연구』9집, 한국고전문학연구회, 48면.

55) 오늘날 烈이념을 전통적 가치로서 계승해야 하는가는 신중한 논의를 거쳐야 할 과제인데, 중세의 烈이념은 인간적 信義라는 보편적 가치와 男尊女卑라는 중세적 가치를 함께 내포하고 있다는 점에서 근대적 가치와 부합하는 동시에 충돌하는 이중성을 갖기 때문이다. 따라서 '烈설화'의 현재적 가치를 탐색하는 것은 상당히 중요한 작업이다.

녀를 불문하고 살아가면서 대개 자식과 부모의 입장을 겸비하게 되므로, 자식이 부모에게 효도하는 것은 결과적으로 자신의 미래에 대한 투자일 수 있다. 그러므로 孝行譚에서는 孝이념의 현대적 계승에 대해 일치된 목소리를 내고 있는 것이다. 그러나 '烈설화'의 경우 남녀의 性別은 변동될 수 없는 것이라는 점에서 문제가 다르다. 여성 화자들은 烈의 의무를 수행하는 입장의 속사정을 보여주고 있어서, '烈설화'를 통해 烈의 가치에 대해 남성 화자들과 활발한 토론을 벌일 수 있다.

이제 같은 善惡譚에 속하는 '烈설화'와 '孝行談'에 나타난 윤리관을 비교해봄으로써, 이 두 설화유형들의 관계를 조망 해보기로 한다. 학계에서는 지금까지 '烈설화'의 유형 가운데 '원수의 아내 되었다가 복수하기'를 비롯하여 '개가하여 본남편 받들기' 유형의 일부를 '烈不烈說話'라고 지칭해오고 있다.[56] 이 '烈不烈說話' 유형에 나타난 烈과 不烈의 갈등문제는 孝行談의 경우 孝不孝說話에 나타난 孝와 不孝의 갈등문제와 비견되는데, 여기에 나타난 윤리관을 비교해 보기로 하자. 孝不孝설화는 『동국여지승람』 권21 경주 교량조에 수록되어 있고 『한국구비문학대계』에 28편이 채록되어 있는데, 『동국여지승람』의 기록을 소개하면 다음과 같다.

56) 손진태가 남편에 대한 복수담인 '원수의 아내 되었다가 복수하기' 유형을 처음 烈不烈女 설화로 칭하였다. 이후로 장덕순 교수가 여기에 다른 설화유형을 한 편 첨가하여 논의한 것을 민찬이 수용하여 '개가하여 본남편 받들기' 설화유형을 포함하여 '烈不烈설화'라고 지칭하였다. 손진태, 장덕순, 민찬의 앞의 글 참조. 그러나 본고는 烈과 貞節의 이념적 충돌이 나타나 있는 설화유형만을 烈不烈 설화로 보는 입장이어서, 구비설화에 나타난 '원수의 아내 되었다가 복수하기' 유형의 자료는 제외하였는데 이는 다음과 같은 근거에 기초한 것이다. 첫째, 본남편에 대해 여성인물의 수절의지가 드러나지 않을 뿐더러 각편에 따라서 남편에 대한 복수가 전혀 이루어지지 않아서, 본남편에 대한 주인공의 烈行이 약화되고 있거나 전혀 나타나지 않는 점. 둘째, 여인이 後夫에게 복수를 행하더라도 이는 단순히 본남편에 대한 신의로 이해하기보다는 社會的 正義의 실현 차원으로 이해된다는 점이다.

> 신라 때에 아들을 둔 어머니가 물 건너 마을에 정부를 두고 아들들이 잠든 틈에 그곳에 다녀왔다. 그 아들들이 서로 의논하기를 "어머니가 밤에 물을 건너다니시니 자식의 마음이 어찌 편하겠는가."하고 이에 돌다리를 놓았다. 어머니는 부끄럽게 여기고 행실을 고쳤는데 당시 사람들이 그 다리 이름을 孝不孝橋라고 불렀다. 孝不孝橋 在府東六里 新羅時 有七子之母 所私在水南 伺其子寢往奔之 其子相謂曰 母涉水夜行 於子心安乎 乃作石橋 母慙而改行 時人名其橋曰 孝不孝

孝不孝설화에서 자식들은 사회가 정한 定言的 규범(닫힌 도덕)은 이탈하였지만 어머니에 대한 지극한 사랑을 실천한 것이라고 볼 수 있다는 점에서, <남편 위해 훼절하기> 유형군에 나타난 열린 도덕의 실현에 비길 만하다. 그러나 언제나 중요한 것은 수단과 목적이 함께 정당해야 한다는 것이다. 아들이 어머니를 재혼시켜 드리는 정당한 방법이 아니라, 어머니의 外道에 편의를 제공한 것은 바람직한 문제해결 방식이 아니었다. 어머니가 이를 부끄럽게 여겨 행실을 고쳤다는 것으로 이야기가 종결되는 것은 바로 이런 이유이다. 그러나 조선시대의 윤리관을 배경으로 하면 당시 과부의 재가가 금지되어 있으므로, 자식들이 이밖에는 달리 취할 수 있는 방법이 없었다고 하겠다.

이 설화는 경직된 孝관념을 부정하고 보다 열린 의식으로서의 孝관념을 보여준다는 점에서 본질적으로 조선시대 상층 양반의 경직된 유교관념을 뛰어넘는 요소를 지니고 있다. 또한 효불효설화는 가족간의 사랑을 보여주는 설화라는 점에서, 남편에 대한 아내의 헌신을 보여주는 '개가하여 본남편 구완하기'와 동일한 감동을 전해 주고 있다.

둘째로, 기록문학과 관련한 서사문학적 의의를 들 수 있다. 烈설화'에 나타난 열녀 모티프는 여타의 기록문학에 널리 수용되고 있다.[57] 비교적 이른 시기의 傳奇小說을 비롯하여[58] 조선 후기 문헌설화와 가문소설에 이르기까지 열녀 모티프는 광범위하게 나타나고 있다. 사실 여성인물이 등장하는 서사문학에는 반드시 烈의 문제가 제기되어 있다고 해도 과언이 아니다. 따라서 서사문학에 등장하는 여성인물의 성격을 분석하는 것은 '烈설화'에서 나타난 烈行의 양상을 살피는 것과 크게 다르지 않을 것이다.

또한 이런 열녀의 모습은 '여성영웅소설'에 등장하는 여성영웅들의 행동 양식을 설명하는 데에도 유용할 것으로 보인다. 여성영웅들이 남성지배체제에 도전하여 적극적으로 문제를 해결하는 것은 '烈설화'에서 나타나는 열녀의 모습과 유사하다. 이처럼 열녀들의 독립적이며 적극적인 행동방식은 烈이라는 名分이 여성에게 자아실현의 통로를 마련해 주는 데에서 기인하는 것으로,[59] 이는 여성영웅소설의 창작과 수용에 영향을 미쳤을 것으로 보인다.

마지막으로 '烈설화'가 지니는 여성문학적 의의를 생각해 볼 수 있다. '烈설화'를 통해 『삼강행실도』나 『조선왕조실록』에 등장하는 열녀들의 내면을 조명할 수 있다는 점은 매우 의미 있는 일이다. 건조한 史實의 전달 속에는 오직 이념을 고양하는 敎述性만이 텍스트를 점령하고 있을 뿐

---

57) 열녀전에 나타난 열녀 모티프도 기록문학에 널리 수용되고 있다. 이혜순(1999), 126면. 물론 열녀전의 열녀 모티프는 구비설화에도 나타난다.

58) "『금오신화』의 설화적 연원을 논할 때에는 '烈女說話'가 새롭게 주목되어야 하지 않을까 본다. 가령 『만복사저포기』나 『이생규장전』의 여주인공은 모두 고려말 왜구 혹은 홍건적의 침입 때 죽음으로써 정절을 지킨 여인들이다. 이들은 당시 민간에 떠돌던 烈女譚에 등장하는 인물들을 모델로 삼아 소설적 변형을 가한 것으로 보인다. …(중략)… 『금오신화』는 김시습 당대에 전해지던 열녀 이야기로부터 인물의 모델·제재·착상을 구한 점이 없지 않다." 박희병(1997), 『韓國傳奇小說의 美學』, 돌베개, 176~177면.

59) 여성 주인공에게 상투적으로 부과되는 과제는 婚約을 맺은 남자를 찾아서 혼사를 성취하는 일이거나 남편을 도와서 전쟁에 이기는 것이다. 이런 문제를 해결하기 위해 여성영웅들은 男服을 입고 남성들을 향해 소리를 내지르며 武功을 세우는바, 이는 언제나 烈이라는 명분을 통해 허용되며 찬양되는 것이다.

인간적 정서를 찾아보기 어려운데, 이는 양반지배층 남성의 눈으로 바라본 열녀의 피상적인 모습이기 때문이다. 그러나 '烈설화'의 전승자들은 이런 여성인물의 내면세계를 조명함으로써, 史料에 등장하는 엄혹한 烈行을 감행하는 烈女들이 실제로는 특별히 冷血人이거나, 이념을 무조건 追隨하는 미성숙한 인격의 소유자[60]가 아님을 보여준다. 열녀들은 어쩔 수 없는 사회적 압력 때문에 또는 스스로 판단한 公義를 위해서, 더 나아가 남편과 자식을 위한 자발적 헌신으로서 죽음을 택하기도 한다. 이런 열녀들의 행위는 자신의 정체감을 지키려는 주체적 판단에 따르거나, 자신의 안녕보다 가족이나 집단의 이익을 도모하고자 하였던 성숙한 사회의식에서 기인하는 것으로 볼 수 있다.

뿐만 아니라, 여성화자의 설화자료는 烈에 대한 여성 자신의 발언을 담고 있다는 점에서 귀중한 가치를 지닌다. 烈이란 본질적으로 그 이념을 강요하는 남성 집단과 이를 수용해야 하는 여성 집단의 입장이 맞설 수밖에 없다. 남녀는 烈이념을 이해하는 태도나 정서가 다르기 때문이다. 남성들이 사회의 공적 질서나 가부장적 가족질서에 최상의 가치를 두는 반면, 여성들은 인간 생명에 대한 가치나 남편과 아내의 개별적이며 사적인 애정관계를 소중히 한다는 점이 '烈설화'에서 확인되는바, 이런 여성의식은 고전소설의 여성작가의 존재를 추적하는 데에도 유효할 것으로 본다.

2. 사회윤리적 의의

이미 서론에서 말했듯이, 烈이념은 남녀간의 애정을 바탕으로 한 信義라는 보편적 가치와 男尊女卑라는 중세적 가치관을 함께 내포하고 있다

60) 강진옥(1995b), 「열녀 전승의 역사적 전개를 통해 본 여성적 대응 양상과 그 의미」, 『여성학논집』 12, 이화여대 한국여성연구원, 85면.

는 점에서 근대적 가치와 부합하는 동시에 충돌하는 양면성을 지닌다. 그렇다면 烈女이야기를 논하는 현재적 의미는 무엇일까. 지금까지 학계에서 烈女를 논의하는 시각은 대충 두 가지로 대별할 수 있을 듯하다. 하나는 중세 이념인 烈이 현대에 이르러 붕괴되는 데에 대한 우려에 따른 것이고, 다른 하나는 중세적 烈이념이 지닌 맹점을 극복하고자 하는 것이다. 이런 두 관점은 현대 사회에서 烈이념이 지니는 사회윤리적 의의를 논하는 데에 실마리를 제공한다.

전자의 입장을 보이는 예로는 김경진이나[61] 안인욱의 연구 시각을 들 수 있다. 안인욱은 "오늘날 여성윤리 문제나 青少年의 性犯罪 문제가 사회문제로 거론된 지 오래다. 날이 갈수록 低齡化되고 증가되는 추세는 국가적 차원에서 조치가 있어야 할 형편이다. 이런 측면에서 열윤리의 바른 이해와 鼓吹를 위해서 열녀전 연구의 필요성은 있다고 본다."라고 하였다.[62] 여기서 그가 말하는 烈倫理란 중세의 男尊女卑的 가치관에 의한 貞節이념을 말하는 것이다. 이는 女性에게만 부여된 규범이었으며, 同時代의 남성들이 蓄妾을 통해 性的인 자유를 누려왔음을 상기할 때, 烈의 현재적 의미를 중세 사회로의 복귀에 두어서는 곤란할 것이다. 사실 성범죄의 가해자는 대부분 남성이며 중세적 의미의 烈이란 여성에게만 부과된 것임을 고려할 때, 이런 烈이념의 제고가 청소년의 성범죄를 막는 데에 기여한다고 보기는 어렵다.[63]

---

61) "實記 속의 실재 인물들이 겪은 孝女 節婦들의 희생과 효도와 忍苦로 점철된 삶을 살펴봄으로써, 그 모든 고달픈 여인의 길을 天命으로 알고 살았던 고유의 미덕을 감지하고, 전통적인 李朝여인의 婦德이 갖고 있는 그 근본적인 정신자세가, 孝와 貞操에 대한 확고한 주관과 올바른 가치관이 결핍되어 있는 현대여성들에게 한 좋은 귀감이 되리라 思料되어 그 실례를 보여주고자 하는 것이 본 연구의 목적이다." 김경진(1997), 「조선왕조실록에 기재된 孝女·節婦에 관한 小考」, 『아세아 여성 연구』 16집, 47면.

62) 안인욱(1983), 「열녀전 연구」, 영남대 석사학위논문, 5면.

63) 뿐만 아니라, 육체적 貞節이 인간적인 애정과 信義를 확인하는 수단적 가치를 넘

烈은 아내가 남편에 대해 지니는 의무만이 아니라, 남편에 대한 애정의 표현일 수 있다는 점에서 인간의 보편적 정서에 부합한다.[64] 그럼에도 불구하고 우리가 쉽게 떠올리는 烈의 개념은 매우 극단적이며 敎條的인 부자연스러운 것이다. 이는 중세 시대에는 혼인이 자유연애가 아닌 부모의 강제적 결정에 의해 이루어졌을 뿐 아니라, 성리학적인 의리와 명분을 앞세워서 얼굴도 못 본 신랑을 위해 수절해야 하는 비인도적인 烈女를 양산하였기 때문이다.

이런 문제를 '烈설화'의 유형과 관련지어 본다면, <정절 지키기> 유형군과 <남편 구하기> 유형군에 나타난 烈의 성격은 상당히 다른 것이다. 여성의 육체적 정절은 夫婦와 같은 남녀 관계에서 문제되는 것이지만, 인간의 생명을 구하는 것은 반드시 男女관계에만 해당되는 것이 아니라는 점에서, <남편 구하기> 유형군에 나타난 烈의 성격은 인간 사회의 보편적 가치로 확대될 수 있다.

현대 사회에서 정절의 의미는 심각하게 고려되어야 할 문제임이 틀림없다.[65] 만일 육체적 정절에 가치를 두지 않는다면, 정신적 정절의 의미 또한 쇠퇴할 것이며, 반대로 정신적 정절이 전제되지 않은 육체적 정절은 맹목적인 형식주의로 전락하고 말 것이기 때문이다. 뿐만 아니라 婚姻이란 결국 두 남녀의 내밀한 性的 結合이란 점에서, 이런 배타적인 관

어 절대적 가치로 되는 경우 심각한 문제를 낳게 된다는 사실을 敎條的인 烈인식을 경계하는 설화들을 통해 엿볼 수 있다. 예를 들어, 여성이 성범죄의 피해자가 되었을 때 오히려 毁節한 여인이라는 사회적 낙인을 찍음으로써 이중의 피해자로 만들게 된다. 이런 모순된 현실로 인해 가정 파괴범들이 속출하고 있다고 해도 과언이 아닐 것이다.

64) 父子有親이 현실적으로 소원해지기 쉬운 부자관계를 밀착시켜 그 유대를 강화하려는 의도를 나타내고, 夫婦有別은 현실적으로 밀착되기 쉬운 부부관계에 제약을 가하여 일정한 거리를 유지하게 하려는 의도를 보여준다는 것은 부부 사이에 존재하는 자연스러운 애정의 힘을 인정한 것이다. 김일렬(1984), 「조선조 소설에 나타난 孝와 愛情의 대립」, 『조선조 소설의 구조와 의미』, 267면.

65) 이는 남녀 모두에게 해당되는 사항이다.

계가 깨어졌을 때 부부의 결합도 깨어질 수밖에 없다는 사실을 <남편 위해 훼절하기> 유형군 설화를 통해서 볼 수 있다.[66]

오늘날 烈을 재조명하는 것은 단순히 중세의 경직된 정절 이데올로기를 청산하는 데에 머무는 것이 아니라, 烈의 현재적 의미를 긍정적으로 해석해 내는 데 목적이 있다. 따라서 烈의 현대적 의미는 여성의 육체적 貞節에 고착되거나 男尊女卑 가치관에 기초한 중세적 烈이념에서 벗어나, 남녀 모두가 상호간의 信義(물론 性의 상호독점을 포함한)를 바탕으로 상대방을 위해 적극적으로 善을 행하는 '열린 도덕'으로 재해석되어야 할 것이다.

66) 물론 '하룻밤 동침한 남자로 만리성 쌓는 남편 구해오기' 유형은 예외이다.

제6장 結論

본 논문은 韓國 口碑 說話에서 큰 비중을 차지하는 '烈설화'에 대한 종합적 연구이다. '烈설화'란 烈이념을 구현하는 내용부터 이를 거부하는 내용에 이르기까지 烈이념이 서사전개의 주된 動因으로 작용하는 說話를 지칭한다. 본 논문은 '烈설화'의 유형을 분류한 후 각 설화유형의 각 편에 나타난 烈이념과 현실의 상관관계를 심층적으로 분석하였으며, 話者論을 통해 화자의 성별과 계층에 따른 烈인식의 편차를 드러내었다. 아울러 남성중심의 지배적 담론에서 간과되기 마련인 여성인물의 내면의식에 주목함으로써 현실 속에 적용된 烈의 의미를 재조명하는 작업을 수행하였다.

한편, 구비설화와 문헌자료와의 비교론을 통해 烈인식의 변모 양상과 그 현재적 의미를 고찰하였는데, 그 결과 구비 '烈설화'에 나타난 烈과 貞節은 동의어가 아니라 상위개념과 하위개념의 관계에 있음을 확인하였다. 논의의 진행은 다음과 같은 다섯 단계로 이루어졌다.

첫째, 논의를 위한 예비적 고찰로서 烈女의 개념을 중국 문헌과 국내 문헌을 통해 검토한 후 烈과 貞節의 개념을 새로 설정하였다. 둘째, '烈

설화'의 유형을 구분한 후 각 유형별로 설화에 담긴 의미를 분석하였다. 셋째, 守節型 '烈설화'에 나타난 烈行의 성격과 毁節型 '烈설화'에 나타난 烈이념과 현실의 갈등양상을 검토하고, 넷째, '烈설화'의 지속과 변모양상을 문헌전승과 비교하였다. 다섯째, 烈이념의 배경을 검토한 후, 구비 '烈설화'에 나타난 烈인식의 변모양상을 전통적인 烈인식과의 비교를 통해 고찰하였다. 또한 <남편 위해 훼절하기> 유형군을 중심으로 烈과 貞節의 상황윤리적 성격을 논의하였으며, '烈설화'의 현재적 의의를 문학적 측면과 사회윤리적 측면으로 나누어 살펴보았다.

각 장별로 논의한 결과를 구체적으로 정리하면 다음과 같다.

먼저 1장에서는 연구 과제를 제시하고 연구사를 검토하고 자료범주를 밝히는 동시에 논의에 사용될 용어의 개념을 설정하였다. 용어의 개념을 중국과 우리나라의 문헌을 통해 살펴본 결과, 烈女, 烈, 貞節의 개념이 확실치 않으며 시대에 따라 변화해 왔음을 알 수 있었다. 한편 <삼강행실도>에는 節義와 무관하게 남편에게 헌신한 아내들이 烈女로서 소개되고 있어서, 烈이 반드시 여성의 정절 수호에만 국한된 것이 아님을 알 수 있었다.

또한 정절의 개념을, 未婚女의 경우는 '婚姻과 무관한 또는 본인이 원치 않는 남자와 性的 接觸을 하지 않는 행위'로 설정하고, 旣婚女의 경우는 '처음 혼인한 남편 이외의 남성과 性的 접촉을 하지 않는 행위'로 설정하였다. 한편 烈이란 관념 속에 존재하는 추상적 可能態로 보고, 烈이념이 구체적 행위로 드러난 實現態는 烈行이라는 용어를 상정하였다.

2장에서는 口碑 '烈설화'의 유형을 구분한 후 각 유형의 각편에 나타난 변이양상과 의미를 고찰하였다. 먼저 설화의 여성 인물이 육체적 貞節을 保全하는가를 기준으로 하여 '烈설화'를 크게 守節型과 毁節型으로 나누었다. 守節型에는 <정절 지키기>와 <남편 구하기> 유형군이 있고 毁節型에는 <남편 위해 훼절하기>와 <수절하기 어려운 사연> 유형군이 있는데, 각 유형군의 하위 유형별로 각편에 나타난 의미를 분석하였다. 또한 화자의 性別이나 계층의식을 설화 각편에 나타난 烈인식과 관련지어 논의하였다. 그 결과 남성화자들은 父系血統을 중시하고 열녀문과 같은 사회적 보상에 가치를 두는 반면, 여성화자는 母系血統을 중시하며 열녀문보다는 남편과의 단란한 삶이라는 개인적 행복을 더 중시하는 것을 알 수 있었다. 또한 남성들이 부부애를 모성애보다 중시하는 반면 여성들은 그 반대임을 알 수 있었다.

3장에서는 2장의 분석 내용을 바탕으로, 守節型에 나타난 烈行의 성격과 毁節型에 나타난 烈이념과 현실의 갈등양상을 고찰하였다. 먼저 수절형에 나타난 여인의 烈行을 개인적 동기와 사회적 의미 그리고 인간 보편적 가치와 이념적 교화라는 측면에 주목하여 고찰하였다. 분석 결과 열녀의 죽음은 烈이념의 실현을 위함보다는 개인적인 동기에서 일어난 것임을 알 수 있었다. 또한 烈行의 성격은 현실의 유지(정절보전)인가 현실의 개척(남편의 救命)인가에 따라서 적극적/소극적 성격으로 나눌 수 있음을 확인하였다. 또한 열녀들의 모습에는 사회질서에 대한 순응과 저항의지가 동시에 나타나며, 피학성과 공격성이 혼재함을 지적하면서, 이는 조선시대 순종과 온순함의 모습 아래 숨겨져 있던 여성들의 좌절된 욕망이 예사롭지 못한 상황을 맞아 강렬하게 표출된 것으로 분석하였다.

다음으로 훼절형에 나타난 烈이념과 인간의 본성 사이에 나타나는 갈등상황을 검토하였다. 구체적으로 夫婦愛와 母性愛 그리고 사회규범과 性的 본능의 갈등 상황에 놓인 여성인물의 내면의식을 살펴보았다. 이를 통해 설화 전승자들은 인간의 성적 욕망이 절제의 선을 넘어서는 것과 극심하게 억압되는 두 가지 경우를 모두 부정적으로 보고 있음을 확인하였다. 더불어 설화에 등장하는 남녀 인물들의 신분 계층에 따른 烈인식의 차이도 검토하였는데, 양반가문의 여인이 의리와 명분 그리고 가문의 대잇기 문제에 관심을 두는 반면, 하층 신분의 여인은 남편과 자식의 건강한 생존에 가치를 부여하고 있음을 알 수 있었다.

4장에서는 문헌설화에 나타난 '烈설화'의 전승유형과 의미를 검토하여 구비설화와 대비하였다. 구비설화의 설화유형 분류 방식에 맞추어 문헌과 구비에 공통적으로 존재하는 유형과 문헌에만 나타나는 유형을 나누어 살펴서, 문헌설화와 구비설화의 烈인식 차이를 드러내었다. 또한 문헌설화와 유사한 서사전개를 보이는 구비설화 자료를 대상으로 이에 나타난 설화의 변이양상과 의미변화를 고찰하였다. 문헌설화가 양반사대부들의 烈인식을 담고 있는 반면, 구비설화에서는 중세적 烈인식에서 일탈하고 있음을 밝혔다.

5장에서는 앞에서 논의한 내용을 바탕으로 종합적인 연구를 진행하였다. 이는 구비 '烈설화'에 나타난 烈인식과 전통적인 烈인식과의 차이를 드러내고 '烈설화'의 현재적 의의를 살펴보는 데에 초점을 맞추었다. 먼저 烈이념의 배경을 검토하였는데, 烈이념의 배경을 개인적인 측면과 사회적 측면으로 나누어 살펴보았다. 개인적인 면에서 烈은 남녀의 애정관계와 관련하여 자신이 원하는 이성에게 헌신하거나, 원치 않는 이성의 접촉을 거부하는 인간의 보편적이며 기본적인 권리라고 보았다. 또한 사회적인 면에서 烈은 家父長制的 가족질서의 성립과 성리학적 名分論에 의해 성립되었다고 보았다. 한편 烈女傳과 구비'烈설화'의 烈인식 비교를 통해서 양반사대부들의 전통적인 烈인식과 민간의 烈인식의 차이와 의미를 드러내었다.

다음으로 <남편 위해 훼절하기> 유형군 설화에 나타난 烈과 貞節의 상황윤리적 성격을 유교의 時中論과 앙리 베르그송의 '열린도덕'과 '닫힌도덕'의 개념을 빌어 논의하였다. 논의 결과 烈과 육체적 貞節은 동의어가 아니라 상위개념과 하위개념의 관계에 있음을 확인하였다. 즉, 烈

(정신적 정절)은 목적이며 육체적 貞節은 이를 위한 수단이라는 것이다. 또한 烈이 창조적이며 역동적인 도덕인 열린도덕에 해당한다면 육체적 貞節은 정태적 도덕인 닫힌도덕에 해당함을 보였다. 마지막으로 구비 '烈설화'의 현재적 의의를 문학적 측면과 사회 윤리적 측면에서 고찰하였다.

이제 본 연구의 미비점과 후속과제를 제시하는 것으로 결론을 대신하기로 한다.

첫째, 話者에 대한 정확한 정보를 수집함으로써 화자의 삶과 화자의 설화 각편에 나타난 烈인식의 관계를 정밀하게 살피는 작업이 요망된다.

둘째, 구비 '烈설화'의 설화 문학적 위상이 보다 분명하게 정립되어야 하겠다. 이를 위해서 구비설화 전반에 대한 광범위한 검토가 선행되어야 할 것이다. 또한 '烈설화'의 분류 체계에 대한 검토가 보다 면밀히 이루어져야 할 필요가 있다.

셋째, '烈설화'와 기록문학의 상관관계를 심도 있게 파악하여야 한다. 이를 위해 傳奇小說, 烈女傳, 문헌설화, 고전소설, 내방가사 등에 나타난 열녀 모티프와의 '烈설화'의 내용을 정밀하게 대조할 필요가 있다. 이를 통해서 '烈설화'의 형성과 변모, 전승과정이 드러날 수 있을 것이다. 또한 여타 기록문학과 '烈설화'의 대비를 통해서 담당층이나 시대적 변화에 따른 烈인식의 변모양상을 살필 수 있을 뿐만 아니라, 기록문학의 형성과정에 '烈설화'가 수용된 양상을 밝힐 수 있을 것이다. 특히 여성화자의 설화 자료를 통해 고전소설의 여성작가의 문제를 해결하는 데에도 기여할 수 있을 것이다.

참고문헌

가) 사전류

한글학회(1992), 『우리말 큰사전』, 어문각.

『새國語辭典』(개정증보판), 동아출판사, 1994.

권정안(1991), 權道, 『한국민족문화대백과사전』, 한국정신문화연구원.

서대석(1991), 孝不孝설화, 『한국민족문화대백과사전』, 한국정신문화연구원.

이문웅(1991), 열녀, 『한국민족문화대백과사전』, 한국정신문화연구원.

이영진(1991), 보쌈, 『한국민족문화대백과사전』, 한국정신문화연구원.

임재해(1991), 열불열녀 설화, 『한국민족문화대백과사전』, 한국정신문화연구원.

조동일(1991), 열녀설화, 『한국민족문화대백과사전』, 한국정신문화연구원.

나) 자료

『韓國口碑文學大系』(전82권), 한국정신문화연구원, 1980～1988.

『韓國口碑文學大系』 별책 부록 I, 『한국설화유형분류집』, 한국정신문화연구원, 1989.

劉向, 『列女傳』, 이숙인 譯(1996), 예문서원.

朱熹, 呂祖謙 編, 『近思錄』.

『論語』.

趙在三, 『松南雜識』.

譯註 『高麗史』, 동아대학교 고전연구실, 1971.

北譯 『高麗史』 第十一冊, 신서원, 1991.

玄風郭氏 十二 旌閭 事蹟, 한국정신문화연구원 소장.
『三綱行實圖』 열녀편, 세종대왕기념사업회, 1982.
『小學』, 이기석 譯解(1982), 홍신문화사.
『禮記』, 이민수 譯解(1993), 해원출판사.
국역 『大東野乘』, 민족문화추진회, 1986.
국역 『동문선』, 민족문화추진회, 1977.
국역 『新增東國輿地勝覽』, 민족문화추진회, 1970.
국역 『동패락송』, 김동욱 역(1996), 아세아 문화사.
국역 『기문총화』, 김동욱 역(1999), 아세아 문화사.
김부식 · 이병도 역주(1983), 『三國史記』, 을유문화사.
金紹行 · 최창록 역(1998), 『三韓拾遺』, 태학사.
김현룡(1999), 『한국문헌설화』 1권~4권, 건국대출판부.
서대석 편(1992), 『朝鮮朝文獻說話輯要』 Ⅰ · Ⅱ, 집문당.
<김학공전>, 『활자본고전소설전집』 제2권, 아세아문화사, 1976.
이상택 편(1997), 『고전소설』(한국문학총서 2권), 도서출판 해냄.
<烈女傳>(太華書館, 1918), 『구활자본고소설전집』 9, 인천대민족문화연구소, 1984.
유몽인, 柴貴善 · 李月英 譯註(1996), 『어우야담』, 한국문화사.
『청구야담』, 李月英 · 柴貴善 譯(1995), 한국문화사.
이수광 · 남만성 譯(1974), 『芝峰類說』, 을유문화사.
이우성 · 임형택 譯編(1997), 『李朝漢文短篇集』 上中下, 일조각.
李德懋 · 김종권 譯著(1993), 『士小節』, 명문당.
李德懋, 국역 『靑莊館全書』, 민족문화추진회, 1981.
李瀷, 국역 『星湖僿說』, 민족문화추진회, 1981.
일연, 이민수 역주(1983), 『三國遺事』, 을유문화사.
최익현, 국역 『勉菴集』, 민족문화추진회, 1978.

許穆, 국역『眉叟記言』, 민족문화추진회, 1978.

다) 국내 논저

강진옥(1995a), 「삼국열녀전승의 성격과 그 서사문학적 의의」, 『한국서사문학사의 연구: 경산사재동박사화갑기념논총』, 중앙문화사.

강진옥(1995b), 「열녀 전승의 역사적 전개를 통해 본 여성적 대응 양상과 그 의미」, 『여성학논집』 12, 이화여대 한국여성연구원.

고두행(1980), 「<동국여지승람> '孝子·烈女' 條의 분석」, 전북대 교육대학원 석사학위논문.

고영진(1991), 「16세기말 사례서의 성립과 예학의 발달」, 『한국문화』 12, 서울대 한국문화연구소.

고영진(1995), 『조선중기예학사상사』, 한길사.

권영철(1986), 『규방가사 각론』, 형설출판사.

김경진(1977), 「조선왕조실록에 기재된 孝女·節婦에 관한 小考」, 『아세아 여성 연구』 16집.

김광순(1984), 「孝烈說話의 양상과 현대적 의미」, 『여성문제연구』 제13집, 효성여대 한국여성문제연구소.

김기현(1994), 「<옥낭자전> 연구」, 『다곡이수봉박사정년기념고소설연구논총』, 경인문화사.

김기형(1986), 「설화와 화자의 관련 양상」, 고려대학교 석사학위논문.

김대숙(1986), 「구비 효행설화의 거시적 조망」, 『구비문학연구』 3집, 한국구비문학회.

김대숙(1994), 「구비열녀설화의 양상과 의미」, 『고전문학연구』 9집, 한국고전문학연구회.

김대숙(1998), 「문헌소재 열녀 설화 연구」, 『설화문학연구』 下, 단국대학교 출판부.

김두헌(1969), 『한국가족제도연구』, 서울대학교 출판부.

김명순(1995), 「조선전기 여인전의 서사문학적 전개」, 『한국서사문학사의 연구 : 경산사재동박사화갑기념논총』, 중앙문화사.

김병국 외(1993), 『춘향전 어떻게 읽을 것인가』, 박이정.

김병국(1995), 『한국고전의 비평적 이해』, 서울대학교 출판부.

김상조(1986), 「조선후기 야담에 나타난 再嫁의 양상과 의미」, 『한문학논집』 4집, 단국대 한문학회.

김선풍(1978), 「嶺東地方의 孝烈說話文學考」, 『우리문학연구」 3, 우리문학연구회.

김순진(1990), 「한국노비설화 연구」, 이화여자대학교 박사학위논문.

김영희(1999), 「아기장수 이야기의 전승력 연구」, 연세대학교 석사학위논문.

김용덕(1979), 「婦女守節考」, 『조선후기사상사연구』, 을유문화사.

김유진(1990), 「최현전의 이중적 인물관계 연구」, 이화여자대학교 석사학위논문.

김일렬(1984), 「조선조 소설에 나타난 孝와 愛情의 대립」, 『조선조 소설의 구조와 의미』, 형설출판사.

김정석(1991), 「<보쌈설화>의 전개양상과 의미」, 한국정신문화연구원 『대학원논문집』 5집.

김 현(1987), 『르네 지라르 혹은 폭력의 구조』, 도서출판 나남.

김형효(1990), 『베르그송의 철학』, 민음사.

김훈식(1998), 「<삼강행실도> 보급의 社會史的 고찰」, 『진단학보』 85호, 진단학회.

김희경(1990), 「기녀 결연 야담 연구」, 연세대학교 석사학위논문.

노효경(1970), 「時中의 실천성에 관한 연구」, 성균관대학교 석사학위논문.

민 찬(1987), 「'烈不烈說話'의 이념적 지향과 삶의 문제」, 『韓國文化』 9집, 한

국문화연구소.

박병호(1986), 「한국가부장권법제의 사적 고찰」, 『한국여성학』 2집, 한국여성학회.

박용옥(1985), 「유교적 여성관의 재조명」, 『한국여성학』 1집, 한국여성학회.

박이문(1978), 「과학과 윤리」, 『하나만의 선택』, 문학과 지성사.

박이문(1990), 『자비의 윤리학』, 철학과 현실사.

박일용(1986), 「三韓拾遺를 통해서 본 金紹行의 작가의식」, 『한국학보』 42집.

박일용(1987), 「운영전과 상사동기의 비극적 성격과 그 사회적 의미」, 『국어국문학』 98집.

박일용(1993), 『조선시대의 애정소설』, 집문당.

박일용(1998), 「<열녀함양박씨전>병서의 형상화 방식과 그 장르적 성격」, 『양포이상택 교수환력기념논총』, 집문당,

박 주(1990), 『조선시대의 旌表정책』, 일조각.

박희병(1985), 「춘향전의 역사적 성격」, 『전환기의 동아시아 문학』, 창작과비평사.

박희병(1991), 「조선후기 <傳>의 소설적 성향 연구」, 서울대학교 박사학위논문.

박희병(1992), 『韓國古典人物傳硏究』, 한길사.

박희병(1995), 「민간의 상상력과 道學者의 소설적 형상화」, 『관악어문연구』 20집, 서울대학교 국문과.

박희병(1997), 『韓國傳奇小說의 美學』, 돌베개.

배성진(1993), 「烈女說話 硏究」, 한국교원대학교 대학원, 석사학위논문.

서대석(1985a), 『한국무가의 연구』(개정판), 문학사상사.

서대석(1985b), 『군담소설의 구조와 배경』, 이화여자대학교 출판부.

서대석(1988), 「칠성풀이의 연구」, 『진단학보』 65호, 한국진단학회.

서대석(1993), 「문헌설화와 고전소설의 대비연구」, 『한국문화』 14집, 서울대한국문화연구소.

서대석(1995), 「한국소설문학에 반영된 신화적 양상」, 『관악어문연구』 20집, 서울대학교 국문과.

서인석(1995), 「가사와 소설의 갈래 교섭에 대한 연구」, 서울대학교 박사학위논문.

성기동(1994), 『조선조 야담의 문학적 특성』, 민속원.

孫晋泰(1947), 『韓國民族說話의 硏究』, 을유문화사.

신동흔(1993), 「역사인물담의 현실대응방식 연구」, 서울대학교 박사학위논문.

신동흔(1994), 「<현씨양웅쌍린기>에 그려진 귀족사회의 실상」, 『다곡 이수봉 박사 정년기념고소설 연구논총』, 경인문화사.

안인옥(1983), 「<烈女傳> 연구」, 영남대학교 석사학위논문.

엄기주(1990), 「야담에 나타난 정절의식의 굴절양상」, 『성대문학』 27집, 성균관대학교 국문과.

우쾌제(1988), 『한국가정소설연구』, 고려대학교 민족문화연구소.

우쾌제(1990), 「열녀전의 수용양상 고찰」, 『한국고소설의 조명』, 아세아문화사.

유칠로(1976), 「공자의 時中之道에 관한 연구」, 성균관대학교 석사학위논문.

유칠로(1990), 「禮의 常變構造에 관한 연구」, 『충청문화연구』, 한남대학교.

유칠로(1991), 「儒家의 權道에 관한 연구」, 『동서철학연구』.

윤사순(1988), 「조선조 禮사상의 연구」, 『한국유학사』, 열음사.

이강옥(1990), 「장지연의 의식변화와 서사문학의 전개」(上·下), 『한국학보』 60·61, 일지사.

이광규(1975), 『한국가족의 구조분석』, 일지사.

이광규(1990), 『한국의 가족과 종족』, 민음사.

이광규(1992), 『가족과 친족』, 일조각.

이규태(1977), 『한국인의 의식구조』, 문리사.

이기동(1989), 「맹자사상의 인간학적 이해」, 『대동문화연구』 23집.

李能和, 김상억 譯(1990), 『朝鮮女俗考』, 동문선.

이대형(1994a), 「18세기 열녀전 연구」, 연세대학교 석사학위논문.

이대형(1994b), 「조선전기 열녀전 연구」, 『연세어문학』 26집.

이명학(1985), 「한문단편에 나타난 여성형상」, 『한국한문학연구』 8집, 한국한문학연구회.

이명현(1983), 「한국의 전통적 덕목에 관한 현대적 연구」, 『철학사상의 제문제』(1), 한국정신문화연구원.

이상보 편(1991), 『18세기 가사전집』, 민속원.

이상신(1982), 「역사와 문학의 관계」, 『문학과 역사』, 민음사.

이상택(1966), 「춘향전 연구 -춘향의 성격분석을 중심으로-」, 『국문학연구』 3집, 서울대학교 국문과.

이상택(1974), 「고전소설의 사회와 인간」, 『한국고전소설』, 계명대학교 출판부.

이수봉(1984), 『백제문화권역의 孝烈설화 연구』, 백제문화연구원.

이수봉(1987), 「湖南地方의 烈說話 硏究」, 『장태진박사 회갑기념 국어국문학논총』, 삼영사.

이수봉(1988), 「湖西地方의 孝烈說話 硏究」, 『홍익어문』 7집, 홍익대학교.

이수자(1999), 「만리장성 설화의 문화사적 의의」, 한국구비문학회 24차 춘계연구발표회(1999.6.5) 발표문.

이숙인(1995), 「유교윤리와 한국여성」, 『여성신학논집』 1, 이화여대 여성신학연구소.

이순홍(1992), 『韓國傳統婚姻考』, 학연문화사.

이승환(1994), 「왜 유학에서는 권리존중의 윤리관이 형성되지 못했는가」, 『중국의 사회사상』, 형설출판사.

이승환 · 김형철(1996), 「의리와 정의」, 『윤리질서의 융합』, 철학과 현실사.

이옥경(1985), 「조선시대 貞節이데올로기의 형성기반과 정착방식에 관한 연구」, 이화여자대학교 석사학위논문.

이인경(1992a), 「화자의 개성과 설화의 변이」, 서울대학교 석사학위논문.

이인경(1992b), 「<홍계월전> 연구」, 『관악어문연구』 17집, 서울대학교 국문과.

이인경(1995), 「여성영웅소설의 유형성에 관한 반성적 고찰」, 『한국서사문학사의 연구: 경산사재동박사화갑기념논총』, 중앙문화사.

이인경(1998a), 「'改嫁烈女談'에 나타난 烈과 貞節의 문제」, 『口碑文學硏究』 6집, 한국구비문학회.

이인경(1998b), 「'옥에 갇힌 남편을 살려주면 몸을 허락하겠다는 열녀'형 설화에 나타난 諸問題」, 『관악어문연구』 23집, 서울대학교 국문과.

이인경(2001), 「口碑說話에 나타난 여성의 '性的 主體性' 문제」, 『구비문학연구』 제12집, 한국구비문학회.

이태영(1972), 「한국 여성의 법적 지위」, 『한국여성사』 II, 이화여대 출판부.

이한구(1982), 「유교윤리의 구조와 사회적 기능」, 『한국철학사상연구』, 한국정신문화연구원.

이헌홍(1997), 『한국송사소설연구』, 삼지원.

이혜순(1986), 「<렬녀전> 연구」, 『김영덕 · 이남덕 · 윤원호 교수 정년퇴임기념논문집』, 동간행위원회.

이혜순(1996), 「김부식의 여성관과 유교주의, -<삼국사기> 여성열전의 분석적 고찰-」, 『고전문학연구』 11집, 한국고전문학회.

이혜순(1998a), 「열녀상의 전통과 변모-<삼강행실도>에서 조선후기 <열녀전>까지-」, 『진단학보』 85, 진단학회.

이혜순(1998b), 「조선후기 열녀전의 입전의식」, 『양포이상택교수 환력기념논총』, 집문당.

이혜순(1999), 「조선조 열녀전 연구」, 『省谷論叢』 30집, 省谷學術文化財團.

임돈희(1986), 『여성학의 이론과 실제』, 동국대학교 출판부.

임유경(1995), 「이옥의 열녀전 서술방식과 烈관념」, 『어문학』 56, 한국어문학회.

임철호(1989), 『설화와 민중의 역사의식』, 집문당.

임치균(1998), 「<곽씨효행록> 연구」, 『고소설연구』 6집, 한국고소설학회.

임치균(1999), 「烈婦柳氏事蹟」, 『문헌과 해석』 8, 태학사.
장덕순 외(1971), 『구비문학개설』, 일조각.
장덕순(1978), 『韓國說話文學硏究』, 서울대학교 출판부.
장병인(1997), 『조선전기 혼인제와 성차별』, 일지사.
전용문(1995), 「여성영웅소설의 문학사적 위치」, 『경산사재동박사화갑기념논총』, 중앙문화사.
정병설(1993), 고전소설의 윤리적 기반에 대한 연구, 서울대학교 석사학위논문.
정병설(1995), 「正道와 權道, 고전소설의 윤리논쟁적 성격과 서사적 의미」, 『관악어문연구』 20집, 서울대학교 국문과.
정병설(1998), 「완월회맹연 연구」, 서울대학교 박사학위논문.
정성희(2000), 『조선의 성풍속』, 가람기획.
정재민(1998), 「한국운명설화에 나타난 운명관 연구」, 서울대학교 박사학위논문.
정준식(1998), 「추노계 서사문학의 전개양상과 사회적 의미」, 부산대학교 박사학위논문.
정현숙(1980), 「박문수 설화 연구」, 영남대학교 석사학위논문.
조광국(1998), 「부용상사곡 연구」, 『관악어문연구』 23집, 서울대학교 국문과.
조동일(1974), 「갈등에서 본 춘향전의 주제」, 『한국고전소설』, 계명대학교 출판부.
조동일(1977), 『한국 소설의 이론』, 지식산업사.
조동일(1979), 『인물전설의 의미와 기능』, 영남대 민족문화 연구소.
조동일(1980), 『문학연구방법』, 지식산업사.
조동일(1985), 『국문학연구의 방향과 과제』(증보판), 새문사.
조옥라(1986), 「가부장제에 관한 이론적 고찰」, 『한국여성학』 2집, 한국여성학회.
조정래(1981), 「烈女說話 硏究」, 『진주교대 논문집』 23집.
조태영(1991), 「고려사 열전의 인물형상과 서술양상 연구」, 서울대학교 박사학위논문.

조혜란(1994), 「<三韓拾遺> 연구」, 이화여자대학교 박사학위논문.

조혜정(1981), 「전통적 경험세계와 여성」, 『아세아여성연구』 21집.

조혜정(1988), 『한국의 여성과 남성』, 문학과 지성사.

조희웅(1996), 『한국설화의 유형』(증보개정판), 일조각.

지두환(1984), 「조선전기의 종법제도 이해과정」, 『태동고전연구』 창간호.

진경환(1983), 「야담의 사대부적 지향과 개변양상」, 고려대학교 석사학위논문.

최재석(1983), 『한국가족제도사 연구』, 일지사.

최봉영(1997), 『조선시대 유교문화』, 사계절.

최운식(1990), 「김학공전」, 『한국고전소설작품론: 완암김진세선생 회갑기념논문집』, 집문당.

한국해석학회 편(1999), 『해석학의 역사와 전망』, 철학과 현실사.

한명숙(1986), 「조선시대 유교적 여성관의 원리론적 고찰」, 이화여자대학교 석사학위논문.

황경식(1993), 『철학 속의 논리』, 철학과 현실사.

황원구(1981), 주자가례의 형성과정」, 『인문과학』 45호, 연세대학교.

황인덕(1990), 「'열녀시험'형 설화의 유형적 성격과 烈인식의 의미」, 『조종업 박사 화갑기념논총』, 동간행위원회.

황패강 외(1992), 『임진왜란과 한국문학』, 민음사.

라) 국외 논저

魯迅, 竹內好 譯註, 한무희 譯(1987), 「나의 烈節觀」, 『魯迅文集』, 일월서각.

Booth, W. C., 최상규 譯(1985), 『소설의 수사학』, 새문사.

S. 프로이트, 설영환 譯(1985), 『프로이트 심리학 해설』, 선영사.

르네 지라르, 김진식 譯(1998), 『희생양』, 민음사.

마리 매클린, 임병권 譯(1997), 『텍스트의 역학』, 한나래.
앙리 베르그송, 송영진 譯(1998), 『도덕과 종교의 두 원천』, 서광사.
월터 J .옹, 이기우 · 임명진 譯(1995), 『구술문화와 문자문화』, 문예출판사.
스털링 P. 램프레히트, 김태길 외 譯(1992), 『서양철학사』, 을유문화사.
요한네스 로쯔, 심상태 譯(1984), 『사랑의 세 단계』, 서광사.
윌리암 K. 프랑케나, 황경식 譯(1984), 『윤리학』, 종로서적.
섀리 엘 서러, 박미경 譯(1995), 『어머니의 신화』, 도서출판 까치.
시모어 채트먼, 김경수 譯(1990), 『영화와 소설의 서사구조』, 민음사.
조셉 플레처, 이희숙 譯(1989), 『상황윤리』, 종로서적.
폰 테일러, 김영진 譯(1985), 『윤리학의 기본원리』, 서광사.
한스 인아이헨, 문성화 譯(1998), 『철학적 해석학』, 문예출판사.
Dégh, Linda(1969), *Folktale and Society,* Indiana university press.

열녀설화의 재해석

초판 1쇄 인쇄 • 2006년 11월 15일
초판 1쇄 발행 • 2006년 11월 20일
지은이 • 이 인 경
펴낸이 • 박 성 복
펴낸곳 • 도서출판 月印
서울특별시 강북구 수유2동 252-9
등록 • 제6-0364호 / **등록일** • 1998년 5월 4일
대표전화 • 02) 912-5000 / **팩스** • 02) 900-5036
http://www.worin.net

ISBN 89-8477-334-4 93810

값 13,000원